철학은
말語이야

철학은 말_語이야

우리가 알아야 할 모든 철학

장동익 지음

씨
아이
알

여는 글

"철학은 사유 개념들의 경기장,
이 책은 철학이라는 사유의 경기장에 입장할 수 있는 맞춤 입장권"

낯선 것을 대할 때 대표적인 감정이 두려움과 호기심이다. 모르는 것에
는 막연한 두려움을 가지게 되지만, 또한 알고자 하는 호기심이 생겨나는
것도 자연스럽다. 그렇다고 모르는 모든 영역에 호기심이 생겨나는 것도 아
니며, 알려는 욕구가 생겨나는 것은 더욱 아니다.

많은 사람들이 양자 역학이나 생화학 등을 알지 못하지만, 알려고
애쓰는 사람도 별로 없다. 이런 분야에 호기심을 가지는 사람이 많지
않은 까닭이다. 또한 양자 역학이나 생화학에 대한 앎과 관련해서는
두려움도 생겨나지 않는다. 알고자 원하지만, 그리고 알아야 하지만
알기 어렵기 때문에 두려움이 생겨나는 것이다. 알려고 하지 않으니
두려울 것도 없다. 그래서 탁월한 능력을 가진 자들의 몫이지, 자신의
일이 아니라고 치부해 버리고 만다.

그러나 철학에 대해서는 두려움과 호기심을 동시에 가지고 있는 듯하
다. 사람들은 철학을 알고자 원하고, 알아야 한다는 것을 충분히 인식하고
있다. 그래서 철학에 대한 호기심은 상당한 편이다. 그러나 호기심과 알려
는 욕구가 상당함에도, 두려움에 섣불리 다가가지 못한다. 철학은 알려는
욕구가 크면서도, 어쩌면 알려는 욕구가 크기 때문에, 두려움도 역시 상당
히 크다. 두려움은 철학에 다가서지 못하게 하는 결정적인 장애물이다. 물
론 철학에 대한 두려움은 철학이 어려울 것이라는 막연한 생각에서 연유한

다. 더구나 철학은 즉각적인 흥미를 끌 만한 내용으로 구성되어 있지도 않다. 그래서 호기심에 시작했다가 불과 얼마 가지 못해 포기하는 경우가 흔하다.

◆

'누구나 읽은 척하지만, 읽은 사람은 드물다.' 이 말만큼 고전의 특성을 잘 표현하고 있는 말도 드물 것이다. 고전은 읽고자 하고, 읽어야 한다고 생각하지만, 정작 읽기는 쉽지 않은 책이다. 이 말은 고전은 재미있고 흥미로운 책은 아니라는 의미이기도 하다. 당장의 관심을 끌 만한 흥미롭고 재미있는 내용이 아니기 때문에 많은 수고와 많은 인내에도 끝까지 읽기가 좀처럼 쉽지 않다. 그러나 모두 고전을 읽어야 한다고 생각한다. 고전에 관한 지식은 사람의 품격을 대변하기 때문이다.

고전뿐만 아니라, 인간으로서 알고자 하고, 알아야 하지만, 정작 알기는 쉽지 않은 분야가 있다. 이런 분야를 이해하고 익히는 것은 결코 쉽지 않다. 이런 분야에 다가서는 것은 여타의 분야에 다가서는 것보다 더 많은 노력이 필요하다. 이런 영역은 알기도 쉽지 않으며, 너무도 많은 노력이 필요하며, 상당히 많은 고통과 희생을 요구한다. 그래서 다 읽기 어렵다면, 읽은 척이라도 하려고 한다. 실제로 많은 사람들이 읽은 척하면서 살아간다. 그러나 읽은 척이라도 하려면 조금은 알고 있어야 한다. 전혀 알지 못하고 아는 척할 수는 없다.

그렇다면 철학은 어떤가? 양자 역학이나 생화학처럼, 철학도 알 필요가 없는 것일까? 아니면 고전처럼, 알지는 못하지만 아는 척이라도 해야 하는 것일까? 의외로 철학을 알려는 욕구를 가진 사람들은 많다. 그렇다고 선뜻 다가가는 사람이 많은 것은 아니다. 철학을 알고 싶은 욕구는 크지만 섣불리 다가서지는 못한다. 철학을 알기 위해서는 많은 노력이 필요하며, 상당한 고통이 수반된다는 것을 직감적으로 깨닫고 있기 때문이다. 그러나 아는 척이라도 해야 한다면 사정은 달라질 수밖에 없다. 어쨌든 다가가야만 한다. 그러나 쉽지가 않다.

철학은 어려운 학문인가? 거짓말쟁이가 아니라면 어려운 학문이라고 말해야 한다. 그러나 다가가지 못할 정도로 어렵지는 않다. 철학이 지나치게 어려울 것이라는 선입견과 오해만 벗어버릴 수 있다면, 철학을 이해하기 위해 한발 나아가는 것은 크게 어렵지 않다. 더구나 아는 척이라도 하려면, 맛이라도 보아야 하지 않겠는가? 고전을 아는 척하기 위해서 여러 해설서들을 참고한다. 마찬가지로 철학을 이해하기 위해서는 개괄적일지라도 철학에 대한 이해가 필요하다. 이런 개괄적인 이해조차 없다면, 아는 척할 수 없다. 철학을 아는 척하기 위해서는 약간의 노력이 불가피하다.

고전에 관한 해설서 못지않게, 철학을 이해하는 데 도움이 될 만한 여러 해설서가 있다. 철학은 인간 사유의 결정체이다. 어쩌면 인간의 사유 자체가 철학이라고 해도 과언은 아니다. 그리고 이 사유는 수천 년의 역사를 이어오면서 수정, 변화, 발전하였다. 사유의 변화와 발전이 철학의 역사를 형성하였다. 그래서 철학의 이해를 도우려는 해설서들은 사유의 변천과 발전의 흐름에 따라 구성되어 있다. 철학사가 이런 해설서 역할을 한다. 말하자면 철학에 다가서는 첫 걸음은 철학사를 읽는 것이다. 철학의 흐름을 이해함으로써 인간 사유의 본 모습을 파악할 수 있게 된다.

철학의 역사 속에서 사유 개념들은 발생하여, 성장과 수정, 그리고 보완을 거쳐, 변화를 거듭한다. 물론 변화의 과정에 쓸모가 다하여 자취를 찾을 수 없거나 더 이상 언급되지 않는 개념들도 있다. 그러나 대부분의 철학 개념들은 면면히 이어져 오고 있다. 이런 개념들의 역사를 추적하는 것이 철학을 공부하는 가장 손쉬운 방법이면서, 가장 효율적인 방법기도 하다. 그래서 이 책은 가능한 한 철학 개념의 역사를 추적하는 방식으로 구성되었다. 또한 철학에 대한 호기심을 강화하고, 두려움을 희석시킬 수 있는 서술로 구성되었다. 이 책의 방식과 서술은 철학에 대한 두려움을 극복하고 호기심 가득히 알려는 욕구와 노력으로 나아갈 수 있게 해 줄 것이다.

· ◆ ·

그러나 두려움에서 호기심으로 건너갈 수 있는 다리를 만드는 일을 방해하는 많은 요소들이 있다. 특히 지면의 부족이 결정적인 역할을 한다. 철학의 역사가 수천 년에 이르는 만큼, 철학 개념의 변화와 변천을 추적하는 것은 너무도 많은 지면을 요구한다. 그리고 지면의 제약은 철저한 추적을 불가능하게 하는 한계이다. 지면의 한계를 극복하기 위하여 철학의 간략한 역사를 다루는 것만으로 만족해야 한다.

하지만 간략한 형식으로 구성되었다고 해서, 개념의 역사를 추적하는 것을 소홀히 해서는 안 된다. 철학에서 중요한 내용들은 모두 충실히 살펴보아야 한다. 부족한 만큼 약점을 보완하기 위해 중요한 내용을 보다 충실히 다룰 필요가 있다.

철학을 역사적으로 검토하면서 중요한 철학 개념과 그 개념이 발생하는 연유를 충실히 설명하려고 노력하였다. 철학은 사유 개념들의 경기장이며, 철학사는 철학의 초보자들을 위한 사유의 경기장이다. 이 책은 이 사유의 경기장에 입장할 수 있는 맞춤 입장권이다. 이 책을 통해 사유의 경기장에서 위대한 철학자들의 놀이를 관람할 수 있다. 그러나 입장권을 가진 것만으로는 위대한 경기를 충실히 관람할 수 없다. 입장 후에는 독자들의 노력도 절실히 필요하다. 독자들의 노력 여하에 따라 위대한 철학자들의 놀이를 관람할 뿐만 아니라 놀이에 직접 참여할 수도 있다.

· ◆ ·

이 책은 철학 입문자를 위한 것이다. 전문적인 용어나 복잡한 설명은 가능한 피하려고 노력하였다. 그렇다고 해도, 철학은 철학이다. 철학이 쉬울 수는 없다. 어려운 개념이나 내용은 불가피하다. 그렇지만, 가능한 쉽게 풀어서 설명했으며, 그래도 이해가 어려울 것으로 예상되는 경우에는 예시를 제시하여 이해를 돕고자 하였다.

또한 인용과 예시는 철학에서 일반적인 내용만을 사용했으며, 그런 까닭에 철학에 약간의 지식이 있는 사람이라면 누구나 짐작할 수 있는 내용이어서 인용과 주석을 명기하지 않았다. 입문자들의 이해와 주의력을 해칠 수 있는 모든 것을 배제하기 위한 불가피한 선택이었다. 이제 나의 시도가 약간의 결실을 맺기를 바랄 뿐이다.

철학에 호기심을 가지고 있는 사람들이게, 또는 두려움을 느끼는 사람들에게, 또는 어쩌면 철학을 아는 척 뽐내려는 사람들에게, 또는 단순한 초보자에게 이 책이 도움이 되기를 바란다. 이 책이 철학에 다가가는 데 도움이 된다면, 최고로 행복하고 고마운 일이다.

이 책이 나오기까지 도움을 준 많은 분들께 감사드린다. 철학에 눈을 뜨고, 깨달음으로 나아가게 해 주신 은사님께 최고의 감사 말씀을 드려야 한다. 또한 같은 길을 걸으며 열정적으로 담론을 나누고, 끊임없는 질문에 흔쾌히 도움을 준 동학들에게 감사 드린다. 이분들의 열정적 논쟁과 친절한 설명이 없었다면, 이 책은 불가능했을 것이다. 편집자와 도서출판 씨아이알 관계자 모두에 감사드린다.

청한재에서

장동익 씀

차 례

여는 글 v

PART I

CHAPTER 01
철학에 대한 일반적 이해 3

철학이란 4
철학의 탐구 영역과 대상 8
철학과 과학의 탐구 방법: 차이점과 유사점 14
철학적 탐구 방법과 주요 논변 형식 16
철학의 주제들 23

CHAPTER 02
철학의 미성숙한 형태로서 그리스 신화 31

서양 철학 이해의 열쇠, 그리스 신화 32
그리스 신화의 천지 창조 34
권력 투쟁 37
여성과 남성 43
정의의 신과 재판 제도, 그리고 지혜의 상징물들 49

CHAPTER 03
인간의 특성과 철학의 출발 53

철학적 사유와 인간의 특성 54
완전함을 추구하는 존재 55
앎에 대한 사랑으로서 철학 58
철학적 사유의 출발로서 '호기심' 61

호기심과 무지의 자각 ·············· 63
만물의 원리와 원인에 대한 추구 ·············· 65

PART Ⅱ

CHAPTER 01
고대 서양의 자연 철학자들 ·············· **71**

탈레스 ·············· 72
아낙시만드로스 ·············· 78
아낙시메네스 ·············· 79
자연 철학자들에 관하여 ·············· 80

CHAPTER 02
소크라테스 이전 철학자들 ·············· **83**

헤라클레이토스 ·············· 84
피타고라스 ·············· 86
파르메니데스 ·············· 88
제논 ·············· 94

CHAPTER 03 소크라테스의 철학 ·············· **99**

소크라테스의 삶 ·············· 100
문답법, 혼의 순수화, 그리고 산파술 ·············· 102
소크라테스의 죽음 ·············· 105

CHAPTER 04
플라톤의 철학 Ⅰ: 윤리적인 삶과 철학자 왕 ·············· **115**

소크라테스와 플라톤 ·············· 116
상대주의와 소피스트 ·············· 117
덕은 곧 지식이다 ·············· 121
국가와 정의 ·············· 125

CHAPTER 05
플라톤의 철학 II: 참된 앎과 이데아 ·················· 141

참된 지식의 필요성 ················ 142
지적인 세계와 감각의 세계 ················ 143
이데아의 특성 ················ 144
이데아를 인식하는 방법 ················ 153

CHAPTER 06
플라톤의 철학 III:
영혼 불멸과 참된 지식의 가능성 ·················· 159

영혼과 육체 ················ 160
혼의 불멸과 레테의 강 ················ 163

CHAPTER 07
아리스토텔레스의 철학 I:
세계는 어디로 향하고 있는가 ·················· 171

아리스토텔레스의 삶 ················ 172
형이상학과 자연학의 뒤에 오는 것 ················ 173
목적론적 형이상학: 수단과 목적의 연쇄로서 세계 ············· 175
형상과 우시아 ················ 177
운동의 4원인 ················ 179

CHAPTER 08
아리스토텔레스의 철학 II: 행복이란 무엇인가 ·· 183

사람들이 원하는 것과 행복 ················ 184
세속적 가치와 행복의 관계 ················ 189
궁극적 목적으로서 행복: 완전성과 자족성 ················ 193
행복 - 탁월성에 따른 이성적 능력의 활동 ················ 197

CHAPTER 09
헬레니즘 철학: 세속적 행복 추구 ·················· 205

처세술로서 철학 ················ 206
키레네학파 ················ 207

에피쿠로스학파 ·· 209

키니코스학파 ·· 218

스토아학파 ·· 222

CHAPTER 10
중세의 철학: 종교와 신 ························· 227

중세의 시작과 철학적 사유의 쇠퇴 ························· 228

기독교 사상의 전개와 철학의 관계 ························· 229

신의 특성 ·· 233

신 존재 증명 ·· 236

보편자 논쟁 ·· 242

기독교 사상과 보편자 ······································· 246

PART Ⅲ

CHAPTER 01
근대 철학의 태동:
계몽과 과학, 그리고 새로운 지식 방법론 ········· 255

근대의 서곡 ·· 256

근대의 철학과 베이컨의 과학적 방법 ························· 265

CHAPTER 02
근대의 합리론과 경험론 ······················· 271

합리론과 경험론의 특징 ································· 272

합리론자들 - 이성에 기초한 철학 ························· 274

경험론자들 - 경험에 기초한 철학 ························· 291

CHAPTER 03
칸트의 비판 철학: 경험론과 합리론의 종합 ····· 307

칸트의 철학적 배경 ································· 308

경험론과 합리론의 종합으로서 칸트 철학 ·················· 310

지식 형성에서 감성과 오성의 역할 ······················· 313

분석 판단, 종합 판단, 선천적 종합 판단 ················ 316

CHAPTER 04
칸트의 윤리학:
절대적인 규칙, 정언 명령, 그리고 인간 존중 ··· 323

침해해서는 안 되는 절대적인 규칙 ······················ 324

보편 법칙으로서 정언 명령 ······························· 326

인간 존중의 원리로서 정언 명령 ························· 332

거짓말 금지와 사형제 옹호 ····························· 338

CHAPTER 05
근대의 행복에 관하여

경제학 이론의 출현 ································· 344

선과 가치에 관한 사유의 전환 ······················· 344

행복과 심리적 이기주의 ······························ 347

금욕주의와 행복 ·································· 351

쾌락의 계산법 ····································· 354

양적 쾌락과 질적 쾌락의 구분 ······················· 357

CHAPTER 06
헤겔의 절대적 관념론 철학 ·················· 361

독일 관념론의 역사 ·································· 362

주관적 관념론과 객관적 관념론 비판 ················· 366

변증법의 기본 구조 ································· 367

절대적 관념론 ····································· 369

소외 극복과 윤리적 삶 ······························ 372

CHAPTER 07
종교의 쇠퇴와 허무주의의 출현 ·················· 375

종교적 영향력의 추락 ································ 376

신의 죽음과 허무주의 ································ 384

형이상학의 몰락과 신의 죽음 ·············· 387

CHAPTER 08
 허무주의 시대의 철학 ·············· **391**

생존 의지와 권력 의지 ·············· 392
실존주의 ·············· 394

CHAPTER 09
 현대 영미 철학:
 언어 분석과 형이상학의 제거 ·············· **401**

언어 분석 철학의 등장 ·············· 402
비트겐슈타인의 그림 이론 ·············· 403
프레게의 함수 명제 ·············· 406
러셀의 기술 이론 ·············· 411
형이상학의 제거 ·············· 415

닫는 글 ·············· **418**
찾아 보기 ·············· **424**

PART I

CHAPTER 01 철학에 대한 일반적 이해

CHAPTER 02 철학의 미성숙한 형태로서 그리스 신화

CHAPTER 03 인간의 특성과 철학의 출발

#질문
#형이상학
#인식론
#윤리학
#범주
#연역법
#귀납법
#신기관

CHAPTER 01

철학에 대한
일반적 이해

• 철학이란
• 철학의 탐구 영역과 대상
• 철학과 과학의 탐구 방법: 차이점과 유사점
• 철학적 탐구 방법과 주요 논변 형식
• 철학의 주제들

철학이란

이 물음은 단순해 보이지만, 대답하려는 순간, 결코 단순하지 않으며 쉽게 대답될 수도 없다는 것을 깨닫게 됩니다. 사실 철학뿐만 아니라 규정하는 모든 문제가 결코 쉽지 않은 일입니다. 뻔히 알고 있는 듯이 보이는 것들도 '그것'이 무엇인지를 묻기 시작하는 순간, 대답을 구하는 것이 무척 어렵다는 것을 알게 될 것입니다. 여러분도 한번 어떤 것이든 규정하기 위해 물어보십시오. 어떤 것이든 괜찮습니다. 어떤 물음이든 답하기가 녹록지 않다는 것을 깨닫게 될 것입니다.

대부분 사람은 자기 자신에 대해 잘 알고 있다고 생각합니다. 그래서 자신을 모르는 사람은 없을 것처럼 보입니다. 그러나 자신을 규정하는 일도 결코 쉬운 일이 아닙니다. '나는 무엇인가?' 또는 '나는 누구인가?', '여러분은 각자 누구입니까?' 이 물음에 확실한 대답을 할 수 있는 사람은 흔치 않을 것입니다.

• ◆ •

소크라테스와 플라톤은 무언가를 규정하기 위해 무척 노력한 철학자입니다. 그러나 소크라테스와 플라톤도 무언가를 직접 규정하는 것이 얼마나 어려운 일인지 충분히 깨닫고 있었습니다. 하지만 소크라테스와 플라톤은 규정하는 일이 어렵고 불가능해 보일지라도 포기하지 않았습니다. 소크라테스와 플라톤의 철학적 사명은 바로 '규정'하는 일이었다고 해도 과언이 아닐 정도입니다. 소크라테스와 플라톤이 해명하고자 애썼던 '이데아'가 바로 무언가에 관한 규정이며, 이런 규정을 위해 '이데아' 개념을 제시한 것입니다.

예를 들면, 사람의 이데아는 사람에 대한 올바른 '규정'입니다. 즉,

'사람은 무엇인가?'에 대한 대답이 '사람의 이데아'입니다. '스승의 이데아'는 스승이 무엇인가에, '정치가의 이데아'는 정치가가 무엇인가에 대한 대답입니다. 그러나 사람의 이데아, 스승의 이데아, 정치가의 이데아가 무엇인지 분명하게 말할 수 있는 사람이 흔할까요? 이 물음들에 대한 대답은 너무도 어렵습니다. 소크라테스와 플라톤이 나름대로 대답하고 있지만, 완전한 대답이 이루어졌다고 말할 수는 없습니다. 이에 대한 대답은 여전히 진행형입니다.

어쨌든, 우리가 찾으려는 것은 '철학이 무엇인가?'에 대한 대답입니다. 학문의 영역으로서 철학은 무엇일까요? 철학이 무엇인지에 대한 직접적인 대답을 발견하는 것은 너무도 어려운 일입니다. 아니 불가능할지도 모릅니다. 그렇지만 직접적인 대답이 어렵다고 해도 대답하려는 시도를 포기하는 것은 철학의 태도가 아닙니다.

철학자는 산속의 토굴에서 수련하는 수도승과 같습니다. 그리고 그들의 탐구 대상은 이 수도승들의 '화두'와 같습니다. 철학자들은 의문을 가진 물음이 해결되기 어려운 경우일지라도, 아니 어려우면 어려울수록 더욱 더 그 물음을 자신과 견고하게 묶어 둡니다. 그리고 평생을 두고 그 물음에 집중합니다. 해결되지 않아도 좋습니다. 해결되면 더욱 좋겠지요. 그러나 해결되지 않을지라도 실망할 필요는 없습니다. 설령 해결되지 않을지라도, 시도하는 정신과 태도가 중요합니다. 그리고 시도의 과정이 중요합니다. 해결하려고 시도하는 과정에서 얻게 되는 것들이 있기 때문입니다.

최초의 학문으로서 철학은 물음을 통하여 다양한 지식을 획득하였습니다. 그러나 철학은 이미 알게 되었거나 얻어진 지식에는 큰 관심이 없습니다. 철학은 또다시 알지 못하는 것에 물음을 던집니다. 해답이 제시되어 알게 된 물음은 이제 철학적 물음이 아닙니다. 철학은 알지 못하는 것에 대해 다시 묻고 또 대답을 시도합니다. 이런 과정이 반복되면서, 얻어진 것 또는 알게 된 것은 개별 학문으로 독립하여 성장합니다. 즉 철학적 물음을 통해 알게 된 것 또는 얻어진 것들이 학문의 한 부분 또는 한 영역을 형성하여 독립해 나갑니다. 그리고 독립한 개별 학문들이 축적되어 학문의 체계를 구성합니다. 학문은 이런 방식으로 서서히 발전해 갑니다.

• ◆ •

철학이 물음을 통해 알게 된 지식은 독립하여 성장하고 더욱 풍성해지겠지만, 철학은 빈손만 남게 됩니다. 사실 빈손만 남는다는 것은 정확한 표현이 아닐 수 있습니다. 사실은 오직 물음만 남는다고 말하는 것이 더 정확합니다. 모르는 것에 대한 물음만 남습니다. 그래서 철학은 또다시 그 물음과 씨름합니다. 그 씨름의 결과로 알게 된 것이 있다면, 그 앎은 역시 철학의 관심에서 멀어질 것입니다. 철학은 모르는 것을 묻고 또 대답을 시도합니다. 철학의 물음은 끝이 없습니다. 우리가 알고 있는 것보다 알지 못하는 것이 더 많기 때문입니다.

앞에서 말했듯이, 철학이 무엇인지에 대한 물음뿐만 아니라 어떤 것이든 그 규정에 관한 물음에 대답하는 것은 무척 어렵습니다. 그러나 여타의 물음보다 철학이 무엇인가 하는 질문에 직접 대답하는 것은 더욱 어려운 일처럼 보입니다. 분명한 것은 철학은 모르는 것을 묻는 활동과 관련되어 있다는 것입니다. 그렇다면 일단 철학은 모르는 것에 대한 탐구라고 할 수 있습니다. 그러나 이런 해명만으로 철학의 모든 측면을 다 드러낼 수는 없습니다. 어쩌면 일면조차 보여 주지 못했을 수도 있습니다. 여전히 철학이 무엇인지 분명하게 말하고 있지 못한 셈입니다. 철학이 무엇인지를 직접 규정하는 것은 불가능할 정도로 어렵다는 것은 분명합니다.

철학을 직접 해명하는 것이 어려운 일이라면, 철학을 직접 규정하기보다는, 한편으로는 철학과 유사하고, 다른 한편으로는 대립하는 것처럼 보이는 학문 영역을 비교하면서 철학의 특성을 드러내는 것도 방법일 수 있습니다. 유사한 것과 비교하고, 대립하는 것과 대조하는 것은 우리의 이해를 돕는 데 매우 효과적입니다. 물론 유사하거나 대립하는 분야와 대상을 비교하고 대조하는 것도 다양한 방식으로 시도될 수 있습니다. 그러나 모든 것을 전부 논의하는 것은 바람직하지 않습니다. 학문이 분화하던 초기에 철학에서 논의되었던 학문과 오늘날 대립하고 있는 학문을 비교하고 대조하는 것으로 만족해야 합니다.

◆

철학은 무엇일까요? 이 물음에 직면하여 대답하려고 하는 순간, 이와 관련된 다양한 물음들이 연이어 생겨납니다. '우리는 철학을 무엇이라고 생각할까요?' '우리가 생각한 철학과 학문으로서 철학은 어떻게 다를까요?' 이런 물음은 우리의 논의가 모두 끝난 후에 여러분들이 스스로 알게 될 것입니다. 지금은 철학이란 무엇인가를 알 수 있게 해 주는, 가장 도움이 될 만한 물음들 몇 가지를 말해 보는 것이 좋을 듯합니다.

지금 우리에겐 친숙한 여타의 학문과 철학이 어떻게 다른지를 밝혀서 철학이 무엇인지를 해명할 수 있는 물음이 필요합니다. '철학은 과학과 어떻게 다르며, 예술과는 어떻게 다른가?' 또는 '문학과 수학은 철학과 어떤 연관성이 있는가?' 이 물음들은 철학이 무엇인지 직접 해명하기 위한 물음이 아닙니다. 다른 학문과 철학이 어떻게 다른지를 통해 철학의 특성을 보여 주기 위한 것입니다. 이제 철학과 관련된 학문의 탐구 대상과 탐구 방법을 통해서 철학의 특성을 드러낼 필요가 있습니다. 이 방법이 철학이 무엇인지에 대한 가장 그럴듯한, 말하자면 상대적으로 쉬운 해명이 될 것처럼 보이기 때문입니다.

철학의 탐구 영역과 대상

철학의 근본적인 탐구 영역은 '인간'입니다. 인간 그 자체를 탐구할 뿐만 아니라 인간의 활동, 인간의 사유, 인간의 이상과 이념, 인간이 형성한 사회 전반, 인간이 처한 환경으로서 자연 세계와 우주의 형성 과정 그리고 작동 원리 등을 탐구합니다. 인간과 관련된 모든 것이 탐구 대상입니다. 사실 철학은 인간과 관련된 것이라면 어떤 것이든 탐구합니다. 물리적인 세계가 인간과 별개로 분리되어 존재하는 것처럼 보일지라도 인간이 관심을 가지는 한, 그리고 인간의 삶에 영향을 미치고 있는 한, 물리적인 세계, 즉 자연 세계 역시 철학의 탐구 대상입니다. 철학의 탐구 대상이 아닌 것이 없을 정도입니다. 사유든 관념이든 물질이든 인간이 포착할 수 있는 모든 것은 철학의 탐구 대상이 됩니다.

◆

물론 문학, 과학, 그리고 예술 등도 인간과 직접 관련된 것을 탐구합니다. 그러나 문학의 관심은 주로 인간의 관계, 사유와 감정, 그리고 사회 형성에 관한 논의에 국한되어 있습니다. 말하자면 문학은 인간 삶의 방식과 여기에서 발생하는 정신적 활동에 주로 관심을 기울입니다.

과학의 탐구는 물리적(또는 물질들의 생명 활동) 현상과 작동 원리에 한정되어 있습니다. 과학은 인간과 분리되어 존재하는 자연 세계의 작동 원리에 관심을 기울입니다. 물론 과학이 인간의 정신적·심리적 활동에 관심을 가질지라도 그것은 물리적 활동으로서 물질 세계의 작동 원리에 기초한 설명에 불과합니다.

또한, 예술적 활동은 인간 정신의 감성적·정서적 표현 활동에 한정되어 있습니다. 예술은 사태를 바라보는 인간의 정서적·감정적 의미를, 특히 색채나 음조를 통해 표현할 뿐입니다. 이 세 가지 개별 학문 영역은 모두 자신들의 탐구 대상에 대한 한계 내에서 활동하고 있습니다.

• ◆ •

철학이 인간과 관련된 전체를 탐구 대상으로 삼고 있다면, 여타의 학문과 활동들은 인간과 관련된 전체 대상의 부분만을 각각의 탐구 대상으로 삼고 있습니다. 이것은 여타의 학문이 세분된 분과로 구분될 수 있는 이유이기도 합니다. 말하자면 과학의 영역은 물리학, 화학, 생물학 등의 분과로 나눌 수 있으며, 이 학문 영역을 또다시 응용하여 다른 학문이 분파되어 나오게 됩니다.

과학의 학문 영역은 통상 각각의 개별 영역을 구축하고서, 다른 개별 영역에 관여하지 않습니다. 각각은 매우 이질적인 영역이기 때문입니다. 반면에, 철학은 광범위한 탐구 영역 모두에 철학이라는 제목이 붙습니다. 이것이 철학의 분야가 손꼽을 수 없을 정도로 많은 이유입니다.

예를 들면 역사 철학, 법철학, 사회 철학, 정치 철학, 과학 철학, 의학 철학, 예술 철학, 종교 철학, 심리 철학 등 무수히 많은 철학 분야가 있습니다. 심지어 생물학의 철학, 물리학의 철학과 같이, 과학의 분과 학문에 대한 철학적 탐구를 지칭하기 위한 용어들도 속속 생겨나고 있습니다. 철학이 관심을 보이지 않는 분야가 없을 정도입니다. 그래서 어쩌면 철학이 관심을 기울이지 않는 학문 분야는 주류가 아닌, 사소하고 부수적인 학문으로 치부되는 경향이 있을 정도입니다. 농담 삼아 말한다면, 이런 학문은 시시한 곁다리 학문 분야로 평가될 것이 분명합니다.

그런데 수학의 철학, 문학의 철학 등은 흔히 듣지는 못했을 겁니다. 앞에서 말했듯이, 철학의 명칭이 붙지 않으면, 지엽적이거나 부수적인 학문 분야로 치부될 수 있습니다. 그런 기준을 대입한다면, 수학이나 문학이 지엽적이거나 시시한 학문 분야가 되어버리고 맙니다. 그러나 인간의 학문과 삶의 전 과정에서 수학과 문학은 매우 중요한 영역이며, 인간 자체를 이해하기 위해서 뿐만 아니라 외적 대상으로서 자연 자체를 이해하기 위해서도 수학과 문학은 매우 중요한 학문입니다.

그렇다면 수학과 문학에는 왜 철학의 이름이 붙지 않을까요? 얼핏 수학과 문학에 철학의 이름이 붙지 않는다고 생각하기 쉽지만, 이런 생각은 옳지 않습니다.

· ◆ ·

수학은 애초에 철학과 매우 밀접한 관련을 맺으며 발전했습니다. 수학, 말하자면 논리학은 인간이 사유하는 법칙이나 규칙을 제공합니다. 즉 논리학은 사유의 뼈대입니다. 그래서 사유가 사유의 법칙과 규칙을 따를 때 인간의 사유로서 자격을 갖게 되며, 인간이 이해할 수 있습니다. 따라서 철학이 '사유의 학'인 한에서, 철학적 사유도 논리학을 사유의 뼈대로 삼아야 합니다. 그리고 철학적 사유가 발전하면서 사유의 뼈대로서 논리학도 큰 진전을 이루었습니다.

사유의 뼈대인 논리학은 철학의 아주 중요한 부분이기도 합니다. 논리학은 철학을 포함한 모든 학문의 골격을 형성합니다. 어떤 학문이나 이론이 논리적 형식을 위배한다면, 그것은 이미 학문도 이론도 아닙니다. 논리학은 사유의 형식이며, 사유의 형식을 위반한 사유는 불가능하기 때문입니다. 사유가 논리적 형식을 갖추지 못하면, 그것은 이미 사유가 아니며, 우리가 이해할 수 없는 정신 나간 헛소리에 불과합니다. 아리스토텔레스는 이런 사유의 형식, 즉 논리학을 '기관 ^{오르가논}'이라고 불렀습니다. 아리스토텔레스의 사유 형식은 연역법이었습니다. 근대에 프랜시스 베이컨은 새로운 사유의 형식으로 귀납법을 제시합니다. 그리고 이것을 '신기관 ^{novum organum}'이라고 부릅니다.

수학이 사유의 뼈대로서 기능하는 한, 수학은 철학과 분리될 수 없습니다. 또한, 수학과 관련된 철학적 입장도 활발히 논의되고 있습니다. 애초에 기하학은 철학적 탐구의 대상이었습니다. 고대 그리스에서 피타고라스는 철학자로 평가되었습니다. 또한, 소크라테스와 플라톤이 활동하던 시기에 기하학적 논의에서 정삼각형의 빗변은 현실 세계에 존재하지 않는, 오늘날의 용어로 '무리수'는 이해할 수 없는 이상한 수였습니다. 소크라테스가 기하학에서 이해할 수 없는 이상한 선분을 설명하기 위하여 이데아 개념을 도입했다고 말하는 사람도 있습니다.

현대의 논리 철학은 논리학의 원리와 근거를 탐색합니다. 그리고 어떤 학자들은 논리적 원리에 근거하여 존재론적인 필연성을 해명하고 있습니다. 이들은 이 세계의 존재 방식과 수학의 방식을 대비시키고 있습니다. 말하자면 이 세계의 존재 방식과 수학의 방식이 대응한다는 것입니다. 이들의 주장에 따르면, 이 세계의 필연성은 수학적 필연성을 근거로 삼고 있습니다.

근래에 형성된 '수리 철학'은 수학적 계산의 근거와 정당성을 탐색하는 철학의 한 분야입니다. 또한 숫자나 수적 계산의 존재론적 근거를 묻는 철학적 탐색도 활발히 이루어지고 있습니다. '수 1'은 실제로 존재할까요? 아니면 단지 우리의 관념 속에만 존재할까요? 실제로 존재한다면,

어디에 존재할까요? '수 1'은 눈에 보이는 존재가 아닙니다. 눈에 보이지 않지만, 이 세계에 존재할까요? 그렇다면 어떤 방식으로 존재할까요? 틀림없이 책상이나 의자가 존재하는 방식으로 존재하는 것은 아닐 것입니다. 이들과는 전혀 다른 방식으로 존재할 게 분명합니다. 어쨌든 수학에 철학의 이름이 붙지 않는다는 것은 오해에 불과합니다.

· ◆ ·

문학에는 철학의 이름이 쉽사리 붙을 것 같지는 않습니다. 문학 철학이라든가, 인문 철학이라는 학문 분야를 찾기는 쉽지 않을 것이기 때문입니다. 이것은 사실입니다. 이런 이름은 무척 어색합니다. 그렇다고 문학과 철학이 어울리지 않는 것은 결코 아닙니다. 오히려 문학과 철학은 불가분의 것이라고 할 수 있습니다. 왜냐하면 문학은 철학을 담는 그릇이기 때문입니다. 문학은 철학을 대중들에게 전달하는 하나의 경로입니다. 철학은 문학이라는 주파수를 타고 일반 대중에게 전달됩니다. 문학이라는 주파수는 복잡하고 어려운 철학 이론과 내용을 대중들에게 이해하기 쉽게 융해시키는 마법과도 같은 도구입니다.

덧붙이자면, 철학은 도구에는 관심이 없습니다. 철학은 본질에 관한 것만을 대상으로 삼고 있습니다. 본질은 어떤 것을 구성하는 핵심을 의미합니다. 따라서 무언가를 알기 위해서는 그것의 본질을 알아야 합니다. 인간을 알기 위해서는 인간의 본질을 파악하고 이해해야 합니다. 부수적인 부속품은 그것의 본질이 아닙니다. 전통적으로 인간을 이해하는 것은 곧 인간 정신을 이해하는 것입니다. 즉, 인간의 육신은 인간의 본질을 구성하는 것이 아닙니다. 육신은 단지 정신을 담고 있는 그릇에 불과합니다. 육신은 정신이 활동하기 위한 도구입니다. 따라서 철학은 육신에 큰 의미를 두지 않습니다. 인간의 본질은 도구인 육신에 있는 것이 아니라, 정신에 있다고 보기 때문입니다.

• ◆ •

철학은 근본적으로 인간의 정신을 탐구합니다. 인간과 관련된 모든 것은 결국 인간 정신의 산물입니다. 인간의 외부에 환경과 자연이 독자적으로 존재할지라도, 철학이 다루는 환경과 자연은 결국 인간이 생각하는 환경과 자연입니다. 즉, 우리의 머릿속에 들어 있는 환경과 자연을 다룹니다. 이것은 우리의 외부에 있는 자연 자체와는 다를 수 있습니다. 우리의 밖에 있는 자연과 우리 안에 있는 자연이 같은 자연이라고 말할 수는 없기 때문입니다. 전자가 물리적 대상으로서 자연이라면, 후자는 인간의 관념 속에 있는 자연입니다. 인간의 관념 속에 있는 자연은 물리학 또는 화학 등 과학 영역의 '이론'의 모습으로 등장합니다. 그래서 철학은 이론들을 자신의 탐구 대상으로 삼습니다. 결국, 자연 과학의 이론들은 철학의 검토 대상이 됩니다.

우리 인식의 외부에 존재하는 대상과 인식되어 우리 내부에 들어온 대상은 구분되는 별개의 대상입니다. 외부에 존재하는 대상은 우리 내부에 들어온 대상의 존재론적 근거입니다. 외적 대상이 없다면, 내부에 들어온 대상도 존재할 수 없습니다. 그러나 외적 대상과 내적 대상은 전적으로 다른 대상입니다. 외적 대상은 직접적으로는 우리 안에 들어올 수 없습니다. 그래서 인식되지 않은 외적 대상을 알 수 없다는 주장이 가능해집니다.

독일 철학자 칸트에 따르면, 외적 대상으로서 '물자체'는 우리가 결코 알 수 없는 세계입니다. 이 물자체가 현상으로서 시간과 공간 형식을 통하여 우리 내부에 들어와 감각 자료가 되고, 이 감각 자료는 오성의 범주에 의해 구성됩니다. 칸트는 지식이 이런 과정을 거친다고 생각합니다. 우리의 지식은 대상에 대한 직접 지식이 아니라, 대상이 우리에게 보여 주는 모습을 가지고 구성된 지적 내용입니다.

철학과 과학의 탐구 방법: 차이점과 유사점

로마의 철학자 키케로는 "이 세상에 가장 어이없는 것은 철학자들의 책 속에 있다."라고 말했습니다. 키케로뿐만 아니라 많은 사람이 철학을 무익한 것이라고 생각합니다. 어쩌면 대부분의 사람들이 이렇게 생각할지도 모릅니다. 철학은 대체로 이해할 수 없는 애매하거나 모호한 말들을 늘어놓기 일쑤라고 생각하는 사람들도 상당히 많습니다.

더구나 철학은 해결책이 없거나 해결할 수 없는 문제를, 그것도 진지하게 탐구하지만 전혀 도움이 되지 않는 학문이라고 생각하기도 합니다. 또는 단지 말장난에 불과한 것들을 논의하면서, 현실 세계와 동떨어진 뜬구름을 잡으려는 시도에 불과할 뿐이어서 이 세상에서 쓸모없는 무익한 학문일 뿐이며, 어쩌면 유해하기까지 한 학문이라고 생각합니다. 그리고 철학 이론들은 단지 철학자들의 잘난체를 위한 말장난에 불과하다고 생각할 수도 있습니다.

반면에 과학은 인간과 사회에 도움이 되는 유익한 것이며, 그런 방향으로 진보하고 있는 생산적 학문으로 여겨집니다. 과학은 지식을 제공합니다. 그것도 정밀하게 정식화할 수 있는 지식인 까닭에 이해하기 매우 편리하기까지 합니다. 더구나 이런 지식은 기술의 발전에 이바지하여 인간의 삶을 윤택하게 해 줍니다. 과학의 방법은 전체를 부분으로 분해하고 환원하여 분석합니다. 그리고 그 부분을 다시 전체로 종합하여, 애매한 것을 이미 알고 있는 지식으로 확장합니다. 과학은 사물의 현재 상태와 작용을 밝히려고 합니다. 사물의 있는 그대로의 성질과 과정을 확인하는 것입니다. 예를 들면, 의학은 과학적 방법을 활용하여 치료 가능한 활동과 해가 되는 활동이 무엇인지를 분명하게 제시합니다. 그리고 어떤 물질이 치료에 도움이 되며, 우리를 죽일 수 있는 물질이 무엇인지도 알게 해 줍니다. 과학은 과정을 관찰하고 수단을 궁구하기 때문입니다.

• ◆ •

철학은 이런 과학의 방법과는 사뭇 다릅니다. '모든 과학은 철학에서 시작하고 기술에서 끝난다.'라는 말이 있습니다. 과학은 특정 가정을 전제하고서 시작하기 때문입니다. 철학의 탐구는 과학이 탐구를 시작하는 데 필요한 가설을 형성하는 것과 깊게 관련이 있습니다. 과학은 사물의 가치와 이상적 가능성을 탐구하는 것이 아닙니다. 즉, 과학은 사물 자체의 궁극적 의의를 탐구하지 않습니다. 과학은 단지 사물이 우리에게 보여 주는 현상과 그 구조를 파악할 뿐입니다. 반면에 철학은 과학의 방법으로 접근할 수 없는 문제나 대상들을 탐구합니다. 철학은 사물의 현상과 그 구조를 넘어서, 이 현상과 구조를 가능하게 해 주는 원인을 파악하려고 합니다.

철학은 알려지지 않은 것이나 정밀하지 않은 것의 가설적 해석이라고 말할 수 있습니다. 현상이 아니라 그 현상을 가능하게 해 주는 원인은 감각되지도 않고, 파악하기도 어렵습니다. 따라서 이런 문제에 대한 해명은 가설로 등장할 수밖에 없습니다. 이때 알려지지 않은 것은 형이상학의 주제가 되고, 인간의 삶과 관련하여 대답이 명확하지 않은 것은 윤리학이나 정치학의 문제가 됩니다. 주목해야 할 것은 철학은 이미 알려진 것이나 명료한 대답이 가능한 것에는 관심이 없다는 점입니다. 가설을 세우고 탐구한 후에 분명하게 드러나는 시점에 철학적 탐구는 끝을 맺습니다. 그리고 철학은 또 다른 분명하지 않고 정밀하지 않은 것을 찾아서 탐구의 길을 떠납니다.

> "철학은 승리의 열매를 그의 딸인 과학에 넘겨주고, 자신의 마음에 숭고한 불만을 품고 불확실한 미지의 세계로 향한다."

어쩌면 철학은 만족을 모르는 지적 순례자인 셈입니다. 만족을 모르니 멈출 수도 없는 순례자입니다.

철학적 탐구 방법과 주요 논변 형식

철학은 어떤 방법으로 탐구할까요? 철학의 탐구 방법은 과학의 방법과 매우 유사합니다. 과학은 논리적·합리적 방법을 사용하며, 철학도 마찬가지 방법을 사용합니다. 철학은 확고한 진리가 무엇인지 탐구하려고 합니다. 즉 불변하는 진리나 명석 판명한 지식을 탐구합니다. 이것은 소크라테스의 진리 탐구 정신에서 시작된 것입니다. 불변하는 진리는 무엇인가? 소위 진리라고 일컬어지고 있는 진리가 아닌, 불변하는 진리 말입니다. 소크라테스는 이런 진리를 탐구하기 위해서는 감각에 의존하기보다는 정신적 활동에 의거해야 한다고 말합니다.

감각은 '불변성'을 보장하지 못합니다. 내가 보는 것과 당신이 보는 것은 다를 수 있습니다. 우리가 같은 것을 보더라도 다르게 파악할 수 있습니다. 더구나 우리는 동일한 상황에서 서로 다른 것을 볼 수도 있습니다. 내가 본 것과 당신이 본 것이 다르다면, 감각을 통해서는 우리 앞에 있는 것이 무엇인지 명확히 말할 수 없게 됩니다. 감각의 불확실성에 대한 지적은 소크라테스에서 시작하였으며, 데카르트에서 절정에 이릅니다. 데카르트는 우리가 본 것이 사실은 거짓일 수 있다고 의심합니다. 우리가 무언가를 보았다는 감각 자체가 거짓이라는 것은 아닙니다.

우리가 무언가를 보았다고 말하지만, 우리가 본 것의 실상은 우리가 보고 있는 것이 아닐 수 있다는 것입니다. 그렇다면 '우리가 무언가를 보았다.'라는 명제의 내용은 거짓일 수 있습니다. 우리가 그것을 보았다 할지라도 잘못 본 것일 수 있기 때문입니다. 우리의 감각 기관은 불완전하기 때문에, 우리가 무언가를 보았다는 감각을 가졌을지라도, 실제로 그것을 보지 않았을 수 있습니다. 우리의 감각은 우리를 속입니다. 본 것을 보지 않은 것처럼, 그리고 보지 않은 것을 본 것처럼 얼마든지 속일 수 있습니다. 감각이 우리를 속인다면 그 감각의 내용은 거짓이 될 것이 분명합니다.

그래서 감각은 진리를 백 퍼센트 보증해 주는 인식 기관이 될 수 없습니다. 소크라테스가 말하고 있듯이, 가시적인 세계를 포착할 뿐인 감각은 진리와는 무관한, 신뢰할 수 없는 기관에 불과합니다. 그래서 감각은 참된 지식을 산출할 수 없습니다. 소크라테스는 인간의 정신적 능력이 진리를 보증해 줄 수 있다고 생각합니다. 그리고 감각에 의존하는 태도를 버리고서, 정신적 사유를 통한 활동만이 진리에 도달하는 유일한 방법이라고 생각합니다. 감각에 의존하는 습관을 버리는 것이 소크라테스가 말하는 '논박 elenchos' 또는 플라톤이 말하는 '혼의 순수화 katharsis'입니다.

감각 기관이 진리를 형성할 수 없다는 것은 데카르트가 체계적으로 설명하고 있습니다. 감각이 진리의 보증 기관이 아니라면, 진리를 보증해 줄 수 있는 어떤 다른 근거를 찾아야 합니다. 물론 인간의 능력 중에서 찾아야 할 것입니다. 그래서 데카르트는 확실하다고 여겨져 온 것 중에서 조금이라도 의심의 여지가 있는 것들을 진리의 후보에서 일단은 배제할 것을 제안합니다. 그리고 감각으로 파악된 것들이 가장 의심의 여지가 크다고 말합니다. 그래서 가장 먼저 감각에 의한 것들을 괄호치고서, 이성에 의한 사유 역시 자신을 속이는 악마의 가능성이 있다는 이유에서 괄호 칠 것을 제안합니다.

　　데카르트는 의심 가능한 모든 것을 괄호 친 후에도, 여전히 남아 있는 것이 있다고 말합니다. 이것은 너무도 명백한 것이어서 전혀 의심의 여지가 없다는 것입니다. 즉 현재 자신이 의심하고 있다는 것, 말하자면 사유하고 있다는 것은 너무도 명백해서 의심할 수 없다는 것입니다. 그리고 현재 사유하고 있다면, 그 사유하는 주체인 자신이 존재한다는 것도 결코 의심할 수 없다고 말합니다. 이것이 데카르트가 말하는, 그 유명한 '나는 생각한다. 고로 존재한다 $^{cogito\ ergo\ sum}$'입니다. 데카르트는 사유하는 주체로서 자신의 존재를 부정할 수 없다는 확신에 근거하여 사유의 주체로서 자신이 사유한 내용도 결코 의심할 수 없다고 말합니다. 적어도 정신적 활동과 그 활동의 내용이 존재한다는 것은 분명합니다.

　　이렇듯, 철학은 정신의 활동을 대상으로 삼으면서, 동시에 그 대상을 정신을 통해서 파악합니다. 정신 활동을 통한 진리 인식은 합리성, 엄밀성, 보편성, 또는 일반성을 요청합니다. 이런 방식은 정확히 과학이 요구하는 것이기도 합니다. 그러니까 논리적 방식과 합리적 방식은 애초에 철학의 방식이었습니다. 근대 이후에 과학은 철학의 방식을 빌려 사용합니다. 철학의 방식과 과학의 방식은 무척 유사하지만, 과학이 철학에서 빌려 온 것입니다. 그러나 과학은 지식을 확장하기 위한 또 다른 전략을 구사합니다. 과학은 귀납의 방법을 받아들였습니다.

논리학은 학문의 정합성과 타당성을 위해 필수적인 영역입니다. 사유의 역사 초기에 논리학은 주로 연역법이었습니다. 정신은 철학에서 진리 인식의 주체이면서 동시에 대상입니다. 그래서 정신적 활동의 근거로서 논리학은 '사유의 틀'이라고 할 수 있습니다. 철학의 초기에는 이 사유의 틀을 '범주'라고 불렀습니다. 그래서 아리스토텔레스의 논리학, 즉 범주를 논의한 책 제목을 '범주론'이라고 합니다. 이 범주론에서 논리적인 사유의 틀은 주로 연역 논변, 특히 삼단 논변이었습니다. 이 삼단 논변은 여러분도 잘 아는 논리 형식입니다.

1. 모든 대학생은 철학을 배운다.
2. 철수는 대학생이다.
3. 철수는 철학을 배울 것이다.

이 논리 형식에서 명제 1과 명제 2를 전제라고 합니다. 명제 3은 결론에 해당합니다. 연역 논변에서 전제가 참이라면, 결론은 필연적으로 참이 됩니다. 따라서 이 논변에서 전제 1과 전제 2가 참이라면, 결론은 필연적으로 참이어야 합니다. 전제 1과 전제 2가 참이기 때문에 명제 3, 즉 결론은 참이 됩니다. 연역 논변에서 결론은 전제 1과 전제 2에 이미 함축되어 있으므로 필연적으로 참이 됩니다.

연역적 사유의 틀은 필연적인 진리를 보장해 줍니다. 우리의 사유 방식이 연역의 방법을 따른다면, 우리의 사유는 진리의 결과에 도달할 것입니다. 그러나 연역은 한계를 가지고 있습니다. 연역의 방법은 진리 확장에 한계를 가지고 있기 때문입니다. 앞에서 말했듯이, 연역 논변에 의한 사유의 결과, 즉 필연적 진리는 그 사유가 재료로 사용하고 있는 전제에 이미 들어 있는 내용입니다. 연역 논변은 전제들이 복잡하여 미처 파악하지 못한 내용을 들춰 드러내는 것입니다. 연역 논변은 이미 진리로 받아들여진 논리적 연관 관계를 통해 알 수 있는 정합적 내용을 끌어내는 것입니다.

철학이든 과학이든, 근대의 학문이 발달하기 전에는 연역 논변에 크게 의존해 왔습니다. 그러나 근대의 과학은 연역의 방법에 만족할 수 없었습니다. 서양이 근대로 들어서면서 활동할 수 있는 세계가 확장되고, 이에 따라 앎에 관한 갈증이 폭발하게 됩니다. 이에 발맞춰 경험 자료들도 증가하고, 아울러 경험 내용이 지식의 자리를 차지하기 시작하였습니다. 확장된 세계에서 경험된 지식 그리고 실험을 통한 결과의 보고들이 중요한 지식의 원천으로 인식되기 시작합니다. 경험적 내용이 지식과 지식의 원천으로 인식된 것은 경험적 내용을 적용한 결과가 매우 유용했기 때문입니다.

· ◆ ·

그러나 이런 경험적 내용에 지식의 자격을 부여하기 위해서는 그 정당성이 확보되어야만 합니다. 그렇다면, 경험 내용이 지식이라는 것에 대한 정당성을 어떻게 확보할 수 있을까요? 이를 고민한 학자가 프랜시스 베이컨입니다. 그는 『신기관 novum organum scientiarum』이라는 책을 썼습니다. 신기관은 새로운 기관이라는 의미입니다. 이때 '기관'은 아리스토텔레스에서 범주, 즉 사유의 틀을 의미합니다. 결국, 신기관은 과거의 사유의 틀이 아닌 새로운 사유의 틀이라는 의미입니다. 즉 아리스토텔레스가 말하는 연역의 범주가 아니라, 귀납의 범주를 말하고 있습니다. 따라서 신기관은 귀납법을 의미합니다.

귀납법은 이미 참으로 알려진 전제로부터 알려지지 않은 내용을 추론하는 논리 형식입니다. 즉, 전제를 통해 직접 주어지지 않는 확장된 내용을 주장하기 위한 논변 형식입니다. 귀납법의 대표적인 논변은 다음과 같습니다.

> 1. 까마귀1은 검다.
> 2. 까마귀2는 검다.
> 3. 까마귀3은 검다.
>   ⋮
> n. 까마귀n은 검다.
>   ⋮
>
> 그러므로 모든 까마귀는 검다.

이런 귀납 논변의 결론은 필연적 진리가 아닙니다. 귀납의 결론이 엄밀한 의미에서 진리인지 의문을 가지는 것은 온당해 보입니다. 그래서 귀납 논변의 결론은 참이라고 말하지 않고, 참일 개연성을 가졌다고 말합니다. 이때 전제가 많으면 많을수록 개연성의 정도는 커지게 됩니다. 그러나 개연성이 아무리 크다 할지라도, 여전히 필연적인 진리라고 말할 수는 없습니다.

개연성이 높은 결론이라 할지라도, 필연적인 진리가 될 수 없다는 것을 보여 주는 재미있는 이야기가 있습니다. 어떤 칠면조는 매일 아침 7시에 모이를 먹을 수 있다고 생각합니다. 자신이 태어난 이후로 항상 주인은 아침 7시에 모이를 주러 왔기 때문입니다. 자신이 경험한 한에서 7시에 모이를 먹지 못한 날은 없었습니다. 그래서 칠면조의 생각은 매우 개연성이 높은 결론이라는 것은 확실해 보입니다.

그러던 어느 날, 여느 날과 마찬가지로 아침 7시에 주인이 먹이통을 들고 우리로 다가왔습니다. 그래서 칠면조는 오늘도 7시에 모이를 먹을 수 있다고 생각하였습니다. 이런 칠면조의 판단은 참이 될 개연성이 매우 높은 귀납적 결론입니다. 칠면조의 온 생애에 걸친 경험에 기초한 판단이기 때문입니다. 그러나 우리 안에 들어온 주인은 그 칠면조의 목을 움켜쥐고는 비틀어 버렸습니다. 그날이 마침 추수감사절이었고, 주인은 추수감사절 파티를 위해 칠면조를 죽여야만 했기 때문입니다.

칠면조는 귀납적으로 매우 훌륭한 추론을 했지만, 그래서 그 칠면조의 결론은 진리가 되기에 매우 개연성이 높은 것이었지만, 거짓이 되고 말았습니다. 개연성이 아무리 큰 주장일지라도 여전히 필연적으로 참인 것은 아닙니다. 높은 개연성은 진리를 필연적으로 보장해 주지 못하기 때문입니다.

이런 예들은 많이 있습니다. 귀납 논변을 비판하는 사람들은 내일 아침이 밝을 확률이 '제로'라고 말합니다. 왜 그럴까요? 귀납 논변은 우리가 관찰한 사례가 많을수록 개연성이 커집니다. 그래서 내일 아침이 밝을 확률은 현재까지 아침이 밝았던 모든 날과 앞으로 아침이 찾아올 모든 날을 합한 날에서 우리가 관찰한 아침이 밝은 날이 차지하는 비율입니다. 물론 우리가 관찰한 아침이 밝은 날이 많을수록 내일 아침이 밝을 확률은 커집니다. 우리가 관찰한 아침이 밝은 날은 인류가 시작된 날에서 현재까지입니다. 이것은 적지 않은 관찰 사례입니다. 그래서 내일 아침이 밝을 확률은 매우 크다고 생각할 수 있습니다. 그러나 지구가 탄생한 순간부터 지구가 소멸할 날까지 얼마나 많은 아침이 있을 것인지를 생각해 본다면, 인류가 관찰한 아침이 밝을 날의 수는 매우 미미해 보입니다. 그래서 아침이 밝을 확률 역시 미미합니다.

귀납적으로, 내일 아침이 밝을 확률은 실제로 거의 제로에 가깝습니다. 분모가 무한대이면 분자가 아무리 많아도 제로가 됩니다. 이와 마찬가지로, 지구가 탄생한 순간부터 소멸할 날까지의 분모는 거의 무한대에 가깝습니다. 그래서 우리가 관찰한 아침이 밝은 날이 아무리 많더라도, 결국 내일 아침이 밝을 확률은 제로에 불과합니다. 이런 논변이 그럴듯해 보이나요? 뭔가 석연치 않을 것입니다. 실제로 우리는 내일 날이 밝을 것이라고 철석같이 믿고 있습니다. 그러나 귀납 논변은 여러분의 믿음에 확신을 제공하지 못합니다. 오히려 여러분의 믿음에 전적으로 반대되는 주장을 옹호하고 있는 것처럼 보입니다. 그 차이가 무엇인지 진지한 고민이 필요합니다.

철학의 주제들

앞에서 말했듯이, 인간의 핵심적인 인식 능력은 사유와 감각입니다. 철학은 인간과 관련된 모든 대상을 사유를 통하여 인식하려고 합니다. 이런 방식으로 인식된 철학의 주제들은 크게 세 가지로 구분될 수 있습니다. 형이상학 또는 존재론, 인식론, 윤리학이 세 가지 철학의 주제입니다.

형이상학과 존재론

형이상학이나 존재론은 이 세계에 존재하는 것들과 이들의 존재 방식을 탐구합니다. 이 존재하는 것들은 단순히 눈에 보이는 것만을 말하는 것이 아닙니다. 우리의 눈에 보이지 않는 것들도 무수히 많이 존재합니다. 눈에 보이는 존재에 대한 탐구는 눈에 보이지 않는 탐구보다 상대적으로 어렵지 않습니다. 그러나 눈에 보이는 대상과 눈에 보이지 않는 대상이 그렇게 엄격하게 구분되는 것은 아닙니다. 어린이에게 눈에 보이지 않지만 존재하는 것을 말하라고 하면, 대부분은 바람 또는 공기 등을 예로 들 것입니다. 그러나 엄밀히 말한다면 바람이나 공기는 눈으로 볼 수 없는 것이 아닙니다. 이들은 매우 작아서 눈으로 보기 어려울 뿐입니다. 인식을 확장해 주는 장치의 도움을 받는다면 얼마든지 눈으로 볼 수 있습니다.

세상에는 감각으로 파악 불가능한 것은 아니지만, 통상적으로 존재하지 않는다고 생각하기 쉬운 존재들도 있습니다. 너무 작아서 볼 수 없는 것들이 있는 반면에, 너무 커서 파악할 수 없는 것들도 있습니다. 작아서 볼 수 없는 것들은 앞에서 말한 공기와 같은 것들입니다. 사실상 너무 큰 것은 눈으로 파악할 수 없는 것은 아닙니다. 이들은 단지 일부만 볼 수 있을 뿐이어서 그것에 대한 충분한 인식이 불가능하다고 말할 수 있습니다. 너무 작아서 볼 수 없는 것이든, 너무 커서 충분히 볼 수 없는 것이든, 이들은 원리적으로는 눈으로 볼 수 있는 것들입니다.

◆

눈으로 파악하기 어렵긴 하지만 원리적으로는 눈으로 볼 수 있는 대상들 외에도, 눈으로 볼 수 없지만 존재하는 것들이 있습니다. 아주 쉽게는 우리의 정신은 눈으로 볼 수 없습니다. 그러나 정신은 분명 존재합니다. 사실 정신이 존재하지 않는다고 생각하는 것은 어리석은 판단입니다. 정신과 같이, 감각으로 파악 불가능하여 존재하지 않는다고 오해받는 존재들도 많이 있습니다. 눈에 보이지 않지만 분명 존재하는 것이 있습니다. 우리는 무거운 물체가 당기는 힘이 있다는 것을 알고 있습니다. 이것을 '만유인력'이라고 부릅니다. 뉴튼이 찾아냈다고 말합니다. 그러나 만유인력을 눈으로 본 사람은 없습니다. 우리가 본 것은 단지 물체가 아래로 떨어지는 현상뿐입니다. 물체가 아래로 떨어지는 이유는 만유인력이 작용하고 있기 때문이지만, 만유인력을 볼 수 있는 것은 아닙니다. 우리는 단지 아래로 떨어지는 물체를 볼 수 있을 뿐입니다. 만유인력을 눈으로 볼 수 없는 것은 분명합니다.

물체가 아래로 떨어지는 현상이 뉴튼의 시대에 와서 문제로 특별히 부각된 것은 아닙니다. 뉴튼이 태어나기 전에도 사람들은 이런 현상을 설명하려고 노력했습니다. 예전의 사람들은 이런 현상을 설명하기 위하여, 가상적 존재를 설정했습니다. 이 세상에 두 요정이 있어서, 한 요정은 위로 잡아당기고, 또 다른 요정은 아래로 끌어당기는데, 아래로 끌어당기는 요정이 힘이 훨씬 강해서 항상 이기기 때문에 모든 물체가 아래로 떨어진다고 믿었습니다. 이런 요정의 존재를 거부하고 새로운 설명을 하려고 한 사람이 뉴튼입니다.

◆

눈에 보이지 않지만 존재한다고 믿기는 또 다른 사례가 있습니다. 아주 친근한 예입니다. 아마도 1+2=3이라는 것을 모르는 사람은 없을 것입니다. 이것은 언제나 어느 곳에서나 진리입니다. 그렇다면 수는 존재하는 것일까요? 쉽게 말해서 수 1과 수 2, 그리고 수 3은 어디에 존재하는 것일까요? 또한, 더하기의 '+'는 어떻게 존재하는 것일까요? 같음을 나타내는 '='은 어떤 방식으로 존재할까요? 혹 이런 존재를 눈으로 본 적이 있나요? 물론 종이에 써 놓은 글씨로서 숫자나 더하기를 보았을 것입니다. 그러나 써 놓은 글씨 말고, 수 자체나 더하기 자체를 본 적이 있느냐는 것입니다. 존재한다면 어디에 존재하며, 존재하지 않는다면, 이 수식이 어떻게 해서 항상 진리라고 말할 수 있을까요? 존재하지도 않는 것이 항상 진리라고 말하는 것은 납득하기 어려운 일입니다. 그래서 이 수식이 항상 진리이려면, 수와 '='은 이 세상 어딘가에 존재해야 합니다.

앞에서 말한 것들이 존재한다면, 어디에 그리고 어떤 방식으로 존재할까요? 눈에 보이는 종류가 아니니, 물질의 세계가 존재하는 것처럼 존재하는 것은 아닐 것입니다. 그렇다면 비물질적 세계가 존재하는 방식으로 존재해야 할 것입니다. 그러나 비물질적인 존재는 대체 어떻게 존재하는 것일까요? 비물질적인 존재의 존재 방식이나 존재 영역을 말하는 것은 무척이나 어렵습니다. 그러나 철학자들은 이에 대해 나름의 설명을 제공하려고 합니다. 예를 들면 플라톤이 말하는 '이데아'도 눈으로 볼 수 없는 존재입니다. 그러나 플라톤은 이데아가 참된 진리로서 항상 존재한다고 말합니다. 과연 그럴까요?

어떤 사람들은 눈에 보이지 않지만 존재하는 것으로 '신'을 말하기도 합니다. 그렇다면 신은 존재하는 것일까요? 신의 존재를 인정한다면, 눈에 보이지 않지만 존재하는, 적어도 하나의 존재를 인정하고 있는 셈입니다. 물론 신을 눈으로 볼 수 있는지에 관한 논의보다는, 오로지 정신만의 존재가 가능한지가 더 진지한 문제입니다. 그리고 오로지 정신만의 존재가 어떤 방식으로 존재하는지가 진지한 문제입니다. '수'나 '='의 존재는 틀림없이 오로지 정신적인 존재가 존재하는 방식과 유사한 방식으로 존재할 것이기 때문입니다. 이런 존재가 존재할지라도, 물질이 존재하는 방식으로 존재하는 것과 같은 방식으로 존재하는 것은 아닐 것입니다. 오히려 정신만의 존재가 존재하는 방식과 유사한 방식으로 존재할 것처럼 보입니다.

인식론

인식론은 존재하는 것들을 우리가 어떻게 인식하고 있는지, 그리고 우리가 인식할 수 있는 존재는 어떤 것들인지, 또는 어떤 대상과 우리의 어떤 인식 능력이 결부되는지를 밝히려는 학문 영역입니다. 또한, 인식론은 어떤 명제들이 진리의 대상으로 확정될 수 있는지를 해명하는 중요한 분야이기도 합니다. 우리가 어떤 대상을 인식하고 있다는 것은 분명한 사실입니다. 그렇다면 우리는 그 대상을 어떻게 인식할까요? 일단 우선은 감각을 통해서 인식하게 될 것입니다. 그러나 앞에서 말했듯이 감각된 내용은 언제나 참, 즉 필연적 진리라고 말할 수 없다는 특성이 있습니다. 그래서 감각 내용은 보편성을 제공해 주지 못한다는 비판이 의미 있게 제기되곤 합니다.

우리는 같은 상황에 있으면서도 발생한 사건이나 제시된 사물들에 대해 다르게 인식하는 경우가 흔히 있습니다. 이것은 감각에 의존한 인식이기 때문입니다. 우리가 서로 다른 관심을 가지고 있다면, 동일한 것을 보고서도 매우 다른 감각 내용을 가지는 경우가 흔히 있습니다. 우리의 감각이 지식의 확실한 근거로 결함을 가지고 있다는 많은 사례들을 제시할 수 있습니다. 최근 감각이 불분명하다는 것을 보여 주는 흥미로운 실험이 있습니다.

실험 참가자들에게 농구 경기를 시청할 것이라고 말합니다. 그리고 그 경기에서 선수들이 몇 번의 패스를 하는지 세어 볼 것을 주문합니다. 경기를 시청한 후에는 시청 전에 이야기했던 것과 달리 경기 중에 어떤 동물을 보았는지 물어봅니다. 이때 대략 80%의 사람들이 동물을 보지 못했다고 답합니다. 그러나 사실은 경기가 진행되는 내내 곰 인형 탈을 쓴 사람이 종회무진 경기장을 누비고 있었습니다.

이처럼 우리의 감각에는 왜곡이 흔히 발생합니다. 그래서 많은 철학자들은 우리의 감각이 진리를 보증해 주는 믿음직한 근원이 아니라고 생각합니다. 그럼 진리가 될 수 있는 조건은 무엇일까요? 하나의 명제가 어떤 조건을 갖추어야 진리의 지위를 누릴 수 있을까요?

윤리학

인간을 둘러싼 모든 가치에 관한 기본적 탐구를 가치론이라고 부릅니다. 가치론에는 미학적 가치, 종교적 가치, 그리고 윤리적 가치가 있습니다. 윤리학은 공동체의 삶과 관련된 가치의 문제를 탐구합니다. 윤리적 가치는 사회가 존속하기 위해서 반드시 필요한 가치입니다. 인간이 공동체 속에서 살아가기 위해 필요한 가치들이 있습니다. 이것이 윤리적 가치입니다. 이 때문에 윤리학의 주제 중 하나가 생겨납니다. 즉 어떤 것이 옳은가? 사회의 구성원으로서 그리고 인간적 삶을 영위하는 존재로서 어떤 가치를 온당한 것으로 승인해야 하는가? 옳은 것을 구분하는 문제는 윤리 이론의 가장 큰 주제 중 하나입니다.

◆

학문을 구성하는 명제들은 사실 명제와 당위 명제가 있습니다. 과학은 사실 명제와 관련된 학문입니다. 반면에 윤리학은 당위 명제를 다룹니다. 당위 명제는 통상 명령문의 형태를 취합니다. 그래서 윤리적 가치는 대체로 당위 명제인 명령문의 형태로 제시됩니다. 예를 들면, '약속을 지켜야만 한다.' 또는 '타인의 것을 훔쳐서는 안 된다.' 이런 예들은 누구나 동의할 수 있는 가치들입니다. 이와 같이 너무도 분명하여 부정하는 사람이 없는 가치의 예들이 있습니다. 이런 가치에 동의하지 않는 사람은 사회의 구성원으로서 존속할 수 없습니다.

그러나 가치의 문제에서 모든 사람이 항상 동의하는 것은 아닙니다.

오히려 모든 사람이 항상 동의하고 있는 가치는 그렇게 많지 않습니다. 대부분은 서로 동의하지 않는 가치의 문제를 놓고 갈등하고 반목하기 일쑤입니다. 예를 들면, 낙태는 윤리적으로 허용될 수 있을까요? 많은 사람들이 서로 다르게 생각할 것입니다. 통상, 진보주의자들은 허용된다고 말하고 보수주의자들은 금지되어야 한다고 말합니다. 낙태 문제에 대한 상충은 전 세계적으로 가장 심각하고 첨예한 문제를 일으키고 있습니다.

가치 문제에 있어서 상충은 어떤 방식으로든 해결되어야 합니다. 한 사회가 두 상반된 가치를 내세울 수는 없습니다. 상충하는 견해가 하나로 수렴되기 위해서는 많은 논의가 필요합니다. 이런 논의를 통해 다른 견해를 이해하고 하나의 관점으로 나아갈 수 있습니다. 서로 다른 가치를 가지고 반목하는 사람들은 한 사회의 구성원이 되기 어렵습니다. 다른 견해를 옹호할지라도, 이 문제를 해결하려는 노력을 지속해야 합니다. 그래야만 사회의 극단적인 분열을 막을 수 있습니다. 가치의 상충을 방치하는 것은 상대방을 자신이 속한 사회의 구성원으로 인정하지 않겠다는 선언과 같습니다. 잠정적일지라도, 어쨌든 한 사회는 중요한 가치에 있어서 일치된 견해를 표방해야 합니다. 그렇지 않다면, 사회가 유지될 수 없습니다.

• ◆ •

가치 상대주의의 가장 극단적인 형태는 개인 가치 상대주의입니다. 개인 가치 상대주의를 주장한 것은 소피스트들입니다. 이들은 각자가 가치의 주제이며, 각자가 옳다고 생각하는 것이 각자에게 옳다고 주장합니다. 즉 각자가 옳다고 생각했다면, 그것은 그에게 옳다는 것입니다. 그러나 이런 상대주의는 너무도 많은 양립할 수 없는 가치를 인정해야하는 부담이 있습니다. 자신 혼자서 살아간다면, 그럴 수도 있을 것입니다. 그러나 사회는 혼자 살아가는 조직이 아닙니다. 이것이 가치에 기준이 필요한 이유입니다.

소크라테스는 소피스트들이 주장하는 개인 가치 상대주의를 용인할 수 없었습니다. 소크라테스는 소피스트들의 주장에 분노했습니다. 이들의 견해는 아테네를 망치는 결과를 가져올 것이기 때문입니다. 그래서 확고하면서도 불변하는 진리에 관한 견해를 제시하고자 하였습니다. 소크라테스는 일생 동안 불변하는 진리와 가치를 밝히고, 이런 진리와 가치가 아테네 사회에 정착되어야 한다는 일념으로 살았습니다. 그리고 이를 못마땅하게 여긴 사람들에게 사형을 선고받았습니다. 사형 선고를 받아들이는 것이 자신이 생각하는 절대적 진리와 절대적 가치에 대한 이념에 부합한다는 이유에서 기꺼이 죽음을 맞이했습니다.

· ◆ ·

세상에는 다양한 가치들이 제시되어 있습니다. 그리고 이런 가치들은 서로 상충하기도 합니다. 가치들이 서로 상충하는 경우 어떤 가치를 선택해야 하는지 결정하는 데 어려움을 겪게 됩니다. 윤리 이론은 어떤 가치를 수용해야 하는지를 말하기 위한 장치입니다. 즉 어떤 가치가 옳은지를 결정하기 위해 윤리 이론이 필요합니다. 윤리 이론들이 가치의 기준인 셈입니다. 이런 윤리 이론들을 '규범 윤리 이론'이라고 말합니다. 대표적으로는 공리주의와 칸트의 의무론이 있습니다. 이 두 이론은 각각의 방식에서 가치의 기준을 제시합니다. 이 이론들을 살펴보는 것은 가치를 결정할 때 도움이 될 수 있습니다.

#그리스신화

#지혜

#로고스

#권력투쟁

#정의

CHAPTER 02

철학의 미성숙한
형태로서
그리스 신화

• 서양 철학 이해의 열쇠, 그리스 신화

• 그리스 신화의 천지 창조

• 권력 투쟁

• 여성과 남성

• 정의의 신과 재판 제도, 그리고 지혜의 상징물들

서양 철학 이해의 열쇠, 그리스 신화

신화는 우리가 잘 알고 있듯이, 아주 까마득한 옛날 이야기입니다. 실제로 신화는 현대적 의미의 언어가 생겨나고 얼마 지나지 않은 시절의, 말하자면 문자가 아직 채 성숙하지 않은 시절의 이야기들입니다. 그리스 신화는 대략 기원전 15세기 이전과 그 무렵의 내용들이 구전으로 전해 오다가 문자가 어느 정도 정비된 기원전 7~8세기 경에 기록되었다고 합니다. 이 이야기들은 말 좀 한다는 입담 좋은 이야기꾼들에게 구전으로 전해지면서 살이 붙고, 가공되어 지금 우리에게 전해 내려오고 있습니다.

우리가 오늘 다루려는 것은 이러한 신화적 이야기들이 실제로 일어났던 이야기인지, 아니면 허구인지를 밝히려는 것이 아닙니다. 말하고자 하는 오늘의 이야기는 이 신화가 허구든 사실로 있었던 이야기든, 이것이 우리에게 큰 의미를 시사해 주고 있다는 것입니다. 그리스 신화는 서양의 체계적인 신화 중 비교적 최초의 것이며, 그래서 서양 사상의 단초를 이해하는 데 매우 유용한 자료들을 담고 있기 때문입니다.

· ◆ ·

많은 사람은 의심쩍어할 것입니다. 아니 그토록 오래된 옛날 이야기가 현대의 우리에게, 그것도 산업사회의 극을 달리고, 최첨단 기기와 IT 기술로 무장한 우리에게 시사해 주는 바가 크다니! 이것은 말이 되지 않는 일이며, 아마도 거짓일 것이라고 생각하는 사람들이 많을 것입니다. 이렇게 생각하는 것도 무리는 아닐 듯합니다.

그러나 인간의 본질은 무엇일까요? 그 옛날의 우리와 현대의 우리는 얼마나 다를까요? 물론 많이 다르겠지요. 하지만 인간의 본성은 그때나 지금이나 여전한 듯합니다. 왜냐하면 그 옛날의 신화 속에서 현대의 우리 모습을 발견하는 것은 너무도 쉽기 때문입니다. 하나만 예로 든다면, 그때나 지금이나 우리는 여전히 전쟁을 하며, 이 전쟁은 인간의 삶에서 매우 중요한 요소를 차지하고 있습니다. 전쟁하는 이유도 과거나 현재가 별반 다르지 않은 것 같습니다.

신화의 현대적 의미에 관한 모든 것을 모두 다 말하기는 어렵습니다. 범위를 좁혀서 그리스 신화의 현대적 시사점을 말한다고 해도 고작 책한 권으로는 어림없는 일입니다. 그리스 신화는 너무도 방대해서 간단하게 설명할 수 없습니다. 또한 서로 상이한 내용은 물론이고 심지어 모순되는 내용도 포함하고 있으며, 하나의 사실에도 각기 다른 방식으로 매우 다양한 설명이 존재합니다. 예를 들면, 천지창조에 관해서도 여러 상이한 내용과 설명이 있으며, 지옥에 관한 내용도 그러합니다. 이러한 다양성은 이루 다 말할 수 없을 정도입니다. 이왕 말을 꺼냈으니, 하나더 첨언하는 것이 좋을 듯합니다.

· ◆ ·

그리스 신화는 한 명의 저자가 저술하거나 서술한 책이 아닙니다. 그리스 신화는 많은 책들 속에 다양하게 흩어져 전해 오고 있습니다. 그러다 보니, 같은 것을 서술하고 있더라도 그 내용은 다른 경우가 흔히 있습니다. 심지어 내용의 차이가 심한 경우도 더러 있습니다.

그리스 신화 모두를 논의할 수 없다면, 몇 가지 내용이 우리에게 시사해 주는 바를 되새겨 보는 것이 좋을 듯합니다. 그리스 신화는 그리스인에게 종교이며, 윤리이고, 학문이고, 문학이며, 오락일 뿐만 아니라, 이것을 넘어서 고대 그리스인의 폴리스적 삶과 관련된 모든 것이었습니다. 바로 이 그리스의 모든 것을 고대 로마인들이 이어받아 존중하고,

이것을 또한 갈리아, 즉 서유럽이 수용하면서 서구 문화의, 아니 서구의 모든 것의 어머니가 되었습니다. 서구의 어떤 것이든 이 그리스 신화의 젖을 먹지 않고 성장한 것은 거의 찾아볼 수 없을 정도입니다. 서구 사회의 모태가 된 것들 중 몇 가지만을 논의하고자 합니다.

그리스 신화의 천지 창조

그리스 신화에 의하면 태초에 이 세상이 창조되기 전에는 혼돈^{kaos} 상태에 있었습니다. 이 카오스 개념은 현대 천체 물리학에도 쓰이는 개념으로, 그리스 신화가 말하고 있는 내용과 거의 같은 의미로 사용합니다. 혼돈 상태는 모든 것이 뒤죽박죽인 상태를 의미합니다. 그러나 기독교가 말하는 창조 이전의 아무 것도 없는 상태는 절대로 아닙니다.

그리스 신화가 말하는 창조 이전의 혼돈 상태는 무언가를 이룰 수 있는 재료로서 질료가 주어져 있으나, 그 재료들이 무질서하게 뒤죽박죽인 상태입니다. 즉 아무 것도 없는 것이 아니라 무언가로 될 잠재성을 가진 재료가 있는 것입니다.

쉽게 말하면, 칼국수 면의 재료는 반죽일 것입니다. 그러나 반죽은 그저 덩어리로 엉켜 있는 뒤죽박죽이며, 이것을 다루는 자에 의해 무언가로 될 것입니다. 만드는 자에 의해 면으로도, 빵으로도, 어쩌면 과자가 될 수도 있습니다.

창조 이전의 상태는 바로 이런 반죽의 상태로 비유될 수 있습니다. 따라서 그리스 신화의 창조설은 아무 것도 존재하지 않는 태초의 상태를 가정하는 기독교의 창조설과는 큰 차이가 있습니다.

이 뒤죽박죽의 상태에서 천지가 창조되면서, 무거운 것은 아래로 가라앉아 땅이 되고, 가벼운 것은 위로 떠 하늘이 되고, 중간 것은 중간에 남아 공간이 되었습니다. 즉 모든 것이 그 나름대로 질서를 잡은 것입니다. 말하자면 천지 창조는 이미 주어진 물질에 질서를 부여한 것을 의미하기 때문에, 질서의 시작이라고 말할 수 있습니다. 이것은 성경 요한복음 1장 1절의 "태초에 말씀이 계시니라. 이 말씀이 하나님과 함께 계셨으니 이 말씀은 곧 하나님이시니라."를 비교해 보면 좋을 듯합니다. 여기서 말씀은 희랍어로 '로고스 logos'입니다. 로고스의 뜻은 '질서', '규칙', '논리', '말', '언어', '원리', '원칙', '법칙' 등 다양하게 해석될 수 있는 어휘입니다. 실제로 성경에 쓰인 '말씀'의 언어는 로고스입니다.

그렇다면, 성경의 이 구절을 종교적 의미를 제거하고서 문화사적으로 해석해 본다면, 하나님의 '말씀'이 있었다는 것은 곧 우리에게 질서가 생겨났다는 것으로 해석할 수 있습니다. 이 해석을 한걸음 더 진행시키면 사회의 형성, 인간 사회의 시작을 의미하는 것으로 이해할 수 있습니다. 말하자면 우리가 질서 있는 사회에서 살게 되었다는 것입니다. 물론 기독교에서는 이 말씀이 모든 것의 시작입니다. 그래서 이 말씀 이전에는 하나님 이외에 어떤 존재도 없었습니다. 그러나 그리스 신화에서는 뒤죽박죽의 무질서로서의 세계가 있었고, 이 세계가 바로 질서지워진 것이 세계 창조입니다. 아마도 동물로서 아무렇게나 살다가 비로소 인간으로서 살기 시작했다는 의미일 것입니다. 인간의 삶에는 질서가 필요하기 때문입니다. 무질서를 질서로 바꾼 삶, 즉 인간의 삶입니다.

질서가 인간 사회를 구성하며, 이런 질서는 인간 계급의 형성을 의미합니다. 말하자면 인간 사회가 계급 사회로 구성되었다는 것입니다. 이 계급은 아마도 처음에는 유인원 집단의 계급과 크게 다르지는 않았을 것입니다. 그러나 인간 사회의 계급은 가정을 기초로 한 계급이 확장되어 사회 구조 역시 계급적 구조로 형성되었을 것입니다.

어쨌든 천지가 창조된 후, 무거워서 가라앉은 대지는 여자, 즉 어머니로서 '가이아'이며, 하늘은 남자로 '우라노스'입니다. 물론 이 우라노스는 가이아의 아들이며, 최초의 남자입니다. '모든 남자는 여자들의 자식'이라는 말이 여기에 딱 들어맞습니다. 또한, 거의 모든 신화가 그러하듯이 대지를 여성인 동시에 생명의 원천으로 보고 있다는 점도 흥미롭습니다. 인간의 경험 내용은 어느 문화나 거의 비슷한가 봅니다.

그리스 신화는 혼동 속에서 먼저 대지의 여신인 가이아가 생겨나고, 이 가이아가 하늘의 신인 우라노스를 낳아 하늘을 뒤덮었다고 합니다. 세계 창조에 관해 이 설명이 가장 일반적입니다. 그러나 또 다른 창조와 관련하여 주목할 만한 보다 흥미로운 이야기가 플라톤의 저술에 등장합니다. 이 창조설은 플라톤의 대화편 『티마이오스』에 나옵니다. 데미우르고스 demiourgos라는 창조의 신 이야기입니다. 이 창조의 신은 이미 주어져 있는 재료를 이용하여, 이 우주를 만들었다고 합니다. 그런데 이 우주를 만들 때, 파라데이그마 paradeigma를 본으로 삼아 충실하게 만들었다는 것입니다. 이 신은 아주 훌륭한 창조 신이기 때문에 이 세계를 파라데이그마 本에 매우 닮게 만들었습니다. 우리가 옷을 만들 때 옷본을 대고서 본 떠 만들 듯이 말입니다.

데미우르고스는 기독교의 신과는 달리 그리스의 창조 신답게 세계의 한계와 제약 속에서 활동합니다. 즉 주어진 것에 제약을 받는 창조 신입니다. 덧붙이자면 이 창조 신에 관한 이야기는 소크라테스가 이데아 이론을 설명하는 데 사용되고 있습니다. 이념의 세계인 이데아는 현실 세계의 파라데이그마^본입니다. 이데아와 현실 세계는 서로 대응합니다. 이 세계는 이데아를 모방한 세계이기 때문입니다. 현실 세계는 이데아 세계를 꼭 닮아 있는 물질 세계입니다. 이데아의 세계는 정신을 통해 알려지기 때문에 가지적^{可知的} 세계이며, 물질 세계는 지각을 통해 알려지기 때문에 가시적^{可視的} 세계입니다.

권력 투쟁

그리스 신화에서 최초의 통치자인 왕은 가이아가 낳은 우라노스입니다. 우라노스와 가이아 사이에 12명의 티탄족, 키클로페스 삼형제(천둥, 번개, 벼락), 괴물 세 명을 낳았습니다. 이들의 모습은 매우 끔찍하게 생겼다고 합니다. 정권을 잡은 우라노스는 자식들의 흉한 몰골이 보기 싫어 모두 빛이 닿지 않는 가이아 몸 속 깊은 곳에 있는 타르타로스^{tartaros:지하감옥}에 가두었습니다.

덩치가 큰 자식들은 어머니 몸 안에서 난동을 치기 일쑤였습니다. 가이아는 덩치 큰 자식들이 자신의 몸 안에서 요동치는 바람에 몹시 괴로웠습니다. 이를 참다못한 가이아가 자식들에게 우라노스를 제거하자고 제안했습니다. 다른 형제는 불안해하며 겁을 먹고 거부했으나 막내 아들인 크로노스만은 어머니의 제안에 응했습니다.

그렇게 우라노스의 막내 아들인 크로노스 ^{cronos}는 어머니인 가이아의 제안을 받아 침실에 잠입하여 우라노스의 생식기를 잘라 던져 버렸습니다. 우라노스는 비명을 지르며 북쪽으로 달아났습니다. 잘린 생식기에서 뿜어나온 피가 바닥에 떨어져 피의 복수의 여신인 에리니에스 erinyes와 기간테스 gignates가 태어났으며, 도망치다 바다에 떨어진 피에서 거품이 일어나 그 속에서 아프로디테 aphrodite가 태어났다고 합니다.

• ◆ •

크로노스가 정권을 잡은 후 가이아는 자신과 우라노스 사이에 태어난 자식들, 즉 크로노스의 형제를 지하 감옥에서 모두 해방시켜 줄 것으로 기대했습니다. 그러나 크로노스는 티탄족만을 해방시키고, 보기 흉한 키클로페스 3형제와 괴물 세 명인 헤카톤케이레스는 석방하지 않고 그대로 지하 감옥에 가두어 놓았습니다. 이에 화가 난 가이아는 크로노스 역시 자신의 자식 중 하나에게 왕위를 빼앗길 것이라는 저주의 말을 합니다.(크로노스가 이런 신탁을 받았다는 설명도 있습니다.) 크로노스는 자신의 여동생 레아와 결혼했는데, 이 저주에서 벗어나기 위해 자신이 낳은 자녀를 모두 삼켜 버렸습니다. 크로노스가 낳은 자녀는 모두 3남 3녀로, 아들은 하데스, 포세이돈, 제우스, 그리고 딸은 헤스티아, 데메테르, 헤라입니다.

크로노스가 자신의 자녀를 낳는 즉시 모두 삼켜 버리자 레아는 불만을 품었습니다. 그러다 막내아들인 제우스를 낳게 되자 어머니인 가이아에게 제우스의 목숨을 구해달라고 애원합니다. 레아는 가이아의 조언을 얻어 강보에 돌멩이를 감싸 그것이 갓 태어난 아이라며 크로노스에게 바쳤고, 크로노스는 이 역시 삼켜 버렸습니다. 물론 레아는 가이아의 충고대로 제우스를 크레타 섬의 이데 산속 동굴에 숨겨 길렀습니다.

세월이 흘러 장성한 제우스는 아버지의 왕위를 빼앗기 위해 도전하게 됩니다. 제우스는 메티스 metis:지혜의 여신에게서 토하는 약을 얻어, 여신의 조언대로 그의 어머니 레아를 찾아가 크로노스의 시동이 됩니다. 그

곳에서 메티스에게 받아온 토하는 약을 크로노스에게 먹이자, 크로노스는 제우스의 형들과 누이들을 토해 냅니다. 이 사건 이후 크로노스 파와 제우스 파의 기나긴 전쟁이 시작되었고, 결국 제우스 형제와 키클로페스 등이 하나가 된 제우스파의 승리로 끝나게 되어 제우스의 영원한 통치의 시대가 도래하게 됩니다.

그러나 어머니 레아와 공모하여 아버지 크로노스를 제거한 제우스도 역시 예언에 따라 자기 자식에 의해 제거될 것을 두려워했으며, 자신을 제거할 자식이 누구인지를 알고자 했습니다. 프로메테우스는 제우스와 테티스의 관계에서 낳은 아들이 제우스를 제거할 것이라고 충고했습니다. 제우스는 테티스를 매우 사랑했지만 프로메테우스의 충고에 따라 그녀를 포기하고 맙니다. 제우스 역시 자식에게 제거될 것이라는 저주를 얼마나 두려워했는지를 짐작하게 해 주는 일화입니다.

◆

이 신화로부터 생각해 볼 수 있는 흥미로운 점들이 있습니다. 무엇보다 눈에 띄는 것은 크로노스와 제우스가 자신의 아버지를 제거할 때 사용한 방법입니다. 크로노스는 단순한 힘과 무기를 사용했습니다. 제우스의 방법은 크로노스의 방법과는 사뭇 다릅니다.

말하자면, 자신의 아버지 크로노스에 반기를 들기 전에 지혜의 여신인 메티스에게 자문을 구했다는 점입니다. 이것은 단지 힘과 무기를 사용하는 방법 이외에 두뇌의 사용이 부각되고 있다는 것을 방증해 주고 있습니다. 지적 능력이 지배자, 또는 지도자가 갖추어야 할 덕목이 되었다는 것을 말해 주는 것이기도 합니다. 이것은 그리스 시인 헤시오도스의 말에서 보다 더 잘 드러나고 있습니다.

◆

헤시오도스는 제우스가 준 약을 먹고 크로노스가 토해 낸 제우스의 형제, 즉 포세이돈을 가리켜 '제우스의 아우'라고 말하고 있습니다. 그러나 포세이돈은 제우스보다 먼저 태어난 제우스의 형이 분명합니다. 그렇다면 헤시오도스는 왜 포세이돈을 제우스의 동생이라고 말하고 있을까요?

신화 속에서는 크로노스가 집어삼킬 당시 모습 그대로 토하였기에 포세이돈은 갓난아이 상태로 나와 곧바로 무럭무럭 자랐다고 설명합니다. 그렇더라도 제우스를 포세이돈의 형이라고 말하는 것은 어딘가 어색합니다. 헤시오도스가 포세이돈이 제우스의 형이지만 형이어서는 안 된다고 생각한 이유는 무엇일까요? 그리고 이것을 통해 무엇을 말하려고 한 것일까요?

이 이야기에 어른이 된다는 말의 의미가 잘 드러나 있습니다. 어른은 육체적 성장만이 아닌, 정신과 의지의 성장을 통한 독립과 자립을 이룬 존재라고 할 수 있을 것입니다. 이런 이야기를 인간사에 비추어 보면, 포세이돈과 하데스는 크로노스의 지배 아래 안주하고 있었다는 의미로 이해할 수 있습니다. 즉 아버지의 지속적 원조를 받는 아들은 성인이나 독립된 개체일 수 없습니다. 또한 독립된 존재만이 자신의 왕국을 가질 수 있습니다. 따라서 자신의 왕국을 갖고자 소망하는 자는 아버지로부터 독립해야 합니다. 이를 성숙하지 못한 문명에서는 아버지를 살해하는 것으로 표현하는 것이 자연스러웠을 것입니다. 또한 역으로 이를 경계한 아버지는 자식을 가두거나 삼켜버리는 것으로 표현된 것임에 틀림없습니다. 부친 살해야말로 진정한 독립된 개체로의 탄생을 의미하는 것입니다.

크로노스가 자기 자식을 삼켰다는 말을 글자 그대로 받아들이지 않고, 자기의 지배하에 두고 사사건건 간섭하고, 억압하고 통제하여 의존적인 삶을 살게 한 것으로 이해한다면, 일찍이 독립하여 살아왔던 제우스에 비하여 아버지에 의존하며 살아온 포세이돈은 정신적인 어린아이에 불과할 것이고, 제우스가 더 의젓해 보였을 것은 분명합니다. 그렇다면 제우스가 크로노스를 토하게 하여 그의 형제들이 나오게 되었다는 것도 결국엔 아버지의 간섭과 이에 의존한 삶에서 벗어나게 했다는 말로 이해할 수 있을 것입니다.

어른이 된다는 것은 결국 진정한 독립 상태를 뜻하며, 이 독립은 부모로부터의 자유를 의미할 것입니다. 그러나 부모는 자식의 독립을 달가워하지 않는 경향이 있는 듯합니다. 물론 현대의 부모가 자식의 독립을 달가워하지 않는 이유와 크로노스의 이유는 매우 달라 보이기는 합니다. 그러나 이유가 무엇이든, 자식의 독립을 달가워하지 않는다는 것 그 자체가 우리에게 큰 갈등을 야기하고 있습니다.

이런 갈등의 구조를 이해하지 못하면 서구의 문학과 영화들을 접할 때 그들의 사고방식을 이해하기 어려울 수 있습니다. 특히 필독서로 제시되는 고전들에서도 납득할 수 없는 수많은 경우를 만나곤 합니다. 이 고전들 속에서 부자지간의 처절하리만치 냉혹한 경멸과 저주를 접하면 매우 혼란스럽습니다. 동양 문화권에서 자라온 우리는 부자 간의 극심한 갈등을 이해하기 어려울 수 있습니다. 서구인들의 살육에 가까운 부자 간 갈등의 근원은 무엇일까요? 그리스 신화에서 이에 대한 나름대로의 해답을 찾을 수 있습니다. 그리스 신화가 서구 문화의 부자 간 갈등에 대한 혼란에서 벗어날 수 있게 해 주는 열쇠인 셈입니다.

· ◆ ·

이러한 점은 오이디푸스의 예에서도 잘 나타나 있습니다. 그는 아버지를 살해하고 왕국을 차지합니다. 앞의 예들과 오이디푸스 예에서의 차이는 아버지임을 모르고서 살해한 것이며, 그 사실을 자책한다는 점입니다. 이것은 아마도 조금 더 진전된 문명과 문화가 반영된 것으로 보입니다. 부권 제도가 확립된 이후에 공공연한 부친 살해는 상당한 부담이 되었을 것입니다. 그러나 오이디푸스의 예도 독립된 성인이 되기 위해서 부친 살해는 필수적임을 보여 줍니다.

문명이 성숙한 후의 사례는 셰익스피어의 희곡『햄릿』에서 찾아볼 수 있습니다. 햄릿은 부친을 직접적으로 살해하지는 않습니다. 그러나 독립된 인간으로서의 조건은 아버지의 죽음(아버지의 영향에서 벗어남)입니다. 그렇다면, 독립된 성인이 되고자 하는 열망과 부친 살해의 연장선상에서『햄릿』을 재해석하는 것이 가능할 것입니다.

물론 햄릿이 스스로 부친을 살해한 것이 아니니, 독립을 직접 갈망했다고 말할 수는 없을 것입니다. 그러나 부친의 죽음으로 독립된 존재가 되었습니다. 비록 스스로 원하지는 않았을지라도, 햄릿은 부친의 죽음으로 인해 독립된 존재가 되었고 자신의 왕국을 지켜야 하는 책임을 떠안게 되었습니다. 독립된 성인으로서 햄릿은 절체절명의 고뇌에 빠지게 됩니다. '죽느냐 사느냐'를 오로지 혼자서 결정해야 하는 순간을 맞이합니다. 이것이 어른의 고독한 모습일 수 있습니다.

어쨌든 한 인간이 성인으로서 독립된 존재가 되기 위해서는, 자발적이든 비자발적이든 독립을 가로막는 의존성에서 벗어나야 하며, 유아 상태를 지속하려는 의타성에서 벗어나야 합니다. 이런 의존성 또는 의타성의 대상으로서 아버지를 상징적으로 나타내고 있습니다.

· ◆ ·

부모의 영향에서 벗어나는 것을 독립된 성인의 필수적인 조건으로 생각한다면, 그토록 많은 고전들과 현대의 여러 문화적 산물에서 적나라하고 처절하게 표현되는 부자 간의 갈등을 십분 이해할 수 있습니다. 이는 문명사회에서 성숙한 인간이 되기 위한 정신적 갈등의 표현입니다. 물론 우리는 서구와는 상당히 다른 양상을 보이고 있습니다. 우리의 부모들은 자녀가 부모로부터 독립하려 하는 것을 달가워하지 않는 경향이 있습니다. 그리고 부모가 자녀의 독립을 달가워하지 않는다는 것을 심각한 문제로 생각하지도 않습니다. 그러나 이런 현상은 오히려 사회적으로 매우 큰 문젯거리일 수 있습니다. 여러분도 한번 생각해 보십시오. 어른이 없는 사회, 어린아이들로만 가득찬 사회를 생각해 보십시오. 이런 사회가 우리의 미래일지도 모릅니다.

여성과 남성

아가멤논 살인 사건과 관련한 신화의 내용을 현대적 의미로 해석하는 것도 흥미로운 시도일 수 있습니다. 아가멤논은 여러분도 잘 아시다시피 '일리아드'에 나오는 트로이 전쟁의 그리

아가멤논을 살해하려는 클리타임네스트라와 아이기스토스 | 피에르 나르시스 게렝 作 | 1817년 | 루브르박물관

스 연합군 사령관입니다. 이 아가멤논이 트로이 전쟁에서 승리하고 그

리스로 돌아옵니다. 전쟁에서 승리하고 돌아온 것을 축하하는 자리에서 그의 아내 클리타임네스트라가 자신의 정부인 아이기스토스와 짜고 아가멤논을 죽여 왕의 자리를 차지해 버립니다.(사르트르는 자신의 희극에서 트로이 전쟁에서 돌아와 목욕하던 아가멤논을 욕실에서 그물로 제압하고 도끼로 살해했다고 묘사하고 있습니다.) 아가멤논이 살해 당했다는 소식을 듣고 분노한 시민들이 모여들자, 클리타임네스트라는 '나는 에리니에스의 화신으로 아가멤논을 처벌하였다.'라고 주장합니다. 그러자 시민들은 이 말에 수긍하고서 물러갔다고 합니다.

군중들은 왜 순순히 물러났을까요? 시민들의 태도가 쉽사리 이해되지 않을 수도 있습니다. 클리타임네스트라의 말에 수긍하고서 물러난 시민들의 태도를 이해하기 위해서는 에리니에스에 대해 살펴보아야 합니다. 에리니에스는 누구이며, 아가멤논은 무슨 잘못을 저지른 것일까요?

· ◆ ·

에리니에스는 피와 복수의 여신입니다. 피를 낭자하게 뿌리는 잔혹한 복수를 하는 여신이 아니라, 혈연의 잘못을 처벌하는 여신입니다. 클리타임네스트라가 에리니에스의 화신이라고 말하기 위해서는 그럴 만한 근거가 있어야 합니다. 클리타임네스트라가 에리니에스의 화신이라고 주장하면서 자신의 남편을 살해한 것을 정당화하기 때문입니다. 클리타임네스트가 제시한 근거는 대략 두 가지로 추측할 수 있습니다.

첫째, 아가멤논이 트로이로 전쟁을 떠나기 전 풍랑으로 배를 띄울 수 없었습니다. 여러 날 풍랑이 일었기 때문에, 군대의 사기를 저하시키는 뜬소문이 나돌기 직전이었습니다. 신이 전쟁을 원치 않는다는 소문입니다. 아가멤논은 불안해지기 시작합니다. 이런 소문이 만연해진다면,

전쟁을 하기도 전에 승패가 갈린다고 봐야 합니다. 아가멤논은 이런 소문을 일소시키고 빨리 배를 띄워 출전할 수 있는 방도를 찾아야 했습니다. 예나 지금이나 전쟁의 승패에 군대의 사기가 얼마나 중요한지는 설명할 필요조차 없습니다.

아가멤논으로서는 하루가 시급했을 것입니다. 그리하여 신탁을 물었더니, 고귀한 집 처녀를 제물로 바치면 풍랑이 멎을 것이라는 신탁이 나왔습니다. 신탁을 물었다면 신탁의 말대로 따라야 하는 것은 너무나도 당연한 일입니다. 그러나 문제는 누구의 딸을 제물로 바칠 것인가 하는 것이었습니다. 그 당시 존경받는 고귀한 사람이었던 아가멤논은 다른 사람의 딸을 제물로 내놓으라는 말을 할 수가 없었던 모양입니다.

고민하던 아가멤논은 결국 자기와 클리타임네스트라 사이에서 태어난 딸을 제물로 바쳤고, 풍랑은 금세 잦아들었다고 합니다. 풍랑이 잦아들자 곧바로 출전하게 되었고, 그 전쟁에서 승리하여 개선장군으로 돌아왔습니다.

둘째 이유를 찾기 위해서는 아가멤논의 가계도를 살펴보는 것이 도움이 될 것입니다. 미케네 시민들이 신탁을 물었더니, 모월 모시에 광장 앞으로 마차를 타고 가는 사람을 왕으로 모시라는 신탁이 나왔다고 합니다. 예정된 시간에 광장에 모인 시민들은 마침 마차를 타고 그곳을 지나가던 펠롭스를 왕으로 모시게 됩니다. 물론 펠롭스는 매우 고귀한 사람으로 많은 사람들의 존경을 받은 왕이었습니다. 이 펠롭스에게는 두 명의 아들이 있었는데, 그 아들이 아트레우스와 티에스테스입니다. 펠롭스가 죽자 아가멤논의 아버지인 아트레우스가 왕위에 오르게 됩니다. 그리고 티에스테스는 미케네 왕국에서 멀리 추방됩니다. 권력의 속성은 당시나 지금이나 변함이 없습니다.

티에스테스가 추방된 이후에 티에스테스와 아트레우스의 부인이 불륜 관계를 맺어온 사실이 드러나게 됩니다. 이들의 불륜 사실을 알게 된 아트레우스는 뜻밖에도 티에스테스를 왕궁으로 초대하여 연회를 열어줍니다. 아니 웬 연회냐고요? 그만한 이유가 있을 것입니다. 티에스테스가 추방되어 있는 동안에도 그의 자녀들은 왕궁에 남아 있었습니다.

축하 공연이 끝나고 만찬이 시작되었습니다. 맛있는 고기 요리들이 풍부하게 제공되었다고 합니다. 만찬이 끝나갈 무렵 그 동안 먹은 고기가 어떤 종류인지를 알려주기 위하여 뚜껑을 덮은 은쟁반이 들어왔습니다. 이 은쟁반의 뚜껑을 열자 티에스테스 아들들의 머리가 은쟁반에 놓여 있었다고 합니다. 이에 깜짝 놀라 당황한 티에스테스는 재빨리 달아납니다. 달아나면서 복수를 맹세합니다. 이 복수의 내용이 우리를 조금 당황하게 합니다. 티에스테스는 자신의 딸을 임신시켜 아트레우스를 만나게 합니다. 아트레우스는 그 여인을 왕궁에서 같이 살게 하는데, 이 여인이 낳은 아들이 바로 아이기스토스입니다. 아가멤논의 죽음은 자신의 삼촌의 아들인 동시에, 삼촌의 손자를 통한 복수의 결과입니다.

◆

그런데 클리타임네스트라가 아가멤논을 죽인 것이 에리니에스의 화신으로서 저지른 일이라는 얘기를 듣고 흥분하여 모인 군중들이 돌아갔다는 것은 우리로서는 이해하기 쉽지 않습니다. 왜 돌아갔을까요?

이 내용을 해석하는 방법은 에리니에스가 어떤 신인지를 이해하는 것에서 출발해야 합니다. 아가멤논을 공모하여 죽인 클리타임네스트라와 아이기스토스는 후환을 두려워했습니다. 클리타임네스트라와 아가멤논의 아들인 오레스테스가 자신들에게 복수를 할 것이라고 생각했기 때문입니다. 그래서 오레스테스를 제거하기로 모의합니다. 다행스럽게도 이 모의를 오레스테스의 누나가 엿들었습니다. 그래서 자신의 어머니와 아이기스토스가 자신을 죽이려 한다는 이야기를 오레스테스에게 전하면서 도시를 탈출하라고 충고합니다. 충고를 받은 오레스테스는 도시를 탈출하여 다른 지역으로 달아납니다.

오레스테스는 오랫동안 와신상담하며 복수의 기회를 노립니다. 오레스테스는 드디어 복수를 위해 다시 돌아옵니다. 그러나 누나의 도움을 받아 복수를 행하기 직전까지도 어머니 클리타임네스트라와 아이기스토스를 죽이는 것을 망설입니다. 물론 어머니를 죽인다는 인간적 갈등도 있었겠지만, 그가 가장 두려워했던 것은 에리니에스의 복수였다고 합니다. 에리니에스는 앞서 말한대로 혈연 사이에 발생한 범죄를 응징하는 피의 복수의 여신입니다. 오레스테스가 어머니를 죽이면 에리니에스의 복수라는 악몽에 시달려야 합니다.

결국 오레스테스는 많은 갈등 끝에 어머니와 아이기스토스를 죽이게 됩니다. 그러자 예상했던 대로 에리니에스가 득달같이 달려와 오레스테스를 죽이려고 합니다. 에리니에스는 혈연인 어머니를 죽인 오레스테스를 두고 볼 수는 없었기 때문입니다. 이때 오레스테스는 에리니에스를 향해, 나는 이중의 복수, 즉 나의 아버지를 죽인 여인 그리고 자기 남편을 죽인 여인을 응징했을 뿐이라고 항변합니다. 오레스테스의 항변은 현재의 우리에게는 상당히 설득력 있는 주장으로 여겨질 수 있습니다. 그러나 에리니에스의 대답은 뜻밖에도 우리를 당혹스럽게 합니다. 에리니에스는, "그런 건 모른다. 다만 혈족의 범죄를 다스리기 위해 왔을 뿐이다."라고 말하며 오레스테스를 쫓아옵니다. 이때 주목해야 할 점은 에리니에스가 말하는 혈족은 모계의 혈족을 의미한다는 것입니다. 아마도 남편, 또는 아버지라는 의미는 아직 문화적으로 강력한 개념이 아니었나 봅니다. 말하자면 아직도 모계를 중심으로 한 사회가 강력하고, 부계의 의미는 미약한 상태였을 것입니다.

• ◆ •

부계 사회의 문화 개념인 남편, 아버지의 복수라는 것으로는 에리니에스를 설득하기에 아직 역부족이었기 때문에, 오레스테스는 에리니에스의 추격을 피해 오랫동안 도망다니다가 남자의 힘을 상징하는 태양신인 아폴론의 신전으로 몸을 피하게 됩니다.

이 당시 여신과 남신은 활동 영역이 엄격히 분리되어 있었기에 남신의 신전으로 여신이 들어가는 것은 불경스러운 일로 여겨지고 있었습니다. 그런데 에리니에스는 오레스테스를 쫓아서 무엄하게도 아폴론 신전을 침범합니다. 자신의 영역을 침입한 것에 분노한 아폴론이 이 사건에 개입하게 됩니다. 그래서 이 사건은 여신인 에리니에스와 남신인 아폴론의 갈등으로 비화됩니다. 말하자면 남신과 여신, 즉 정치사적으로는 남성 권력과 여성 권력의 최후의 담판입니다. 신들의 전쟁은 결국 해결을 보지 못하고, 올림푸스산의 신들의 결정에 따르기로 타협합니다.

올림푸스 산에 여신 6위位, 남신 6위位, 모두 12위位의 신들이 있었습니다. 이 재판에서 여신들은 에리니에스 편에 서고, 남신들은 아폴론의 편에 서서 결정이 나지 않았습니다. 물론 아테네가 이 재판의 재판장을 맡았습니다. 아테네는 이전 시대의 지혜의 신인 메티스가 제우스의 머리를 쪼개고 나온 것으로 알려져 있습니다. 그래서 아테네는 지혜의 신이며, 정의의 신입니다. 정의와 지혜를 가진 아테네는 재판관으로서 동률을 이룬 이 재판에서 아폴론의 손을 들어줍니다.

이 이야기는 오레스테스의 대리인 격인 아폴론으로 대변되는 남성의 권력과 에리니에스의 지지 기반인 여성 권리의 싸움으로 이해될 수 있습니다. 그리고 이 싸움에서 에리니에스가 패배함으로써 여성 권력은 수면 아래로 가라앉게 됩니다.

이 판결 이후, 의기소침해 있는 에리니에스를 여러 신들이 달래고 얼러서 무시무시한 복수의 신이었던 에리니에스는 자애와 사랑의 여신으로 다시 태어나게 됩니다. 말하자면 우리가 오늘날 은연중에 막연하게 여인에게 기대하는 모정과 자애, 부드러움 등을 상징하는 여신으로 거듭나게 된 것입니다.

에리니에스의 변신은 여성의 사회적 지위를 상징하는 것으로 이해할 수 있습니다. 이 사건 이후로 수천 년 동안 여성은 인간사의 실질적인 권력의 영역에서는 그 힘을 거의 발휘할 수 없었습니다. 물론 현재는 그 사정이 매우 달라졌지만 말입니다.

정의의 신과 재판 제도, 그리고 지혜의 상징물들

에리니에스와 아테네의 재판은 서구에서 현재까지 이어져 오는 배심원 제도, 재판장 역할의 원형이라고 할 수 있습니다. 올림푸스 산의 12신들은 오늘날의 시각으로 보면 배심원에 해당할 것입니다. 한 명의 재판관이 모든 것을 결정하고 판결하는 것이 아니라 여러 사람의 견해를 종합하여 판단하려는 민주주의 의식의 싹을 볼 수 있다고 할 수 있습니다. 또한 서구에서 보통 재판장은 특정한 의사 결정에 참여하지 않다가 가부 동수인 경우에 결정을 내리는 역할을 하게 되는데, 이 이야기가 이런 특징을 잘 드러내 주고 있습니다.

아테네는 재판을 주재하는 재판장이기 때문에 정의를 상징합니다.

아테네는 또한 지혜를 상징합니다. 즉 아테네는 정의와 지혜를 동시에 상징합니다. 이것은 정의와 지혜가 서로 분리될 수 없다는 것을 보여 줍니다. 그리스 사상에서는 지혜와 정의가 분리되어 설명되지 않습니다. 정의와 지혜는 불가분의 관계에 있습니다.

• ◆ •

그리스 신화의 아테네에 해당하는 로마 신화의 신은 미네르바입니다. 한쪽 손에는 천칭 저울을 들고 있는데, 이것은 정의를 상징합니다. 또한 한쪽 어깨에는 올빼미가 앉아 있는데, 이 올빼미는 지혜를 상징합니다. 독일의 위대한 철학자 헤겔은 "미네르바의 올빼미는 석양이 질 때까지 기다리다, 그때 비로소 날아오른다."라고 말합니다. 지성과 지혜는 오랜 숙고와 정련된 과정이 필요하다는 의미로 이해할 수 있습니다. 헤겔의 철학이 최고의 지성을 가진 세계정신에 집중되어 있다는 점에서 지성의 성격을 잘 드러내 주는 표현입니다.

이 올빼미는 서구의 많은 문학 속에서도 등장합니다. 특히 어린이를 위한 만화들을 보면, 동물 나라에 큰 문제가 생기면, 마을 사람들이 그 문제를 상담하기 위하여 찾아가는 곳이 바로 올빼미 집입니다. 나무 둥지 안에 지어진 올빼미의 집 문을 열고 들어가 보면, 널찍한 거실에는 큰 책상이 놓여 있습니다. 그 책상 위에는 매우 큰 책(아마도 백과사전으로 추측해 볼 수 있는데)이 펼쳐진 채 놓여 있고, 그 옆에는 지구본이 세워져 있으며, 또 그 옆에는 망원경이 놓여 있습니다. 집의 벽면에는 온통 서가가 배치되어 있는데, 이 서가는 온갖 책들로 가득 채워져 있습니다. 어떤 경우엔 올빼미가 그 책들 위로 놓여 있는 사다리의 중간쯤에 서 있는 경우도 있습니다. 또한 올빼미는 반드시 줄이 길게 달린 큼지막한 안경을 쓰고 있습니다. 이 모든 클리셰는 올빼미의 지혜를 상징하기 위한 장치입니다.

· ◆ ·

백과사전은 한때 근대 지식을 총망라한 책으로 평가 받았습니다. 그리고 지구본은 지구상의 발견을 통한 인간 지식의 확장을 상징합니다. 망원경은 항해술뿐만 아니라 천체 연구를 위한 필수품입니다. 이런 점에서 이 세 가지 물건은 인간이 이룬 지식과 지혜를 대표하는 상징물입니다. 또한 렌즈는 당시의 광학 기술을 보여 주는 결정판이라고 할 수 있습니다. 렌즈를 깎는 기술은 광학 기술과 숙련도를 요구했습니다.

이 안경 렌즈는 근대 철학자인 스피노자의 삶과도 관련이 있습니다. 스피노자는 철학 지식을 이용해 생계를 이어 나가기를 원치 않았습니다. 철학 연구가 생계 수단이 되면 자신의 연구가 자유로울 수 없다고 생각한 것입니다. 그래서 당시에 최고의 기술이었던 렌즈 깎는 기술을 익혀 생계를 유지했습니다. 스피노자의 정신은 오늘날 돈벌이에 혈안이 되어 자신의 학문을 강자의 이익을 위한 도구나 수단으로 전락시키는 교수나 학자에게 귀감이 될 수 있을 것입니다. 돈의 노예가 되어버린 학문은 쓰레기를 넘어서 '우물의 독'이 되어, 우리 사회 전체를 파멸시킬 수도 있습니다.

· ◆ ·

지금까지 말한 내용들은 그리스 신화가 서구 문화에 영향을 미친 극히 일부분에 지나지 않습니다. 그리스 신화와 문화에 대한 이해 없이는 밀턴의 『실낙원』이 가지는 의미를 전혀 파악할 수 없다고 해도 과언이 아닙니다. 또한 바이런의 수많은 시들 역시도 그리스 신화를 빌려 표현되기 때문에 이에 대한 이해가 필수적이라는 지적은 군더더기가 될 것입니다. 심지어 우리가 즐겨 보는 수많은 서양 영화들 속에도 그리스 신화의 내용이 담겨 있습니다. 그리스 신화의 내용을 알고 있는 사람들은 그런 영화를 더 잘 이해하고, 더 흥미롭게 즐길 것입니다.

아는 자만이 깨달을 수 있다

제2차 세계대전 중 나치 독일이 프랑스를 점령하자, 사르트르는 『파리떼』라는 극본을 쓰고, 이것을 무대에 올려 공연했습니다. 이 연극을 관람한 나치의 관리들은 매우 즐거워했다고 합니다.

그러나 이 연극에 등장하는 아르고스가 프랑스이며, 아가멤논의 아들 오레스테테가 레지스탕스이고, 아가멤논을 죽인 왕비 클리타임네스트라와 그녀의 정부 아이기스토스가 나치의 부역자를 상징하고 있다는 것을 전혀 깨닫지 못했습니다. 나치 관리들은 그리스 신화에 무지했기 때문입니다. 그래서 연극을 관람한 나치들은 사르트르의 조롱을 간파하지 못한 채 연극을 칭송했습니다. 무지가 죄악의 근원은 아닐지라도, 치욕의 새싹일 수는 있습니다.

#호기심

#원리

#원인추구

#지혜사랑

#무지의자각

#결핍

CHAPTER 03

인간의 특성과
철학의 출발

• 철학적 사유와 인간의 특성

• 완전함을 추구하는 존재

• 앎에 대한 사랑으로서 철학

• 철학적 사유의 출발로서 '호기심'

• 호기심과 무지의 자각

• 만물의 원리와 원인에 대한 추구

철학적 사유와 인간의 특성

여타의 학문은 이름만 들어도 그 학문의 성질이 무엇인지, 그리고 그 학문의 대상이 무엇인지 파악하는 것이 어렵지 않습니다. 그러나 철학은 이름만으로는 어떤 성질의 학문인지 그 대상이 무엇인지 파악하기 쉽지 않습니다. 뿐만 아니라 철학적 논의는 매우 복잡하고 시대마다 다른 모습을 하고 있는 것처럼 보입니다. 철학을 전체적으로 이해하는 것이 바람직하겠지만, 현실적으로 어느 한 측면만 파악할 수밖에 없기 때문에 섣불리 철학을 말하다가는 장님 코끼리 만지기식 설명에 불과하게 될 것입니다.

철학이 무엇인지를 해명하기 위해서는 인간이 어떤 존재인지 해명하는 것이 우선되어야 합니다. 철학은 인간이 정신적 활동을 통해 이루어 낸 최고의 학문입니다. 즉 철학은 인간이 행할 수 있는 가장 고차원적인 정신적 활동 중 으뜸이라고 할 수 있습니다. 따라서 철학이 무엇인지를 알려면 인간이 어떤 존재인지 먼저 알아야 합니다. 그러나 인간이 어떤 존재인지 알기는 결코 쉬운 일이 아닙니다. 비교적 알기 쉬운 방법은 인간과 다른 존재들의 차이점을 빌려서 이해하는 것입니다.

무생물과 인간의 차이, 오로지 감정적 존재인 동물과 인간의 차이, 그리고 오로지 이성적 존재인 신과 인간의 차이를 통하여 인간의 특성을 이해할 수 있습니다. 그러나 인간에 대한 이해는 신과 비교하는 것이 가장 효율적입니다. 신은 모든 것을 알고 있기 때문에 특별히 더 알려는 욕구를 가질 필요가 없습니다. 그러나 인간은 성숙된 지적 능력을 가지고 있지만 다 알지 못하기 때문에 더 알려는 욕구를 가지고 있습니다. 인간이 철학적 사유를 할 수 있는 것은 지적인 능력과 더불어 다 알지 못하기 때문입니다.

완전함을 추구하는 존재

앎에 대한 사랑은 완전함에 대한 욕구와도 밀접한 관련이 있습니다. 인간은 부족함을 채워서 완전해지려는 욕구를 가지고 있습니다. 이런 욕구는 앎을 통해서 성취될 수 있기 때문입니다. 플라톤은 『향연』에서 사랑은 빈곤의 신인 페니아 penia와 풍요의 신인 포로스 poros 사이에서 태어난 자식이라고 말합니다. 그래서 사랑은 빈곤과 풍요의 중간적 성질을 가지고 있습니다. 어머니 덕분에 결핍되어 불완전한 특성을, 아버지 덕분에 결핍에 안주하지 않고 풍요롭고 완전한 상태를 추구합니다.

모든 것을 다 안다면 더 이상 알려고 애쓰지 않을 것입니다. 이미 다 알고 있는 것을 알기 위해 욕구하는 것은 무의미할 것이기 때문입니다. 그래서 모든 것을 다 아는 신은 알려고 하지 않습니다. 결국 신은 앎을 사랑하지 않을 것입니다. 알 필요가 있을 때, 말하자면 지식이 필요한 경우에 지식을 추구하며, 지식에 대한 사랑을 갖게 됩니다. 인간은 신과는 달리 모든 것을 다 아는 존재가 아닙니다. 인간은 지식을 결여 또는 결핍하고 있습니다. 이 결여와 결핍 덕분에 사랑이 생겨납니다. 인간은 자신이 결여 또는 결핍하고 있는 지식을 사랑하는 까닭에 지식을 추구하고 갈망합니다. 결국 인간은 더 완전한, 더 많은 지식을 갈구하는 존재입니다. 소크라테스와 플라톤이 '무지의 자각'을 강조한 이유가 여기에 있습니다. 결여와 결핍이 사랑을 발생시키며, 추구하게 되는 동인이 된다는 것은 플라톤의 저서, 『향연』에 잘 표현되어 있습니다.

플라톤은 『향연』에서 다음과 같은 신화를 소개합니다. 본래 인간의 모습은 현재와는 사뭇 달랐다고 합니다. 전체적으로 둥근 형태의 몸통에 4개의 손과 다리가 있고, 하나의 머리에 두 개의 완전히 닮은 얼굴이 앞뒤로 붙어 있었다고 합니다. 마치 두 사람을 합쳐 놓은 것처럼 말이죠. 이 사람들은 모든 면에서 현재 사람의 두 배였다고 말할 수 있습니다. 걸음도 빠르고 체력도 좋고 힘도 세서 신을 공격하기도 했습니다. 제우스신은 이런 인간을 가만히 둘 수도, 그렇다고 멸종시킬 수도 없어서 당혹했다고 합니다.

고민하던 제우스는 인간의 힘을 약화시킬 수 있는 방안을 강구한 끝에 묘수를 생각해 냈습니다. 인간을 각각 둘로 쪼개는 것입니다. 인간을 둘로 쪼개서 머리를 돌려놓고, 쪼개져서 벌어진 부분을 잡아당겨 잘 묶어 놓았습니다. 이 묶어 놓은 곳을 우리는 배꼽이라고 말합니다. 그리고 반으로 나누어진 인간은 자신의 반쪽을 찾아서 하나가 되려고 합니다. 자신의 반쪽을 찾아 완성하려고 합니다. 반으로 나누어진 인간은 결핍된 존재입니다. 결핍은 충족을 향해 나아가게 됩니다. 그 결핍이 충족될 때, 완전한 자신이 될 수 있기 때문입니다.

이 신화에서 말하고 있듯이, 인간은 결핍된 존재입니다. 그러나 그 결핍에서 안주하지 않고 충족시키려는 욕구를 가진 존재입니다. 결핍이 없다면, 충족하려는 욕구는 없을 것입니다. 앞에서 말했듯이 인간은 신처럼 모든 것을 다 알고 있는 존재가 아닙니다. 그랬다면 더 알려고 하지 않을 것입니다. 사실상 모든 것을 알고 있는데 더 알려고 한다는 발언 자체가 모순입니다.

어쨌든 모든 것을 아는 존재는 더 알려는 욕구 자체가 없습니다. 모르는 것, 즉 무지는 결핍입니다. 이 결핍은 알고자 하는 욕구를 자극할 수 있습니다. 배가 고플 때 먹고자 하는 욕구가 생겨나는 것처럼, 알지 못한다는 것을 깨달았을 때, 알고자 하는 욕구가 생겨날 것이 분명합니다. 소크라테스가 말하듯이 자신이 모른다는 것을 알았을 때, 모르는 것을 알고자 추구할 것입니다.

· ◆ ·

이 신화는 결핍된 자신을 완전한 존재로 완성시키고자 합니다. 이 신화는 결핍되었다는 점 이외에 또 다른 것을 말해 줍니다. 즉 자신의 완전한 모습을 인간이 알고 있다는 것입니다. 말하자면 인간은 완전성의 개념을 알고 있습니다. 완전한 자신의 모습을 알고 있는 까닭에 완전한 자신의 모습을 되찾으려고 합니다.

인간의 지식에 대한 욕구도 이와 마찬가지입니다. 신과 달리, 인간이 모든 것을 아는 것이 아니기 때문에 결핍 상태에 있습니다. 그래서 지식을 사랑하며 갈망합니다. 동물과 달리, 인간은 지식에 무심하지 않고 지식을 열망합니다. 이것이 인간과 신의 차이점이며, 인간과 동물의 차이점입니다. 말하자면 인간은 신과 동물의 중간자이기 때문에 앎을 열망하고 갈구하며, 사랑하는 존재입니다.

그러나 무언가를 사랑하고 갈구하는 것은 그 열망의 목적 또는 목표가 있어야 합니다. 앞의 신화에서 둘로 나뉜 인간은 서로 하나가 되어 완전한 존재가 되려고 합니다. 즉 인간은 완전함을 추구하는 존재입니다. 이것은 앎의 추구에서도 마찬가지입니다. 인간은 현재의 지식이 결함이 있는 앎이라는 것을 알고 있는 존재입니다. 이런 특성은 동물은 가지고 있지 않습니다. 물론 신도 자신이 결함이 있다고 생각할 이유가 없습니다. 다만 인간만이 자신의 지식에 결함과 결핍이 있다는 것을 알 수 있습니다. 그리고 완전성의 개념을 가지고 있습니다. 그래서 인간은 완전한 지식을 향해서 나아갈 수 있는 것입니다.

인간에게 결핍이 없어서 앎을 사랑하는 특성을 가지고 있지 않다면, 철학은 애초에 시작되지도 않았을 것입니다. 인간이 완전성을 이해할 수 없을 정도로 지적으로 열악했다면 물론 철학은 애초에 가능하지 않았겠지만, 가능했더라도 나아가야 할 방향을 알지 못하여 또한 시작하지 못했을 것입니다.

따라서 철학의 출발은 앎에 대한 사랑과 완전함에 대한 열망 덕분에 가능한 것입니다. 물론 결핍은 사랑의 바탕이 되고, 완전함에 대한 열망은 결핍이 지향해야 할 방향을 결정해 줍니다. 이 모든 것은 인간이 동물도 아니고, 신도 아닌 덕분에 가능한 것입니다.

앎에 대한 사랑으로서 철학

인간이 앎을 추구하는 존재라는 것은 인류 최초의 학문이라고 할 수 있는 '철학'이라는 용어에서도 알 수 있습니다. 철학은 앎에 대한 사랑에서 비롯되었다고 말할 수 있습니다. 철학이라는 용어의 어원은 그리스어의 philosophia입니다. philosophia의 phil은 '사랑하다' '좋아하다'를 의미하는 용어입니다. 그리고 sophia는 '지혜'를 의미합니다. 철학은 지혜를 사랑하는 활동이며, 철학자는 지혜를 사랑하는 사람들인 것입니다. 그리고 지혜는 앎과 관련된 능력입니다.

철학이 지혜를 사랑하는 활동이기 때문에, 동시에 앎을 사랑하는 활동입니다. 앎에 대한 사랑에서 철학이 시작되는 것은 분명합니다. 그러나 앎을 사랑하는 학문이 철학만 있는 것은 아닙니다. 여타의 학문도 앎을 사랑하는 학문입니다. 사실상 모든 학문은 앎에 대한 사랑에서 시작한다고 말하는 것이 온당할 것입니다.

모든 학문이 앎에 대한 사랑에서 시작한다면, 유독 철학에 '지혜를 사랑하는 학문, 앎을 사랑하는 학문'이라고 이름 붙인 이유는 무엇일까요? 고대에 철학은 모든 학문을 포괄하는 학문이었기 때문입니다. 사실상 철학은 학문을 의미하는 용어였다고 해도 과언이 아닙니다. 그래서 철학을 '만학의 여왕'이라고 부르기도 합니다. 모든 학문을 포괄하고 있던 철학은 역사의 진행 과정에서 발전한 개별 과학들을 분과의 학문으로 독립시킵니다. 말하자면 한 가정에서 부모와 자식이 같이 살아가다가, 자식이 성장하고 결혼하여 분가하는 것과 마찬가지입니다.

철학 속에서 논의되던 주제들이 분명한 특성을 가지고 발전하게 되면 분과의 학으로 떨어져 나가 독립적인 학문이 됩니다. 근대 과학이 발달하던 시기에 가장 많은 학문 영역이 철학에서 분리되어 독자적인 길을 걷게 되었습니다.

· ◆ ·

가장 최근에 철학에서 독립된 학문은 '심리학'입니다. 정신의 영역을 탐구하는 심리학은 프로이트 이전까지 개별 학문이라고 볼 수 없었습니다. 프로이트가 정신분석학의 영역을 개척하면서 심리학이 명실공히 개별 학문으로 독립하게 되었습니다. 그러나 아직도 심리학이 개별 과학의 이름을 갖기에 충분하지 않다는 비판도 적지 않습니다.

심리학은 동일한 정보와 자료들이 각각 개인들의 정신에 주어지더라도 각각 다른 결론이 도출되곤 합니다. 심리학의 이런 처지는 과학의 이름을 갖기에 충분하지 못한 것처럼 보입니다. 예를 들면 심리학은 어린 시절 정신적 학대를 당한 개인은 성장하여 자신의 자식을 학대하는 부모가 될 가능성이 크다고 말합니다.

우리가 주목해야 할 것은 '가능성이 크다'고 말할 뿐, 어린 시절 학대 당한 모든 사람이 학대하는 부모가 된다고 말하지 못한다는 것입니다. 학대 당한 어린이가 커서 자신의 자녀를 학대하지 않고 훌륭한 부모가 되는 경우도 흔히 있습니다. 이런 특성은 심리학을 개별 과학이라고 말하기 어렵게 만듭니다. 과학은 입력이 동일하면 동일한 결과를 내놓아야 합니다. 물에 열을 가하면 모든 물이 끓게 됩니다. 여기에 예외는 있을 수 없습니다.

그러나 심리학은 동일한 조건이 주어진 경우에도 동일한 결과가 산출되지 않습니다. 이것만으로도 학문의 자격에 미치지 못한다는 비판을 받기에 충분합니다. 불행하게도 심리학이 이런 비판을 극복할 만한 마땅한 방안을 제공할 수 있을 것 같지 않다는 것입니다. 그러니 심리 테스트는 혈액형에 따른 개성의 특성을 예언하는 것으로 변질되기 쉽고, 태어난 일시나 별자리에 의한 선천적 성향을 예단하는 점성술사나 사주 혹은 관상가의 처지보다 나을 것이 없습니다.

물론 심리학이 점성술이나 관상과 마찬가지라고 말하는 것은 아닙니다. 학문의 관점에서 보면, 과학적 특성을 확보하기 매우 어려울 것이라는 것을 지적하는 것입니다.

철학적 사유의 출발로서 '호기심'

철학은 '놀라움' 또는 '의문'에서 시작된다고 말합니다. 모든 것을 완성된 것으로 그저 받아들이는 사람에게 철학적 사유는 불가능합니다. 또한 모든 것을 너무도 당연한 것으로 받아들이는 사람은 철학적 사유와 더욱더 거리가 멀 것입니다. 모든 것이 완성된 것이니, 더 이상 발전할 여지가 없어서 궁금할 것이 없습니다. 그리고 당연한 것에는 호기심이 생길 수 없습니다. 그러니 모든 것을 당연한 것으로 여기는 사람 역시 어떤 것에도 호기심이 없을 것입니다.

추운 겨울이 지나고 봄이 되면 대지에서 새싹이 돋아납니다. 지구의 역사가 시작된 이후로 늘 그랬습니다. 항상 봄마다 지속되어 온 일입니다. 이것이 너무도 당연하다고 생각한다면 봄에 돋는 새싹에 의문을 가지지 않을 것입니다. 그러나 어느 날 갑자기 봄에 돋아나는 새싹을 보고서 의문을 가질 수 있습니다. 왜 새싹은 봄에 돋을까? 이런 의문이 드는 순간 우리는 철학적 사유의 출발점에 서 있는 셈입니다. 왜 다른 계절이 아니고 봄인가? 이런 의문은 철학적 사유의 원동력입니다.

· ◆ ·

사실 의문은 모든 학문의 원동력입니다. 사과가 나무에서 떨어지는 것을 보고 의문을 가진 뉴턴은 사과가 나무에서 떨어지는 이유를 설명하려고 노력했습니다. 그 결과 만유인력의 존재를 밝혀내게 됩니다. 물론 뉴턴이 사과가 나무에서 떨어지는 것을 본 최초의 사람은 아닙니다. 그 이전에도 많은 사람들이 사과가 나무에서 떨어지는 것을 봐 왔을 것입니다. 그러나 많은 사람들은 이 문제에 의문을 가지지 않았습니다. 물론 물체가 떨어지는 이유를 설명할 필요는 있었던 것처럼 보입니다. 그래서 이들은 단지 물체가 위에서 아래로 떨어지는 것을 설명하기 위해 두 요정을 가정했습니다. 이 세상에는 물체를 위에서 잡아당기는 요정과 땅으로 끌어내리는 요정이 있다는 것입니다. 이 둘 중 하나는 물체를 아래로 잡아당기고 다른 하나는 물체를 위로 끌어올리며 항상 다투고 있다는 것입니다. 그러나 이 싸움은 항상 아래로 잡아당기는 요정의 승리로 끝난다는 것입니다. 그래서 모든 물체가 땅으로 떨어지는 것이라고 설명합니다.

당시의 사람들은 이처럼 요정의 존재를 믿고서 물체가 아래로 떨어지는 현상이 설명되었다고 생각했고, 어떤 의문도 갖지 않았습니다. 그러나 뉴튼은 예외였습니다. 뉴튼은 요정의 존재를 믿지 않고 의문을 가졌습니다. 그리고 요정의 존재를 가정하지 않고 사과가 나무에서 떨어지는 현상을 설명하려고 노력했습니다. 뉴튼의 역학 이론은 요정의 존재에 의문을 가진 덕분에 성공할 수 있었습니다. 이 의문이 위대한 뉴튼 역학 발견의 최초의 출발점입니다.

⋯ 잠시, 샛길

호기심, 새싹이 봄에 돋는 이유는?

새싹은 왜 봄에 돋아날까요? 아마도 많은 사람들은 '겨울과 달리 봄에 온도와 햇빛이 새싹을 틔우기에 적합하기 때문'이라고 말할 것입니다. 대부분의 과학 교과서에는 이렇게 적혀 있습니다. 물론 그럴 것입니다. 이런 대답은 정답임이 분명합니다. 그러나 새싹이 왜 봄에 돋는지에 대한 의문은 이런 종류의 대답으로 만족될 수 없습니다. 이 의문은 왜 새싹이 그 온도, 그 햇볕의 양에 싹을 틔우는지에 대한 것이기 때문입니다. 말하자면 왜 그 온도, 그 햇볕의 정도에 싹을 틔울까요? 이 질문에 대한 대답을 찾는 것은 쉬운 일이 아닙니다. 아마도 생물학자나 식물학자도 알지 못할 것이 분명합니다. 사실 아무도 알지 못할 수도 있습니다. 그러나 철학은 아무도 알지 못하는 이런 물음을 제기하고 대답하려고 애씁니다. 그래서 부질없는 짓을 한다는 불평을 사기도 합니다. 알지도 못하는 것을 왜 묻느냐는 것입니다.

어쨌든 어떤 어린이가 왜 새싹은 봄에 돋는지를 묻는다면, 그 어린이는 이미 철학적 사색을 하고 있는 것입니다. 왜냐하면 의문은 철학의 출발점이기 때문입니다. 어른보다는 어린이가 이러한 것들에 더 많은 의문을 제기한다는 점에서 어린이가 어른보다 더 철학적일 수 있습니다. 우리는 어른이 되어가면서 이런 의문을 쓸데없는 것으로 치부하고 맙니다. 정답을 알 수 없는 물음이라는 것입니다. 그러나 의문이 없으면 발전도 없습니다. 그래서 모든 것에 의문을 가지고 살펴보아야 합니다. 그러한 삶이 인간으로서 진정한 삶이기 때문입니다.

호기심과 무지의 자각

인간 본연의 호기심과 의문의 중요성을 강조한 철학자가 있습니다. 우리가 잘 아는 소크라테스입니다. 소크라테스는 앎을 위하여 그 당시에 '현자'라고 알려진 사람들을 찾아가 대화를 시도했습니다. 그러나 소크라테스는 이내 실망할 수밖에 없었습니다. 현자로 알려진 사람들이 참다운 지식을 가지고 있지 못했기 때문입니다. 더욱 심각한 것은 자신들이 참다운 지식을 가지고 있지 못하다는 것조차 깨닫지 못한 채, 스스로 참다운 지식을 알고 있다고 주장하고 있었습니다. 그러나 소크라테스는 자신이 참다운 지식을 모른다는 것은 알고 있었습니다. 현자로 알려진 사람들은 자신의 무지를 자각하고 있지 못한 데 반하여 소크라테스는 무지를 자각하고 있었던 것입니다. 소크라테스는 무지에 대한 자각이라는 점에서 '너 자신을 알라.'라고 말하고 있습니다.

너 자신을 알라, 즉 무지에 대한 자각은 자기 자신에 대한 반성을 통해 스스로를 일깨우라는 것입니다. 자신이 무지하다는 사실을 자각함으로써 참된 지식에 대한 호기심이 생겨나고, 이 호기심으로 인하여 참다운 지식을 추구할 수 있습니다. 앞에서도 말했듯이, 인간은 결핍을 충족시키려는 경향을 가지고 있기 때문입니다. 이미 알고 있다면 더 알아야 할 필요가 없습니다. 그래서 모르고 있어야만 앎을 추구할 수 있습니다. 그러나 모르고 있다는 것을 모르면 결국 알려고 하지 않을 것입니다. 모르는 것을 모른다면, 이미 모든 것을 알아서 앎에 결핍이 없는 것과 동일한 태도를 취하게 됩니다. 오로지 앎을 추구할 수 있는 상황은 자신이 알지 못한다는 것을 알고 있는 경우입니다. 그래야 앎을 추구할 수 있습니다. 우리는 자신이 무지하다는 것을 알아야 합니다.

그러나 무지를 자각하는 것은 결코 쉬운 일이 아닙니다. 무지를 자각하기 위해서는 '논박'의 과정이 필요합니다. 이 논박은 대화 상대자와 끊임없이 질문을 던져 지금까지 알고 있었던 것이 참다운 지식이 아니었음을 인정하게 합니다. 이것이 '무지의 자각'입니다. 무지의 자각은 논박의 과정을 통해서 이루어집니다. 논박은 무지를 자각할 때까지 무수히 많은 질문을 제기함으로써 스스로 모순에 빠지게 되고, 이런 과정을 거치면서 자신이 알고 있던 앎이 참된 앎이 아니라는 것을 깨닫게 되는 과정입니다. 그러나 많은 사람들은 자신의 무지를 지적 받는 것을 좋아하지 않습니다. 무지를 지적해 주는 사람을 고마워하기는커녕, 심지어 자신의 무지를 지적하는 사람을 꺼리고 미워하며 증오하기까지 합니다.

소피스트들 역시 무지를 일깨워 주려는 소크라테스를 싫어하고 증오했습니다. 그래서 소크라테스가 사형선고를 받도록 고발했던 것입니다. 이런 경우는 우리 주변에서도 흔히 찾아 볼 수 있습니다. 예를 들면, 똑똑하고 올곧은 친구를 미워하고 질투합니다. 심지어 따돌리고 괴롭히기도 합니다. 그러나 자기반성이 없는, 그래서 자신의 무지를 깨닫지 못하는 사람은 성장하고 발전할 수 없습니다. 자기반성이 없는 사람들은 오랫동안 지적인 미숙 상태에 있게 되며, 천덕꾸러기로 남아 있게 됩니다. 일깨워 주려는 사람을 고맙게 여기며 자기반성을 통해 무지를 자각하게 되면, 우리는 '철들었다.'라고 말하게 됩니다. 어떤 의미에서는 철든 사람은 '자기반성을 통해 자신의 부족함을 깨달은 사람'입니다.

만물의 원리와 원인에 대한 추구

자신의 무지를 자각한 존재는 참된 지식을 찾기 위하여 철학적 사유의 과정을 밟게 됩니다. 철학사에서 최초의 철학적 물음은 '만물의 근원은 무엇인가?'입니다. 만물의 근원에 대한 대답은 간단하지 않습니다. 이 물음은 만물을 구성하고 있는 근본적인 것에 대한 물음이면서, 동시에 만물이 왜 이렇게 존재하는지에 대한 물음이기도 합니다. 초기의 서양 철학자들은 만물의 근원을 밝혀서 이 세상이 존재하는 방식을 해명하고

자 하였습니다. 그리고 이 세계를 변화시키는 근본적인 존재나 원리를 찾고자 하였습니다.

• ◆ •

초기의 서양 철학자들은 만물의 근원이면서, 만물이 존재하는 원리이고, 그리고 만물이 이렇게 존재하는 까닭(이유)을 찾고자 한 것입니다. 근원, 원리에 해당하는 그리스어는 arche이며, 까닭에 해당하는 그리스어는 aitia입니다. 바로 아르케와 아이티아에 대한 물음이 최초의 철학적 물음입니다. 그리고 이 물음을 최초로 던진 서양 철학자는 탈레스입니다. 그래서 탈레스는 최초의 서양 철학자로 불리며, 철학의 아버지라고 말해지기도 합니다. 그러니 탈레스가 이런 물음을 던지기 전에는 철학적 사유는 존재하지 않았던 셈입니다. 물론 철학적 사유가 존재하지 않았다고 해서 인간이 사유 자체를 하지 않은 것은 아닙니다. 탈레스 이전의 사람들은 철학적인 사유와는 사뭇 다른 신화적 사유를 하고 있었습니다.

신화적 사유는 원인과 원리, 그리고 까닭을 이론적으로 밝히려고 하기 보다는 초월적 존재를 상정하고서 자연적 현상뿐만 아니라 인간에 의한 현상조차도 이 초월적 존재에 의거해서 설명하려고 합니다. 번개가 치고 천둥이 울리는 것을 신들이 전쟁을 하고 있기 때문이라고 설명하는 것은 신화적 사유의 전형적 설명 중 하나입니다. 자연 현상이나 인간의 사회적 사건을 합리적인 원인과 결과에 의거해서 설명하지 않고 초자연적 존재에 의거해서 설명하려는 태도는 지적으로 세련되지 못한 사회에서 흔히 볼 수 있습니다. 물론 이런 신화적 사유는 오늘날과 같이 과학 지식이 발달된 사회에서도 드물지 않습니다. 과학적으로 설명하기 어려운 문제에 마주치거나 예측하기 어려운 미래의 사실들이 궁금해지면 흔히 신화적 사유로 빠져들기 때문입니다.

신화적 사유나 믿음은 학문이 발달하지 않은 사회에서 전형적으로 나타나는 현상입니다. 그래서 신화적 태도는 동서양을 막론하고 흔히 볼 수 있으며, 시대를 불문하고 나타납니다. 신화적 사유에는 현실 세계에서 이룰 수 없지만 간절히 희망하거나 갈망하는 요소들이 듬뿍 담겨 있습니다. 또한 신화는 신을 통해서 세상의 현상들을 설명하려는 의도가 담겨 있습니다. 그래서 신화는 대체로 신의 탄생에서 출발합니다. 예를 들면, 그리스 신화도 맨 말머리에 제우스 신의 탄생에 대한 내용을 다루고 있습니다. 아버지에게 잡아먹힌 형제들과 그렇지 않은 제우스, 그리고 이 형제들과 연합하여 다른 신들과 벌이는 전투에 대한 내용들은 모두 신화를 통해 이 세상의 모습을 설명하기 위한 것입니다. 물론 신화적 설명에 대한 해석은 다양할 수 있습니다. 이 내용을 어떻게 해석할 것인지는 해석하는 우리의 몫입니다. 물론 자기반성을 통해 무지를 자각한 사람이 더 나은 해석, 즉 더 풍성한 해석을 제공할 것이 분명합니다.

· ◆ ·

　탈레스는 신비적인 사유에 기초한 신화적 사유를 넘어서 철학적 사유의 길로 들어선 최초의 사람입니다. 흥미롭게도 탈레스가 철학적 물음을 제기한 이후로, 철학적 사유를 전개한 철학자들이 그의 뒤를 이어 계속해서 등장했습니다. 탈레스 이후로 초자연적 존재에 의거하여 설명하던 사유의 방식이 이제는 합리적이고 논리적인 방식의 사유로 전환된 것입니다. 그리고 많은 사람들이 합리적이고 논리적인 사유의 방식을 따르고 있습니다. 이들의 사유 방식이 학문적 방식으로 자리를 잡게 되었습니다. 탈레스의 뒤를 이어 아낙시만드로스, 그리고 그 뒤를 이어 아낙시메네스가 만물의 근원으로서 '아르케' 또는 '아이티아'를 탐구하고 있습니다.

PART II

CHAPTER 01 고대 서양의 자연 철학자들

CHAPTER 02 소크라테스 이전 철학자들

CHAPTER 03 소크라테스의 철학

CHAPTER 04 플라톤의 철학 I:
            윤리적인 삶과 철학자 왕

CHAPTER 05 플라톤의 철학 II:
            참된 앎과 이데아

CHAPTER 06 플라톤의 철학 III:
            영혼 불멸과 참된 지식의 가능성

CHAPTER 07 아리스토텔레스의 철학 I:
            세계는 어디로 향하고 있는가

CHAPTER 08 아리스토텔레스의 철학 II:
            행복이란 무엇인가

CHAPTER 09 헬레니즘 철학: 세속적 행복 추구

CHAPTER 10 중세의 철학: 종교와 신

#자연철학자

#만물의근원

#무한정자

#까닭

#주상적존재

CHAPTER 01

고대 서양의
자연 철학자들

- 탈레스

- 아낙시만드로스

- 아낙시메네스

- 자연 철학자들에 관하여

탈레스 BC 624?~546?

아리스토텔레스는 본래 모든 인간은 앎을 추구한다고 말합니다. 그리고 철학은 경탄과 의문에서 시작한다고 말하고 있습니다. 이 말은 탈레스를 두고 한 말이라고 해도 과언은 아닐 것입니다. 탈레스는 경탄과 의문, 그리고 호기심으로 가득 찬, 열정적인 탐구자였습니다. 그래서 철학적 탐구를 시도한 최초의 사람이라는 평가를 받고 있습니다. 우주의 아름다운 질서에 경탄하고서, 이런 질서가 어떻게 생겨나는지 의문과 호기심을 가지고 스스로 해명하려고 노력했습니다. 그래서 만물의 근원이 무엇인지를 물었던 것입니다. 그리고 스스로 만물의 근원을 '물'이라고 대답했습니다. 탈레스 이전에 누구도 이런 물음을 던진 적이 없으며, 이런 대답을 시도한 사람도 없습니다. 탈레스가 물음을 제기하고 대답하는 방식은 신화적인 관점의 방식이 아니라, 합리적 이성에 의한 방식입니다. 그래서 탈레스에서 서양의 철학이 최초로 시작되었다고 말합니다. 즉 탈레스는 최초의 서양 철학자입니다.

탈레스는 만물의 근원을 물이라고 말합니다. 이 세계 변화의 원인, 즉 변화의 까닭 aitia 그리고 세계 변화의 원리 arche가 물에 있다는 것입니다. 물은 변화무쌍하게 변화합니다. 물은 상황과 조건만 맞으면 다양한 모습으로 변화할 수 있습니다. 얼음으로도, 눈으로도, 비로도, 안개로도 이슬로도, 수증기로도 변화합니다. 심지어 지구상의 모든 생물은 물 없이 생존할 수 없습니다. 탈레스는 아마도 물의 이런 특성을 파악하고 만물의 근원을 물이라고 했을 것입니다.

또한 탈레스의 고향인 밀레토스는 항구 도시입니다. 항구 도시에 살면서 탈레스는 물이 가장 중요하다는 것을 깨달았기 때문에 만물의 근원을 물이라고 했다는 추측도 있습니다.

• ◆ •

탈레스가 세계 변화의 원인을 탐구한 최초의 인물이지만 탈레스가 최초의 철학자이며, 학문이 탈레스에서 비롯되었다고 말하는 것에 의문을 제기하는 사람도 있을 것입니다. 탈레스 이전에 이미 메소포타미아에서 천문학이 발전하여 그 지식이 활발하게 이용되었으며, 이집트에서는 기하학이 활용되었다고 말할 수 있기 때문입니다. 이것은 사실입니다.

메소포타미아인들은 별들의 운행에 많은 관심을 가지고서 기록을 잘 했던 것으로 보입니다. 유목민과 여행자들이 올바른 방향을 찾기 위해서는 별자리 운행에 대한 지식이 필요했기 때문입니다. 그리고 이집트에서도 기하학적 지식의 싹이 자라고 있었습니다. 이집트에는 나일강이 거의 매년 홍수가 져서 범람하는 일이 잦았습니다. 홍수가 들어 강이 범람하게 되면 농사짓던 땅이 물살에 휩쓸려 경계를 확인할 수 없게 됩니다. 이때 자신의 농경지와 타인 농경지의 경계를 확정하는 일은 매우 중요한, 아니 가장 중요하고 가장 큰 관심사였을 것입니다.

이집트인들은 나일강이 범람한 후에 자기 땅의 경계를 찾고자 오늘날 기하학의 가장 기초적인 지식을 찾아냈습니다. 그리고 이 지식은 매우 유용했기 때문에, 많은 사람들에게 잘 알려져 있었을 것으로 보입니다. 그러나 이 지식은 이집트에서 더 이상 발전하지 못했습니다. 이집트인들은 기하학적 지식을 자신의 땅을 찾는 데 활용하는 것에 만족했으며, 그 이상의 지식이나 기하학적 원리의 의미를 탐색하지 않았습니다. 실용을 위한 지식과 기술은 그 실용의 한계 안에서만 탐구되어 깊은 탐구로 확장되기 어렵습니다. 결국 이집트의 기하학적 지식은 그리스에 전해져 피타고라스 학파에 의해 발전하여 학문 본연의 의미를 갖게 되었습니다. 말하자면 땅을 구분하기 위해 단지 땅을 잰다는 의미만을 가지던 활동이 기하학이라는 학문으로 깊이를 더했으며, 의미가 확장되었습니다. 땅을 재는 기술이 그리스로 전해져, 삼각형 세 변의 합과 길이 등에 관한 원리가 파악될 수 있었던 것입니다.

메소포타미아인은 별자리의 운행에 많은 관심을 가지고 있었습니다. 주로 사막 지역으로 이루어진 지역의 특성상 하나의 도시에서 다른 도시로 이동하려면 동이 트기 전 이른 아침이나 심지어 깜깜한 밤이 유리합니다. 이때 방향을 설정할 지표가 필요한데, 사막에는 그런 지표가 마땅하지 않습니다. 더구나 깜깜한 새벽이나 밤이기 때문에 이런 지표가 있었다 할지라도 식별하기 어려웠을 것입니다. 그래서 하늘에 고정되어 있는 듯이 보이는 별자리에 관심을 가졌을 것입니다. 그러나 별자리는 고정되어 있지 않고 움직이기 때문에 이 움직임을 기록했으며, 이런 기록을 토대로 별자리의 움직임을 보고서 방향과 시간을 추론할 수 있었습니다. 그리고 이런 경험들이 축적되어 정확도를 더해 갔을 것이며, 아주 유용한 길잡이 역할을 했을 것입니다.

그러나 메소포타미아인들은 자신들의 경험적 지식을 이동의 길잡이로 활용하는 것에 만족하고서 별들이 운행하는 이유가 무엇인지, 별자리의 운행 법칙이 무엇인지에 대해서는 관심이 없었습니다. 별자리에 관한 지식이 학문적으로 발전하기 위해서는 별자리의 운행 원리에 대한 나름의 해명이 있어야 합니다. 그러나 메소포타미아인들은 별자리 운행 원리에 관해서는 관심이 없었습니다. 별자리 운행 원리와 법칙에 관심을 가진 사람들도 그리스인들입니다.

· ◆ ·

탈레스에겐 별자리 탐구와 관련한 아주 흥미로운 일화가 전해지고 있습니다. 탈레스는 밤만 되면 하늘의 별만 쳐다보면서 돌아다녔다고 합니다. 고개를 하늘로 향하고 걷기 때문에 종종 개천에 빠지기도 하고, 오물 수렁에 빠져서 냄새를 풍기며 돌아다녔다는 겁니다. 그러나 탈레스는 자신의 겉모습에 전혀 신경쓰지 않았습니다.

이 일화는 두 가지 해석을 가능하게 합니다. 하나는 탈레스가 별자리의 운행 원리에 큰 관심을 가지고 있었다는 것입니다. 별자리의 운행 원리를 포함한 만물의 근원이 되는 원리를 찾고자 했다고 할 수 있습니다. 다른 해석은 탈레스를 비난하고자 하는 사람들이 제시했습니다. 탈레스가 하늘의 별만 쳐다보다 개천과 오물 구덩이에 빠지는 것은 하늘, 즉 이상적인 것에만 관심을 둘 뿐 현실적인 것에는 무지하다는 것을 의미한다는 것입니다. 현실을 모르는 이상주의자라는 것입니다.

그러나 탈레스가 현실에 무지했던 것은 아닌 것처럼 보입니다. 오히려 현실적인 것에 대해 많은 지식을 가지고 있었다는 것을 추측하기에 좋은 일화가 있습니다. 오랫동안 탈레스는 현실을 모르고 뜬구름 잡듯이 이상만 추구한다는 비난과 비아냥거림을 감내했습니다. 그러던 어느 날 자신이 이상적이며 현실을 모르기 때문에 학문에 관심을 가진 것이 아니라는 것을 증명이라도 하듯이, 현실 세계에 뛰어들어 큰돈을 벌 수 있다는 것을 직접 증명했습니다.

탈레스는 자신의 천문학적 지식을 활용해 그 해 가을에 올리브가 풍년이 들 것을 예측했습니다. 그리고 올리브기름 짜는 기계가 그해 가을에 다른 해 가을보다 더 많이 필요할 것이라는 결론을 내렸습니다. 그래서 지난 해 가을에 사용하고 방치되어 있던 올리브기름 짜는 기계를 가능한 많이 확보하기로 결심했습니다. 올리브기름을 짜야 하는 가을 성

수기에 기계를 되팔면 큰돈을 벌 수 있을 것으로 생각한 것입니다. 그런데 탈레스는 생산적 활동을 하지 않았기 때문에 가난했고, 기계를 살 돈이 없었습니다. 방법을 궁리하던 탈레스는 친구를 찾아가 많은 돈을 빌렸고, 그렇게 구매한 착유기들을 자기 집 마당에 쌓아 두었습니다. 그해 가을에 탈레스가 예상했던 대로 풍년이 들어, 올리브 생산량이 크게 증가했습니다. 그리고 착유기의 수요가 폭발적으로 증가했습니다. 당연히 기계의 가격은 상승할 수밖에 없었습니다. 더구나 방치되었던 많은 기계를 탈레스가 거의 모두 사들였기 때문에 결국 탈레스가 부르는 값을 주지 않고서는 기름을 짤 수 없게 되었습니다. 사람들은 앞다퉈 기계를 사기를 원했고, 가격은 더욱 치솟아 탈레스는 많은 돈을 벌었습니다. 친구에게 빌렸던 돈을 갚고도 큰 이득을 얻었다고 합니다.

탈레스의 일화는 철학자도 마음만 먹으면 돈을 벌 수 있다는 것을 증명하고 있습니다. 그것도 큰돈을 벌 수 있다는 것을 증명했습니다. 즉 철학자는 돈을 벌 수 있는 능력이 없는 것이 아니라 다만 돈에 관심을 두지 않는다는 것입니다. 탈레스는 철학자가 관심을 가져야 할 것은 돈을 버는 일이 아니라는 것을 말하기 위해 이런 해프닝을 벌였다고 많은 사람들은 말하고 있습니다. 오물에 빠질 정도로 탐구에 매진한 탈레스의 태도와 철학자가 관심을 둬야 할 것은 돈이 아니라 지적 활동이라는 것을 보여 주는 두 일화는 탈레스의 철학적 삶과 태도를 보여 주기 위해 가장 널리 회자되고 있습니다.

탈레스와 허생전 또는 동양의 탈레스 '허생'

탈레스가 올리브기름 짜는 기계를 사 모아 돈을 번 일화는 박지원 『열하일기』 중 '허생전'을 연상시킵니다. 이야기의 구도와 소재가 이토록 똑같을 수 있는지 놀라울 정도입니다. 혹여 중국을 오가던 박지원이 중국에 이미 알려져 있던 서양 고대 철학자들의 이야기를 듣지 않았나 하는 의문이 들 정도입니다.

그러나 탈레스와 허생은 몇 가지 차이점이 있습니다. 우선 탈레스는 천문학적 지식으로 풍년을 예측하고서 이를 활용했습니다. 반면에 허생은 자신의 혜안으로 사회 현상을 정확하게 꿰뚫어 보았습니다. 양반 사회의 허위의식을 이용하여 돈벌이를 한 것입니다. 탈레스와 허생이 돈벌이를 위해 활용한 지식의 종류에는 차이가 있을지라도, 자신들의 탁월한 지식에 기초하여 인간 욕심의 본성을 활용했다는 점에서는 매우 흥미롭습니다.

허생전에는 이해하기 어려운 부분이 있습니다. 공부만 한 탓에 경제적으로 보잘것없던 허생이 쉽게 돈을 빌릴 수 있었던 것은 납득하기 어렵습니다. 누구라도 처음 본, 심지어 빈털터리인 허생에게 돈을 선선히 빌려주기란 쉽지 않은 일일 것이기 때문입니다. 허생이 돈벌이에 성공했다 할지라도, 허생과 같은 사람에게 돈을 빌려주는 사람은 큰돈을 모으기 어려울 것입니다. 유감스럽게도 허생전에는 허생이 돈을 빌릴 수 있었던 이유가 분명하게, 그리고 충분하게 설명되고 있지 않습니다.

그러나 탈레스는 허생과 처지가 달랐습니다. 허생이 동양의 조선에 살고 있었던 반면에, 탈레스는 고대 서양의 그리스 사회에 거주하고 있었기 때문입니다. 탈레스의 친구들은 돈을 빌려주어야 한다는 강한 의무감을 가지고 있습니다. 고대 그리스는 '친구의 것은 공동의 것'이라는 속담과 전통을 가지고 있었습니다. 고대 그리스의 폴리스들이 운명 공동체였기 때문에 도움을 요청하는 친구를 거절하는 것은 비겁하며 비난받을 행동입니다. 친구를 도와야 한다는 것은 그리스 폴리스를 지탱해 주는 매우 강력한 이념이었습니다.

아낙시만드로스 BC 610?~546?

아낙시만드로스도 탈레스와 마찬가지로 만물의 근원을 찾는 것을 자신의 철학적 과제로 삼았습니다. 그러나 아낙시만드로스는 탈레스가 정답으로 여긴 물이 만물의 근원으로서 적절한 대답이 아니라고 생각합니다. 물은 철학자들이 설명하고자 하는 자연의 여러 다양한 현상 중 하나일 뿐이기 때문입니다. 물 역시 설명되어야 할 자연 현상에 불과합니다. 그러므로 물은 만물의 근원이 될 수 없습니다. 설명되어야 할 대상을 설명하는 대상으로 제시하는 것은 논리적으로 합당하지 않습니다. '피설명항'의 위치에 있어야 할 것을 '설명항'의 자리에 놓는 것은 논리적으로 그르게 됩니다. 물은 설명되어야 할 대상으로 설명하는 역할을 하는 만물의 근원은 아니라는 것입니다.

또한 불과 물은 서로 대립하는 하나의 성질을 가지고 있기 때문에, 물은 만물의 근원이 될 수 없다고 주장합니다. 물이 만물의 근원이라면 불이 물에서 생겨나야 합니다. 그러나 불이 물에서 나왔다고 말하는 것은 이치에 맞지 않습니다. 그래서 아낙시만드로스는 물도 불도 만물의 근원이 될 수 없다고 생각합니다.

그리고 '무한정자 無限定者, apeiron'를 만물의 근원으로 제시합니다. 무한정자는 한도 지워지지 않은 것, 한정되지 않은 것을 의미합니다. 즉 크기도 무한하고 성질도 어떤 것으로 확정되거나 한정되어 있지 않습니다. 무한정자는 규정되어 있지 않기 때문에 어떤 것으로도 변화할 수 있는 존재입니다. 아낙시만드로스는 규정되지도, 한정되지도, 확정되어 있지도 않은 무한정자에서 만물이 생겨났다고 말합니다.

물론 아낙시만드로스가 무한정자에서 만물이 어떻게 생겨나고 변화되어 나오는지 구체적으로 말하고 있지는 않습니다. 사실상 아낙시만드로스가 말하지 않은 것인지, 말하였지만 그 내용이 우리에게 전해지지 않은 것인지는 확실하지 않습니다. 어쨌든 우리는 아낙시만드로스의 상세한 설명은 알지 못합니다. 그러나 우리가 주목해야 할 것은 탈레스가 만물의 근원에 대해 물이라는 구체적인 사물을 제시한 반면에, 아낙시만드로스가 무한정자라는 추상적 존재를 제시했다는 것입니다. 만물의 근원이라면 구체적인 사물이기보다는 추상적 존재로 답하는 것이 더 철학적 대답에 가까울 수 있습니다.

아낙시메네스 BC 585?~525?

아낙시메네스는 탈레스가 말한 물을 만물의 근원이라고 생각하지 않았으며, 그렇다고 아낙시만드로스가 말한 무한정자를 만물의 근원이라고 생각한 것도 아닙니다. 그는 만물의 근원을 공기라고 말합니다. 탈레스의 물은 구체적이고 한정되어 있는 존재이기 때문에 만물의 근원이 될 수 없으며, 아낙시만드로스의 무한정자는 추상적이고 무한한 것이어서 만물의 근원으로 적합하지 않다고 생각하였기 때문입니다. 그래서 물보다는 덜 구체적이고 무한정자보다는 더 구체적인 것을 찾았으며, 결국 아낙시메네스는 만물의 근원을 '공기'라고 생각했습니다.

공기를 만물의 근원으로 주장한 이유는 아마도 공기가 없으면 어떤 생물도 생존할 수 없으며, 물에서 불은 도출될 수 없지만 공기에서 물과 불이 생겨날 수 있기 때문으로 보입니다. 아낙시메네스는 공기가 희박해지면 불이 생겨나고, 공기가 농축되면 구름이 되고 물이 되어 비로 내린다고 말합니다. 아낙시메네스의 이런 설명은 상당한 설득력을 가진 것처럼 보입니다. 공기가 희박하고 건조해지면 화재가 발생하기 쉬우며, 농축되어 습해지면 이슬과 물방울이 맺히고 비가 온다고 생각할 수 있기 때문입니다. 따라서 공기에서 불과 물이 동시에 생겨난다고 생각하는 것은 모순으로 보이지 않습니다.

또한 만물의 근원이 한정된 것이라고 말하는 것보다는 무한한 어떤 것이라고 말하는 것이 합리적인 것처럼 보이기도 합니다. 구체적인 사물이 모든 구체적인 사물들의 근원이 된다는 것은 쉽게 납득하기 어렵습니다. 그래서 만물의 근원으로 구체적인 대상을 제시한 아낙시메네스의 사색의 깊이는 추상적인 대상을 제시한 아낙시만드로스의 사색의 깊이에 미치지 못한다는 평가를 받고 있습니다. 그러나 설명의 논리적인 측면에서는 앞서 있다는 평가를 받습니다. 서로 대립하는 개별적인 것들이 하나의 것에서 도출될 수 있다는 것을 상당히 설득력 있게 설명하고 있기 때문입니다. 즉 공기에서 대립하는 물과 불이 생성되는 과정을 아낙시메네스는 논리적으로 잘 설명하고 있습니다.

자연 철학자들에 관하여

앞에서 살펴본 세 명의 학자들은 자연 세계에 대한 탐구를 하고 있기 때문에 자연 철학자라고 불리며, 밀레토스에서 태어나 활동한 학자들이기 때문에 밀레토스학파의 철학자라고 말합니다. 물론 이들의 설명은 현대 과학의 입장에서 보면 결코 수용할 수 없는 터무니없는 내용으로 보일 수도 있습니다. 이들의 주장을 받아들일 수 없다는 것은 누구나 뻔히 알 수 있는 일이기 때문입니다. 그러나 초월적인 존재를 상정하지 않고서 이 세계를 나름의 방식으로 설명하고 있다는 점은 이들이 매우 세련된 지적 능력을 가지고 있었다는 것을 보여 줍니다. 더구나 이들은 이 세계의 원질, 원리, 변화의 근원 등을 찾으려 했다는 점에서 철학적 사유의 전형으로 이해될 수 있습니다.

고대의 철학자들은 자연 현상에 대해서 설명하려고 노력했습니다. 물론 오늘날의 눈으로 보면 틀린 내용이 허다합니다. 그러나 오늘날의 과학 지식도 이런 틀린 주장들이 축적된 결과일 수 있습니다. 그른 것이 옳은 것을 만들어 냈다는 것이 아닙니다. 그른 것들도 일종의 생각입니다. 생각하는 힘이 결국 옳은 것을 찾아냈다는 것입니다. 그른 것일지라도 긴 역사에서 진리에 기여하는 바가 있습니다.

··· 잠시, 샛길

고대인들의 과학 이론

자연 철학자들의 주장은 아니지만, 쾌락주의자인 에피쿠로스의 '우박', '눈', '얼음'의 생성에 관한 주장을 읽어보면 매우 흥미롭습니다.

> 바람의 입자들이 모든 방향으로부터 서로 모여서 여러 덩어리들을 만들 때, 이런 강력한 응고에 의해서 우박이 생겨날 수 있다. 또는 물 입자가 동결되었다가 다시 개별 우박 입자로 쪼개짐에 의해서 우박이 생겨날 수도 있다. 이때 동결과 쪼개짐은 응고와 분리를 동시에 야기하며, 물 입자가 부분으로서 그리고 전체로서 함께 달라붙도록 해준다. 우박의 둥근 모양은 아마도 우박의 모서리가 둥글게 녹기 때문에 생겨날 것이다. 또는 어떤 사람이 주장하듯이, 우박을 구성하는 입자가 뭉쳐질 때, 모든 방향에서 각 부분이 똑같이 뭉쳐지므로 우박의

모양이 둥글 수도 있다.

눈은 다음과 같은 방식으로 생성된다. 저절한 종류의 구름이 바람에 의해 강력하고 지속적으로 압축될 때 구름에 저절한 종류의 구멍이 있다면, 작은 물 입자들이 구멍을 통해서 구름 밖으로 배출된다. 그리고 배출된 물은 하강하면서, 더 낮은 지역에 있는 구름 내부의 지속한 추위 때문에 동결되어 눈이 된다. 또는 습기를 포함하고 있는 구름들이 옆에 나란히 놓여서 서로 압박할 때, 압축된 구름 속에서 물이 동결되어서 배출되면서 눈이 될 수도 있다. 이런 구름은 물을 응고시켜서 우박을 만드는데, 특히 봄에 이런 현상이 많이 생긴다. 혹은 응고된 구름들이 서로 마찰해서 눈의 구조물을 배출할 수도 있다.

얼음은 둥근 입자의 물이 밀려 나가고 이미 물 안에 있던 삼각형 모양의 입자들이 함께 모여서, 만들어진다. 또는 밖으로부터 들어온 삼각형 모양의 물 입자가 함께 모여서 둥근 입자를 몰아내고 물을 응고시킬 수도 있다.

#만물유전설

#수적비례

#존재자와존재

#역설

CHAPTER 02

소크라테스 이전 철학자들

- 헤라클레이토스
- 피타고라스
- 파르메니데스
- 제논

헤라클레이토스 BC 540?~480?

헤라클레이토스는 이 세계가 끊임없이 변화한다고 생각합니다. 변화하지 않는 것은 아무것도 없다는 것입니다. 얼핏 이것은 참인 것처럼 보입니다. 그래서 대부분의 사람들은 헤라클레이토스의 이런 입장을 기꺼이 받아들이려고 합니다. 모든 것은 계속해서 생겨났다 없어지고, 없어졌다 생겨나기를 반복하는 변화 속에 있습니다. 모든 것은 변화하며, 굳이 변화하지 않는 것을 찾아야 한다면 '변화한다는 것만이 변화하지 않는다.'고 말할 수 있을 것입니다. 이것을 그는 '만물은 유전한다.'라는 말로 표현하고 있습니다. 그리고 '같은 강물에 두 번 들어갈 수 없다.'라는 말을 하기도 합니다. 한 번 들어갔다 나온 강에 다시 들어가기 위해서는 시간이 흐를 것이고, 시간이 흘렀다면 자신이 들어갔던 그 강물은 그 시간 동안 흘러갔을 것입니다. 그리고 강물이 흘러갔다면, 그 강은 동일한 강이 아니라 다른 강이라는 것입니다. 이것은 모든 것은 항상 변화하고 있다는 것을 비유적으로 표현하고 있습니다.

헤라클레이토스에 따르면, 이런 변화를 가능하게 해 주는 것은 '모순과 대립'에 의해서라고 합니다. 그는 만물을 생성, 소멸시키는 변화의 원동력은 모순과 대립이라고 보고 있습니다. 이 모순과 대립이 교차하면서 이 세계를 변화시키며, 만물을 생성 소멸시킵니다. 그런데 만물은 변화하지만, 오직 변화하지 않는 것이 하나 있습니다. 만물의 변화를 지배하고 있는 법칙으로서 로고스 logos는 변화하지 않습니다. 만물이 지속적으로 변화하는 중에도 그 변화가 질서 정연하게 이루어지는 것은 변화의 법칙인 로고스가 변화하지 않고 제 역할을 다하고 있기 때문입니다. 로고스 덕분에 사물들은 변화하면서도 좌충우돌하지 않고 변화의 질서를 유지하고 있습니다. 말하자면 로고스가 변화하는 만물이 조화를 이루며 통일성을 가질 수 있도록 해 주고 있습니다.

•◆•

사실 '만물은 유전한다.'는 헤라클레이토스의 주장을 철저하게 유지한다면, 세상에 큰 혼란이 야기될 것입니다. 우리는 어떤 것이 '같다'는 말조차 사용할 수 없게 될 것입니다. 그리고 어제의 나는 오늘의 내가 아닐 것입니다. 어제의 나는 시간이 경과함에 따라 변화했기 때문에 어제의 나는 현재의 내가 아니며, 현재의 나는 어제의 내가 아닙니다. 말하자면 어제의 나와 오늘의 나는 전혀 관련이 없는 다른 존재입니다. 그렇다면 어제의 나는 어디로 간 것일까요? 어제의 나는 소멸되고, 새롭게 오늘의 내가 생겨난 것일까요? 이 문제는 형이상학적, 존재론적 문제 이외에도, 일상생활에서도 아주 복잡한 문제를 야기합니다. 이 문제로 인해 우리의 일상생활에 큰 어려움이 생겨나고, 생활 자체가 불가능할 것이기 때문입니다.

예를 들어, 한 달 전에 철수에게 돈을 빌려주었다고 해 봅시다. 나는 한 달이 지나서 돈을 갚기로 한 날임을 상기시켜, 철수에게 반환을 요구할 수 있습니다. 그러나 철수는 한 달 전의 자신은 현재의 자신이 아니라고 주장하면서 돈 갚기를 거부할 수 있습니다. 자신은 헤라클레이토스의 견해를 믿고 있다고 말할 수 있기 때문입니다. 말하자면 과거의 자신이라고 불렸던 존재는 변화하여 존재하지 않으며, 현재의 자신은 단지 현재의 자신일 뿐으로, 과거의 자신이 아니기 때문에 과거에 자신으로 불렸던 존재의 행동을 현재의 자신이 책임질 필요가 전혀 없다고 말할 수 있기 때문입니다.

범죄를 저지른 누군가는 헤라클레이토스의 견해에 따라서 범죄를 저지른 자신과 현재의 자신이 무관하다고 주장할 수 있습니다. 이런 주장은 터무니없습니다. 그러나 헤라클레이토스는 이런 주장을 가능하게 합니다. 그래서 헤라클레이토스는 모든 것이 변화한다는 입장을 철저하게 고수하지 못하고 로고스만은 변화하지 않는다고 말함으로써 이런 문제를 피해갈 수 있는 여지를 남겨두었을 수도 있습니다.

피타고라스 BC 580?~500?

피타고라스는 수의 중요성을 학설의 중심에 두고 있습니다. 현의 길이에 따라 음이 울리는 것은 수적 비례에 따른다는 것을 발견하고서, 이 세계의 본질은 수에 있다고 여겼습니다. 말하자면 만물의 근원은 수입니다. 수는 규정되어 있지 않은 것을 규정짓고 한정지어서 우주의 질서를 만들어 낸다는 것입니다. 그래서 수적 조화는 인간 행동의 올바름을 결정해 주는 것이기도 합니다.

피타고라스의 사상이 철학에서 중요한 이유는 수적 조화와 비례 때문입니다. 피타고라스는 이 세계가 잘 유지되고 있는 것은 수와 기하학의 세계에서 찾을 수 있는 비례와 이에 따른 조화 때문이라고 생각합니다. 말하자면 이 세계가 잘 유지된다는 것은 이 세계가 비례에 맞게 구성되어 있으며, 따라서 조화를 이루기 때문입니다.

이 세계의 비례와 조화는 수와 기하학에서 찾을 수 있는 비례와 조화를 통해서 알 수 있습니다. 따라서 수와 기하학의 비례와 조화를 알게 된다면, 이 세계가 어떻게 구성되었는지도 파악할 수 있을 것입니다. 그래서 피타고라스학파는 수와 기하학의 비례와 조화에 대한 탐구를 강조하고 있습니다. 우리가 피타고라스의 업적으로 알고 있는 내용들은 사실은 피타고라스 개인의 업적은 아닙니다. 피타고라스와 뜻을 같이하여 따르는 무리들이 있었습니다. 이들을 피타고라스학파라고 부릅니다. 사실 수학에 관한 대부분의 업적은 피타고라스 개인이 아닌 피타고라스학파의 산물입니다.

· ◆ ·

피타고라스학파는 사실상 종교 단체와 유사했습니다. 규율을 만들어 엄격하게 따르며 실천했습니다. 이 규율의 내용은 오늘날 이해하기 어려운 것들이 많습니다. 예를 들면 '떨어진 돈을 줍지 말라.' 또는 '큰 길로 다니지 마라.' 등 이해하기 어려운 내용들이 대부분입니다. 또한 피타고라스학파는 기하학 연구를 통해서 '무리수'의 존재를 알게 됩니다. 사실 무리수는 쉽게 파악될 수 있습니다. 각각의 변의 길이가 1인 사각형의 대각선 길이는 무리수이기 때문입니다. 피타고라스학파는 무리수를 발견하고서 비밀에 부칩니다. 그러나 피타고라스학파의 일원인 히파수스가 무리수에 관해 발설하게 됩니다. 피타고라스학파는 무리수의 존재를 발설한 피파수스를 살해했다고 합니다.

왜 무리수의 존재를 비밀에 부쳤을까요? 이 당시 그리스 사회는 세상의 모든 것을 자연수와 그 비례 관계로 나타낼 수 있다고 생각했습니다. 말하자면 이 세계에는 자연수와 분수만이 존재합니다. 그러나 무리수는 분수로 나타낼 수 없는 수입니다. 이들은 무리수를 이해할 수 없었습니다. 이들이 무리수를 이해할 수 없었던 것은 고대 그리스의 세계관에서는 당연한 일입니다. 무리수는 이 세계에서 개별적 예를 찾을 수 없기 때문입니다. 고대 그리스인들은 이 세계가 무한히 분할될 수 있는 점들로 이루어져 있다고 생각했습니다. 물론 그 점들은 자연수로 표현될 것입니다. 그리고 그 자연수들의 비례, 즉 분수로 나타낼 수 있습니다. 그래서 고대 그리스인들은 자연수와 분수로 표현할 수 있는 수의 세계를 넘어서는 것에 대해 이해할 수 없었습니다. 즉 자연수도 아닌, 그리고 그 비례도 아닌 세계를 이해할 수 없었습니다.

무리수의 존재를 인정하는 것은 그 당시 세계를 지탱해 주던 세계관을 파괴하는 것입니다. 무리수의 존재를 인정하는 것은 당시의 세계관에 반하는 행태였을 것입니다. 그리고 이런 행태는 피타고라스 학파를 위험에 처하게 했을 것이 분명합니다. 학파의 존속을 위해서 무리수의 존재를 은폐하고, 폭로하려는 일원을 죽여야 했을지도 모릅니다. 물론 당연시되던 세계관을 파괴하는 것은 혼란을 야기할 것입니다. 단지 학파의 존속을 위해서만이 아니라, 사회적 혼란을 피하기 위한 고육지책이었을 수도 있습니다.

파르메니데스 BC 515?~445?

세계가 변화한다는 것은 상식에 속합니다. 그러나 분명 변화하는 것처럼 보이는데도 존재하는 어떤 것도 변화하지 않으며, 어떤 것도 생성되거나 소멸하지 않는다고 주장하는 철학자가 있습니다. 파르메니데스입니다. 파르메니데스의 주장은 참으로 이상합니다. 우리가 이 세계가 생성 소멸하면서 변화한다고 여기고는 있지만, 이것은 우리의 불완전한 감각 때문에 생긴 허상에 불과하다는 것입니다. 즉 변화하는 세계는 허상에 불과한 가짜 세계이며, 달리 말한다면 참된 세계의 껍데기에 불과합니다. 참된 세계는 이성을 통해 파악한 세계이며, 생성 소멸하지 않는 불변하는 세계입니다. 물론 우리의 감각은 변화하는 허상의 세계를 파악할 뿐이어서, 불변하는 참다운 세계는 파악할 수 없습니다. 그래서 감각에 의존하는 우리는 허상의 세계를 참다운 세계로 여기게 되며, 이 세계가 생성 소멸하며 변화한다고 생각합니다. 그러나 이성에 의해 파악된 세계는 이런 세계와 전혀 다릅니다.

· ◆ ·

파르메니데스는 무無에서 유有가 나올 수 없다고 생각합니다. 없음無은 단지 없는 것無일 뿐, 여기에서 존재有가 생성되어 나올 수 없다는 것입니다. 없음無에서 있음有이 생겨날 수 없으며, 있는 것有은 없는 것無이 될 수 없습니다. 없음에서 있음이 생겨난다면, 없음에 이미 있음이 들어 있기 때문이며, 따라서 있음을 담고 있는 없음은 없음일 수 없습니다. 또한 있는 것만이 존재하며, 없는 것은 존재할 수 없습니다. 있는 것이 없어지거나 없음에서 있는 것이 생겨날 수 없기 때문입니다.

그런데, 변화는 결국 있는 것에서 없는 것으로 나아가거나, 없는 것에서 있는 것으로 나아갈 때 발생합니다. 있는 것은 있고, 없는 것은 없을 때, 그리고 있는 것이 없는 것으로 되지도 않고, 없는 것이 있는 것으로 되지도 않는다면 변화는 존재하지 않는 것입니다. 파르메니데스에 따르면 변화는 이 세상에 존재하지 않습니다. 이 세계는 있는 그대로 존재할 뿐 변화하지 않습니다. 오로지 있는 것만 존재하며, 없는 것은 존재할 수 없고, 있는 것이 없는 것으로 될 수도 없기 때문입니다.

파르메니데스의 기묘한 주장을 이해하기는 쉽지 않습니다. 그러나 파르메니데스가 주장하는 네 가지 '표지'를 이해한다면 그의 주장을 이해하는 데 도움이 될 것입니다. 파르메니데스는 '진정으로 있는 것'이 갖추어야 할 자격 기준을 '표지'라고 부릅니다. 그리고 이 표지를 네 가지 제시합니다.

> 첫째 표지: 진정으로 있는 것은 생겨나지도 없어지지도 않는다.
> 둘째 표지: 있는 것은 연속되어 있다.
> 셋째 표지: 있는 것은 움직이지 않는다.
> 넷째 표지: 있는 것은 완전하다.

· ◆ ·

파르메니데스는 '진정으로 있는 것'을 '있는 것 전체'로 생각합니다. 그래서 첫째 표지인 '진정으로 있는 것은 생겨나지도 없어지지도 않는다.'라는 주장이 의미를 가질 수 있습니다. 있는 것 전체가 다른 것에서 생겨난다면, 있는 것 전체 이외에 또 다른 것이 있어야 합니다. 그런데 있는 것 전체는 존재하는 모든 것을 포함하기 때문에, 그 전체 이외의 다른 존재도 포함해야 합니다. 그래서 있는 것 전체 이외에 다른 것이 또 존재한다는 것은 개념적으로 모순입니다. 또한 있는 것 전체 이외에 다른 것이 있다면 다른 것은 있는 것 전체가 아닌 것, 즉 있지 않은 것에서 생겨난다고 말해야 합니다. 그러나 있지 않은 것에서는 아무 것도 생겨날 수 없으므로, 진정으로 있는 것은 생겨나지도 없어지지도 않는다고 말하는 것이 합당할 것입니다.

이 이야기를 들으면서 기독교적인 창조론을 떠올린다면 파르메니데스를 더욱 이해하기 어려울 것입니다. 기독교의 신은 무에서 유를 창조한다고 말하기 때문입니다. 그러나 그리스인들의 창조는 기독교적 창조와는 달리, 항상 주어진 것에서 생겨 나온다고 생각했습니다. 적어도 변화를 위해서는 변화하기 위한 재료가 주어져 있어야 한다는 것입니다. 따라서 없는 것에서 무언가가 생겨날 수는 없습니다.

· ◆ ·

둘째 표지인 '있는 것은 연속되어 있다.'를 설명해야 할 차례입니다. 이 말은 있는 것은 서로 다르지 않다, 즉 있는 것은 하나라는 것을 의미합니다. 또한 있는 것은 서로 분리되어 있지 않다는 것입니다. 있는 것들이 서로 다르기 위해서는 있지 않은 것들이 있어야 합니다. 있는 것과 있는 것을 구별해 주는 것은 그 둘 사이의 있지 않은 것이 있어야 가능하기 때문입니다. 그러나 있지 않는 것이 있다는 것은 모순이 됩니다. 있지 않은 것은 있지 않으며, 있을 수 없습니다. 있지 않는 것은 없다는 것을 부정할 사람은 없을 것입니다. 이 세상에 있지 않는 것이 없다면, 이 세상은 있는 것들로 이루어져 있어야 합니다.

이 세상이 있는 것들로 구성되어 있다면, 있는 것들은 서로 떨어져 있지 않고, 연속되어 있어야 할 것입니다. 파르메니데스가 이렇게 주장한 것은 고대 그리스인들이 공간을 '없음'으로 이해했기 때문입니다. 없음을 공간으로 이해했기 때문에 있음이 연속되어 있으며, 서로 다르지 않으며, 결국 있음은 하나뿐이라는 주장이 가능하게 됩니다. 없음은 없는 것이기 때문에, 그리고 공간은 없음을 의미하기 때문에 공간은 없습니다. 따라서 이 세상은 있는 것들로 구성되어 있으며, 있는 것들은 서로 연속되어 있습니다. 없음을 의미하는 공간은 존재하지 않기 때문입니다. 공간은 없음이며, 없음은 없기 때문입니다.

· ◆ ·

셋째 표지인 '있는 것은 움직이지 않는다.'를 살펴봅시다. 파르메니데스는 움직임을 변화로 이해하고 있습니다. 변화가 곧 움직임이며, 움직임 또는 운동이 곧 변화입니다. 변화와 운동에 대한 이런 방식의 이해는 고대 그리스 사유에서 일반적으로 받아들여졌습니다. 운동하는 것은 변화하는 것이며, 변화하는 것은 운동하는 것입니다. 그래서 직선 운동을 하는 존재는 생성 소멸하는 존재이며, 천체와 같이 원 운동을 하는 존재는 변화하지만 소멸되지 않고 영원히 존재합니다. 원운동을 하는 존재가 신적인 존재이며 가장 훌륭한 존재입니다.

존재하는 것이 변화한다는 것은 존재하지 않는 것이 된다는 것입니다. 존재하지 않는 것이 된다는 것은 존재가 없음이 된다는 것이기도 합니다. 그러나 없음은 없기 때문에, 존재는 없음으로 변화할 수 없습니다. 있는 것은 생겨나지도 없어지지도 않으며, 존재하지도 않는 없음으로 나아갈 수도 없기 때문입니다. 따라서 존재는 움직이지 않습니다. 없음, 즉 공간은 존재하지 않습니다. 그래서 있는 것들은 연속되어 있습니다. 연속된 있는 것들은 움직일 수 없습니다. 있는 것들이 움직이기 위해서는 있는 것과 있는 것 사이에 공간이 있어야 합니다. 그러나 공간은 없음이며, 없음은 존재하지 않습니다. 그러므로 있는 것들은 연속되어서 움직이지 않습니다.

· ◆ ·

넷째 표지인 '있는 것은 완전하다.'를 살펴보겠습니다. 여기서 완전하다는 말은 부족하지 않다는 의미를 가집니다. '있는 것'과 관련하여 '부족하다.'는 것은 '있는 것'과는 '다른 것'을 의미합니다. 그래서 다른 것은 있는 것 전체와는 다른 어떤 것이 됩니다. 부족한 것이 있다면, '있는 것 전체와는 다른 것'이 있게 되며, 결국 있는 것 전체는 부족한 것이 되고 맙니다. 다시 말해서 부족한 것이 있다는 것은 있는 것 전체에 속하지 않는 것이 존재한다는 것이 되고, 이것은 있는 것 전체가 부족한 것이라는 의미입니다. 왜냐하면 있는 것 전체와 부족한 것의 합이 완전한 것이 될 것이기 때문입니다. 그러나 있는 것 전체가 부족한 것이라는 것은 터무니없습니다. 따라서 있는 것은 완전하다고 말하고 있습니다.

· ◆ ·

파르메니데스의 이런 주장들은 이후 그리스 철학을 넘어 현대 철학에도 큰 족적으로 남아 있습니다. 그러나 많은 사람들이 파르메니데스의 이런 주장을 말장난에 불과하다고 생각할 수도 있습니다. 사실 어찌보면 말장난처럼 들리기도 합니다.

파르메니데스의 이런 진지한 주장이 말장난처럼 들리는 이유는 분명합니다. 우리가 지각으로 파악하여 상식적으로 이해하는 세계와 이론을 통한 지적으로 이해하는 세계에 괴리가 있기 때문입니다. 우리의 지적인 탐구는 이런 괴리를 줄여 줍니다. 그렇다면 지성인은 이런 괴리를 적게 가진 사람이며, 이런 괴리를 적게 가진 사람이 지성인입니다. 우리가 지적 존재로서 추구하는 바는 이런 괴리를 갖지 않는 존재가 되려는 것일 수도 있습니다. 소크라테스 이후의 거의 모든 철학자들은 이렇게 믿었던 것이 분명합니다.

현대 물리학은 빛이 입자이면서 동시에 파장이라고 주장합니다. 그러나 입자는 파장일 수 없으며 파장은 입자일 수 없습니다. 상식적 이해를 가능하게 해 주는 감각에는 어떤 존재가 입자든 파동이든 둘 중 하나여야 합니다. 그런데 물리학 이론은 빛이 파장이면서 동시에 입자일 수 있다고 말합니다. 사실 이론을 통해 이성이 파악한 세계와 감각을 통해 파악한 현상으로서의 세계는 많은 점에서 차이가 있을 수 있습니다. 이런 점을 이해한다면 파르메니데스의 설명을 파악하는 데 큰 어려움은 없을 것입니다.

제논 BC 490?~430?

철학사적으로 크게 중요한 논의로 보이지는 않지만, 아주 흥미로운 문제를 제기한 철학자가 있습니다. 이 철학자는 엘리아 ^{elea} 사람인 제논입니다. 그래서 그의 문제를 '제논의 역설'이라고 합니다. 이 역설은 너무도 흥미로워서 대부분의 철학사 책에 기술되어 있을 정도입니다.

제논은 파르메니데스의 사상적 후계자로 알려져 있습니다. 플라톤의 대화편 『파르메니데스』에는 '제논이 파르메니데스의 파이디카 ^{paidika}가 되었다.'라는 표현이 있습니다. '파이디카'는 통상 '소년 애인'으로 번역되지만, 플라톤이 말하는 파이디카는 '애제자'를 의미합니다. 파르메니데스 역시 엘리아 사람이었기 때문에 파르메니데스와 더불어 제논의 사상을 '엘리아학파'라고 부릅니다.

제논은 세 가지 흥미로운 역설을 제기합니다.

첫째, 우리는 여기에서 출발하여 목적지에 도달할 수 없다.
둘째, 아킬레스는 앞서 가는 거북이를 따라잡을 수 없다.
셋째, 날아가는 듯이 보이는 화살은 실제로는 정지해 있다.

이 세 가지 주장을 처음 듣고서 순간 당황하지 않는 사람은 없을 것입니다. 얼핏 어처구니없다는 생각이 들기 때문입니다. 그러나 차근차근 살펴보면 매우 흥미롭습니다.

• ◆ •

첫째, '우리는 여기에서 출발하여 목적지에 도달할 수 없다.' 우리가 도달하고자 하는 목적지가 있다 할지라도, 그래서 우리가 이 목적지를 향해서 걸어 나갈지라도, 결코 그 목적지에 도달할 수 없다는 것입니다. 예를 들면 어떤 지점A에서 다른 지점B까지 가려는 사람이 있습니다. 그리고 그 사람은 B지점을 향해 A지점에서 출발했습니다. 그러나 그는 결코 B지점에 도달할 수 없다는 것입니다.

그 이유는 A지점에서 B지점까지 가려면 두 지점의 중간1을 지나야 합니다. 그리고 그 중간 지점1에서 B지점까지 가려면 중간 지점1과 B지점의 중간 지점2를 지나야 합니다. 중간 지점2에서 B지점을 가기 위해서는 두 지점의 중간 지점3을 지나야 합니다. 이 중간 지점은 무수히 많기 때문에 계속해서 중간 지점을 지나야 할 것입니다. 그리고 계속 중간 지점을 지나야 하기 때문에 결코 B지점에 도달할 수 없다는 것입니다. 우리는 목적지에 도달할 수 없고 다만 중간 지점에 도달할 수 있을 뿐입니다.

· ◆ ·

둘째, '아킬레스는 앞서가는 거북이를 따라잡을 수 없다.' 아킬레스가 앞서가고 있는 거북이를 따라잡기 위해 달려서 거북이가 처음에 위치해 있던 곳으로 갈 수 있습니다. 그러나 아킬레스가 달려가는 동안 거북이도 조금은 앞으로 나아갔을 것입니다. 그래서 아킬레스가 거북이를 따라잡기 위해서는 거북이가 앞으로 나아간 만큼 가야할 것입니다. 그러나 아킬레스가 거북이가 위치한 곳에 도달하면, 그 동안 거북이 역시 앞으로 걸어갔을 것입니다. 이런 과정이 무수히 반복될 것이기 때문에 아킬레스는 거북이를 결코 따라잡을 수 없다는 것입니다.

이 두 번째 주장은 엄밀히 말해서 첫째 주장과 크게 다르지 않습니다. 어찌 보면 아킬레스는 거북이가 있는 애초의 지점에 도달할 수도 없을 것입니다. 계속해서 그 중간 지점을 가야 하며, 아킬레스가 아무리 달려 보았자 그 중간 지점에 있을 것이기 때문입니다.

· ◆ ·

셋째, '날아가는 듯이 보이는 화살은 실제로는 정지해 있다.' 날아가는 화살이 정지해 있다는 것은 너무도 터무니없어서 납득하기 어렵습니다. 그러나 날아가는 화살도 어느 한 지점에 위치해 있습니다. 이것은 포탄의 날아가는 거리를 알기 위하여 도표로 그리는 포물선 곡선을 생각하면 쉽게 이해할 수 있습니다. 포탄은 포물선을 그리며 날아갑니다. 그러나 그 포탄은 T1시점에 P1의 위치에 있으며, T2시점에는 P2의 위치에 있을 것입니다. 이런 방식으로 T시점과 P지점을 연결시킬 수 있습니다. 물론 각각의 시점들은 각각의 지점에 상응할 것입니다. 그래서 화살은 하나의 시점에 각각 하나의 지점에 위치하게 됩니다.

날아가는 화살은 무수히 많은 지점에 위치한 화살들의 연속일 뿐입니다. 그리고 그 화살은 각각의 시점에 각각의 지점에 위치하기 때문에 하나의 시점에서 보면 상응하는 바로 그 지점에 정지해 있습니다. 물론 정지가 무한히 많아도, 정지는 정지일 뿐입니다. 따라서 날아가는 듯이 보이는 화살은 사실은 각각의 위치에서 정지해 있습니다.

· ◆ ·

앞에서 말했듯이, 제논의 이 세 주장을 제논의 역설이라고 부릅니다. 제논의 설명을 들으면 매우 그럴듯한 측면이 있습니다. 그러나 우리는 목적지에 도달할 수 있으며, 아킬레스는 거북이를 쉽게 따라잡을 수 있고, 날아가는 화살은 결코 정지해 있지 않습니다. 그러나 제논의 주장은 매우 그럴듯한 설명이기 때문에 역설이라고 불립니다. 이 주장들은 매우 그럴듯해 보이기 때문에 제논도 매우 진지하게 제시했을 것입니다.

그렇다면 제논의 역설이 매우 그럴듯하게 들리는 이유는 무엇일까요? 이유는 매우 단순합니다. 고대 그리스인들은 선과 평면이 무수히 많은 점들로 이루어져 있으며, 이 점들은 무한히 분할 가능하다고 생각했기 때문입니다. 무수히 많은 점들로 이루어져 있기 때문에 점과 점들 사이에는 또 다른 점이 무수히 많이 있을 수 있습니다. 그래서 한 지점에서 다른 지점까지는 무수히 많은 중간 지점이 존재하게 됩니다. 무수히 많은 중간 지점을 지나다 보면 목적지에는 결코 이를 수 없게 될 것입니다. 분할 가능한 무수히 많은 점들로 이루어진 세계에서는 제논의 주장이 필연적으로 도출될 것입니다.

또한 제논은 운동에서 시간 개념을 배제했습니다. 시간과 운동을 연관시키지 않았기 때문에 시간의 연속에 따른 위치의 변화를 이해할 수 없었습니다. 그리하여 자신이 바라보았을 때 화살이 점유하고 있는 하나의 지점들을 각각 분리하여 생각할 수밖에 없었습니다. 시간의 연속에 따른 위치의 변화가 운동이라고 생각하지 못했기 때문입니다.

#산파술

#혼의순수화

#귀류법

#검토하는삶

#참된앎

#혼의불멸

CHAPTER 03

소크라테스의 철학

• 소크라테스의 삶

• 문답법, 혼의 순수화, 그리고 산파술

• 소크라테스의 죽음

소크라테스의 삶

소크라테스 BC470-399는 아테네에서 태어나 죽을 때까지 아테네를 떠난 적이 없었습니다. 물론 펠로폰네소스 전쟁에 참가하기 위해 아테네를 벗어난 적은 있습니다. 그러나 일생 동안 아테네에서 아테네를 위한 활동을 멈춘 적이 없습니다. 펠로폰네소스 전쟁에 참가한 것 역시 아테네를 위한 활동이라는 것은 말할 필요가 없을 것입니다. 특히 아테네의 젊은이들을 교육하는 일에 전념했습니다.

그렇다고 소크라테스가 젊은이를 교육하기 위해 플라톤의 아카데미아나 아리스토텔레스의 리케이온 같은 전문적인 교육 기관을 설립하거나 교육을 위한 교재를 집필한 것은 아닙니다. 소크라테스는 어떤 장소든 마다하지 않고 젊은이와 대화하려고 했습니다. 대체로 아고라와 같은 광장에서 젊은이들과 마주앉아 대화하기를 즐겼습니다.

소크라테스는 젊은이들과 대화하기 위해 늘 저녁에 집을 나섰습니다. 저녁에 집을 나서서 새벽 동이 틀 무렵에 집에 돌아오곤 했다는 겁니다. 소크라테스는 왜 저녁에 집을 나서서 새벽에 돌아왔을까요? 그리스의 지중해성 기후는 낮 기온이 매우 높습니다. 햇살도 너무 따가워서 돌아다니기 어려울 정도입니다. 그래서 이곳 사람들은 한낮에는 집에서 휴식을 취하다가, 저녁에 해가 져서 선선해지면 활동을 시작합니다. 그래서인지 지혜의 여신도 밤에 활동한다는 믿음을 가지고 있었습니다. 이 지혜의 여신의 상징물이 올빼미인 것으로 미루어 보아도 저녁에서 새벽까지 지적인 활동을 한 소크라테스를 이해할 수 있을 것입니다.

소크라테스에 대한 오해

쾌락의 팔 안에서 알키비아데스를 끌어내는 소크라테스 | 장 밥티스트 레뇨 남작 作 | 18세기경 | 루브르박물관

고대 그리스 사회에 동성애는 매우 흔한 일이었습니다. 그래서 소크라테스도 동성애자였다는 의심을 받고 있습니다. 당시 동성애 관계는 주로 나이 많은 남자와 나이 적은 소년의 관계에서 이루어집니다. 나이 많은 쪽을 '사랑하는 사람 erastes'

이라고 하고, 나이 적은 쪽을 '사랑받는 사람 paidika'이라고 합니다. 이 관계는 경험을 쌓아 지혜를 가진 나이 많은 사람이 젊은이를 맡아서 자신의 지혜를 전해 주는 것에서 비롯되었다고 합니다. 그러나 이런 관행은 동성애적 관계로 진전되었고, 동성애적 의미로 변질되었습니다.

당시에 많은 사람들은 알키비아데스 alkibiades를 소크라테스의 '파이디카'로 여겼으며, 알키비아데스 역시 그렇게 생각했습니다. 플라톤의 『힙피아스』 편에는 알키비아데스의 옷이 흐트러져 어깨가 드러나자 소크라테스의 얼굴이 붉어졌다는 내용이 있습니다. 그러나 어찌된 일인지 소크라테스는 알키비아데스에게 전혀 수작을 보이지 않았습니다. 그래서 스스로를 소크라테스의 파이디카라고 생각한 알키비아데스는 망신을 당했다고 생각합니다.

소크라테스가 알키비아데스를 '파이디카'로 특별히 아꼈다는 것은 분명해 보입니다. 그러나 소크라테스는 알키비아데스를 애인이 아닌 지혜

를 전달해 주기 위한 관계, 즉 제자로서 사랑한 것으로 보입니다. 앞에서 말했듯이, 소크라테스는 '제논이 파르메니데스의 파이디카가 되었다.'라고 말하는데, 이때 '파이디카'는 애제자를 의미합니다. 또한 소크라테스가 철학을 자신의 '파이디카'로 자처하는 것으로 미뤄보아도 소크라테스는 '파이디카'를 스승과 제자의 관계로 승화시켰음이 분명합니다.

문답법, 혼의 순수화, 그리고 산파술

소크라테스는 젊은이들을 교육하면서 두 가지 방법을 활용했습니다. 문답법 또는 논박법 그리고 혼의 순수화입니다. 물론 이 두 가지 방법은 명백하게 구분되는 방법은 아닙니다. 서로 보완적 방법이라고 말하는 것이 온당할 것입니다. 문답법은 사실은 논박 elenchos하기 위한 것입니다. 즉 알고 있는 것이 참된 것이 아니라는 것을 일깨우는 것이 논박이며, 이 논박은 문답의 과정을 통해 이루어집니다. 먼저 어떤 주제에 대한 대답을 모르는 척 상대방에게 질문을 던집니다. 이 질문은 상대방이 지금까지 안다고 생각했던 것을 알지 못한다고 고백할 때까지 계속해서 이루어집니다. 질문을 던지고 답하는 과정에서 상대방은 참다운 지식을 가지고 있지 못하다는 것을 스스로 깨닫게 됩니다.

◆

소크라테스는 논박을 위해 질문을 던지면서 주로 귀류법적 논변을 펼쳤습니다. 즉 자신이 옳다고 여기는 것에 반대되는 것을 옳은 것이라고 가정합니다. 그리고 이것에 반대되는 결론에 도달하거나 터무니없는 결론에 도달하여 최초에 전제했던 가정이 옳지 않다는 것을 증명하게 됩니다. 대화자의 주장을 옳다고 생각하지 않을지라도, 옳다고 가정하자고 제안합니다. 그리고 그 주장이 옳다고 믿는다면 어떤 터무니없는 결과가 발생하는지 또는 어떤 모순이 발생하는지를 논증하고서, 최초의 가정이 옳지 않다는 것을 주장하게 됩니다.

소크라테스는 대화 중에 자신은 전혀 동의하지 않는, 아니 자신이 반대하는 내용을 "그렇지 않다고 해보세." 또는 "자네 말이 맞다고 해보세." 등과 같이 참이라고 가정하고서 논변을 시작합니다. 그리고 그 가정으로부터 거짓이나 모순된 결과가 도출되면, 최초의 가정이 그르다는 것을 밝혀서 그 가정에 반대되는 주장이 옳다는 것을 증명하는 방식을 사용합니다. 이것이 귀류법의 증명 방식입니다.

소크라테스의 문답법 또는 논박법은 귀류법의 방식을 통해 무지를 스스로 자각하게 해 줍니다. 논의 과정에서 자신이 안다고 생각했던 것이 거짓으로 밝혀지고, 따라서 자신이 알지 못한다는 것을 자각하게 됩니다. 무지를 자각한 상대방은 비로소 참다운 지식이 무엇인지 알고자 할 것입니다. 무지에 대한 자각이 지식의 출발점이기 때문입니다. 그리고 무지에 대한 자각은 문답법 또는 논박법을 통해 가능하게 됩니다.

무지를 자각했다면, 이제 참된 지식으로 나아가야 합니다. 참된 지식^{episteme}은 우리의 감각을 통해서 알려지는 것이 아닙니다. 소크라테스는 우리가 참된 지식을 이미 가지고 있다고 생각합니다. 우리의 혼은 영원한 것이어서, 이 혼은 모든 참된 지식을 가지고 있다는 것입니다. 우리는 참된 지식을 가지고 있으면서도 가지고 있는지를 모르고 있습니다. 더욱이 참된 지식을 외면한 채로 감각에 의존하여 허상의 존재, 즉 모방의 존재를 쫓고 있습니다. 우리는 이미 알고 있는 참된 지식을 회복해야 합니다. 참된 지식을 회복하기 위해서 우리에게 필요한 것이 앞에서 말한 무지의 자각입니다.

· ◆ ·

우리는 참된 지식을 이미 가지고 있기 때문에 외부에서 찾을 필요가 없습니다. 참된 지식은 우리 안에 있기 때문입니다. 우리는 다만 우리의 혼 안에 참된 지식이 있다는 것을 깨닫지 못하고 있었을 뿐입니다. 이런 의미에서 소크라테스는 혼을 보살피라고 말하고 있습니다. 혼 안에 있는 참된 지식은 오로지 우리의 정신에 의해서 파악될 수 있습니다. 소크라테스는 이런 과정을 산파술에 비유하고 있습니다. 산파는 출산의 과정을 잘 도와서 순산할 수 있도록 해 줍니다. 이 산파의 역할은 가르치는 자, 즉 교사의 역할과 같은 것입니다.

교사의 역할은 어떤 것을 알려주거나 머리 속에 집어넣어 주는 것이 아닙니다. 사람들의 혼 속에 있는 것을 이끌어낼 수 있도록 도와주는 것입니다. 혼 속에 있는 참된 지식을 이끌어 내기 위해서는 먼저 자신이 알고 있다고 생각하는 것이 참된 지식이 아니라는 것을 자각해야 합니다. 이것이 무지의 자각이 의미하는 바입니다. 무지를 자각한 후, 자신을 무지하게 만든 감각에 의존하는 습관을 버리고 오로지 정신의 활동을 순수하게 함으로써 참된 지식을 이끌어 낼 수 있습니다. 이때 감각과 육신에 의존하는 습관을 버리고 오로지 혼에 의해서 파악하려고 하는 태도를 '혼의 순수화'라고 합니다.

정리하자면 논박을 통해 무지를 자각하고, 감각과 육신에 의존하는 습관을 버리는 혼의 순수화 과정을 통해 참된 지식을 가질 수 있습니다. 이 전 과정을 소크라테스는 산파술에 비유하고 있습니다.

소크라테스의 죽음

    소크라테스는 스스로 저술 활동을 하지 않았기 때문에, 그의 사상을 직접적으로 파악하는 것은 불가능합니다. 그러나 우리는 소크라테스의 철학적 행적을 플라톤의 저술을 통해 확인할 수 있습니다. 플라톤의 저술 대부분은 소크라테스가 화자로 등장합니다. 플라톤의 저술을 통해 소크라테스의 사상을 확인할 수 있어서 참으로 다행입니다. 플라톤의 저술이 아니었더라면, 이토록 훌륭한 사상은 역사 속에 묻혀 버렸을 것입니다. 플라톤의 저술을 통해 간접적으로나마 소크라테스가 인류에 남긴 위대한 교훈을 깨달을 수 있습니다.

    그러나 플라톤의 저술 내용 중 어느 부분까지가 소크라테스의 견해인지 명확히 말하기는 어렵습니다. 화자가 소크라테스일지라도 저술가는 플라톤인 까닭에 소크라테스의 발언 속에 플라톤의 의중이 담겨 있을 수 있기 때문입니다. 그래서 소크라테스의 사상과 플라톤의 사상을 엄밀하게 구분하는 것은 어려운 일이며, 불가능할 수 있습니다. 다만 플라톤 연구자들은 플라톤의 초기 대화편인 『변론』, 『크리톤』, 『파이돈』의 내용은 소크라테스의 견해라는 데 의견의 일치를 보이고 있습니다.

『변론』 - 검토하는 삶의 의미

    『변론』은 소크라테스가 신성 모독과 젊은이를 타락시켰다는 죄로 기소되어 자신의 무죄를 변론하는 내용으로 이루어져 있습니다. 소크라테스가 나라의 신을 부정하고 자신의 신을 끌어들이고 있으며, 아테네의 젊은이를 타락시키고 있다는 것입니다. 아마도 소크라테스가 광장에서 젊은이들을 만나 무지를 자각하도록 자극하고, 참된 지식을 보도록 혼의 순수화를 강조한 것이 신을 모욕하고 젊은이를 타락시킨 것으로 오해 받았던 모양입니다. 오늘날 이것이 죄에 해당하는지 의문일 수 있습니다. 그러나 고대 그리스 아테네에서 이것은 매우 큰 죄에 해당했습니다.

소크라테스는 자신은 오히려 젊은이에게 참된 앎을 직관하기 위해서는 영혼을 정화하고, 육신이 아닌 정신을 보살피라고 역설했다고 주장합니다. 그리고 정신을 보살피도록 독려하는 것이 젊은이를 타락시킨다는 것은 얼토당토않은 주장이라고 말합니다. 오히려 벌을 받기보다는 아테네의 영웅으로 대접받는 것이 합당한 처사라고 강변합니다. 소크라테스는 자신이 젊은이들과 대화하고 토론하며 지낸 것에 긍지를 가지고 있었던 것이 분명해 보입니다.

소크라테스는 자신에 대한 기소가 터무니없다는 것을 주장하면서, 인간의 삶에 대화와 토론이 중요함을 역설하고 있습니다. 그리고 더불어 잘 사는 삶의 모습을 제시하고 있습니다.

> 날마다 덕에 관해서, 그리고 다른 것들(즉 내가 그것들에 관해 대화를 나누면서 나 자신과 다른 사람들을 검토하는 것, 즉 여러분이 나에게서 듣는 그런 것들)에 관하여 이야기를 만들어 가는 것, 이것이야말로 인간이 누릴 수 있는 최상의 좋음이며, 검토 없이 사는 삶은 인간에게는 살 가치가 없다.

날마다 덕에 대해 이야기하는 것이 인간이 누릴 수 있는 최상의 좋음입니다. 그리고 대화를 통해 자신과 타인을 검토하는 가치 있는 삶을 살 수 있습니다. 자신의 잘못을 반성하고 검토하여 더 나은 삶을 살고자 하는 삶이 진정한 삶입니다. 반성 없이 사는 삶은 무의미한 삶입니다.

소크라테스는 검토 없이 사는 삶은 살 가치가 없다고 말합니다. 살 가치가 있는 행복한 삶은 덕에 관해 이야기하고, 스스로 검토하고 대화를 통해 타인이 검토하게 하는 삶입니다. 소크라테스는 아테네의 사람들이 살 가치가 있는 삶을 살아야 한다고 생각했습니다. 그리고 시민들이 그런 삶을 살아가는 데 도움이 되기를 바랐습니다. 그래서 소크라테스는 자신을 '아테네의 등에'로 비유합니다. 등에가 무력한 소에게 일침을 놓아 정신이 들게 하듯이, 현실에 안주하는 아테네인들에게 스스로의 삶을 검토하여 잘못을 일깨우는 자각을 하도록 자극을 주는 삶을 살고자 한 것입니다.

• ◆ •

소크라테스는 자신을 고소한 사람들이 자신에 대해 오해하고 있다고 강변합니다. 자신이 젊은이를 타락시킨 것이 아니라 인간으로서 최상의 좋음을 추구하고 행복한 삶을 살도록 도왔다는 것입니다. 그러나 소크라테스의 주장은 배심원들의 마음을 움직이는 데에는 실패했습니다. 배심원들은 소크라테스에게 사형을 선고했습니다. 사형을 선고 받은 후에 소크라테스는 "우리 중 어느 쪽이 더 좋은 일을 향해 가고 있는지는 신 말고는 그 누구에게도 분명하지 않다."라고 말합니다. 사형 선고에도 굴하지 않는 소크라테스의 강인한 정신력을 엿볼 수 있는 말입니다. 소크라테스는 사형 선고를 받고도 가치 있는 삶과 자신의 삶의 방식에 대한 신념을 포기하지 않았습니다.

『크리톤』 - 악법도 법인가?

『크리톤』 편은 사형 선고를 받고 감옥에 수감되어 죽음을 기다리고 있는 소크라테스의 모습을 그리고 있습니다. 제자들이 소크라테스를 찾아가 감옥에서 탈출할 것을 권유합니다. 탈출을 위한 모든 준비가 다 되어 있다는 것입니다. 간수는 이미 매수되어 소크라테스가 탈출하는 데 문제가 되지 않으며, 항구에는 탈출하기 위한 배가 대기하고 있다는 것입니다. 그리고 배가 출발하면 이 배를 추격하기 위한 배를 띄울 수 없기 때문에 탈출에 성공할 것이라고 말합니다. 이 기간이 테세우스를 기념하기 위한 축제 기간이었기 때문에 테세우스 배가 크레타 섬을 한 바퀴 돌아 귀향하기 전까지는 어떤 배도 출항할 수 없었습니다. 그래서 탈출을 시도한다면 성공 확률은 매우 높았을 것입니다.

탈출하여 목숨을 건지자는 제자들의 권유에도, 소크라테스는 아테네에서 탈출하여 도망가는 것을 거부하고 결국 죽음을 받아들입니다. 탈출을 거부하기 위해 소크라테스가 제시한 논변이 오늘날 '악법도 법이다.'라는 한 문장으로 집약되어 표현됩니다.

『크리톤』은 소크라테스의 악법도 법이라는 주장과 관련된 내용을 담고 있습니다. 사형 집행 전에 탈출하여 목숨을 보전하자는 제자들의 권유에, 소크라테스 자신도 사형 선고가 부당하다고 생각하지만 악법도 법이기 때문에 따라야 한다고 말한 것으로 알려져 있습니다. 악법도 법이라는 주장은 사회의 안정성을 강조하기 위해서는 아주 좋은 슬로건일 수 있습니다. 그래서 많은 사람들이 소크라테스의 이런 발언을 근거로 법의 안정성을 강조하고, 이를 통해 사회가 유지될 수 있다고 주장합니다. 그러나 소크라테스는 실제로 '악법도 법'이라는 구체적인 문장을 구사한 적은 없습니다. 심지어 소크라테스가 악법도 법이라는 의미의 말조차 하지 않았다는 것이 소크라테스를 연구하는 철학자들의 공통된 견해입니다.

'악법도 법'이라는 말은 설령 악법일지라도 준수해야 한다는 것을 의미합니다. 누군가 당신에게 '이것이 악법이긴 하다, 그러나 현재 존재하는 법이다.'라고 말한다면, 그는 당신에게 그 악법을 지키도록 요구하는 것입니다. 과연 소크라테스가 악법을 지켜야 한다고 말한 것인지 간략히 살펴볼 필요가 있습니다. 앞에서 말했듯이, '악법도 법이다.'라는 구체적인 문장은 플라톤의 문헌을 포함한 당시의 문헌 속에서 찾을 수 없습니다. 더구나 소크라테스는 당시의 아테네 법이 악법이라고 생각하지도 않았습니다. 자신이 사형을 선고 받은 것은 당시의 아테네 법이 악법이기 때문이 아니라 배심원들이 잘못 판단했기 때문이라고 생각했을 뿐입니다.

소크라테스는 자신이 탈옥해서는 안 되는 이유를 세 가지 제시합니다.

첫째, 법정의 판결이 무력화되어 개인들에게 효력을 미치지 못한다면 그 나라는 존속할 수 없게 된다.

둘째, 개인은 국가나 법률과 대등하지 않으며, 그렇기 때문에 국가나 법률의 명령이 무엇이든 복종해야 하고, 국가나 법률을 파멸시키는 것은 정의롭지 못하다.

셋째, 이미 오랫동안 한 나라에 머물면서 법적 판결이 행해지는 방식을 알고 있으면서도 그 나라를 떠나지 않았다면 그 법률에 따르기로 동의한 것이다.

이 세 가지 이유 중에서 '악법도 법이다.'라는 말을 도출할 수 있는 가능성을 지닌 것은 두 번째 문장입니다. 두 번째 문장에서 정의롭지 못한 법일지라도 그 법에 의한 국가의 명령은 따라야 한다는 추론이 가능할 듯이 보입니다. 그리고 개인은 국가나 법률과 대등하지 않다는 소크라테스의 주장도 이런 추론을 가능하게 해 주는 근거가 될 수 있습니다.

반면에 '결코 정의롭지 못한 짓을 해서는 안 된다.'라는 소크라테스의 기본 사상은 이런 추론이 합당하지 않다는 반대 근거가 될 수 있습니다. 더구나 소크라테스는 국가의 법적 명령보다 신의 명령이 더 상위에 있을 수 있다고 생각합니다. 신의 명령이 국가의 법 위에 있기 때문에, 국가의 법적 명령과 신의 명령이 상충할 때에는 상위의 명령인 신의 명령에 복종해야 한다고 주장합니다.

국가의 명령과 신의 명령이 상충할 수 있다는 주장은 국가의 명령이 잘못될 수 있다는 것을 함축합니다. 즉 국가의 법은 악법이 될 수 있어도, 신의 명령은 그럴 수 없습니다. 신의 명령이 잘못될 수 있다는 것은 개념적으로 모순입니다. 그래서 국가의 법과 신의 명령이 서로 상충할 때는 국가의 악법에 따르는 것이 아니라 신의 명령에 따라야 합니다.

소크라테스는 옳은 일은 설령 목숨이 달려 있다 할지라도 굴복해서는 안 된다고 말합니다. 결국 국가의 법이 신의 명령과 상충한다면, 항상 옳은 신의 명령을 목숨을 걸고 실천해야 합니다. 그렇다면 소크라테스가 악법도 법이라고 말한 것은 아닐 것입니다.

『파이돈』 - 죽음과 영혼의 해방

『파이돈』 편은 소크라테스가 독배를 마시는 죽음의 순간을 묘사하고 있습니다. 제자들은 독배를 마시는 마지막 날 새벽에 감옥으로 찾아갑니다. 제자들이 슬픔과 비탄에 잠겨 있는 것과는 대조적으로, 정작 죽음의 당사자인 소크라테스는 죽음을 두려워하지 않는 담담한 태도로 제자들을 맞이하고 있습니다. 사실상 소크라테스는 자신에게 다가온 죽음을 피하기는커녕 기뻐하기까지 합니다.

소크라테스가 죽음을 대하는 태도는 평범한 것은 아닐 것입니다. 그래서 제자들은 죽음 앞에서 슬퍼하지 않고 평온한 까닭을 묻습니다. 제자들에게 소크라테스는 헤어지는 일이 마음 아프다는 것은 인정합니다.

그러나 죽음은 자신이 오랫동안 기다려온 날이라고 말합니다. 말하자면 죽음은 자신의 철학적 견해에서 중요한 육신과 영혼이 분리되는 것이니 기쁘지 않을 수 없다는 것입니다.

어찌 보면 죽음은 영혼을 육신이라는 질병에서 구해 주는 것으로 이해할 수 있습니다. 앞에서도 말했듯이, 육신과 영혼의 분리는 카타르시스, 즉 혼의 순수화입니다. 죽음은 혼이 순수화되는 결정적인 사건인 셈입니다. 혼이 육신의 영향에서 벗어나 순수한 상태가 되어야 참된 지식을 획득할 수 있습니다. 그러니 죽음은 슬퍼할 것이 아니라, 담담히 맞이할 수 있는 것이며, 나아가 참된 지식을 획득하고 확인할 수 있는 기회인 셈입니다.

죽음은 불멸하는 혼이 육신에서 분리되어 영원의 세계에 들어가게 되는 순간

소크라테스의 죽음 | 자크 루이 다비드 作 | 1787년 | 뉴욕 메트로폴리탄미술관

을 맞이하는 것입니다. 그래서 죽음은 슬퍼할 일이 아니라 오히려 기뻐할 일입니다. 자신의 이론대로라면 육신에서 분리된 혼은 영원의 세계로 가서 자신의 주장이 진실임을 확인할 수 있게 됩니다. 자신의 견해가 참이라는 것을 확인할 수 있는 기회를 죽음으로써 얻었다는 것을 기뻐하고 있는 소크라테스는 철학자로서 최고의 모범을 보여 주었다고 할 수 있습니다. 소크라테스는 덧붙여서 '애써서 죽으려 하지는 않겠지만, 죽음이 찾아왔을 때 죽음을 피하려고 하지 않고 기쁘게 받아들이겠다.'

라고 말합니다.

· ◆ ·

소크라테스가 죽음 앞에서 얼마나 의연했는지는 다음 구절이 잘 드러내 줍니다. 소크라테스는 자신이 죽기 전에 갚아야 할 빚이 있다고 말합니다. 자신이 의신^{醫神}인 아스클레피오스에게 닭 한 마리를 빚졌다는 것입니다. 그리고 크리톤에게 갚아달라고 요청합니다.

당시에 의신인 아스클레피오스에게 닭 한 마리를 바치며 건강한 것에 감사드리는 관습이 있었습니다. 그리고 소크라테스는 관습을 철저하게 지키는 사람이었습니다. 어쨌든 소크라테스가 의신에게 빚을 졌다면, 죽음의 순간까지 빚을 갚아야 하는 자신의 책무를 다하려 했다는 것은 분명해 보입니다. 죽음의 순간에 자신의 빚을 떠올리고 갚기 위해 최선을 다하는 모습이 역시 소크라테스답습니다. 그러나 소크라테스가 의신에게 닭 한 마리를 빚졌다고 말하는 정확한 이유는 확인하기 어렵습니다. 이것을 추론할 수 있는 어떤 근거나 자료가 남아 있지 않기 때문입니다. 어쩌면 소크라테스는 육신의 감옥에서 해방된 것에 대해 의신에게 감사해야 한다고 생각했을지도 모릅니다.

테세우스의 배와 동일성 문제

소크라테스의 탈출과 관련된 아주 흥미로운 일화가 있습니다. 이 일화는 이후에 심리 철학의 주제로 널리 활용되어 발전했습니다. 아테네를 크레타로부터 독립시킨 테세우스는 아테네의 왕 아이게우스와 트로이젠의 공주 아이트라 사이에서 태어났습니다. 그는 자라서 아버지를 찾아가는 동안에 많은 모험을 합니다. 먼저 곤봉으로 사람을 죽이는 페리페테스를 만나서 곤봉을 빼앗아 페리페테스를 때려 죽입니다. 테세우스는 이런 흉악한 폭군들을 해치우면서 아테네를 향해 갑니다.

테세우스는 또 다른 흥미로운 폭군과 마주치게 됩니다. 프로크루스테스, 즉 잡아 늘리는 자를 만납니다. 이 폭군은 길을 가는 나그네를 잡아다 쇠 침대에 눕혀 묶어 놓고는 나그네의 키가 침대보다 작으면 나그네의 팔과 다리를 잡아 늘려서 침대의 크기에 맞추고, 침대보다 키가 크면 그 큰 길이만큼 잘라버렸습니다. 테세우스는 이 자를 잡아서 그의 침대에 눕혀 그가 다른 나그네에게 했던 것처럼 죽여버렸습니다. 테세우스는 이 외에도 여러 폭군을 해치우면서 아테네에 도착합니다.

테세우스가 아테네에 도착할 당시에 아테네는 크레타의 지배를 받고 있었습니다. 그리고 크레타의 괴물인 미노타우로스의 먹이로 아테네의 젊은 남녀를 재물로 바치고 있었습니다. 테세우스는 스스로 자청하여 재물이 되기로 하였습니다. 미노타우로스는 다이달로스가 만든 미로 속에 살고 있었습니다. 다이달로스가 만든 이 미로는 한번 들어가면 결코 빠져나올 수 없는 미궁이었습니다. 미노타우로스를 물리치더라도 미궁에서 빠져나올 수 없어서 미궁 속에서 죽음을 맞이해야 할 운명이었습니다. 그러나 미노스 왕의 딸인 아리아드네가 테세우스를 도와줍니다. 실타레의 실을 풀면서 미궁으로 들어갔다가 그 실을 되밟아 나오도록 한 것입니다. 마침내 테세우스는 미궁으로 들어가 미노타우로스를 물리치고 들어갈 때 풀어 놓은 실을 따라서 다이달로스 탈출에 성공합니다.

테세우스의 공적으로 아테네는 크레타로부터 독립하게 되었습니다. 이후에 아테네인들은 테세우스의 공적을 기념하기 위하여 축제를 열었습니다. 배를 띄워 크레타 섬을 한 바퀴 돌고 귀환하는 동안에는 어떤 배도 아테네의 항구에서 출항할 수 없었습니다. 그리고 이 기간 동안 사형 집행도 금지되어 있었습니다. 이 당시에 사형 집행은 선고가 내려진 뒤 빠르게 진행되는 것이 관례였으나, 소크라테스의 사형이 집행될 당시는 이 축제 기간이었기 때문에 축제 기간이 끝날 때까지 소크라테스의 형 집행은 정지되었고, 따라서 공식적인 배 출항도 금지되었기 때문에 소크라테스가 탈주한다면 소크라테스가 탄 배를 쫓아 갈 배를 띄울 수 없었습니다. 소크라테스가 탈출하겠다고 마음만 먹는다면 탈출은 손쉽게 이루어질 수 있었습니다. 그러나 소크라테스는 이를 거부하였습니다. 이때 소크라테스가 탈출을 거부하기 위해 든 근거들이 '악법도 법이다.'라는 내용으로 회자되고 있습니다.

이 축제에서 크레타 섬을 한 바퀴 돌기 위해 띄운 배의 이름을 '테세우스의 배'라고 부릅니다. 소크라테스의 사형 선고 전까지 이 축제는 적어도 수백 년 지속되었기 때문에 소크라테스의 탈주가 계획되던 당시의 배는 테세우스가 실제로 활동하던 당시의 배와는 크게 달랐을 것입니다. 처음의 배는 수리를 거듭하여 그 당시의 부속품들은 거의 남아 있지 않았을 것입니다. 어쩌면 애초의 부속품은 전혀 남지 않고 완전히 새로운 부속품으로 교체되었을 가능성이 더 클 것입니다. 그렇다면 애초의 테세우스의 배와 현재의 테세우스의 배는 완전히 다른 배일 수도 있습니다. 그러나 우리는 여전히 현재의 배를 테세우스의 배라고 부릅니다. 다른 배를 같은 이름으로 부르고 있는 것입니다. 철학자들은 이것과 관련한 철학적 물음을 '동일성 문제', '자기 동일성 문제'라고 부릅니다.

#상대주의

#소피스트

#덕

#정의

#혼의삼분설

#지혜

#철학자왕

CHAPTER 04

플라톤의 철학 I: 윤리적인 삶과 철학자 왕

- 소크라테스와 플라톤
- 상대주의와 소피스트
- 덕은 곧 지식이다
- 국가와 정의

소크라테스와 플라톤

플라톤 BC427~347은 소크라테스의 제자입니다. 플라톤은 소크라테스의 사상을 대부분 이어받아 발전시켰습니다. 소크라테스는 저술을 남기지 않았기 때문에, 그의 사상을 알기 위해서는 플라톤의 저술을 살펴보아야 합니다. 소크라테스 사상 대부분이 플라톤의 저술 속에 담겨 있기 때문입니다.

플라톤의 저술 대부분은 소크라테스가 주인공으로 등장하여 담론을 하는 방식으로 구성되어 있습니다. 그래서 소크라테스의 사상과 플라톤의 사상을 엄밀하게 구분하는 것은 거의 불가능합니다. 다만 대부분의 철학자들은 플라톤의 초기 저작들을 소크라테스 사상을 소개하고 있는 것으로 여기고 있습니다.

중기 이후의 저술, 말하자면 『국가』 2권 이후의 저술은 플라톤의 사상으로 이해하는 것이 일반적입니다. 그러나 소크라테스의 견해와 플라톤의 견해는 일관적입니다. 다만 사용하는 철학 용어가 약간의 차이가 있을 뿐입니다. 그래서 이 두 철학자의 사상을 한 인물의 초기 사상, 중기 사상, 후기 사상으로 이해하는 것도 크게 문제될 것은 없습니다.

플라톤 저술은 시간의 경과에 따라 용어가 약간 달라지고, 중기와 후기에 심도 있는 설명과 근거들을 치밀하게 제공하고 있다고 생각할 수 있습니다. 물론 초기의 사상과 모순되는 주장은 찾기 어렵습니다. 따라서 플라톤 사상의 점진적 발전 과정으로 이해하더라도 무리는 없을 것입니다.

상대주의와 소피스트

개인적인 옳고 그름의 문제와 사회의 정의가 상당히 밀접한 관련이 있다 할지라도, 오늘날 우리는 이 두 문제를 동일한 문제라고 생각하지 않습니다. 사회에서 정의로운 일과 개인들의 일상적인 활동으로서 옳고 그른 행위는 관련성이 크지 않은 경우들도 왕왕 있기 때문입니다. 그러나 플라톤은 개인적 문제로서 옳고 그름과 사회 문제로서 정의는 불가분의 관계에 있다고 생각하고 있습니다. 플라톤은 개인적 옳음과 사회 정의를 하나의 용어로 표현합니다. 이 용어가 디카이오시네^{dikaiosyne}입니다. 이 용어는 개인적인 측면에서는 옳음을, 사회나 국가의 측면에서는 정의를 의미합니다.

올바름은 개인적인 윤리적 측면의 논의에 해당합니다. 이 당시 그리스 사회는 활발한 무역 활동으로 낯선 문화와 활발하게 교류했습니다. 낯선 문화와 접촉한다는 것은 기존 자신의 문화에서 당연시했던 가치관들과는 다른, 어쩌면 정반대되는 가치관들과 마주한다는 것을 의미합니다. 상이한 가치관들과 마주칠 때, 혼란이 야기될 수밖에 없습니다. 확고부동한 것으로 믿어 의심치 않았던 많은 것들에 의문이 제기되고, 회의적인 태도가 확산될 것입니다. 상당한 시간이 경과되면, 상대주의적인 성향을 띄게 되고, 결국 상대주의적 경향성이 굳어지게 됩니다.

그 동안 그리스 사회의 결속을 지켜왔던 노모스 ^{nomos}, 즉 관습과 법은 이제 더 이상 사람들의 행위를 규제하는 규범 체계로 기능하지 못하게 되었습니다. 심지어 신성한 것으로 간주되던 관습과 법은 더 이상 기능을 할 수 없게 되었습니다. 이것은 그리스 사회에 가치의 혼란이 생겨났다는 것을 의미합니다.

이때 등장한 인물들이 소피스트 ^{sophistes}입니다. 이들은 아테네인들이 아니라 다른 폴리스에서 온 이방인들입니다. 이들의 사상은 아테네에서 상대주의가 극성을 부리게 되는 데 결정적 역할을 하였습니다. 철저한 상대주의자로 대표적인 소피스트는 '프로타고라스'입니다.

프로타고라스는 보편적이고 객관적인 기준을 부정하고 상대주의 진리관과 상대주의 가치관을 공개적으로 천명한 최초의 인물입니다. 프로타고라스는 법률, 도덕과 같은 규범 체계는 신성한 기원을 가지고 있지 않다고 생각합니다. 프로타고라스는 규범 체계는 공동체를 유지하기 위해 생겨난 것에 불과하다고 생각합니다. 즉 규범 체계는 공동체를 유지하기 위한 필요에 따라 달라질 수 있다는 것입니다. 프로타고라스의 말에 따르면 규범 체계는 불변하는 고정된 것이 아니고, 필요에 따라서 변화할 수 있는 가변적인 것입니다.

◆

프로타고라스의 상대주의를 잘 보여 주는 일화가 있습니다. 프로타고라스는 청년들에게 돈을 받고 재판에 이기는 방법을 가르치고 있었습니다. 소크라테스가 소피스트를 맹비난한 것도 소피스트의 이런 행태 때문입니다. 이 당시에 교육은 돈을 주고받는 대상이 아니었습니다. 당시의 사회적 통념은 교육에 대가를 받는 것은 훌륭한 사람들이 할 짓이 못 된다는 것이었습니다.

살면서 습득한 지혜를 젊은이에게 전수하는 것은 공동체의 존속을 위한 당연한 활동이었습니다. 지난 세대에서 전수 받은 지혜를 자신의 경험을 통해서 더욱 큰 지혜로 발전시켜 다음 세대에 전수하는 것은 공동체 일원으로서의 의무이며 사명이었습니다. 당시의 사회는 운명 공동체로서 인식이 강했습니다. 공동체와 자신은 운명을 같이 하는 하나의 존재로서 결코 분리될 수 없습니다. 따라서 공동체를 위한 활동으로 교육에 돈을 요구하는 것은 자신이 자신에게 돈을 요구하고 지불하는 것과 같은 어리석은 짓이며, 불경한 짓입니다.

그러나 소피스트들은 돈을 받고 자신의 지식을, 정확히 말하자면 말싸움에서 이기는 법 또는 재판에서 이기는 법을 전수하고 있었습니다. 소피스트의 교육비와 관련한 흥미로운 얘깃거리가 전해 옵니다. 물론 이 얘깃거리는 상대주의와 관련된 것이기도 합니다.

어느 날 프로타고라스는 재능이 충분한 훌륭한 청년 하나가 가난하여 자신에게 교육을 받지 못하고 있다는 것을 알게 되었습니다. 그래서 프로타고라스는 청년에게 자신의 교육을 받으라고 제안했습니다. 아마도 프로타고라스는 이것이 자신의 인자함을 보여 줄 수 있는 좋은 기회라고 생각했던 모양입니다. 그렇지 않다면 새로운 사업 방식을 개척한 것일 수도 있습니다. 물론 이 사업 방식이 더 많은 수입을 얻을 기회라고 생각했을 수도 있습니다.

프로타고라스는 그 젊은이에게 수업료를 먼저 지불하지 않고서도 교육을 받을 수 있다고 제안합니다. 다만 교육을 마친 후 소송을 걸어서 첫 재판에 이긴다면 그 승리의 대가로 받은 돈을 수업료로 지불해야 한다는 조건을 달았습니다. 그 젊은이도 이에 동의하고 교육을 받았습니다. 그러나 교육을 모두 마친 젊은이는 소송을 걸지 않았습니다. 소송을 걸려는 생각조차 하지 않았습니다. 소송을 제기한 적이 없으니 첫 소송에서 이긴 것이 아닙니다. 그러니 강의료를 지불할 수도, 지불할 필요도 없었습니다. 수업료 받을 날을 손꼽아 기다리던 프로타고라스는 제자에게 실망하게 되었습니다.

프로타고라스에게 제자의 행태는 단순히 수업료만의 문제가 아니었습니다. 제자에게 수업료를 받지 못하게 된다면, 영민하기로 첫째가는 프로타고라스가 제자에게 속아 넘어갔다는 소문이 돌 수 있습니다. 이 소문은 자신의 명예를 추락시킬 것이 뻔했습니다. 그래서 그는 제자의 행태를 그대로 두고 볼 수 없었습니다. 프로타고라스는 젊은이를 상대로 강의료를 지불하라는 소송을 제기했습니다. 수업료 지불을 요구하면서 재판정에 제출한 프로타고라스의 주장은 다음과 같습니다. "젊은이가 이 소송에서 진다면, 이 소송의 판결에 따라 강의료를 지불해야 한다. 또한 젊은이가 이 소송에서 이기더라도, 소송에서 이겼기 때문에 애초에 자기와 맺은 계약서대로 강의료를 지불해야 한다."

프로타고라스의 주장에 따르면 지든 이기든 강의료를 지불해야 할 각각 나름대로 합당해 보이는 이유가 있습니다. 이 제자는 꼼짝없이 강의료를 지불해야 할 입장에 놓여 있는 것처럼 보입니다. 과연 그럴까요? 프로타고라스의 주장에 맞서 이 제자는 어떻게 변론했을까요? 그리고 여러분이라면 어떻게 변론하시겠습니까? 이 제자가 아주 능력이 탁월하다면, 예상 가능한 반론은 다음과 같습니다. "내가 이 소송에서 이긴다면, 소송의 판결에 따라 강의료를 지불할 필요가 없다. 내가 이 소송에서 지더라도 첫 소송에서 졌기 때문에 애초에 자기와 맺은 계약서대로 강의료를 지불할 필요가 없다." 자신이 지게 되면 첫 소송에서 이긴 것이 아니기 때문에 수업료를 지불할 필요가 없다는 것입니다. 이기든 지든 수업료를 낼 필요가 없습니다.

프로타고라스와 제자의 주장은 각자 자신의 입장에서 제시한 것입니다. 각자의 주장은 각자에게 타당할 것입니다. 그러나 프로타고라스의 주장도 그리고 그 제자의 주장도 오류 논변에 해당합니다. 또한 재판장도 둘 모두 각자가 양립할 수 없는 주장을 하고 있는 까닭에 판결을 내리기는 쉽지 않았을 것입니다. 현재 이 소송의 결과에 대한 기록은 남아 있지 않습니다. 그러나 이 소송의 변론들은 소피스트의 특성을 보여주는 아주 좋은 예로 보입니다.

덕은 곧 지식이다

자연의 문제에 관심을 가졌던 자연 철학자들과는 달리, 소크라테스의 철학적 관심은 사회적 문제로 향했습니다. 당시 그리스 사회는 혼란이 최고조에 이르고, 이에 따라 도덕적 혼란이 극심했습니다.

소크라테스는 이런 혼란을 극복하기 위해서는 절대적이고 객관적인 도덕적 기초를 확립해야 한다고 역설합니다. 소크라테스가 도덕 철학에 관심을 가진 최초의 인물인 셈입니다. 결국 도덕 철학은 회의주의와 상대주의를 극복하려는 소크라테스의 시도에서 비롯되었다고 말할 수 있습니다. 사회적 혼란을 극복할 수 있는 절대적이고 객관적인 도덕적 기초를 소크라테스는 '인간의 혼'에서 찾으려고 합니다.

소크라테스와 플라톤에게 있어서 사회의 훌륭한 상태는 사람의 훌륭함과 밀접한 관련이 있습니다. 그리고 사람의 훌륭함은 혼의 상태와 관련되어 있습니다. 결국 사회가 훌륭한 상태가 되려면, 그 구성원들이 훌륭해야 하며, 구성원들이 훌륭하기 위해서는 그들의 혼이 최고의 상태에 있어야 합니다. 말하자면 자기 혼이 최고의 상태가 되도록 혼에 마음을 써야 사람으로서 훌륭한 상태에 이를 수 있으며, 사회가 훌륭한 상태가 유지될 수 있을 것입니다. 그래서 소크라테스와 플라톤은 사람의 혼이 최고의 상태가 될 수 있도록 혼에 마음을 써야 한다고 강조합니다.

물론 혼의 상태는 올바른 행위를 하느냐 그렇지 않느냐에 따라서 달라집니다. "올바른 것에 의해서는 한결 더 좋아지지만 올바르지 못한 것에 의해서는 파멸을 맞게 마련"이기 때문입니다. 그렇다면 올바른 행위는 혼이 훌륭한 상태를 유지하기 위해 필수적인 것처럼 보입니다.

혼은 올바른 행동에 의해 훌륭한 상태에 있게 되고, 올바르지 못한 행동에 의해 병들게 됩니다. 따라서 우리의 혼이 병들지 않고 최선의 상태를 유지하기 위해서는 절대로 올바르지 못한 행동을 해서는 안 됩니다. 우리의 혼의 상태는 우리의 행복과도 매우 밀접한 연관이 있습니다. 병든 혼에서 행복이 생겨날 수는 없습니다. 결국 혼은 올바른 행동을 통해서 최선의 상태에 있게 되며, 최선의 상태에 있는 혼이 진정한 행복을 보장할 것입니다. 좋은 습관을 강조한 것은 소크라테스와 플라톤만이 아닙니다. 아리스토텔레스도 좋은 습관의 필요성을 강조합니다. 더 나아가 자기 이론 체계의 핵심적 개념으로 삼기도 합니다.

혼이 최선의 상태에 있을 수 있는 것은 올바른 행동에 의해서입니다. 그렇다면 올바른 행동, 즉 도덕적 훌륭함이 혼의 최선의 상태를 형성하고, 또한 혼의 최선의 상태가 진정한 행복을 보장하기 때문에 올바른 행동, 즉 도덕적 훌륭함은 진정한 행복을 보장합니다. 도덕적 훌륭함은 덕 arete에 의한 것이므로 덕에 의해 행복이 이루어집니다. 말하자면 유덕한 사람이 행복한 사람이 될 수 있으며, 행복한 사람은 유덕한 사람이어야 합니다. 행복은 유덕함에 수반되는 특성입니다.

· ◆ ·

플라톤의 초기 대화편들은 덕이 무엇인지를 규명하고 있습니다. 그리고 이 덕들이 일종의 앎이라고 말합니다. 그리고 단언적으로 '덕 arete은 곧 앎 episteme이다.'라고 말하고 있습니다. 덕이 앎이라는 것은 지식을 가진 사람은 옳은 행동을 한다는 의미입니다. 우리가 옳지 못한 행동을 한다면, 그것은 무엇이 옳은지 알지 못하기 때문입니다. 무엇이 옳은지 알면서 일부러 그른 행동을 하지는 않는다는 것입니다. 화살을 과녁에 맞힐 수 있는 사람이 고의로 빗나가게 화살을 쏘지 않는 것처럼, 무엇이 옳은 행동인지 알면서 고의로 옳지 못한 행동을 하는 사람은 없다는 것입니다.

덕을 앎이라고 말하는 것은 '아무도 자발적으로 나쁜 일을 하지 않는다.'라고 말하는 것과 같습니다. 말하자면 나쁜 짓을 하는 사람은 그것이 나쁜 짓인지 몰랐기 때문에 그런 행동을 한 것일 뿐, 나쁜 것이라는 것을 진정으로 알았더라면 그렇게 하지 않았을 것이라는 것입니다. 그렇다면 도덕적인 잘못은 무지 때문입니다.

그러나 이런 생각은 일반적인 생각과는 사뭇 다릅니다. 우리는 나쁜 짓인 줄 뻔히 알면서도 천연덕스럽게 그런 행동을 저지르는 일이 적지 않기 때문입니다. 나중에 말하겠지만, 아리스토텔레스는 이런 견해에 반대하면서 이 문제를 새로운 방식으로 논의합니다.

나쁜지 뻔히 알면서도 나쁜 행동을 하는 것을 도덕적 나약함^{akrasia}이라고 말합니다. 소크라테스 그리고 플라톤과는 달리, 아리스토텔레스는 알지만 그른 행동을 할 수 있으며 실제로 하고 있다는 것을 전적으로 인정합니다.

덕이 앎이라는 플라톤의 생각이 온당한 주장인지 아니면 아리스토텔레스의 견해가 온당한지는 논의하지 않겠습니다. 이론을 서로 비교하는 일은 전문학자들, 즉 철학자들의 몫입니다. 이 논의는 그들에게 맡겨두고, 덕을 앎이라고 말하는 이유를 좀 더 살펴보겠습니다.

소크라테스는 나쁜 것을 행하는 것은 자신에게 해롭다고 생각합니다. 그리고 자신에게 해로운 것을 자발적으로 행하는 사람은 없다고 말합니다. 자신에게 해로운 것을 행하는 사람은 없다는 것은 매우 그럴 듯합니다. 따라서 나쁜 것을 행하는 것이 자신에게 해롭다면, 그 나쁜 것, 즉 자신에게 해로운 것을 자발적으로 기꺼이 행하려는 사람은 없을 것입니다.

자신에게 해가 되는 것을 행한 사람은 그것이 자신에게 해가 될 것인지 몰랐기 때문에 그렇게 한 것이라는 주장은 매우 합당해 보입니다. 자신에게 해가 될 것을 뻔히 알면서 그런 행동을 하는 사람은 이해하기 어렵기 때문입니다. 물론 그런 사람이 있다면, 우리는 그 사람을 제정신이 아닌 사람이라고 생각할 것입니다. 멀쩡한 정신으로 기꺼이 자신을 해치려는 사람은 없을 것이기 때문입니다. 소크라테스와 플라톤은 나쁜 행동이 자신을 해치는 것이 분명하다고 생각하면서 나쁜 행동을 고의로 행하는 사람은 없다고 생각한 것입니다. 그렇다면 나쁜 행동이 자신을 해치는 행동인지가 문제일 것입니다.

나쁜 행동을 하는 것은 자신을 해치는 행동일 수 있습니다. 나쁜 행동을 했다는 것이 발각된다면 사회적으로 비난 받을 것이고, 평판과 명예에 큰 손해가 될 것입니다. 그렇다면 나쁜 행동이 자신에게 손해가 된다고 말하는 것은 합당해 보입니다.

이제 정리해 본다면, 나쁜 행동은 자신에게 손해가 되며, 자신에게 손해가 되는 행동을 자발적으로 하는 사람은 없기 때문에, 나쁜 행동을 자발적으로 하는 사람은 없을 것입니다. 따라서 나쁜 행동을 하는 사람은 그 행동이 나쁜지 모르고서 행동한 것입니다. 그렇기 때문에 도덕적 행동을 위해서는 앎이 필요합니다. 그런 이유에서 덕은 곧 앎이라고 말하고 있습니다.

국가와 정의

정의에 관한 논의는 플라톤의 『국가』에서 다루고 있습니다. 여기에서 정의를 크게 세 가지 견해로 제시합니다. 첫째, 진실을 말하고 빚을 갚는 것, 이런 주장은 등장인물인 트라시마코스가 제시합니다. 둘째, 강자의 힘, 이런 주장은 등장인물인 글라우콘이 제시하고 있습니다. 셋째, 제 역할을 다하는 것입니다. 플라톤은 세 번째 견해를 지지하고 있습니다.

첫째, 정의에 대해 트라시마코스처럼 남을 속이거나 거짓을 말하지 않고 빌린 것이나 빚진 것을 갚는 것으로 이해하는 사람이 있습니다. 그러나 정의를 이런 방식으로 규정하는 것은 상당한 어려움에 봉착하게 합니다. 왜냐하면 정의를 이런 방식으로 규정하는 것은 경우에 따라서 옳을 수도 그를 수도 있기 때문입니다. '가령 어떤 사람이 멀쩡했을 때 자신의 친구에게 무기를 맡겨 놓았다가, 후에 제정신이 아닌 상태로 와서 무기를 돌려주기를 요구하는 경우', 맡아 놓은 무기를 돌려주는 것은 옳은 일이 아닌 것처럼 보입니다. 또한 미친 사람을 더 흥분시킬 수 있는 이야기를 그것이 진실이라는 이유로 모두 다 말해 주는 것도 올바른 일은 아닐 것입니다.

빚을 졌으면 갚는 것이 정의라는 생각에는 받은 대로 돌려준다는 생각이 깊게 자리하고 있습니다. 이것은 '눈에는 눈, 이에는 이'라는 응보적 사유의 근간을 이루는 것이기도 합니다. 선에는 선으로 보답하고 악에는 악으로 앙갚음을 하는 것은 정의의 기본적인 관점일 수도 있습니다. 그러나 이런 관점은 상당한 의문에 직면하게 됩니다. 나에게 해를 입힌 적일지라도 남에게 해로운 일을 하는 것이 정의라고 할 수 있는가? 정의는 올바른 일을 하는 것인데, 남을 해치는 것이 올바른 일이 될 수 있는지 의문이기 때문입니다.

어떤 사람을 해롭게 하는 것이 올바른 사람이 할 일은 아닐 것입니다. 사람이 해를 입으면 그 사람은 인간적인 훌륭함과 관련하여 더 나빠지기 때문입니다. 그래서 올바른 사람은 자신이 가진 올바름을 통해서 다른 사람을 올바르지 못하게 만들지 않을 것입니다. 마찬가지로 훌륭한 사람도 자신이 가진 훌륭함을 통해 다른 사람을 나쁜 사람으로 만들지 않을 것입니다. 정의가 남을 해치는 일이 된다면, 정의가 올바른 일이면서 동시에 올바른 일이 아닐 수 있게 됩니다. 옳으면서 동시에 옳지 않다는 것은 오류가 분명합니다. 또한 진실을 말하는 것은 옳은 일처럼 보입니다. 그러나 진실이 해악을 야기할 것이 분명하다면 진실을 말하는 것이 올바른 일인지 의문이 제기될 수 있습니다. 진실이 악을 부추기는 일도 흔히 있을 수 있기 때문입니다.

· ◆ ·

둘째, 글라우콘처럼 정의를 강자의 힘이며, 힘이 정의라고 말하는 사람도 있을 수 있습니다. 이것은 정의란 강자에게 이익이 되는 것이라는 말과 같습니다. 결국 강자의 행위는 정의이고, 약자의 행위는 부정의가 될 것입니다. 각자는 자신에게 이익이 되는 일을 할 것이고, 이것은 강자도 마찬가지입니다. 강자는 약자보다 더 큰 힘을 가졌으며, 그 힘은 약자에게 강자 자신을 위한 일을 하도록 강제할 수 있습니다. 강자의 힘이 정의라면, 약자를 강제하여 강자의 이익을 위한 활동을 강제하는 것이 정의로운 일이 됩니다. 강자를 위한 활동이 정의일 것이기 때문입니다. 그러나 우리는 이런 결론을 승인할 수 없습니다. 많이 설명하지 않더라도, 대부분은 정의가 강자의 힘이라는 주장이 터무니없다고 생각할 것입니다.

소크라테스와 플라톤은 정의가 강자의 힘이나 이익이라고 생각하지 않습니다. 예를 들어, 의술은 의술에 이익이 되는 걸 행하는 것이 아니라 몸에 이익이 되는 것을 행하는 것입니다. 모든 기술도 마찬가지로 그 기술의 대상에 이익이 되는 것을 행합니다. 그래서 모든 전문적인 지식은 더 강한 자의 이익을 생각하는 것이 아니라 오히려 더 약한 자의 이익을 위한 것이라고 말할 수 있습니다. 왜냐하면 모든 참된 의사는 의사 자신에게 이익이 되는 것을 행하는 것이 아니라 환자에게 이익이 되는 것을 행할 것이기 때문입니다.

참된 의사가 자신의 이익보다 환자의 이익을 고려하여 활동하듯이, 참된 정치가는 자기의 이익보다는 국민의 이익을 먼저 살피려고 할 것입니다. 모든 기술은 그 기술을 가진 자에게 이익이 되는 활동이 아니라 그 기술의 대상에게 이익이 되는 활동을 지향합니다. 통치술도 마찬가지입니다. 통치 행위는 정의로워야 하는데, 그 정의는 바로 통치자의 이익을 위한 것이 아니라 통치의 대상인 국민의 이익에서 시작된다고 봐야 합니다. 따라서 정의는 강자의 힘 또는 이익이 아니라 약자 또는 국민의 이익이라고 말할 수 있습니다.

· ◆ ·

정의가 강자의 이익이라는 주장은 약육강식의 논리입니다. 홉스가 말했던, 만인의 만인에 대한 투쟁으로 만연한 자연 상태에서나 받아들일 수 있는 정의관입니다. 그러나 인간 사회는 이런 자연 상태의 위험성에서 벗어나기 위해 형성된 것입니다. 따라서 자연 상태의 논리나 정의가 인간 사회의 논리나 정의와 동일한 것일 수는 없습니다. 단순한 힘의 논리는 인간 사회가 오랫동안 거부해 왔던 지배 이념입니다. 홉스도 이런 약육강식의 논리가 지배하는 자연 상태에서는 영원한 강자가 없다고 말합니다. 아무리 힘 센 강자도 죽음의 공포에서 벗어날 수 없습니다. 힘의 논리는 그리 간단하지 않습니다. 약한 자들의 연합은 어떤 힘 센 강자도 능가할 수 있습니다. 그리고 자연 상태에서는 음모와 협잡 등 그 어떤 권모술수도 가능합니다. 이런 곳에서 영원한 강자는 없습니다. 그래서 우리는 안전을 보장 받을 수 있는 인간 사회를 구성했으며, 안전을 대가로 자신의 자유를 일정 부분 포기했습니다. 이것이 홉스가 말하는 사회 계약론의 핵심입니다.

정의가 공동체 구성원의 상호 이익을 도모하기 위한 필요성에서 생겨났다는 견해는, 홉스의 설명에서도 알 수 있듯이 도덕과 정의 개념의 기원을 잘 설명해 줄 수 있습니다. 사회적 협동을 증진시키기 위한 목적에서 자기 이익 추구를 억제하도록 요구하는 사회적 규범 체계가 필요하다는 주장은 충분히 이해될 수 있기 때문입니다.

그러나 우리는 홉스의 견해를 받아들이지 않을 수 있습니다. 많은 철학자들은 인간 사회가 사회 계약으로 이루어졌다는 것에 동의하지 않습니다. 더구나 홉스의 견해가 공동체의 존속을 위한 도덕과 정의의 필요성은 잘 설명해 줄지라도, 개인이 반드시 도덕을 실천하고 옳은 일을 행해야 하는 이유를 설명하지 못하는 약점을 가지고 있습니다. 공동체의 존속에 필요한 사회적 규범 체계가 필요하다 할지라도, 개개인은 발각되지만 않는다면 자신에게 이익이 되지 않는 규범을 지키려고 하지 않을 수 있기 때문입니다.

우리는 올바름이 그 자체로 좋은 것이며, 그 결과도 좋은 것이기를 바랍니다. 우리가 실천해야 하는 도덕적 행위들은 그 자체로 추구할 만한 가치가 있는 것이고, 이것을 실천하는 개인들에게도 이익이 되는 것이어야 합니다. 말하자면 옳은 행위를 실천하라는 요구가 인간의 개인적 본성과 상충하는 견해는 옳음, 또는 정의 개념으로 바람직하지 않을 수 있습니다. 사회적 요구와 인간의 자연적 본성이 조화를 이루는 정의 개념을 찾아야 할 것입니다. 플라톤은 이런 개념을 찾으려고 노력했습니다. 이런 노력에 의해 정의란 각자의 몫을 다하는 것이라는 세 번째 견해가 제시되고 있습니다.

· ◆ ·

셋째, 소크라테스는 정의를 사회에서 부여 받은 각자의 몫을 다하는 것으로 이해합니다. 국가 구성원들이 자신의 몫을 다하는 것에서 정의가 성립한다는 것입니다. 인간은 서로 다른 재능을 타고납니다. 그리고 타고난 각자의 능력에 따라 사회의 역할이 결정된다는 것입니다. 나아가 소크라테스는 국가의 형성과 구조가 개인의 능력과 그 능력에 맞는 사회적 역할에 기초해야 한다고 생각합니다. 각자가 가진 적합한 능력과 이에 따른 역할을 훌륭하게 수행할 수 있도록 국가의 틀이 형성되어야 한다는 것입니다. 물론 개인이 할 수 있는 일은 한 가지만은 아닐 것입니다. 우리는 여러 가지 일을 행할 수 있는 능력을 가지고 있습니다. 그러나 우리가 할 수 있는 여러 일 중에서 가장 잘 할 수 있는 한 가지 일을 각자의 능력과 역할로 이해하는 것에 큰 문제는 없을 것입니다.

여러 일을 다양하게 하기 보다는 한 가지 일에 집중하는 것이 가장 효과적이고, 어쩌면 바람직할 수 있습니다. 가장 잘하는 일을 한다면 최고의 생산물을 얻을 수 있습니다. 그리고 최고의 생산물들을 교환할 때 가장 효율적일 수 있습니다. 이런 방식으로 분업이 이루어진다면, 비용과 생산성에서 가장 효과적이라는 것은 충분히 이해할 수 있습니다. 이렇게 사람들이 각자의 재능에 부합하는 일에 종사하고서 타인이 하는 일을 넘보지 않을 때, 비용과 생산성에서 가장 효과적일 수 있듯이, 국가 안에서도 각자의 역할을 행하면서 타인의 역할을 넘보지 않을 때, 국가가 가장 부강할 수 있다는 생각 또한 매우 그럴 듯합니다. 그래서 플라톤은 각자가 자신의 몫을 다하고 타인의 몫을 넘보지 않을 때 건강한 나라가 되고 정의가 실현된다고 생각합니다.

· ◆ ·

플라톤은 사회가 분업의 형태를 취하고 있다는 것을 잘 파악하고 있었습니다. 인간 사회의 분업 활동은 이론과 지식 이전의 매우 자연스러운 발생의 결과입니다. 이런 자연스러운 발생을 규범적 당위성으로 끌어들였다는 점에서 플라톤의 놀라운 통찰력을 엿볼 수 있습니다. 분업은 인간의 자연스러운 활동이면서, 매우 효율적이기 때문에 인간 사회의 진보에 큰 효과를 가져올 것입니다. 그래서 플라톤의 이상 국가는 진보와 발전을 이룰 수 있는 정치 체제로 구성되어 있습니다. 반면에 근대 이후에 활발하게 논의되었던 이상 국가 옹호자들은 이런 분업적 형식을 경시합니다. 대부분의 이상 국가 옹호자들은 자급자족의 경제 체제로 회귀할 때 가장 이상적인 사회가 된다고 생각했습니다.

첨언하자면, 플라톤이 분업의 중요성을 역설한지 2000년이 훌쩍 넘는 세월이 지난 후에, 또다시 분업을 강조하는 이론들이 등장합니다. 플라톤은 국가의 형성과 구조가 분업에 기초해야 한다고 주장한 반면에, 2000년의 세월이 지난 후에 등장한 이론가들은 생산 방식에서 분업을 강조합니다. 이들은 경제 활동에서 분업 개념을 적용합니다. 근대 이후의 공장제 산업은 바로 이 분업 개념에 의해 가능했습니다. 그리고 오늘날의 현대 산업에도 분업은 그 힘을 잃지 않고 더욱 강화되고 있습니다. 이제는 '개인의 분업' 또는 '산업별 분업'을 넘어서 '국가별 분업'으로 더욱 세련된 모습을 보이고 있습니다. 각각의 국가가 특성에 맞는 생산물에 집중한다면, 가장 값싸면서도 고품질의 생산물을 생산해 낼 수 있을 것입니다. 그리고 각각의 국가들이 가장 값싸고 고품질 생산물을 교환함으로써 최고의 효용성을 거두게 될 것입니다. 물론 이것이 현실적으로 가능한지는 알 수 없습니다.

기게스의 반지: 옳은 것을 알지만 행하지 않는 '도덕적 나약함'

소크라테스는 옳다는 것을 알면서도 고의로 하지 않는 사람은 없다고 말합니다. 그러나 옳은 일이 무엇인지 알고 있지만, 발각되지만 않는다면 자신에게 이익이 되지 않는 옳은 일을 하지 않는 사람을 찾는 것은 어렵지 않습니다.

플라톤은 이런 사례를 '기게스의 반지' 이야기를 통해 말하고 있습니다. 옛날, 양치기인 기게스가 살고 있었습니다. 어느 날 기게스가 살던 곳에 번개가 내려치고 지진이 일어났습니다. 번개와 지진으로 땅이 갈라졌습니다. 기게스는 갈라진 땅의 틈으로 내려가 보았습니다. 그 지하에서 반지를 얻게 된 기게스는 이 반지가 사람을 투명하게 만들어 준다는 것을 알게 되었습니다. 말하자면 요술 반지였던 것입니다. 해리포터의 투명 망토와 같습니다. 반지의 윗부분을 돌리면 남이 볼 수 없게 투명해졌다가 다시 제자리로 돌리면 눈에 보이게 되돌아왔습니다. 이를 확인한 그는 왕궁으로 가서 왕을 죽이고 왕국을 장악했습니다.

기게스의 반지 이야기는 자신에게 힘이 주어진다면, 옳은 일을 하지 않을 수 있다는 것을 보여 줍니다. 사람들은 옳은 일이 그 자체로 좋은 것이 아니라 옳은 일을 함으로써 생겨나는 명성과 이득 때문에 좋다고 생각하는 경향이 있습니다. 결국 옳은 일도 그 자체 때문이 아니라 이득과 명성 때문에 실천한다는 것입니다. 그래서 처벌 받지 않는다면 구태여 옳은 일을 실천할 필요가 없다는 것입니다.

그러나 옳은 일이 자신의 처지나 이익에 따라서 무시되어도 좋다고 생각하는 것은 온당하지 않습니다. 물론 기게스의 반지의 예는 옳은 일에 대한 실천이 자신의 이익에 따라 달라지는 것을 경계하기 위한 것입니다.

기게스의 반지의 예는 플라톤이 소크라테스의 주장에 의문을 가졌다는 것을 알게 해 줍니다. 옳은 것을 뻔히 알면서도 행하지 않는 것을 '도덕적 나약함'이라고 말합니다. 그러나 소크라테스는 '도덕적 나약함'을 인정하지 않고, 알면 무조건 행하며, 그른 행동은 무지에서 비롯된 것이라고 말합니다. 하지만 플라톤은 알면 실천한다는 견해에서 엄격한 입장을 취했던 소크라테스에서 알면서도 실천하지 않을 수 있다는 아리스토텔레스의 견해로 나아가는 중간 단계에 있는 것처럼 보입니다. 플라톤은 기게스의 반지의 예를 통해 들통나지 않는다면, 또는 그 결과가 엄청난 이득이 되는 경우에, 그른 일인지 뻔히 알면서도 실천하지 않을 수 있다는 여지를 남겨둔 것처럼 보입니다.

혼의 삼분설과 인간의 세 기능

플라톤은 인간의 혼은 세 부분으로 구분될 수 있다고 말합니다. 한 부분은 이성의 부분이고, 다른 부분은 격정의 부분이며, 나머지 부분은 욕구의 부분입니다. 각 부분이 자신의 역할을 다 할 때, 이성에서는 지혜, 격정에서는 용기, 욕구에서는 절제의 덕이 상응합니다.

욕구의 부분은 음식 또는 생식과 관련된 쾌락을 욕구하는 부분입니다. 욕구의 부분은 '좋음'과는 무관하게 그 욕구의 대상을 무조건적으로 갈구한다는 특성을 가지고 있습니다. 이런 욕구와 대립되는 방향으로 이끄는 부분이 이성의 부분입니다. 이성의 부분은 지혜로우며 혼 전체를 위한 선견지명을 지니고 있는 부분으로, 실제로 좋은 것과 나쁜 것이 무엇인지를 아는 부분입니다. 격정의 부분은 올바르지 못한 일을 당했을 때 화를 내는 부분입니다. 어떤 분노가 야기될 때, 이성적인 사리 분별이나 욕구가 아닌 자존심이나 명예감 등과 같은 동기가 원인이 될 수 있습니다. 이런 원인들은 격정의 부분을 자극하게 됩니다.

세 부분의 혼이 각각의 일을 할 때 올바름이 성립합니다. 혼이 제일을 다한다는 것은 각각의 혼의 부분이 가진 특성을 잘 발휘하는 것을 의미합니다. 이성적인 부분은 각각의 혼의 부분에 유익할 뿐만 아니라 혼 전체에 유익한 것에 대한 앎을 가지고 있습니다. 그래서 이성의 부분은 혼의 다른 부분을 지배하는 역할을 하게 됩니다. 결국 격정의 부분은 이성의 부분의 명령에 복종하여 협력자가 되어야 하며, 욕구의 부분은 이성의 지도에 따르는 것이 제 역할입니다. 결국 혼의 훌륭한 상태라는 것은 이성의 부분은 혼의 다른 부분을 잘 이끌고, 격정의 부분과 욕구의 부분은 이성의 명령에 잘 따라 협력하는 상태일 것입니다.

· ◆ ·

유덕한 사람은 욕구의 부분이나 격정의 부분이 이성의 지시에 따라서, 특정한 욕망들을 조절하고 제어할 수 있는 사람입니다. 이성의 부분에 해당하는 덕목은 지혜입니다. 그리고 격정의 부분에 해당하는 덕목은 용기이고, 욕구의 부분에 해당하는 덕목은 절제입니다. 그래서 인간을 이성이라는 마부가 이끄는 마차에 비유하기도 합니다. 이 마차는 격정이라는 흰말과 욕구라는 검은 말이 끌고 있습니다. 마부는 자신이 정한 목적지로 마차를 이끌고 가야 합니다. 그러나 결코 쉬운 일은 아닙니다. 왜냐하면 격정의 흰말과 욕구의 검은 말이 마부의 지시를 따르려 하지 않기 때문입니다. 그래도 격정이라는 흰말은 마부의 지시에 비교적 따르는 편이지만 욕구라는 검은 말은 아주 제멋대로입니다. 이성이라는 마부가 이 마차를 자신의 목적지로 이끌어 가기 위해서는 적지 않은 노력이 필요합니다.

정리하자면, 혼의 세 부분, 즉 이성, 격정, 그리고 욕구의 세 기능이 각각 자신의 몫을 다하여 제 역할을 수행할 때, 이성은 지혜롭게 되고, 격정은 용기 있게 되며, 욕구는 절제 있게 되어서 건강하고, 올바른 인간이 되며, 결국 정의도 실현될 것입니다.

국가의 세 계급과 덕목

플라톤은 국가의 구조와 인간 혼의 구조가 서로 상응한다고 생각합니다. 모든 사람의 혼은 이성, 격정, 그리고 욕구의 세 부분으로 구성되어 있습니다. 그러나 모든 사람의 혼의 능력이 동일한 것은 아닙니다. 어떤 사람의 혼은 이성의 부분이 더 발달해 있으며, 다른 사람은 격정의 부분이 발달해 있기도 하고, 또 다른 사람은 욕구의 부분이 발달해 있을 수 있습니다. 따라서 우리가 혼의 부분을 나누듯이, 사람도 이성적인 사람, 격정적인 사람, 그리고 욕구적인 사람으로 나눌 수 있습니다. 그리고 이 세 부류의 사람들이 국가에서 세 계층을 구성해야 한다고 주장할 수 있습니다. 이 세 계층은 통치자 또는 수호자 계층, 보조자 계층, 그리고 생산자 계층입니다.

통치자 또는 수호자 계층은 이성의 능력이 탁월한 사람들로 구성됩니다. 그리고 이들은 지혜의 덕을 가지고 있기 때문에 국가를 경영하는 역할을 부여 받게 됩니다. 이 계층이 국가에서 최고의 계층이라고 말할 수 있습니다. 보조자 계층은 격정에 지배를 받는 사람들로 구성되어 있습니다. 이들은 용기의 덕을 가지고 있기 때문에 국가를 외부의 적과 범죄로부터 보호하는 역할을 하고 있습니다. 말하자면 주로 국방과 치안을 담당하는 계층입니다. 생산자 계층은 욕구에 의해 지배되는 사람들로 구성되어 있습니다. 이들은 주로 생산과 상업적 거래에 종사하는 역할을 담당합니다. 그래서 이 계층에는 절제의 덕이 요청된다고 합니다.

통치자, 보조자, 그리고 생산자는 각각 다른 역할을 하는 사람들의 일을 넘보지도 간섭하지도 않고 자신의 역할만 행해야 합니다. 각자 잘 할 수 있는 일이 다르기 때문입니다. 생산자가 보조자의 일을 넘보게 되면, 자신이 잘 할 수 있는 역할을 버리고 잘 할 수 없는 역할을 탐하는 것입니다. 이것은 어리석은 짓이며, 훌륭한 국가에 흠결이 될 것입니다. 그래서 각자는 자신의 역할에 충실할 뿐, 다른 계층의 역할을 넘보지 않아야 합니다. 통치자는 지혜롭게 행동하고, 보조자는 용기 있게 행동하며, 생산자는 절제 있게 행동해야 합니다. 그래서 국가는 건전하고 정의로운 국가가 됩니다. 국가 역시 각 계층이 각각에 맞는 역할을 할 때 훌륭한 국가가 되며, 정의로운 국가가 됩니다.

철인왕과 철학자 독재

이성적 능력이 탁월한 사람이 통치자 계층에 속합니다. 그래서 통치자 계층에 속하는 사람들은 탁월한 이성 능력을 가지고서 지혜를 추구합니다. 정욕의 굴레에서 벗어나 욕구의 대상인 재물과 격정의 대상인 명예보다 지혜를 추구합니다. 이렇게 지혜를 추구하는 사람은 철학자입니다. 앞에서 우리는 철학의 그리스어 어원이 '지혜를 사랑함'이라고 말했습니다. 지혜를 사랑하는 사람이 통치자가 되어야 하며, 철학자는 지혜를 사랑하는 사람이기 때문에 철학자가 통치자가 되어야 합니다. 이것이 플라톤이 '철인왕'을 주장하는 이유입니다.

훌륭한 국가는 철학자들이 통치하는 국가입니다. 그러나 철학자들은 통치하는 활동을 달가워하지 않습니다. 왜냐하면 지혜를 사랑하는 철학자들은 참된 진리를 발견하는 일을 최우선으로 두기 때문입니다. 그리고 발견한 참된 진리와 더불어 살기를 원합니다. 참된 진리를 발견한 철학자들이 참된 진리와는 거리가 먼 현실 세계로 되돌아오려고 하지 않을 것은 분명해 보입니다. 그러나 플라톤은 철학자들이 통치 행위를 달가워하지 않는다는 것이 오히려 더 통치자가 되어야 할 이유가 된다고 말합니다.

통치자들은 공정해야 합니다. 공정함은 욕망에 의해 균형을 잃을 수 있습니다. 현대 우리 사회의 정치가들을 생각해 보십시오. 현대 정치가들은 정치가가 되고자 갈망하는 사람들 중에서 선택됩니다. 그러나 이렇게 선택된 사람들은 통치 활동을 하면서 개인적인 욕망과 욕심에 쉽게 굴복하고 맙니다. 우리 사회에서 이런 정치인들을 흔히 볼 수 있습니다. 통치자가 되고자 원하는 데에는 그만한 이유가 있을 것입니다. 아마도 이들은 우리 사회의 정의와 번영을 목표로 둔 것이 아니라 자신의 세속적 욕망, 즉 명예나 재화의 축적을 위해 정치가가 되려 했을 것입니다.

세속적 욕망에 휩싸인 정치가는 참된 앎을 가질 수 없습니다. 세속적 욕망에 휩싸인 정치가는 사회를 정의롭게 만들 수 없으며, 또한 번영시킬 수도 없습니다. 플라톤이 정치가가 되려고 하지 않는 철학자를 정치가로 삼아야 한다고 강조하는 이유는 여기에 있습니다. 물론 통치자가 되고자 원하지 않는 것만이 공정함을 유지할 수 있게 해 주는 것은 아닙니다. 철학자는 참된 앎을 발견하고서 그 앎을 세상 사람들에게 전하려고 애쓰는 사람들입니다. 플라톤에게 있어서 정의는 참된 지식의 정점에 있습니다. 결국 참된 앎의 실천은 궁극적으로 정의의 실현을 함축합니다.

철학자들이 통치자가 되기를 원하지 않는다는 것은 이미 참된 지식을 가지고 있어서 정신적인 만족의 상태에 있기 때문입니다. 철학자는 참된 지식을 가진 충분한 만족의 상태에 있기 때문에 통치자가 되기를 원하지 않습니다. 참된 지식을 아는 것 이외에 또 다른 욕망과 욕구, 그리고 헛된 명예를 추구할 필요가 없는 충분히 만족한 상태에 있기 때문입니다. 플라톤이 말하는 철학자면서 동시에 통치자는 이미 이런 충분한 만족의 상태에 있는 사람들입니다. 물론 오늘날 통치자들은 충분한 만족의 상태에 있기는커녕, 더 큰 욕망과 욕구에 휩싸여 있는 듯이 보입니다. 플라톤이 말하는 철학자 통치 또는 철학자 왕의 통치는 참된 지식을 가지고서 충분한 만족 상태에 있는 철학자들의 통치라는 것을 기억해야 합니다. 그래서 철학자 왕은 자신의 이득이 아닌 세상을 이롭게 하려고 노력할 것입니다.

◆ ◆ ◆

철학자인 통치자들은 참된 지식을 가지고 있기 때문에 앎에 있어서도 탁월합니다. 이것은 철학자들만이 올바른 판단을 할 수 있다는 것을 의미합니다. 덕은 곧 지식입니다. 그래서 참된 지식을 아는 사람들만이 덕을 가질 수 있습니다. 통치와 관련하여 요청되는 덕목은 정의일 것입니다. 그리고 철학자는 통치와 관련된 덕목인 정의가 무엇인지 잘 알고 있을 것이 분명합니다. 따라서 정의의 덕을 가진 철학자가 통치자가 되어야 하며, 이런 의미에서 철학자의 독재가 필요한 것입니다. 참된 지식을 가진 사람이 옳은 판단을 내릴 수 있습니다. 참된 지식을 갖지 못한 사람이 아무리 많이 모인다 할지라도, 참된 지식이 없기 때문에 옳은 판단을 내릴 수 없게 됩니다. 따라서 참된 지식을 가진 철학자들이 국가를 다스려야 합니다.

철학자 통치처럼 참된 지식을 아는 자의 판단에 따라 국가가 운영되어야 훌륭한 국가, 즉 정의로운 국가가 됩니다. 그러나 민주주의는 참된 지식을 가지지 않은 대중들의 다수결로 국가의 중대사를 판단하게 됩니다. 민주주의는 결국 우매한 대중들에 의한 중우 정치로 전락하고 맙니다. 그래서 플라톤은 민주주의를 타락한 정치 체제라고 생각합니다. 오늘날 민주주의가 비교적 잘 유지되는 국가에서 국민들은 지적으로 높은 수준을 유지하고 있습니다. 물론 국민들의 지적 수준이 대체로 높더라도 대중의 선전과 선동에 의해 혼란에 빠지는 경우도 흔합니다. 이 세계 곳곳의 민주주의 국가에서 폭동과 혼란은 늘 있어 왔습니다. 플라톤은 이런 혼란들은 참된 지식을 결여한 자들의 판단에서 비롯된 것이라고 여기고 있습니다.

플라톤에게 철인 독재가 가장 바랄 만한 통치 체제입니다. 참된 지식을 가진 철학자들이 통치하는 제도이기 때문입니다. 반면에 민주주의는 타락한 제도입니다. 민주주의는 참된 지식을 알지 못하는 대중들이 정책을 결정하기 때문입니다. 플라톤은 무지한 자에게서 참된 지식과 참된 판단은 생겨날 수 없다고 생각합니다. 민주주의에서는 대중은 자신들이 무지하다는 것을 자각조차 하지 못한 채, 아는 척하면서 판단을 하게 됩니다. 이런 국가는 바른 판단을 할 수 없고 따라서 번영할 수 없습니다. 이것이 '중우 정치'의 모습입니다.

참된 지식을 가진 자만이 참된 판단을 할 수 있습니다. 아무리 많은 어리석은 자들이 모였더라도 참된 판단에 이를 수 없습니다. 이런 생각은 오늘날 우리가 생각하는 민주주의와는 사뭇 다릅니다. 현대의 민주주의는 다수의 의견이 소수의 의견보다 나은 판단에 이를 수 있다는 믿음 속에서 성립합니다. 우리 말에 '중지'를 모은다는 말이 있습니다. 이것은 특출나지는 않지만 여러 사람의 의견을 모으다 보면 옳은 판단에 이를 수 있다는 것입니다. 이런 생각이 현대 민주주의 정신의 본질이며, 핵심입니다.

우리가 대중들의 중지를 모아서 국정을 운영하는 민주주의를 채택한 이유는 참된 지식을 아는 철학자 통치가 불가능하다는 것을 깨닫고 있기 때문입니다. 참된 지식을 가진 철학자들이 누구인지 알 수 있다면, 그들에게 통치를 맡기는 것도, 플라톤의 생각처럼, 나쁘지 않을 것입니다. 철학자들은 참된 지식을 가지고서 항상 옳은 판단을 하여, 국가를 바람직한 방향으로 이끌 수 있기 때문입니다.

물론 플라톤은 이런 철학자를 알 수 있다고 생각한 듯이 보입니다. 참된 지식을 가진 철학자가 있다면 이들에게 통치를 맡겨야 한다고 생각한 것입니다. 그러나 우리는 참된 지식을 아는 철학자가 누구인지 알지 못합니다. 설령 이런 철학자가 있다 할지라도 인정받지 못할 것입니다. 이런 상황에서 최선의 제도가 아닌, 차선의 제도 또는 최악을 피할 수 있는 제도는 민주주의일 수 있습니다. 민주주의는 현실적으로 불가피한 제도라고 할 수 있습니다.

· ◆ ·

통치자들에게 요구되는 것은 무엇보다도 공정함일 것입니다. 플라톤은 공정함을 위하여 그리고 오로지 국가를 통치하는 일에 전념시키기 위하여 통치자들에게 사유 재산을 인정하지 않습니다. 이들에게 사유 재산을 인정하게 되면 통치 수단을 이용하여 자신의 재산을 늘리려는 유혹에 휩싸일 수 있기 때문입니다.

심지어 통치자는 가정을 꾸릴 수도 없습니다. 자신들의 자녀에게 혜택이 주어지는 제도를 운영하려는 유혹도 만만치 않을 것이기 때문입니다. 오늘날 정치인 중에는 자기 소유의 기업에 이익이 되는 정책을 수립하도록 압력을 넣는 경우도 있습니다. 그리고 자기 자녀에게 혜택을 주기 위하여 자신의 지위를 적극 활용하는 정치인도 있습니다. 자기의 이익과 자녀에게 혜택을 주려는 욕구가 얼마나 강력한지는 굳이 설명하지 않아도 될 것입니다.

오늘날 이런 부조리를 방지하기 위하여 '이해 충돌'이라는 개념이 제기되었습니다. 자신과 가족의 이익과 관련된 부분에 대해서는 직무에서 배제시키는 것입니다. 또한 정치가가 자기 이익과 관련된 상임위 활동을 제한하거나 관련 기업의 주식을 '백지 신탁'하게 강제하는 제도를 두고 있습니다. 그러나 이런 장치가 원활하게 작동하는 것 같지 않습니다.

플라톤은 이런 부정의를 해결할 유일한 방법은 그 근원을 차단하는 것이라고 생각한 것처럼 보입니다. 그래서 정치가에게 사유 재산과 가족을 꾸릴 결혼을 허용하지 않습니다. 재산을 가질 수 없고 가졌더라도 그 재산을 물려줄 가족이 없다면 이런 부정에 가담할 필요가 없다고 생각한 것입니다.

CHAPTER 05

플라톤의 철학 Ⅱ:
참된 앎과 이데아

#감각

#보편자

#동굴의비유

#이데아

#망각

#상기

- 참된 지식의 필요성
- 지적인 세계와 감각의 세계
- 이데아의 특성
- 이데아를 인식하는 방법

참된 지식의 필요성

소피스트들은 각각의 개인들이 진리의 기준이 된다고 역설했습니다. 내가 참이라고 생각하는 것이 참된 지식이며, 내가 옳다고 생각하고 행동하는 것이 옳은 행동이라고 주장합니다. 즉 객관적이고 절대적인 지식은 존재하지 않으며, 오직 주관적이고 상대적인 진리만이 존재할 뿐이라는 것입니다. '인간은 만물의 척도'라는 프로타고라스의 말은 이런 주장을 잘 드러내 주고 있습니다.

플라톤은 소피스트의 주관적이고 상대적인 진리관과 가치관을 극복하고자 했습니다. 각각의 개별자들이 진리와 가치의 기준이 된다면, 그래서 진리와 가치가 상대적이라면, 사회의 모든 질서는 불가능할 것이며, 심지어 인간들 사이의 의사소통마저도 불가능해질 것입니다. 개별자들 각각이 옳다고 주장하는 것이 서로 다르다면, 사실상 '우리는 옳다'라는 용어 자체를 사용할 수 없게 됩니다. 진리도 마찬가지입니다. 참이라고 주장하는 것의 내용이 모두 다르다면, 참이라는 용어를 사용할 필요가 없게 될 것입니다. 이것을 우리는 '진리의 무정부 상태'라고 표현합니다.

진리의 무정부 상태를 피하려면 참과 거짓을 구분할 수 있는 객관적 기준이 있어야 하며, 옳고 그름을 판별할 수 있는 객관적 표준이 있어야 합니다. 지식의 참·거짓을 판별해 주고 가치의 옳고 그름을 판별해 줄 수 있는 기준으로서 진리는 불변해야 하며, 절대적이고 영원히 지속적 속성을 가지고 있어야 합니다. 진리의 객관적 기준이 다양할 수는 없습니다. 다양한 기준은 상대주의자들의 주장입니다. 또한 진리는 불변하는 것입니다. 기준이 변화한다면 일단 파악하기 어려울 것은 물론이고,

그것을 기준이라고 말할 수도 없습니다. 그리고 진리가 변화하거나 소멸한다면 진리를 파악할 수 없거나, 진리가 존재하지 않는 순간을 인정해야 합니다. 그러나 이런 상황은 이해하기 어렵습니다. 그래서 진리는 영속적이어야 합니다. 한 순간 존재했지만, 곧 사라지고 마는 기준은 참다운 기준이라고 말할 수 없습니다. 어떤 것을 판별해 주는 기준으로서 진리는 필히 영속적이어야 합니다. 그래서 플라톤은 진리의 절대성, 불변성, 영원성을 역설하고 있습니다.

지적인 세계와 감각의 세계

플라톤은 존재하는 것들을 두 영역으로 나누고 있습니다. 하나는 우리의 오감 능력에 의해 감각되는 '감각적 지각의 대상'입니다. 이것은 감각으로 접촉할 수 있는 경험적 사물들입니다. 이것은 변화와 소멸의 대상이며, 상대적이고 불완전하며, 모방의 산물입니다. 다른 영역은 우리의 지적 능력인 지성에 의해 인식될 수 있는 '지성적 인식 대상'입니다. 이것은 이성에 의해 파악될 수 있는 것들입니다. 이것은 감각적 지각 대상들과는 달리, 불변하고 불멸하는 대상이며, 절대적이고 완전하며, 그 자체로 원형이 되는 대상입니다.

감각적 지각 대상에서 비롯된 인식은 '억견 doxa'이라고 합니다. 이것은 근거가 없는 단순한 의견에 불과한 것입니다. 그리고 이런 억견은 참된 지식이 될 수 없습니다. 왜냐하면 감각적 지각의 대상은 원형이 되는 대상들을 모방한 사물이기 때문입니다. 모방물을 통해서는 참다운 지식이 성립할 수 없다는 것은 명백합니다. 반면에 지성적 인식 대상은 그 자체로 원형이 되는 대상입니다. 플라톤은 이런 대상을 '이데아' 또는 '형상'이라고 부릅니다. 그리고 이데아는 감각적 지각 대상이 닮아야 할 원형으로 이런 대상들을 존재하게 해 주는 근거가 됩니다. 물론 원형이 되는 이데아에서 '참된 지식 epistemeʼ'이 성립합니다.

이데아의 특성

이데아는 참된 지식의 근원이면서, 현실 세계에 존재하는 사물들의 원형입니다. 이데아는 현실 세계의 인식 근거이면서 존재 근거로서, 실체의 특성을 가지고 있습니다. 실체는 스스로 존재한다는 특성을 가진 존재입니다. 말하자면 실체는 자신이 존재하기 위해 다른 존재가 필요하지 않은 존재를 말합니다. 감각적 대상들의 원형으로서 이데아는 스스로 존재하는 실체이며, 따라서 존재하기 위해 다른 존재가 필요하지 않습니다. 즉 이데아는 참된 존재로서 스스로 존재하며, 존재의 이유를 자기 안에 지니고 있는 존재입니다. 그리고 참된 존재로서 참된 인식의 근거이기도 합니다. 참된 지식은 이데아에 대한 앎입니다.

반면에 감각적 지각의 대상인 사물들은 스스로 존재할 수 없습니다. 감각적 대상들은 이데아에 의존해서만 존립합니다. 감각 대상들은 이데아를 모방하고 있기 때문에, 존재하기 위해서는 그 원형인 이데아가 필요합니다. 따라서 감각적 지각의 대상은 실체가 될 수 없습니다. 말하자면 현실 세계의 감각적 대상들은 실체가 아니기 때문에 자기 안에 존재의 근거를 가지고 있지 않으며, 외부로부터 존재의 근거를 끌어와야 합니다. 그 외부의 존재 근거가 바로 이데아입니다. 말하자면 가시적인 변화하는 현실 세계는 이데아를 모방한 세계이며, 여기에서는 참된 지식이 도출될 수 없습니다.

세계의 원형으로서 이데아

이데아는 감각적 대상이 아니기 때문에 감각에 의해 파악되지 않습니다. 이데아는 오로지 우리의 정신을 통해서 알려질 수 있을 뿐입니다. 그러나 이데아가 정신을 통해서 알려질지라도, 정신에 의존하는 존재는 아닙니다. 이데아는 우리의 정신에 독립적이며, 객관적으로 존재합니다. 감각적 사물이 물질적 대상으로 존재하지만, 감각을 통해 알려지듯이, 이데아 역시 비물질적 대상으로 존재하며, 우리의 정신을 통해 알려진다는 것입니다. 감각과 물질이 동일한 것이 아니듯이, 비물질과 정신 역시 동일하지 않습니다. 그래서 이데아는 정신을 통해 알려질 뿐 정신에 의존하는 존재는 아닙니다.

이데아가 우리의 정신에 의존하지 않고 독립적이며, 객관적으로 존재한다는 것은 무슨 말일까요? 이것은 인간 존재가 모두 소멸하더라도 이데아는 존재한다는 의미입니다. 이데아는 그 어떤 것에도 의존하지 않는, 오히려 이 세상에 존재하는 것들의 원형입니다. 그러므로 이데아는 우리의 정신에 의존하지 않는 오히려 인간의 원형입니다. 그러나 이데아는 우리의 정신에 의해 알려집니다. 이런 이유 때문에 이데아가 정신에 의존하는 것처럼 오해될 수 있습니다. 그러나 이데아는 정신에도 의존하지 않는 영원히 존재하는 실체입니다. 이데아는 우리의 눈이 아닌 정신에만 알려지는, 실재하는 존재입니다.

우리는 필요에 의해 추상 명사를 만들어 낼 수 있습니다. 이데아를 이런 방식으로 만들어 낸 것이 아닌지 의문을 가질 수 있습니다. 우리의 정신이 이런 방식으로 이데아를 만들어 냈다면, 이데아는 우리의 정신에 의존했을 것입니다. 그래서 우리의 정신이 소멸하는 경우 이데아도 소멸될 것입니다. 말하자면 인류가 모두 소멸한다면, 인류의 정신적 산물인 이데아 역시 소멸될 것입니다. 그러나 플라톤은 모든 인류가 소멸하여 인간의 정신이 존재하지 않을지라도, 이데아는 소멸하지 않는다고 말합니다. 이데아는 우리 정신이 만들어 낸 존재가 아니라, 단지 우리의 정신이 파악해 낸 존재이기 때문입니다.

· ◆ ·

우리의 많은 추상 명사들은 우리의 정신에 의존합니다. 우리의 정신이 만들어 낸 것이기 때문입니다. 예를 들면 '행복'은 감각으로 확인될 수 있는 것이 아닙니다. 이것은 우리의 정신 상태를 표현하는 용어이기 때문입니다. 그래서 행복은 정신을 통해 드러나는 동시에 정신에 의존합니다. 우리의 행복은 우리의 정신과 더불어서만 의미를 가집니다. 우리의 정신이 소멸하면 우리의 행복도 사라지기 때문입니다. 그러나 이데아는 그렇지 않습니다. 물론 우리의 정신이 이데아를 파악해 낼 수 있습니다. 그러나 우리에게 파악되지 않는다고 존재하지 않는 것은 아닙니다. 이데아는 우리의 정신에 알려지는 것이기는 하지만, 우리의 정신이 소멸할지라도, 이데아는 여전히 존재합니다.

수학의 수와 수적 비례를 생각해 봅시다. 우리 정신이 만든 개념인 행복과는 달리, 수학의 수와 비례는 이데아의 존재와 유사한 측면이 있습니다. 수 자체와 수적 비례는 감각의 대상이 아닙니다. 이것은 우리의 정신을 통해 알려집니다. 그렇다고 우리의 정신이 사라진다고 해서, 수와 수적 비례가 없어질 것처럼 보이지도 않습니다. 수와 수적 비례는 우리의 정신과는 독립해서 그 자체로 존재합니다. 다만 우리의 감각 능력이 아니라 정신을 통해서 알려집니다. 사물들의 존재 방식과 우리의 인식 방식은 밀접한 관련이 있지만, 동일한 것은 아닙니다. 수 자체는 우리의 정신과 독립해서 존재하지만, 우리의 정신에 의해 인식됩니다.

수와 수적 비례가 감각의 대상이 아니라는 말이 오해를 가져올 수 있습니다. 왜냐하면 우리는 수 1, 수 2 또는 2:1의 비율 등을 얼마든지 감각할 수 있다고 생각하는 사람이 있기 때문입니다. 그러나 이것은 우리의 오해에서 비롯된 생각입니다. 여러분이 보는 것은 수 1 자체가 아니라, 수 1이 예시된 하나의 '사물'입니다. 또는 종이에 써 놓은 수 1이라는 '문자'를 볼 뿐입니다. '1+1=2'라는 수식 자체도 볼 수는 없습니다. 우리는 단지 종이에 적어 놓은 모방물로서 수식을 볼 수 있을 뿐입니다. 수 자체나 수적 비례 자체는 존재하는 것이 분명하지만, 눈으로 볼 수는 없습니다. 다만 우리의 정신에 의해 파악될 뿐입니다.

··· 잠시, 샛길

인식과 사실의 부조화

어떤 사실이 발생했다고 해서 우리가 그것을 곧바로 알게 되는 것은 아닙니다. 어떤 사실이 발생하는 것과 우리가 그것을 인식하는 것은 별개의 문제입니다. 우리가 누군가를 사랑하지만 그 사람을 사랑한다고 인식하지 못할 수도 있습니다. 그래서 누군가 그 사람을 사랑하는지 묻는 경우에 그렇지 않다고 대답할 수 있습니다. 사랑하지만 사랑하는지 모르기 때문입니다. 참 안타까운 일입니다. 어떻게 자기 정신의 내부에서 발생한 일을 인식하지 못하는 것일까요? 그러나 이런 일은 드물지 않습니다. 이상하게 들리겠지만, 이런 사연은 실제로 여러분의 주위에도 흔히 있습니다. 같이 일하거나 공부하는 동료들 사이에 서로 사랑하고 있지만, 정작 당사자들은 서로의 사랑을 깨닫지 못하는 경우들이 있습니다. 여러분들도 살면서 직접 경험하거나 목격하는 일이 분명 있을 것입니다.

모든 동료들이 두 사람이 서로 사랑하고 있다고 생각하지만, 정작 두 당사자들은 자신의 사랑을 깨닫지 못하고 극구 부인할 수 있습니다. 들통이 나서 부끄럽다거나 반드시 감춰야 할 사정이 있어서가 아닐 수 있습니다. 그리고 두 사람이 거짓말을 하는 것도 아닐 수 있습니다. 두 사람은 서로 사랑한다고 전혀 생각하지 못할 수 있습니다. 서로 사랑하지만 그 사랑에 대한 인식이 없기 때문입니다. 그러나 두 사람은 멀지 않아 서로 사랑한다는 사실을 깨닫게 됩니다. 대체로 크게 오래 걸리지는 않습니다. 물론 오래 걸리는 사람도 없지는 않을 것입니다. 심지어 먼 훗날 그 사람을 사랑했었다는 사실을 깨닫고 후회의 눈물을 흘릴지도 모릅니다. 이런 사랑은 한 편의 드라마 같습니다. 그러나 이런 드라마는 우리 주변에 드물지 않습니다.

우리는 이런 현상을 '인식과 사실의 부조화'라고 부릅니다. 사실이 발생했지만 그것을 인식하지 못한 경우입니다. 심지어 자신의 내부에서 발생한 것도 인식하지 못하는 부조화가 생겨날 수 있습니다. 앞에서 말한 자신이 누군가를 사랑한다는 사실조차 인식하지 못할 수 있기 때문입니다. 이와는 반대로, 발생한 사실은 없지만 인식이 존재하는 거꾸로 된 경우도 있습니다. 진실로 믿지만 그런 사실은 존재하지 않을 수 있습니다. 우리는 지구가 평평하다고 믿었으며, 태양이 돈다고 철석같이 믿었지만, 그런 사실은 존재하지 않습니다. 물론 이것은 잘못된 믿음입니다. 그러나 이런 사실이 없다는 것이 충분히 증명되었는데도 여전히 믿고 있다면, 이것은 '자기기만'입니다.

보편자와 이데아

이데아는 보편적 존재입니다. 보편자는 모든 개별적 사물들을 포괄하는 존재입니다. 철수, 명수 등 개인적인 사람들은 '사람'이라는 보편자에 속하는 개별자들입니다. 철수네 개, 영희네 개 등 개별적인 개들도 '개'라는 보편자에 속하는 개별자들입니다. 그래서 존재하는 것들은 개별자와 보편자로 구분할 수 있습니다. 우리가 눈으로 볼 수 있는 각각의 사물들은 개별자들입니다. 그리고 이 개별자들을 포괄하는 보편자가 있습니다. 이 보편자는 눈으로 볼 수 없고 정신으로만 파악될 수 있습니다. 그래서 철수, 명수 등은 눈으로 볼 수 있는 개별자이며, '사람' 일반은 정신적으로 파악해야 하는 보편자입니다. 그리고 눈으로 확인할 수 있는 각각의 자동차들은 개별자들이며, 그냥 '자동차 일반'은 눈이 아닌 정신을 통해 파악해야 하는 보편자들입니다.

개별자와 보편자를 구분하는 것은 크게 어렵지 않습니다. 그러나 우리가 이런 용어를 세세하게 구분하면서 사는 것은 아닙니다. 그래서 이런 구분이 단지 어색할 뿐입니다. 예를 들어 우리가 가족이나 연인과 함께 동물원에 놀러 갔다고 합시다. 동물원에서 우리는 코끼리, 호랑이, 사자, 기린을 보았다고 생각할 수 있습니다. 그리고 포유동물을 보았다고도 생각할 수 있습니다. 물론 파충류도 보았을 것입니다. 우리가 이런 것들을 보았다면, 이들이 어떻게 생겼는지 알 수 있을 것입니다. 그래서 이들에 대해 말할 수 있어야 합니다. 코끼리, 호랑이, 사자 등이 어떤 동물인지 말해 보십시오. 얼핏 매우 쉬울 것이라고 생각할 수도 있습니다. 그러나 포유동물이 어떤 동물인지 말하는 것은 결코 쉽지 않습니다.

먼저 포유동물은 어떤 동물인가요? 이런 물음을 던졌을 때, 흔히 하는 대답은 젖먹이 동물이라는 것입니다. 제가 이런 물음을 던졌을 때,

그동안 많은 학생들은 이렇게 대답하곤 했습니다. 그러나 이것은 포유동물을 눈으로 본 사람들의 대답이 될 수 없습니다. 사실 나는 포유동물이 어떻게 생겼는지 알지 못합니다. 솔직히 고백한다면 나는 포유동물을 눈으로 본 적이 없습니다. 포유동물을 눈으로 본 적이 없다는 것이 이상하게 들리나요? 그럴 수도 있습니다. 그러나 실제로 포유동물을 눈으로 본 사람이 없다고 확신합니다. 왜냐하면 포유동물은 눈으로 볼 수 있는 개별자로 존재하는 것이 아닙니다. 포유동물은 개별자들의 보편자들을 다시 추상한 상위 보편자입니다. 개, 소, 말 등 보편자의 공통 특징을 추상한 상위 보편자입니다. 보다 정확히는 '보편 개념'입니다.

엄격히 말해서, 우리는 개도 눈으로 볼 수 없습니다. 우리가 볼 수 있는 것은 구체적으로 존재하는 개별자로서 각각의 개들입니다. 개별적인 개들에서 추상된 개라는 보편자는 눈으로 볼 수 있는 물리적 대상이 아닙니다. 보편자는, 소크라테스가 말한 것처럼 개별자들에 관여하든, 아리스토텔레스가 말한 것처럼 개별자 속에 존재하든, 하나의 공간을 점유하는 개별적 존재와는 다른 방식으로 존재합니다. 보편자는 공간을 점유하지 않습니다. 그래서 우리의 눈으로 볼 수 있는 존재가 아닙니다. 어쩌면 개별자들의 본질과 관련되어 있다고 말할 수 있습니다. 그러나 우리의 언어 습관은 구체적인 물리적 대상으로서 개도 개라고 부르고, 보편자로서 개도 개라고 부릅니다. 그래서 우리 언어 습관은 개별자와 보편자를 구별하기 어렵게 만듭니다.

· ◆ ·

우리가 더욱 이해하기 힘든 것은 보편자가 어디에 어떻게 존재하는지에 관한 문제입니다. 예를 들면, 아름다운 도자기는 '아름다움'의 보편자를 담고 있는 개별적인 도자기입니다. 그리고 이 개별적인 도자기는 아름다움의 보편적 성질을 가지고 있기 때문에 아름다운 도자기입니다. 문제는 이 도자기에 아름다움이 어떻게 들어 있게 되는지 또는 어디에 들어 있는지입니다. 이 도자기에 아름다움이 어떻게 들어갈 수 있었을까요? 도자기를 만든 사람이 아름다움의 특성을 도자기에 집어넣었을까요? 그러면 이 도자기를 만든 사람은 아름다움을 어디에서 구할 수 있었을까요? 간단한 문제가 아닙니다. 이쯤에서 그만두는 것이 정신 건강에 좋을지도 모릅니다.

· ◆ ·

이제 이데아가 보편자로 존재한다는 주장으로 돌아가야 합니다. 이데아는 개별자가 아니라 보편자입니다. 그래서 이데아는 구체적인 물리적 대상이 아니라, 눈으로 볼 수 없는 보편자입니다. 물론 이런 보편자는 우리의 정신에 의해 알려집니다. 이때 정신에 의해 알려진다는 것은 이성과 사유의 대상이라는 의미입니다. 플라톤은 보편자로서 이데아는 개별적인 대상들 모두에 '관여'하고 있다고 말합니다. 보편자가 관여하기 때문에 그 대상을 그것이라고 부를 수 있다는 것입니다. 사람의 이데아는 모든 개별적인 사람들에 관여하고 있습니다. 사람의 이데아가 어떤 대상에 관여하고 있을 때, 그 존재를 사람이라고 부를 수 있습니다. 사람의 이데아가 관여한 대상은 개별적인 사람으로 불립니다. 컵의 이데아는 모든 개별적인 컵에 관여하고 있습니다. 그래서 그 개별자들이 컵이 될 수 있는 것입니다.

컵의 보편자가 개별자들에 관여하고 있기 때문에, 그 개별자들은 컵이 됩니다. 각각의 컵은 모양과 크기에서 다양하겠지만, 그것들에 컵의 보편자가 관여하게 됨으로써 컵으로 불립니다. 이것은 보편자는 하나이지만, 개별자들은 여럿이라는 것을 의미합니다. 하나의 보편자가 다수의 개별자들에 관여하여, 그 개별자들에게 보편자가 가진 속성을 부여하게 됩니다. 컵의 보편자가 개별적 대상들에 관여함으로써 다수의 상이한 컵들이 가능합니다. 마찬가지로, 삼각형이라는 보편자는 하나이지만, 개별적인 삼각형은 여럿일 수 있는 이유가 여기에 있습니다.

◆

이데아는 본질적 속성을 가지고 있습니다. 사물들은 여러 다양한 속성을 가지고 있습니다. 그런데 사물이 가지고 있는 속성들 중에는 필수적인 것도 있고 필수적이지 않은 것도 있습니다. 즉 어떤 사물이 그 사물이 되기 위해서는 반드시 가져야 할 필수적인 속성이 있으며, 그렇지 않은 속성도 있습니다. 하나의 컵은 그 사물이 되기 위해서 특정한 속성을 반드시 가져야만 합니다. 그래야 그것을 컵이라고 부를 수 있습니다. 그러나 컵의 둥근 모양이나 컵의 특정한 색깔 등은 컵이 되기 위해서 반드시 필요한 것은 아닙니다. 둥근 컵이 일반적일지라도, 네모나거나 세모난 것도 컵입니다. 하얀 색의 컵도, 검은 색의 컵도 가능합니다. 그래서 우리는 컵의 모양이나 색깔을 우연적 속성이라고 말합니다. 그러나 어떤 것이 컵이 되기 위해서 가져야만 하는, 아쉽게도 우리가 명시적으로 말하기 어려울지라도, 필수적인 속성을 본질적 속성이라고 말합니다.

이데아는 개별적 사물에 관여하여 그 사물을 그것으로 만들어 줍니다. 이데아가 그 개별적 사물이 그 이름으로 불리기 위한 본질적 속성을 가지고 있기 때문입니다. 하나의 존재에 '사람'이라는 이데아가 관여하여 비로소 사람으로 불리게 된다면, 사람이라는 이데아는 사람에게 본질적인 속성이면서 본질적인 조건입니다.

그래서 플라톤은 '사람의 이데아'가 무엇인지 물었습니다. 사람의 이데아가 무엇인지 알아야 사람의 이데아가 어떤 개별자에 관여하고 있는지 파악할 수 있으며, 관여하고 있는 경우 그 개별자를 '사람'이라고 말할 수 있기 때문입니다. 사람의 본질적 특성, 즉 사람의 이데아는 사람들이 추구하고, 행동해야 할 것들을 알려 줍니다. 단지 사람들의 우연적인 속성인 직립 보행, 도구 사용, 언어 등을 언급한다고 해서 사람의 본질적 특성이 드러나는 것은 아닙니다. 그리고 이런 우연적인 속성을 통해서 사람들이 살아야 할 방향과 행동해야 할 옳은 것도 해명될 수 없습니다. 오직 사람의 본질적 특성인 사람의 이데아가 무엇인지 알아야만 사람으로서 우리가 추구해야 하고, 행동해야 하는 것이 무엇인지 알 수 있습니다.

이데아를 인식하는 방법

보편자로서 이데아는 물질적 존재가 현실 세계에 존재하는 것과는 다른 방식으로 존재합니다. 우리의 감각은 현실 세계의 물질적 존재를 인식합니다. 플라톤은 이렇게 인식한 내용을 억견이라고 말합니다. 그리고 이데아는 정신으로 파악할 수 있는 것이며, 이런 지식을 참된 지식이라고 말합니다. 그러나 눈에 보이지 않는 이데아에 대한 참된 지식을 어떻게 알 수 있을까요? 소크라테스의 산파술을 논의하면서, 참된 지식을 갖기 위해서 외부에서 새로운 것을 이끌어 올 필요가 없다고 말하였습니다. 참된 지식은 이미 우리에게 주어져 있는 것이어서, 임산부가 아이를 낳듯이, 잘 깨닫게 하는 것으로 충분합니다. 말하자면 혼은 우리의 육체 속에 자리잡기 전에, 모든 것을 알고 있었습니다. 혼의 기능을 잘 발휘함으로써 참된 지식을 이끌어 낼 수 있습니다. 플라톤은 이것을 '상기'라고 말합니다.

혼은 이데아에 관한 지식, 즉 참된 지식을 알고 있는 상태에서 우리의 육신 속에 들어왔습니다. 혼이 참된 지식을 가지고서 우리 안에 자리 잡았다면, 우리 인간들은 모두 이데아에 대한 지식을 알고 있어야 할 것입니다. 그러나 우리는 이데아에 대한 지식을 알고 있지 못한 것처럼 보입니다. 어떻게 된 일일까요? 플라톤은 이런 문제점을 다음과 같이 설명합니다. 모든 것을 알고 있던 순수한 혼이 우리의 육체 안에 자리잡으면서 혼탁해져서 참된 지식을 망각했기 때문이라는 것입니다. 혼의 망각은 육신과 결합되면서 생겨난 불가피한 현상입니다. 그래서 플라톤은 육체가 혼의 순수성을 오염시켜 제 기능을 하지 못하게 가로막는 혼의 감옥이라고 말합니다.

참된 지식은 혼을 통해서 가능합니다. 그러나 인간의 혼은 육신의 감옥에 갇혀서, 육신의 인식 도구인 감각을 통해서 세상을 보려고 합니다. 육신의 감각적 활동은 혼의 눈을 가려서 참된 세계, 즉 이데아를 보지 못하게 가로막습니다. 육신의 방해 때문에 이데아를 보지 못하고, 이데아의 모방물인 감각적 대상에만 집중하게 됩니다. 그리고 세상에는 감각적 대상만이 존재한다고 여기게 됩니다. 결국 육신에 갇힌 혼은 억견에 휩싸이고, 가짜의 세계, 즉 물질적인 모방의 세계만을 인정합니다. 이런 세계는 이 세계의 참된 모습이 아니라, 단지 모방일 뿐입니다. 감각에 의존하는 인간은 결국 진리의 세계에서 점점 멀어집니다.

이데아의 세계를 파악하기 위해서는 혼의 감옥인 육신을 벗어던져야 합니다. 육신의 기능인 감각으로 보려는 태도를 버려야 합니다. 감각적 태도를 버리는 것을 '혼의 순수화'라고 합니다. 그리고 이것은 '논박의 방법'을 통해서 달성될 수 있다고 생각합니다. 논박을 통해 무지를 자각하는 것입니다. 말하자면 논박은 무지를 자각시키는 방법입니다. 무지의 자각이란 모방의 세계에 대한 파악은 참된 앎이 아니라는 것을 자각하는 것입니다. 무지를 자각함으로써 비로소 참된 지식을 추구할 수 있습니다. 그러나 많은 사람들은 모방의 세계, 즉 물질적 세계를 감각하고서 그것을 알고 있다고 여깁니다. 이것들은 참된 지식이 아니라 억견입니다. 따라서 자신이 참된 앎을 가지고 있지 못하고 단지 억견만을 가졌다는 것을 먼저 자각해야 합니다.

참된 인식과 동굴의 비유

플라톤은 무지를 자각한 혼은 이미 자신이 알고 있는 참된 지식을 상기해 낼 것이라고 말합니다. 육신의 감옥에서 벗어난 혼은 참된 지식을 볼 것이기 때문입니다. 이런 전 과정을 플라톤은 동굴의 비유를 통해서 설명합니다. 한 동굴에 죄수가 앞을 바라볼 뿐 고개를 돌려 뒤를 볼 수 없도록 쇠사슬에 묶여 있습니다. 죄수의 뒤에는 횃불이 있어서 벽면을 비추고 있습니다. 횃불 앞을 사람들이 인형과 나뭇가지를 들고서 왔다갔다합니다. 인형극을 생각해 보면 이해하기 쉬울 것입니다. 이 죄수가 보는 것은 오로지 횃불 앞을 지나가는 인형들과 나뭇가지 등의 그림자입니다. 이 죄수는 일평생 이렇게 묶여 있었기 때문에, 이 세상은 인형과 나뭇가지들의 그림자로 이루어졌다고 생각할 것입니다. 주목해야할 것은 이 그림자가 사실적 존재들의 그림자가 아니라, 모방물들의 그림자라는 것입니다.

지금까지 설명한 동굴에서 죄수가 세상을 인식하는 방식은 육신에 갇힌 혼이 세상을 인식하는 방식과 같습니다. 감각을 통해 파악한 것은 모방물에 대한 감각 내용이기 때문에, 사실에 대한 직접적 파악이 아니라 그림자에 대한 감각입니다. 죄수 중에서 탁월한 죄수는 쇠사슬을 끊어 내고 뒤를 돌아볼 수 있습니다. 이 죄수는 지금까지 사실이라고 알고 있었던 것들이 단지 그림자에 불과하다는 것을 깨달을 것입니다. 아마도 이것은 무지의 자각에 해당할 것입니다. 그러나 쇠사슬을 끊어 낸 이 죄수는 횃불 때문에 눈이 부셔서 처음에는 어리둥절할 수 있습니다. 여전히 쇠사슬에 묶여서 그림자의 세상을 철석같이 믿고 있는 죄수들은 무지를 자각한 죄수를 비웃을 수도 있습니다. 사슬에서 벗어난 죄수가 어리둥절하여 어리바리할 것이기 때문입니다. 그리고 이런 모습을 보고 여전히 사슬에 묶여 있는 죄수들은 자신들이 더 많이 알고 있다고 억측하게 될 것입니다.

횃불에 익숙해진 죄수는 자신이 알고 있던 것이 단지 그림자에 불과하다는 것을 인식하게 됩니다. 그리고 그림자를 참된 세계로 오해하게 된 것은 동굴 때문이라고 생각할 것입니다. 그리고 동굴에서 벗어나기 위해 동굴 밖을 향하여 걸어갈 것입니다. 그리고 횃불 뒤에 있어서 죄수 시절에는 볼 수 없었던 실제 사람, 동물 등의 실재물을 볼 수 있을 것입니다. 그러나 동굴은 여전히 어두워서 이 대상들에 대한 충분한 인식에 도달할 수 없습니다. 어두워서 사물을 제대로 볼 수 없기 때문입니다. 사슬을 끊은 어떤 죄수는 이 정도의 앎에 만족하고 더 나아가지 않으려고 할 수 있습니다. 단지 횃불만의 밝기로 파악한 대상들에 대한 인식에 머물려는 사람들도 있습니다.

그러나 다른 죄수는 여기에 만족하지 않고 동굴 밖으로 나가고자 할 것입니다. 그리고 동굴 밖으로 나간 죄수는 동굴에서와는 비교할 수 없이 엄청나게 강한 빛에 놀라게 될 것입니다. 태양빛은 죄수를 당혹하게 만들 것입니다. 어두운 곳에서 밝은 곳으로 나가게 되면 아무것도 볼 수 없게 되기 때문입니다. 더구나 이 죄수는 어리둥절하고 당황하여 실제로 있는 세계를 전혀 보지 못하게 될 것입니다. 이것은 무지를 자각한 사람이 자신이 알고 있는 것이 아무것도 없다는 사실 이외에 아무것도 알지 못하는 것과 같습니다. 단지 무지를 자각한 상태와 같습니다. 이런 사람은 가상의 세계, 즉 그림자의 세계가 허상임을 깨달았기 때문에 이에 대해 아무말도 하지 않습니다. 그래서 이들을 비웃는 사람들이 많을 것입니다.

• ◆ •

그러나 세상 밖으로 나온 죄수가 태양빛에 익숙해지면서 실제 사물들을 직접적으로 알게 될 것입니다. 그리고 참된 세상이 무엇이지 깨닫게 될 것입니다. 세상의 참된 세계를 알게 된 죄수가 철학자입니다. 철학자는 참된 세계를 보고, 참된 지식을 깨닫고서 행복을 느낄 것입니다. 그리고 이데아의 세계에 머물고 싶어할 것입니다. 그러나 참된 지식을 알게 된 사람은 자신이 아는 것에 만족해서는 안 됩니다. 동굴 아래에는 사슬에 묶여서 무지에 허덕이는 죄수들이 있기 때문입니다. 무지의 악에 허덕이는 사람을 방관하는 것은 참된 앎을 가진 철학자들의 처신으로 어울리지 않습니다.

철학자는 가엾은 죄수들을 구하러 동굴 안으로 다시 돌아갑니다. 그렇다고 철학자들이 원한 것은 아닙니다. 이것은 철학자들의 책무입니다. 철학자들은 원치 않지만, 동굴로 돌아갈 수밖에 없습니다. 그러나 동굴로 돌아온 철학자들은 죄수들보다 아는 것이 없는 것처럼 보입니다. 밝은 곳에서 어두운 곳으로 내려온 사람은 아무 것도 보이지 않아 분별력을 잃게 되고, 또다시 어리바리할 것입니다. 그래서 죄수들은 철학자들을 비웃습니다. 시간이 지나 분별력을 회복해도 그림자만 알고 있는 죄수들을 설득할 수 있는 수단이 풍성한 것도 아닙니다. 그러나 철학자들은 죄수들이 무지를 깨닫기 바라면서 노력할 것입니다. 이런 노력은 헛될 수도 있습니다. 노력하면 할수록 비난은 더욱 거세질 수도 있습니다. 심지어 철학자들을 쫓아내야 한다는 주장도 심심치 않을 것입니다. 실제로 소크라테스는 이렇게 죽음을 맞게 되었습니다.

앞에서 철학자들이 통치자가 되어야 한다고 말하였습니다. 통치자는 참된 지식을 가진 철학자들이 해야 하기 때문입니다. 그림자를 참된 지식으로 가진 사람들이 통치자가 되는 것은 바람직하지 않습니다. 또한 철학자는 참된 지식의 세계에 머물며 삶을 즐기려고 합니다. 그리고 통치자가 되기를 꺼려할 것입니다. 플라톤은 통치자가 되기를 꺼려 하는 사람, 즉 철학자가 맡아야 한다고 말합니다. 이것은 철학자들에게 부여된 의무이며, 책무라는 것입니다. 철학자는 원하지 않더라도 통치자가 되어야 합니다.

사슬을 끊어 내고 실제 세계를 본 죄수는 참된 지식을 가질 수 있습니다. 물론 우리는 이런 지식을 이미 가지고 있습니다. 단지 육신의 감옥에서 혼을 해방시키면 됩니다. 이것은 죄수가 사슬을 끊어 내고 동굴 밖으로 나가는 것과 같습니다. 사슬을 끊고 동굴 밖으로 나오는 것이 혼이 육신의 감옥에서 벗어난 것이며, 육신의 기능인 감각에 의존하는 습관을 버리고 지성의 능력인 사유에 의거하여 세상을 파악하는 것입니다. 이런 노력이 무지의 자각이며, 혼의 순수화입니다. 육신에서 벗어난 혼은 참된 세계, 즉 이데아를 보게 됩니다. 혼은 육신 때문에 이미 알고 있는 참된 지식, 즉 이데아의 세계를 잊어버린 것입니다. 육신에서 벗어난 순수한 혼은 참된 지식을 상기해 냅니다. 그래서 플라톤의 인식이론을 '상기설'이라고 부릅니다.

CHAPTER 06

플라톤의 철학 Ⅲ:
영혼 불멸과
참된 지식의 가능성

• 영혼과 육체

• 혼의 불멸과 레테의 강

영혼과 육체

플라톤의 영혼에 관한 이론은 오르페우스교의 영혼관의 영향을 받았습니다. 오르페우스교의 영혼관은 고대 그리스 사회에 널리 알려져 유행하던 사유입니다. 말하자면 인간은 감각을 통해 볼 수 있는 육신과 감각을 통해 볼 수 없는 영혼이 결합되어 있는 존재입니다. 가시적인 육신과 달리, 영혼은 불멸하는 신적인 존재입니다. 그리고 이 신적인 존재는 모든 것을 알고 있어서, 이 세계의 참다운 모습도 다 파악하고 있습니다. 다만 영혼의 무덤인 육신에 갇힌 영혼은 이 세계의 참다운 모습을 망각하고서 인식할 수 없습니다. 그래서 육신을 영혼의 무덤이며 감옥이라고 말합니다. 이 영혼은 무덤이면서 동시에 감옥인 육신에서 벗어나 자신의 고향인 신적인 세계로 돌아가고자 원합니다. 그러나 영혼은 자신의 과오를 모두 씻어낼 때까지 끝없이 육체와 영혼의 불행한 사슬에서 벗어날 수 없습니다.

플라톤의 영혼에 관한 이론뿐만 아니라, 플라톤 철학 전체가 오르페우스의 영혼관에 근거를 두고 있다고 해도 과언이 아닙니다. 플라톤의 철학에서, 영혼은 신성한 것이며, 육신과는 정반대의 길에서 인간의 본성을 규정하는 결정적인 역할을 하고 있습니다. 인간의 영혼은 인간 육신의 감옥에 갇혀서 제 역할을 하지 못하는 불운한 처지에 있습니다. 그래서 인간은 영혼을 육체의 감옥에서 벗어나게 하기 위해 애써야 하는 존재입니다. 육신에서 벗어난 혼만이 참다운 지식을 직관할 수 있기 때문입니다. 육신 속에 갇힌 혼은 육신의 인식 방법인 감각이 이끄는 대로 쫓아가는 육신의 노예입니다. 육신의 노예 상태에서 벗어난 모습을 플라톤은 '혼의 순수화'라고 말합니다.

·◆·

　혼의 순수화는 참된 지식을 파악하는 첫걸음입니다. 플라톤은 이 세계를 둘로 구분하고 있습니다. 가시적인 세계와 가지적인 세계입니다. 가시적인 세계는 육신의 경향성인 감각에 의해 파악될 수 있는 세계입니다. 이것은 물질로 구성된 세계이며, 운동하고 변화하는 세계이고, 상대적이고 불완전한 세계입니다. 반면에, 가지적인 세계는 지성에 의해 파악될 수 있는 세계로 이데아들의 세계이며, 운동하지 않는 불변하는 세계이며, 절대적이고 완전한 세계입니다. 플라톤은 세계를 두 종류의 세계로 구분합니다. 즉 가시적인 세계와 가지적인 세계로 구분합니다. 그래서 플라톤을 두 세계 이론가라고 부릅니다.

　육신을 가진 인간 존재는 물론 가시적인 물리적인 세계, 즉 변화하는 불완전한 세계를 파악할 수 있습니다. 이렇게 파악된 내용이 '억견'입니다. 인간이 오로지 육신만으로 이루어졌다면, 참다운 세계를 결코 알 수 없었을 것입니다. 육신이 아닌 혼이 참다운 세계를 우리에게 알려 주기 때문입니다. 혼에 의한 참다운 세계에 대한 파악이 참된 지식입니다. 그러나 우리가 혼을 통해서 참다운 세계를 파악하고, 참된 지식을 갖기 위해서는 우리의 혼이 육신으로부터 자유로워져야 합니다. 육신에서 자유로운 순수한 혼이 참다운 세계를 인식하고 참된 지식을 제공합니다.

　혼이 참다운 세계를 인식하기 위해서는 순수한 상태, 즉 육신으로부터 자유로워져야 합니다. 이것은 육신 때문에 갖게 되는 감각적 경향성에서 벗어난다는 것을 의미합니다. 그리고 이 주장에는 플라톤의 인식론적 비밀이 감추어져 있습니다. 외부에 존재하는 참된 세계를 혼이 순수화된 후에 비로소 파악해 내는 것이 아닙니다. 오히려 혼에는 참된 세계에 대한 지식이 애초에 담겨 있습니다. 그러나 혼은 육신을 가진 탓으로 (또는 덕분에) 참된 세계에 대한 자신의 참된 앎을 망각하고 말았습니다. 말하자면 혼은 육신과 결합함으로써 자신의 본래 기능인 사유 기능이 약화되었거나 중지되었습니다.

육신에 갇힌 혼은 사유 기능이 약화되었기 때문에, 사유보다는 육신의 감각 기능이 우선하여 작동합니다. 사유의 기능은 감각 기능의 뒷전으로 밀려나 소외된 상태에 있습니다. 언제나 사유에 앞서 감각이 작용하여 사유가 기능할 여지를 없애 버립니다. 그래서 감각이 파악한 내용을 우리가 참이라고 믿게 됩니다. 그러나 감각은 참된 지식을 제공할 수 있는 인식 기능이 아닙니다. 이것이 플라톤이 육신을 혼의 무덤 또는 감옥이라고 말하는 이유입니다. 혼이 육신의 감각 기능에 의존하지 않고 자신의 고유한 사유 기능을 회복한다면, 잊고 있었던 참된 세계를 상기시키고, 이 세계에 대한 참된 지식을 상기해 낼 것입니다. 말하자면 참된 지식은 모르는 것을 새롭게 알게 되거나 깨닫는 것이 아니라, 이미 알고 있는 참된 지식을 상기시키는 것입니다.

참된 지식을 상기하기 위해서는 혼의 고유한 기능을 회복해야 합니다. 혼의 고유한 기능은 사유하는 것입니다. 육신의 감각적 인식이 눈으로 보고 느껴서 파악하는 것이라면, 혼의 사유 기능은 감각할 수 없는 신적인 대상, 즉 완전하고 영원한 대상을 사유를 통해 이해하는 것입니다. 참된 지식을 통해서 우리의 현실 세계는 참된 지식의 세계에 대한 모방임을 깨닫게 됩니다. 우리의 현실 세계는 참된 세계, 즉 이성에 의해 파악되는 세계에 대한 모사이며, 모방입니다. 결국 우리가 추구해야 할 세계는 현실 세계가 아니라 참된 이데아의 세계입니다.

혼의 사유 기능은 가지적 세계와 가시적 세계를 매개하여 이데아를 알게 해 주는 인식론적 근거이면서, 모든 사물을 존재하게 하는, 말하자면 현실 세계의 모든 존재가 생성 변화하는 운동을 할 수 있게 해 주는 존재론적 근거이기도 합니다.

혼의 불멸과 레테의 강

참된 세계의 인식론적 근거이면서, 현실 세계의 존재론적 근거가 되는 혼은 가시적 존재가 아닙니다. 그리고 이런 존재는 생성 소멸해서는 안 됩니다. 생성 소멸하는 존재는 영속적인 존재, 즉 이데아를 파악할 수 없습니다. 절대적이고 불변하는 존재인 이데아는 또한 불멸하는 존재인 영혼에 알려집니다. 이데아가 변화하는 육체의 기능인 감각에 알려지지 않는 것은 바로 이런 이유 때문입니다. 그래서 플라톤은 "닮은 것은 닮은 것에"라고 말하고 있습니다. 이것은 고대 그리스에 널리 알려져 있던 격언입니다. 플라톤은 이 격언을 사용하여 불변하는 것은 불변하는 것에 알려지며, 변화하는 것은 변화하는 것에 알려진다는 주장을 설명하고 있습니다.

우리 인간이 가진 인식 기능은 두 가지입니다. 하나는 불변하는 영혼의 사유 능력이며, 다른 하나는 변화하는 육체의 감각 능력입니다. 그래서 닮은 것은 닮은 것에 알려지듯이, 불변하는 세계는 그와 닮아 있는 불변하는 영혼의 사유 능력에 의해 파악될 수 있습니다. 그리고 변화하는 물질적인 현실 세계는 이와 닮은 변화하는 육체의 감각 기능에 의해 파악됩니다. 즉 불멸하는 세계가 혼과 닮아 있고, 변화하는 세계가 감각과 닮아 있기 때문에, 감각은 육신의 소멸과 함께 소실되지만, 혼은 육신이 소멸되어도 소실되지 않는 불멸의 특성을 가지고 있습니다. 혼이 불멸한다면, 우리가 죽은 뒤에 육신과 분리되어 혼의 세계로 나아갈 것입니다. 물론 플라톤은 혼이 불멸한다는 것을 철저하게 믿었습니다. 그래서 자신의 죽음마저도 슬퍼할 일이 아니라고 말할 것입니다. 죽음은 혼이 육신에서 자유로워져서 자신의 고향인 참된 지식의 근원이 되는 불멸의 세계로 귀환하는 것이기 때문입니다.

플라톤에 따르면, 혼은 육체의 속박에서 벗어나 자신의 고향인 신적인 세계로 되돌아가기를 늘 갈망하고 있습니다. 그래서 죽음은 육체와 영혼의 분리이며, 혼이 육체의 속박에서 해방되는 것입니다. 즉 죽음은 무의 세계가 아니라 혼이 이 세계에 온 목적을 성취하고 귀환하는 기쁜 일일 수 있습니다. 더구나 플라톤은 죽음 이후에, 자신의 혼이 신적인 세계에 돌아가서 자신의 주장이 옳았다는 것을 확인할 수 있을 것으로 생각합니다. 그동안 자신이 주장해 온 참다운 세계인 이데아의 세계와 이에 대한 참된 지식의 세계를 확인할 수 있다고 생각한 것입니다.

혼의 불멸 근거

플라톤은 혼이 불멸한다는 것을 여러 가지 방법으로 제시하고 있습니다. 첫째, 모든 생성 과정은 순환적이기 때문에 영혼이 불멸한다는 것입니다. 고대 그리스에서는 모든 것이 그 반대되는 것에서 생겨난다고 믿었습니다. 이 당시에 모든 변화는 운동이며, 이 운동은 반대되는 것을 향해 나아가기 때문입니다. 생성 과정도 변화의 과정이며, 따라서 운동 과정입니다. 생성 과정도 반대되는 방향에서 형성되어 나와야 합니다. 예를 들면, 차가움은 뜨거움에서 생겨납니다. 즉 차가움은 뜨거움으로 변화하며, 다시 뜨거움은 차가움으로 변화합니다. 그러므로 차가움은 뜨거움에서 생겨나고, 뜨거움은 차가움에서 생겨납니다.

삶과 죽음도 서로 반대에서 생겨납니다. 삶은 죽음에서 생겨나고 죽음은 그 반대인 삶에서 생겨납니다. 삶은 죽음으로 향해 나아갑니다. 그러니 죽음에서 삶으로 나아가야 합니다. 죽음에서 삶으로 나아가지 않는다면, 인간의 탄생은 생겨날 수 없습니다. 그래서 영혼은 죽음에서 삶으로, 삶에서 죽음으로 되풀이되는 순환적 운동을 반복하는 것입니다. 인간의 죽음은 혼이 자신의 고향인 신적인 세계로 돌아가는 것입니다. 그리고 탄생은 그 혼이 다시 이 세상으로 되돌아오는 것입니다.

혼이 삶과 죽음의 세계를 순환하지 않고, 직선 운동을 하여 소멸해 버린다면, 말하자면 삶에서 죽음으로만 지속적으로 운동이 이어진다면, 생명 현상은 소멸해 버릴 것입니다. 그러나 생명 현상은 소멸되어서는 안 됩니다. 그러니 혼의 순환 운동은 지속되는 것입니다. 혼이 순환 운동을 지속하려면 그 존재가 불멸이어야 하는 것은 물론입니다.

둘째, 혼은 이데아와 닮아 있습니다. 앞에서도 말했듯이, 닮은 것은 닮은 것에 알려집니다. 이데아는 영원하고 불멸하는 존재입니다. 그래서 감각이 아닌 사유를 통해서 알려지는 존재입니다. 그리고 사유는 육신의 기능이 아니라 혼의 기능입니다. 따라서 혼은 이데아와 닮은 존재입니다. 이데아는 생성 소멸하지 않는 불변하고 영속하며, 불멸하는 존재입니다. 그러므로 이데아와 닮아 있는 혼도 생성 소멸하지 않으며, 불멸하지 않는 영속적 존재입니다. 혼이 이데아의 특성을 닮아 있기 때문에 혼의 사유 기능에 의해 이데아가 알려질 수 있습니다.

셋째, 혼은 이 세상의 존재 근거입니다. 이 세상의 존재 근거인 혼이 소멸한다면 이 세상은 존재하지 않을 것입니다. 물론 혼은 생명의 근거이기도 합니다. 생명의 근거가 죽는다는 것은 개념적으로 성립할 수 없습니다. '죽은 생명'이라는 것은 모순 개념이기 때문입니다. 따라서 혼은 소멸할 수 없습니다. 혼이 생명의 원리라면 혼은 불멸하는 것이어야만 합니다. 또한 혼은 변화의 원리이기도 합니다. 모든 변화, 즉 운동은 어떤 다른 존재에 의해서 촉발됩니다. 모든 존재들이 변화와 운동을 하기 위해서 다른 존재가 필요할지라도, 운동과 변화의 최초의 원인은 다른 사물을 움직여 주어야 합니다. 그리고 최초의 원인은 다른 존재가 운동을 촉발한 것이 아니기 때문에 운동하지도 변화하지도 않아야 합니다. 운동하지도 변화하지도 않는다면 이런 존재는 신적인 존재이며, 불멸하는 존재입니다. 따라서 혼이 변화와 운동의 최초 원인이기 때문에 혼은 불멸할 수밖에 없습니다.

넷째, 지식은 이미 알고 있던 것을 상기하는 것입니다. 플라톤이 생각하는 지식은 지적인 세계에 대한 것이며, 이것은 감각 능력이 아닌 사유를 통해서 획득됩니다. 그리고 사유는 혼의 고유한 기능입니다. 이런 지식은 이 혼이 이 세상에 오기 전에 알고 있던 것이기도 합니다. 이 세계의 모방물을 통해서는 참된 지식은 가능하지 않기 때문입니다. 지적이고 신적인 세계에 대한 것은 이 세상의 것이 아닙니다. 혼은 이 세상이 아닌 신적인 세계에 머물면서 참된 지식을 획득한 채로 이 세상에 오게 됩니다.

레테의 강과 망각

혼은 이 세계로 오면서 자신이 알고 있던 신적인 세계, 즉 참된 세계 그리고 지적인 세계에 대한 지식을 모두 잊어버리게 됩니다. 그리고 이 세상의 혼은 순수화 과정을 거쳐서 이런 지식을 상기하게 됩니다. 플라톤은 혼이 참된 지식을 망각하게 되는 과정을 신화의 이야기를 통해서 제시합니다. 혼들의 세계에 거주하던 혼들은 자신의 차례가 되면 이 세상으로 올 준비를 하게 됩니다. 먼저 혼들은 제비뽑기를 통해 인간의 세상에서 자신의 삶을 선택해야 합니다. 이 제비뽑기는 동물에서 사람으로, 사람에서 동물로 무작위적으로 결정되어, 온갖 혼들의 삶이 뒤섞이게 됩니다. 자신의 운명을 확인한 혼들은 이 세상으로 오게 됩니다.

그러나 혼이 이 세상으로 오는 과정은 결코 녹록하지 않습니다. 혼이 저 세상에서 오기 위해 건너야 할 평야는 무섭도록 이글거리며 무더워서 숨이 막힐 지경입니다. 땅에서 자라는 것이라곤 아무 것도 없는 황폐한 평야입니다. 말하자면 이 세상과 저 세상은 사막과도 같은 끝없는 벌판으로 갈라져 나뉘어 있습니다. 이것이 '망각의 평야'입니다. 이 세상을 향해 출발한 혼들은 삭막한 사막과 같은 망각의 평야를 가로질러 먼 거리를 걸어야 합니다. 이것은 하루의 낮 시간이 소요되는 긴 여정입니다. 그것도 잰걸음으로 바삐 걸어야만 해가 지기 전에 목적지에 도달할 수 있습니다.

사막의 한낮은 매우 덥고 뜨겁습니다. 그것도 잰걸음으로 빠르게 걸어야 합니다. 혼들은 거의 탈진 상태로 저녁 무렵 이승과 저승을 가르고 있는 강가에 도달합니다. 너무도 덥고 지친 혼들은 허기지고 갈증이 극한에 이른 상태에서 강기슭에 도달하게 됩니다. 허기와 갈증에 지친 혼들은 주위를 둘러볼 틈도 없이 허겁지겁 물을 마시게 됩니다. 이 강을 '무심의 강'이라고 부릅니다. 이 강물을 마시면 무심한 상태가 되기 때문입니다. 물론 혼들은 강물을 담을 그릇을 가지고 있지 않습니다. 그래서 혼들은 이 강물을 어느 정도 마시게 되지만, 더러 분별을 잃은 혼들은 과도하게 많이 마시게 됩니다.

이 강물을 마신 혼은 모든 것을 잊게 됩니다. 이 '무심의 강'이 우리가 잘 알고 있는 '레테의 강'입니다. '레테'는 그리스어로 망각입니다. 이 물을 마신 혼들은 신적인 세계에 있었던 모든 것들을 잊게 됩니다. 우리가 영원히 존재하는 불멸의 혼을 가지고 있지만, 신적인 세계로서 저 세상, 즉 이데아의 세계를 알지 못하는 이유는 강가에서 물을 잔뜩 마셨기 때문입니다. 물을 마신 혼은 모든 것을 잊은 채 육신의 감옥에 갇혀 감각에 의존하는 삶을 살게 됩니다. 그러나 감각을 통한 이 세상에 대한 판단이 참된 진리가 아니라는 것을 깨달은 철학자, 즉 무지를 자각한 철학자는 참된 세상을 알기 위해서 육신의 사슬을 끊고 그림자가 아닌 실재를 보기 위해 노력할 것입니다.

혼이 참된 세계에 대한 참된 지식을 망각하고서 다시 상기한다는 것은 영혼이 이 세계에 오기 전에 참된 세계에 있었다는 것을 함축합니다. 영혼이 이 세상에 오기 전에 이미 존재했었고, 이 세상에서 저 세상으로 돌아가서 다시 이 세상으로 돌아오는 순환적 과정을 반복한다는 것은 혼이 불멸이며, 영원히 존재한다는 것을 의미할 것입니다.

··· 잠시, 샛길

참된 지식의 근거인 '망각'과 행복을 위한 '망각'

플라톤이 설명하는 '레테의 강'은 드라마 한 편을 생각나게 합니다. <쓸쓸하고 찬란한 신, 도깨비>입니다. 이 드라마 속에서 영혼을 저승으로 데려가는 저승사자는 망자들에게 '차' 한 잔을 건넵니다. 그 차를 마시면 이 세상에 있었던 모든 것을 잊을 수 있습니다. 차를 마시지 않은 영혼은 이 세상의 기억을 가지고서 고통받으며 살지만, 기억을 잊은 영혼은 이 세상의 고통에서 벗어나 행복한 삶을 살게 된다는 겁니다. 물론 차를 마실 것인지 마시지 않을 것인지는 각자의 선택이라는 말도 빼놓지 않습니다.

플라톤은 혼들이 이 세상에 오기 전에 혼들의 세계에 있었던 것들에 대해 모든 것을 잊는다는 것에 집중하여 설명합니다. 이것은 혼이 윤회한다는 관점을 취한다면 불가피한 설명일 것입니다. 혼이 사멸하지 않고 영원히 존재하며 윤회한다면, 우리의 혼도 존재하는 동안 가지고 있던 모든 경험과 지식을 알고 있어야 합니다. 그러나 우리는 실제로 알지 못합니다. 그래서 교육을 받고 앎을 깨우치게 됩니다. 플라톤은 이런 전 과정을 혼의 불멸, 망각, 그리고 상기를 통해 설명하려고 노력했습니다. 모든 것을 아는 혼은 이 세상에 오면서 모든 것을 잊었다가, 육신에 의존하는 습관을 버림으로써, 즉 혼의 순수화 과정을 통해 알고 있던 참된 지식을 상기해 낼 수 있게 됩니다.

플라톤의 망각과 상기가 우리의 인식의 문제를 설명하기 위한 장치라면, 드라마에서 망각은 우리의 행복의 문제를 설명해 주는 좋은 방식인 것처럼 보입니다. 안다는 것, 그리고 기억한다는 것은 진리 문제의 필수 조건일 수 있습니다. 그러나 앎과 기억은 행복의 문제에서 반드시 필요한 것은 아닙니다. 앎과 기억이 행복을 보장하기는커녕, 불행의 씨앗이 될 수도 있습니다. 우리의 불행은 어쩌면 기억에서 시작된다고 해도 과언이 아닙니다. 차라리 몰랐더라면, 그토록 괴롭지는 않았을 것이라는 자괴적인 발언들이 이를 말해 줍니다. 모든 기억이 불행을 초래하지는 않을지라도, 많은 기억은 불행과 관련되어 있습니다. 선별적으로 잊을 수 없다면, 모든 것을 기억하기보다는 모든 것을 잊는 것이 행복을 위해서는 나은 방법일 수 있습니다.

플라톤은 우리의 삶을 진리 추구와 관련시키기 때문에 우리의 삶이 시작할 때 모든 것을 잊는 것을 상정하고서, 우리 삶의 전 과정을 통해서 그것을 상기시키는 삶을 살도록 요청했습니다. 반면에 드라마에서는 행복과 관련시키기 때문에, 우리의 삶이 다했을 때 모든 것을 잊어버려야 한다는 설정을 하고 있습니다. 둘 다 잊는 것과 관련되어 있지만, 플라톤은 인식의 문제에 집중하고서 삶을 시작할 때 잊어야 한다고 말합니다. 그래야 이론적인 정합성을 가질 수 있기 때문입니다. 실제로 우리는 아무것도 알지 못한 백지 상태에서 출발하기 때문입니다. 드라마는 앎과 기억이 행복에 이바지하기보다는 방해한다는 우리의 경험에 의거하는 것처럼 보입니다. 많은 우울증과 불안, 공포 등은 실제로 일차적으로는 기억에 기초해 있습니다. 그래서 잊어야 합니다.

플라톤과 드라마 둘 다 망각에 대해 설명하고 있지만, 서로의 관점은 매우 다릅니다. 플라톤은 인식과 지식 형성에, 드라마는 행복에 망각이 어떤 역할을 하는지를 설명하고 있습니다. 플라톤은 영원한 혼의 윤회에서 망각과 상기의 정합적 개념 장치를 사용하여 우리의 인식의 문제를 설명합니다. 반면에 드라마는 우리의 경험에 의거하여 망각이 행복에 매우 중요하다는 것을 암시하고 있습니다. 사실 지식을 활용하여 생산적인 활동을 중시하는 사람과 행복을 추구하는 삶을 원하는 사람은 삶의 태도부터 다릅니다. 전자는 망각을 매우 나쁜 것으로 여길 것이고, 이를 방지하기 위해서 노력할 것입니다. 반면에 후자는 망각의 필요성을 인정하고, 구태여 기억해 내려고 애쓰지 않을 것입니다.

아테네학당 ┃ 라파엘로 作 ┃ 1510~1511년 ┃ 바티칸 사도궁전 內 프레스코화

#수단
#목적
#질료
#형상
#우시아
#운동의원인

CHAPTER 07

아리스토텔레스의 철학 I: 세계는 어디로 향하고 있는가

• 아리스토텔레스의 삶

• 형이상학과 자연학의 뒤에 오는 것

• 목적론적 형이상학: 수단과 목적의 연쇄로서 세계

• 형상과 우시아

• 운동의 4원인

아리스토텔레스의 삶

아리스토텔레스는 그리스 북부의 마케도니아 스타기라에서 태어났습니다. 17세에 아테네에 와서 플라톤이 세운 아카데미아에서 플라톤이 사망할 때까지 20여 년을 수학하였습니다. 플라톤이 죽은 후, 아리스토텔레스는 자신이 아카데미아의 원장이 될 것으로 기대하였으나, 스페우시푸스가 아카데미아의 새 학원장으로 취임하자 크게 실망하고 아카데미아에서 떠났습니다. 스페우시푸스는 플라톤의 철학을 수학적 관점에서 이해하고, 아카데미아를 이런 관점에서 이끌었습니다. 이런 스페우시푸스의 견해를 싫어했던 아리스토텔레스는 아테네를 떠나 12년 동안 이곳저곳을 돌아다니며 연구했습니다.

여행하며 연구하던 초반에 마케도니아 왕이었던 필립의 아들을 교육하는 개인 교사로 초대 받았습니다. 필립 왕의 아들이 그 유명한 알렉산더 대왕입니다. 이때 아리스토텔레스는 41세, 알렉산더는 14세였다고 합니다. 아리스토텔레스는 이곳에서 알렉산더를 약 3년간 가르쳤습니다. 현명한 철학자가 제멋대로였던 왕자를 어떻게 교육했는지 전해지는 바는 전혀 없습니다. 그리고 교육의 효과도 그다지 큰 것처럼 보이지 않습니다. 그러나 알렉산더 대왕은 아리스토텔레스의 연구에 많은 도움을 준 것으로 알려져 있습니다. 동방 원정 등에서 얻은 여러 자료들을 아리스토텔레스에게 보내 주었다고 합니다.

이곳저곳을 떠돌던 아리스토텔레스는 49세에 아테네로 돌아와 리케이온이라는 학당을 세웠습니다. 이때 아리스토텔레스가 남긴 저술은 무려 47권에 달합니다. 아리스토텔레스는 이 학당의 교정을 거닐면서 떠오르는 생각들을 학생들에게 가르쳤습니다. 아리스토텔레스의 이런 교육 태도 때문에 '소요학파'라는 이름을 얻기도 하였습니다. 말하자면 소요학파의 철학은 산책하는 사람들의 철학인 셈입니다. 아리스토텔레스는 저술 활동과 더불어 아테네를 떠나기 전까지 12년 동안 리케이온에서 제자들을 가르쳤습니다. 그러나 아리스토텔레스가 아테네를 기꺼운 마음으로 떠난 것은 아니었습니다.

마케도니아의 지배를 받던 아테네는 알렉산더가 사망하자 마케도니아에 반발하기 시작하였습니다. 마케도니아에 적대적인 분위기 속에서 아리스토텔레스는 친마케도니아파라는 혐의를 받아 불경죄로 기소되었습니다. 자신에게 사형이 선고될 것을 예감한 아리스토텔레스는 '아테네 시민들이 철학에 대해 또다시 죄를 짓게 할 수는 없다.'라는 말을 남기고 아테네를 탈출하였습니다. 맹신적인 아테네 애국자들의 독이빨을 피해 칼키스섬으로 떠난 것입니다. 아테네인들이 철학을 모독하는 죄를 짓지 못하게 하려는 그의 의도는 성공했을지 몰라도, 그는 불행하게도 탈출한 후 1년 만에 그 섬에서 운명을 다했습니다.

형이상학과 자연학의 뒤에 오는 것

아리스토텔레스가 사망한 후, 안드로니코스가 아리스토텔레스의 저술들을 분류하여 체계적으로 정리했습니다. 안드로니코스는 분류 정리하는 과정에서 제목이 없는 글 묶음을 발견하게 됩니다. 물론 아리스토텔레스는 이런 탐구를 '지혜'에 대한 학문, 혹은 '제일 철학' 혹은 '신학'이라고 말하고 있지만, 그 원고 자체에 이런 제목이 붙어 있었던 것은 아닙니다. 아리스토텔레스의 사상을 체계적으로 정리하고자 했던 안드로니코스는 이 원고에 '자연학 다음에 오는 것 ta meta ta physica'이라는 명칭을 부여합니다. 실제로도 아리스토텔레스 저술들의 순서를 정하면서, 이 원고를 자연학 뒤에 배치했습니다.

형이상학 metaphysic이라는 말은 앞에서 설명한 것처럼 단순히 편집 과정에서 생겨난 것처럼 보입니다. 그러나 안드로니코스가 이 원고들을 왜 자연학 physica 뒤에 배치했는지를 생각해 볼 필요가 있습니다. 이 원고들이 자연학 뒤에 배치된 것은 자연적인 것들을 넘어선 것들, 말하자면 초자연적인 것들에 대한 탐구였기 때문일 것입니다. 자연을 넘어서는 것들이라는 이름과 초자연적인 것들에 대한 탐구는 잘 상응하는 것처럼 보입니다. 그래서 이런 탐구가 형이상학이라는 이름을 얻게 된 것입니다. 이후로 형이상학은 감각에 파악되지 않는, 그래서 경험을 넘어서는 것들에 대한 탐구로 여겨지고 있습니다. 형이상학은 초자연적인 대상 또는 초월적인 대상에 대한 사변적인 학문입니다.

자연학 뒤에 오는 것이 오늘날 형이상학이라는 이름을 얻게 된 것은 그리스어의 접두어 'meta'에 기인하는 바가 큽니다. 그리스어 'meta'에는 '뒤'라는 의미 이외에도 '넘어서는' 또는 '초월'이라는 의미가 있습니다. 그래서 자연학 뒤에 오는 학문은 결국 자연에 대한 경험적 한계를 넘어서는 초월적인 대상에 대한 학문으로 이해되었습니다. 자연학은 경험 가능한 개별적인 대상들에 관한 학문인 반면에, 형이상학은 경험할 수 없는, 그래서 사유를 통해서만 접근 가능한 대상들에 대한 학문입니다.

아리스토텔레스의 원고를 체계적으로 정리할 당시에는 단순히 '자연학을 읽은 이후에 읽어야 할 것'으로서의 의미로 사용되었다고 합니다. 그러나 이 용어는 곧바로 의미가 확장되어 초월적인 사변적 대상에 대한 학문으로 발전했습니다.

앞에서, 서양어로서 'metaphysic'이라는 용어가 출현하게 된 계기를 살펴보았습니다. 그리고 그 용어가 오늘날의 의미로 확장된 연유도 살펴보았습니다. 말이 나온 김에, 서양어의 'metaphysic'이라는 용어가 우리가 사용하는 '형이상학'이라는 용어로 번역된 연유도 잠깐 생각해 보는 것이 좋겠습니다. 동양의 학자들은 처음에 서양 철학의 개념을 번역하는 데 많은 어려움을 겪었습니다. 이런 어려움은 오늘날에도 마찬가지입니다. 번역의 어려움으로 고민하던 학자들은 『주역周易』에서 아주 멋진 구절을 찾아냈습니다. 그리고 그 구절에 사용된 용어가 서양어의 metaphysic을 가장 잘 표현해 준다고 생각했습니다. '형이상자 위지도, 형이하자 위지기 形而上者 謂之道, 形而下者 謂之器'에서 '형이상학'이라는 용어를 차용했습니다. '형이상자'는 도道에 해당하는 것이기에 형이상학이 'metaphysic'의 의미를 잘 반영해 준다는 것은 분명해 보입니다. 참으로 절묘한 번역어입니다.

목적론적 형이상학: 수단과 목적의 연쇄로서 세계

아리스토텔레스는 자기 이전의 철학이 이 세상 만물이 어디에서 왔는가에 초점을 맞추고 있다고 말합니다. 그리고 자신의 철학은 만물이 어디로 향하고 있는가에 집중하고 있다고 말하고 있습니다. 말하자면 자신의 스승인 플라톤까지의 모든 철학자들은 이 세상 만물의 '원인과 까닭', 즉 '만물의 근원'을 찾는 것을 주된 과제로 삼고 있다는 것입니다. 앞에서도 말했듯이, 이 세상 모든 것들을 현재와 같이 존재할 수 있게 해 주는 그 근본 원인을 찾고 있습니다. 만물의 본질이 되는 '원인과 까닭'이 현재의 모든 것을 가능하게 해 준다고 생각한 것입니다. 그래서 당시의 철학자들은 만물이 생겨나온 근원을 찾으면, 이 세상의 모든 것을 설명해 줄 것으로 믿었습니다.

탈레스에서 플라톤에 이르기까지 현재의 모든 것이 어떤 것에서 비롯되었는지를 탐구했습니다. 그래서 이들 모두는 그 어떤 것, 즉 본질이 되는 원인과 까닭을 찾으려 했던 것입니다. 탈레스는 본질이 되는 원인과 까닭을 물이라 했으며, 플라톤은 이데아 또는 형상이라고 했던 것입니다. 그러나 아리스토텔레스 자신의 철학은 '어디에서 왔는지'가 아니라 '어디로 향하고 있는지'를 탐구하기 때문에, 근본 원인이 아니라 궁극적으로 도달해야 하는 목적이 무엇인지를 찾는 것이라고 말하고 있습니다. 즉 우리가 궁극적으로 밝혀야 할 것은 '궁극적 목적'입니다.

· ◆ ·

만물은 목적을 향해 운동합니다. 이 목적이 만물의 운동이 도달해야 할 목표이며, 운동하게 되는 원천이기도 합니다. 즉 만물은 자신의 목적을 실현하기 위해 운동하며 변화합니다. 그래서 어디에서 생겨났는지가 아닌 어디로 향해 가는지가 중요하다는 것입니다. 만물은 궁극적 목적을 향해 운동합니다. 그리고 이 운동에서 각각이 수단과 목적의 관계로 연결되어 있습니다. 어떤 것은 다른 것의 수단이면서 동시에 또 다른 것의 목적이 됩니다. 즉 B는 A의 목적이면서, 동시에 C의 수단입니다. 물론 C는 B의 목적이지만, D의 수단일 것입니다. 이렇게 수단과 목적의 관계는 궁극적 목적에 도달할 때까지 이어질 것입니다.

수단과 목적의 연쇄를 통하여 궁극적 목적에 도달하게 됩니다. 그리고 궁극적 목적은 이제 더 이상 운동하거나 변화하지 않습니다. 이 존재가 변화한다면 궁극적 목적이 될 수 없기 때문입니다. 궁극적 목적은 수단이 되지 않는 스스로가 그 자체로 목적입니다. 만물은 궁극적 목적을 실현하기 위해 운동하고 변화합니다. 그리고 궁극적 목적이 완성되면 운동은 멈추게 됩니다. 궁극적 목적은 더 이상 이룰 것이 없는 완전한 상태이기 때문입니다. 완전한 상태는 결핍이 없으며, 결핍이 없으면 운동도 생겨나지 않습니다.

아리스토텔레스는 자연 현상도 목적론적으로 설명하고 있습니다. 비가 내리는 것은 초목을 생육시키기 위해서입니다. 그리고 초목이 생육하는 것은 초식 동물의 먹이를 위한 것입니다. 그리고 초식 동물은 육식 동물의 먹이가 되기 위한 것이며, 육식 동물은 인간의 음식과 의복을 위한 것이라고 생각합니다. 그리고 각각의 존재가 자신의 목적을 성취할 때 훌륭한 것이며, 이 세상도 아름답고 훌륭한 상태가 될 것입니다.

형상과 우시아

만물은 궁극적 목적을 가지고 이를 완성하기 위해서 운동합니다. 물론 만물은 궁극적 목적을 실현하기 위한 근본 특성을 가지고 있어야 합니다. 그렇지 않다면 만물의 운동과 변화는 종잡을 수 없을 것입니다. 그러나 우리 세계의 운동과 변화는 일정한 질서를 가지고 있습니다. 이 질서는 운동하고 변화하는 만물이 자신의 도달점으로서 궁극적 목적을 향할 수 있는 본질적 특성을 가지고 있기 때문에 가능합니다.

그래서 사물의 본질은 궁극적 목적과 밀접한 관련이 있습니다. 아리스토텔레스는 도토리를 예로 듭니다. 도토리는 자라서 참나무가 됩니다.

말하자면 참나무는 도토리의 궁극적 목적입니다. 물론 도토리는 자신의 궁극적 목적과 밀접한 관련이 있는 본질적 특성을 가지고 있어야 합니다. 이 본질을 '형상'이라고 말합니다. 모든 사물은 자기의 본질을 실현하기 위하여 변화합니다. 즉 도토리가 싹을 틔우고, 자그마한 나무로 자라서 종국엔 큰 참나무가 됩니다. 도토리가 참나무가 되는 전 과정에서 물질적 변화가 일어납니다. 그러나 이러한 물질적 변화와 형태적 변화에도 본질인 형상은 변화하지 않습니다. 형상은 변화하지 않고 궁극적 목적을 실현하여 완성 상태에 이르게 됩니다.

아리스토텔레스는 형상을 자기 속에 지니고 있는 존재를 실체, 즉 우시아라고 말합니다. 실체는 질료와 형상으로 이루어져 있습니다. 질료는 사물의 재료가 되는 부분입니다. 말하자면 연필에서 나무나 흑연이 질료입니다. 그러나 나무나 흑연이 있다고 해도 연필은 아닐 수 있습니다. 나무와 흑연이 연필이 되기 위해서는 질료 이외에 연필과 관련된 본질적인 무언가가 있어야 합니다. 연필을 연필답게 해 주는 것, 그것이 연필의 형상입니다. 질료는 단지 연필의 가능성을 가지고 있을 뿐입니다. 이것은 형상을 만나서 완성된 형태로 나아갑니다. 질료가 형상을 실현해 나가는 과정을 생성과 운동이라고 말합니다. 따라서 생성과 운동은 가능성으로서 질료가 실현태로서 형상을 완성하는 과정입니다.

· ◆ ·

여기에서 우리가 주목해야 할 점이 있습니다. 플라톤은 사물의 본질인 이데아가 그 사물과는 별개로 떨어져서 존재한다고 말합니다. 이데아는 사물 안에 존재하는 것이 아니라 사물 밖에 존재합니다. 그래서 이데아는 사물의 밖에서 사물에 '관여'하여 그 사물을 존재하게 해 줍니다. 반면에 아리스토텔레스는 이 본질인 형상이 사물 안에 존재힌디고 생각합니다. 사물 안에서 사물의 변화와 운동을 가능하게 해 주는 것이 본질로서 형상입니다.

운동의 4원인

운동이 일어나기 위해서는 우선 변화의 기초가 되는 질료가 있어야 합니다. 그리고 사물의 본질에 해당하는 형상이 있어야 합니다. 질료는 이 형상을 실현하기 위해서 변화 또는 운동합니다. 그러나 질료가 형상을 실현하기 위해 운동을 작동시키는 요소가 필요합니다. 질료가 형상을 가지고 있다 할지라도, 그 자체로 형상을 실현하기 위하여 운동이 생겨나는 것은 아닙니다. 즉 애초에 운동하지 않는 상태에 있는 질료와 형상만으로는 운동이 시작되지 않습니다. 운동이 시작되려면 운동을 일으키는 작용으로서 원인이 있어야 합니다. 물론 운동을 일으키는 작용은 본질로서 형상이 제시하는 목적과 관련되어 있습니다. 즉 질료가 형상을 실현하기 위한 운동을 작동시키는 요소로서 목적이 있어야만 합니다.

운동은 형상을 실현하기 위한 것, 즉 목적을 실현하기 위한 것입니다. 질료에 형상이 들어 있다 할지라도, 운동이 일어나지 않는다면 그 질료와 형상은 목적을 실현할 수 없습니다. 그래서 운동이 필요하며, 이 운동을 발생시킬 수 있는 요인들이 필요합니다.

첫째, 운동의 기초로서 질료가 있어야 한다.
둘째, 변화의 본질에 해당하는, 말하자면 질료가 구체화하려는 본질적 모습으로서 형상이 있어야 한다.

셋째, 질료의 변화를 야기하는 요소로서 작용이 있어야 한다. 말하자면 질료에 운동을 촉발하는 원인으로서 작용이 있어야 한다. 넷째, 운동이 도달해야 최종적인 요소로서, 목적이 있어야 한다. 말하자면 질료가 형상을 실현하기 위한 변화나 운동의 목적이 있어야 한다.

종합해 본다면, 질료가 형상을 실현하기 위한 변화를 촉발하는 원인으로서 작용인이 있어야 하며, 작용은 나아갈 방향을 제시해 주는 목적으로서 원인의 영향을 받는다는 것입니다.

• ◆ •

변화와 운동의 원인은 변화와 운동의 토대가 되는 질료인, 본질을 구성하는 형상인, 변화의 동적인 촉발로서 작용인, 그리고 작용의 방향을 제시하는 목적인입니다. 이 4가지 원인이 충족될 때 사물의 변화가 생겨납니다. 예를 들어, 우리가 안중근 의사의 동상을 만들려고 할 때, 동상의 재료가 되는 질료로서 청동이나 구리와 같은 물질이 있어야 합니다. 그리고 동상을 어떤 모습으로 만들 것인지 그 모습으로서 형상이 제시되어야 합니다. 동상을 만들기 위한 재료와 모습이 제시되었더라도, 재료와 모습만으로는 아직 동상이 아닙니다. 동상이 되기 위해서는 제작 과정을 거쳐야 하기 때문입니다. 물론 동상을 제작하기 위해서는 노력과 힘이 필요합니다. 이 노력과 힘이 작용인에 해당합니다. 또한 동상을 제작하려고 할 때에는 동상을 세우려는 목적이나 의도가 있어야 합니다. 이것이 목적인에 해당합니다.

운동의 원인으로 질료인, 형상인, 작용인, 그리고 목적인을 제시할 수 있지만, 작용인과 목적인은 형상인과 매우 밀접한 관계에 있습니다.

그래서 운동의 원인을 논의할 때 질료와 본질로서 형상을 중심으로 논의하게 됩니다. 의미에 있어서 작용인과 목적인은 형상인에 함축되어 있기 때문입니다. 어떤 사물의 본질은 그 사물의 변화를 야기하는 작동의 원인으로 작용합니다. 그리고 본질은 그 사물이 그렇게 존재하거나 또는 다른 모습으로 변화하는 목적이 될 수도 있습니다. 이것은 작용과 목적이 본질로서 형상에 전적으로 의존하기 때문입니다. 말하자면, 작용인과 목적인은 형상 덕분에 존재합니다.

구체적으로 설명하자면, 작용인은 목적인에 크게 의존합니다. 목적이 없으면 사물은 움직이지 않기 때문입니다. 목적이 사물을 움직이게 해 주는 요소입니다. 따라서 작용인은 목적인에 의해 이끌립니다. 그렇다면 작용인은 목적인에 함축되어 있다고 말할 수 있습니다. 또한 목적인은 형상인에 크게 의존합니다. 형상은 그 안에 목적을 포함하고 있기 때문입니다. 예를 들면, 집을 짓는 목적은 집을 짓는 구조에 함축되어 있습니다. 집의 구조는 집의 형상에 해당하고, 집의 형상, 즉 구조 때문에 집을 짓기 때문입니다. 따라서 집을 짓는 목적은 집의 구조에 담겨 있습니다.

질료와 형상의 관계

플라톤은 이데아 또는 형상이 물질과 별개로 분리되어 존재하고 있다고 말합니다. 그래서 이 세계는 물질의 세계와 형상의 세계, 두 세계가 존재합니다. 플라톤의 이런 입장을 두 세계 이론이라고 부릅니다. 플라톤은 이데아의 세계가 물질의 세계에 '관여'한다고 말합니다. 이 '관여'에 의하여 물질이 형상을 닮게 됩니다. 물질들이 형상을 닮았다는 것은 물질의 세계가 형상의 세계를 모방하고 있다는 의미입니다. 그러나 모방의 세계는 결코 본래의 세계와 똑같을 수는 없습니다. 모방은 단지 모방일 뿐이며, 참된 모습이 될 수 없기 때문입니다. 첨언하자면, 플라톤은 이데아와 형상을 동일한 의미로 말하고 있습니다. 플라톤의 초기 저술에는 이데아라는 용어를 사용하지만, 중기 이후에는 형상이라는 용어를 주로 사용합니다.

플라톤과는 달리, 아리스토텔레스는 물질의 세계와 형상의 세계가 독립적으로 존재한다고 생각하지 않습니다. 형상이 물질 속에 존재한다고 생각합니다. 물질 속에 내재된 형상이 그 물질의 변화를 촉발하고 야기하여 자신의 본질로서의 모습, 즉 형상을 실현합니다. 형상을 자기 속에 가지고 있는 존재를 실체 ousia 라고 말합니다. 실체, 즉 우시아는 변화의 토대로서 질료와 본질로서 형상을 가지고 있습니다. 형상은 목적을 함축하고, 목적은 작용을 야기합니다. 따라서 실제는 변화와 운동을 위한 필요충분조건을 갖추고 있습니다.

#행복

#궁극적목적

#세속적가치

#에우다이모니아

#탁월성

#기능논변

CHAPTER 08

아리스토텔레스의 철학 Ⅱ: 행복이란 무엇인가

- 사람들이 원하는 것과 행복

- 세속적 가치와 행복의 관계

- 궁극적 목적으로서 행복: 완전성과 자족성

- 행복 - 탁월성에 따른 이성적 능력의 활동

사람들이 원하는 것과 행복

사람들은 누구나 각자 원하는 것이 있습니다. 각자가 원하는 것을 성취한다면, 자신의 삶도 달라질 것으로 생각합니다. 여러분들이 원하는 것은 무엇입니까? 그리고 그것들을 얻게 된다면 여러분들의 삶이 어떻게 달라질까요? 많은 사람들은 자신의 삶을 바꿔 줄 수 있는 것으로 돈이나 사회적 지위, 사회적 인기, 명예를 가진 정치 권력 등을 추구할 수 있습니다. 이러한 세속적 가치들이 우리의 삶을 변화시킨다는 것은 의심할 필요가 없습니다. 세속적 가치들이 우리의 삶에 큰 변화를 가져온다는 것은 분명하기 때문입니다.

사람들은 자신이 추구하는 것, 말하자면 세속적 가치들은 정말로 좋은 것이어서 애써 노력하여 성취할 만한 가치가 있다고 생각합니다. 이런 세속적 가치들이 정말로 좋은 것이라는 것을 인정할지라도, 무엇 때문에 추구하는지 묻는 것은 의미 있는 일입니다. 자신의 삶을 바꿔 줄 수 있다는 막연한 대답 말고, 구체적으로 물어야 합니다. 왜 그런 것들을 추구하는가? 말하자면 자신의 삶이 어떻게 변하기를 원하는지를 묻는 것입니다. 아마도 돈을 추구하는 것은 부자가 되기 위해서일 것입니다. 그리고 사회적 명예를 추구하는 것은 존경받는 사람이 되기를 원하기 때문일 수 있습니다.

그러나 왜 부자가 되려고 하는 것일까요? 가지고 싶은 것을 마음대로 가질 수 있기 때문일 것입니다. 그래서 사치품이나 기호품을 포함하여 가지고 싶은 모든 것을 어려움 없이 가질 수 있는 삶, 그리고 즐기고 누리는 편리한 삶을 원하기 때문일 것입니다. 그렇다면 가지고 싶은 것을 다 가지는 것, 그래서 풍족한 삶을 사는 것은 무엇 때문에 소망할까요? 구체적으로 말해서, 왜 부유한 삶을 살려고 할까요? 왜 사람들로부터 존경 받으려고 하는 것일까요? 존경을 받으면 무엇에 좋은 것일까요? 아마도 이 물음들에 대한 최종적인 답변은 '행복'과 관련되어 있을 것입니다. 사람들은 이런 세속적 가치들이 '행복'에 이바지한다고 굳게 믿기 때문입니다. 실제로 행복해지기 위해서 돈, 명예, 사회적 지위, 건강, 안정된 생활 등을 원하고 있습니다.

불행을 원하는 사람은 없습니다. 오히려 불행을 피하고 행복을 얻기 위해서 많은 노력을 기울이며 살고 있습니다. 그러나 행복은 어떻게 달성할 수 있을까요? 많은 사람들은 돈이 많으면 행복한 삶이 시작될 것이라고 믿기도 합니다. 또한 명예가 행복한 삶을 열어 줄 것이라고 여기기도 합니다. 권력을 쟁취하는 것이 행복에 다가가는 일이라고 여길 수도 있습니다. 실제로 우리는 열거할 수 있는 세속적 가치들이 모두 행복한 삶에 결정적 요소라고 믿고 있습니다. 세속적 가치를 불행해지기 위해서 추구하는 사람은 없습니다. 우리는 세속적 가치가 행복의 문을 여는 열쇠라고 생각하고 있습니다.

누구나 행복에 대한 열망을 가지고 있습니다. 이런 열망은 시대와 장소를 막론하고 항상 인류의 삶에 핵심적인 요소였습니다. 우리가 이 책을 읽는 이유도 행복에 다가서기 위한 것일 수 있습니다. 잠을 줄여 책을 읽고, 땀 흘려 일하는 것도 모두 행복한 삶을 꿈꾸기 때문입니다. 인간의 모든 노력은 행복을 준비하기 위한 것이라고 말해도 과언이 아닙니다. 그래서 우리 모두는 행복을 열망한다고 말할 수 있습니다. 행복을 원하지 않는 사람은 없습니다. 행복을 누리기 위해서 돈, 명예, 사회적 지위, 건강 등을 추구합니다. 그렇다면 우리가 간절히 원하는 행복은 무엇일까요?

이제 우리는 행복이 무엇인지 살펴보아야 합니다. 그러나 행복이 무엇인지 묻는다면 쉽게 대답할 사람은 많지 않습니다. 사실상 행복이 무엇인지에 대한 대답은 간단한 것이 아닙니다. 우선 행복에 대한 생각은 개인마다 다를 수 있습니다. 그리고 각각의 개인은 처한 상황도 모두 다릅니다. 행복에 대한 서로 다른 생각을 가지고, 서로 다른 상황에서 행복이 무엇인지를 말한다면, 매우 다른 다양한 대답들이 제시될 것이 분명합니다.

아마도 고 3학생은 대학 합격이 행복이라고 말할 것입니다. 취직 시험을 앞둔 대학 4학년 학생은 취직 시험에 합격하여 번듯한 직장을 갖는 것이라고 말할 것입니다. 사회 참여에 적극적이고 활동적인 사람들은 국회의원 선거에 출마하여 당선되는 것이 행복일 것입니다. 그래서 국회의원 당선을 위해 최선을 다해 노력할 것입니다. 이것이 곧 행복을 위한 노력이라고 여기기 때문입니다. 그래서 이들의 궁극적 목적은 대학 합격, 취업, 그리고 국회의원 당선인 것처럼 보입니다. 그것을 자신의 궁극적 목적이면서 동시에 행복이라고 여기기 때문입니다. 이런 사람들은 사회적으로 높은 지위를 차지하는 것이 인생에서 성공한 것이며, 바로 자신의 행복이라고 여기는 부류의 사람입니다.

그러나 행복과 관련하여 정적인 태도를 취하는 사람들도 있습니다. 약간은 사소해 보이는 것들을 행복이라고 말하는 사람들입니다. 요즘 세간에 회자되는 '소소하지만 확실한 행복'을 원하는 사람들입니다. 이런 사람들은 가족의 화목한 생활이 행복이라고 말하기도 합니다. 또는 자녀의 건강이 최고의 행복이라고 생각할 수도 있습니다. 이런 것들은 소소해 보이지만 인간의 삶에 매우 필요한 요소들입니다. 또한 질병으로 고통 받고 있는 환자는 단지 질병으로부터의 해방이 행복이라고 말할 수 있습니다. 질병으로부터 해방되어 자유롭게 산책하며 자연을 즐기는 것이 더없는 기쁨이며 행복이라고 말입니다.

또는 고통 없는 죽음을 행복이라고 말할 수도 있습니다. 젊어서 많은 즐거움을 누린다 할지라도 노년에 견딜 수 없는 고통을 겪는 사람들도 많습니다. 이들이 격는 고통에는 차라리 죽는 것이 더 낫다고 생각할 정도로 견딜 수 없을 만큼 너무도 끔찍한 고통이 있을 수 있습니다. 명예, 부, 권력 등을 행사하는 불꽃같이 화려한 삶이 아니라, 그저 평범하고 평온한 삶을 누리다 말년에는 고통 없이 삶을 마무리하는 것을 소망하며, 이런 삶이 진정한 행복이라고 여기는 사람도 있습니다.

이처럼 행복은 개인들마다 다를 수 있습니다. 행복에 대한 생각 자체가 다를 수도 있으며, 동일한 사람도 자신이 처한 상황과 처지에 따라서 생각이 달라지기도 합니다. 화장실에 들어갈 때와 나올 때 생각이 다르듯, 행복이 무엇인지도 각각이 처한 상황에 따라 매우 다를 수 있습니다. 사람들마다 행복에 대해 다른 생각을 가지고 있으며, 처한 상황과 처지에 따라 다르게 생각한다면 행복에 대한 분명한 설명이 불가능한 것이 아닌지 의문이 들 수 있습니다.

◆

행복에 대한 생각이 개인들마다 다를 수 있다는 것은 분명해 보입니다. 그래서 행복에 대한 설명이 불가능해 보인다고 생각할 수도 있습니다. 그러나 행복에 대한 이런 개인들의 생각은 단지 대중적인 견해에 불과합니다. 행복에 대한 대중적인 견해는 행복을 돈, 명예, 즐거움 등으로 생각하는 세속적인 관점에서 나온 것입니다. 자신들이 좋은 것으로 믿고 있는 것들을 쟁취한다면, 행복을 얻을 수 있다고 흔히 믿고 있습니다. 물론 이런 것들이 행복과 무관하지는 않을 것입니다. 이런 것들도 우리가 행복하기 위해서 필요한 중요한 요소라는 것은 분명합니다.

우리가 좋은 것이라고 통상 말하는 것들은 세속적 가치를 의미합니다. 그렇다면 세속적 가치를 추구하고 열망하는 삶이 행복한 삶일까요? 나아가 세속적 가치를 성취한 사람은 행복한 사람일까요? 쉽게 대답하기 어렵습니다. 그렇다고 말하기에는 뭔가 석연치 않은 점이 있습니다. 물론 그렇지 않다고 말하는 것도 망설여집니다. 앞에서 말했듯이 세속적 가치들도 행복을 위해서 필요한 것들처럼 보이기 때문입니다. 이 물음이 대답하기 어렵다고 해서 포기하는 것은 어리석습니다. 대답할 수 있는 좋은 방법을 찾아보는 것이 성숙한 인간의 태도입니다.

세속적 가치와 행복의 관계를 상세히 검토하는 것이 행복을 이해하는 빠른 방법이 될 수 있습니다. 그러나 검토하기에 앞서 세속적 가치와 행복이 어떻게 다른지를 알 수 있는 경험적 방법이 있습니다. 자신의 자녀가 어떤 삶을 살았으면 좋은지 생각해 보는 것입니다. 재화를 추구하는 삶, 명예를 좇는 삶, 사회적 지위를 노리는 삶, 인기를 얻기 위한 삶, 여러분의 자녀가 어떤 삶을 살기를 바라나요?

이제 세속적인 가치와 행복이 동일한 것일 수 있는지는 검토해야 합니다. 아리스토텔레스는 이런 것들이 행복과 어떤 관련이 있는지를 살펴보고서, 어떤 삶이 행복한 삶인지를 말하고 있습니다. 그리고 행복한 삶이 우리의 어떤 능력과 관련되어 있는지를 말하고 있습니다.

세속적 가치와 행복의 관계

인간의 활동은 욕구와 욕망을 충족시키기 위한 것이라고 해도 과언은 아닙니다. 실제로 우리는 스스로 좋은 것이라고 생각하는 것을 추구하며 살고 있습니다. 좋다고 생각하는 것을 추구하면서 행복한 삶의 길로 들어섰다고 생각합니다. 이 좋은 것들은 외연적인 좋음이기 때문에, 좋은 것들은 외부에서 얻을 수 있는 것이며, 이것들을 얻게 되면 행복한 삶이 펼쳐질 것이라고 믿고 있습니다. 좋은 것을 누리면서 사는 것이 행복한 삶이며, 잘 사는 것이라고 생각하기 때문입니다.

우리가 욕구하고 욕망하는, 그래서 좋은 것들이라고 간주하는 것들은 세속적 가치입니다. 그리고 우리는 통상 육체적 편안함이나 즐거움을 누리는 향락적인 삶을 행복한 삶이라고 생각합니다. 그래서 세속적 가치들이 행복한 삶을 가져올 것이라고 믿을 수 있습니다. 말하자면 행복한 삶은 무엇이든 원하는 것은 가질 수 있는 부유한 삶을 말하는 것일수도 있습니다. 혹은 정치적 권력을 획득하여 명예를 누리는 삶일 수도 있습니다. 육체적 편안함과 즐거움, 충분한 재화, 그리고 명예 모두를 가진 삶이 더 행복한 삶이라고 말할 수도 있을 것입니다.

이런 세속적인 가치들은 모두 외적인 가치들입니다. 그러나 행복은 우리의 내적 상태입니다. 그렇다면 행복은 내적 가치와 상응해야 합니다. 행복이 내적 가치와 상응하는 것이라면, 외적 가치에 속하는 세속적 가치들은 내적 가치와 관련된 행복과는 거리가 멀 것입니다. 물론 외적 가치들이 내적 행복에 큰 영향을 미칠 수는 있습니다. 그러나 외적 가치들이 내적 가치와 관련된 행복의 본질이 될 수는 없습니다.

· ◆ ·

　세속적 가치로서 즐거움의 추구가 행복인지 살펴보아야 합니다. 육신의 즐거움은 소소하게는 먹고 마시는 즐거움에서 성적인 쾌락까지 광범위합니다. 육신의 즐거움은 일일이 열거하기 어려울 정도로 다양합니다. 우리는 통상 이런 즐거움을 향락과 쾌락이라고 부릅니다. 먹고 마시는 즐거움을 잘 표현해 주는 단적인 용어, 주지육림 酒池肉林이 있습니다. 주지육림은 듣기만 해도 이것의 향락과 쾌락을 가히 짐작할 수 있을 정도입니다. 성적인 쾌락은 굳이 말로 설명할 필요도 없습니다.

　이런 향락과 쾌락에 대한 욕구는 매우 강렬합니다. 그리고 시대와 민족을 가리지 않고 일반적으로 추구됩니다. 많은 고대의 문헌들은 이런 향락과 쾌락을 묘사하고 있습니다. 고대 로마의 향락을 말할 때, 한 손엔 술잔을 들고, 다른 손으로는 고기 덩어리를 들고서 탐욕스럽게 뜯어 먹는 그림들을 예로 들곤 합니다. 또한 이 당시의 사람들은 더 많이 먹기 위하여 잔뜩 먹은 후에, 목을 자극하여 토한 후, 다시 먹기를 반복하였다고 합니다. 이러한 향락과 쾌락의 추구가 로마 멸망의 원인으로 지적되기도 합니다.

　동양에서는 진시황제의 호사스러운 삶을 예로 들기도 합니다. 진시황은 셀 수 없을 정도의 후궁을 거느리는 호색한 삶을 살았습니다. 우리나라 조선 시대의 몇몇 왕들도 이런 향락과 쾌락을 추구했습니다. 그런 왕의 향락과 쾌락 때문에 '흥청망청'이라는 말이 생겨나기도 했습니다. 왕의 쾌락과 향락 때문에 나라가 망할 것이라는 의미를 담고 있습니다. 그러나 향락과 쾌락을 추구하는 삶은 동물에게 더 적합한 모습일 것입니다. 동물들은 먹고 마시는 것에 자신의 삶의 전부를 할애합니다. 그리고 빈식하는 일에 열중입니다. 인간 역시 먹고 마시는 일을 지나치게 탐하고 성적 쾌락에 빠져진 사람은 동물과 다를 바가 없습니다.

먹고 마시는 것과 성적 쾌락은 내적 가치에 관심이 없는 사람들의 활동입니다. 이런 향락과 쾌락의 추구는 이성의 능력을 발휘하는 것에 관심을 두는 것이 아닙니다. 이것은 단지 먹고 마시는 즐거움과 성적 쾌락을 추구하는 동물적인 삶입니다. 우리의 진정한 행복은 향락과 쾌락을 추구하는 삶에서 나오지 않습니다. 그렇다고 해서 행복한 삶이 금욕적인 삶이라고 생각할 필요는 없습니다. 모든 즐거움을 거부하는 금욕적인 삶도 행복한 삶과 상당한 거리가 있습니다.

• ◆ •

재화를 얻으려는 삶도 행복한 삶과 거리가 멉니다. 부를 추구하는 삶은 행복한 삶이 아닙니다. 오히려 부를 추구하는 삶은 필요한 것을 얻기 위해서 노동할 수 밖에 없는 강제된 삶입니다. 그러나 행복은 외적으로 강제된 삶이 아닙니다. 행복은 강제가 아닌 자발적 활동과 더 가깝습니다. 더구나 재화는 무언가를 얻기 위한 수단이며 도구입니다. 그러므로 재화가 최고로 좋은 것은 아닙니다. 재화보다는 그 재화로 얻고자 하는 것, 즉 재화가 목적으로 삼고 있는 것이 더 좋다는 것은 분명합니다. 재화는 얻고자 원하는 것의 수단이며, 그 얻고자 하는 것이 재화의 목적입니다. 수단보다는 목적이 더 좋다는 것은 누구나 인정할 것입니다.

재화를 추구한다는 것은 재화 자체를 얻으려는 것이 아니라, 재화를 통해 얻고자 하는 것을 성취하기 위해 일시적 수단으로 재화를 추구하는 것입니다. 재화는 얻고자 하는 것의 하위에 속하는 것이며, 얻고자 하는 것이 재화의 우위에 속합니다. 따라서 행복한 삶은 하위에 속하는 재화를 추구하는 삶이 아닐 것입니다. 어떤 것의 하위에 속하는 것을 추구하는 것이 행복이라고 말하는 것은 매우 어색하기 때문입니다. 우리가 궁극적으로 원하는 것이 행복이라면 적어도 행복한 삶은 수단이 아니라 궁극적인 목적이어야 합니다.

명예나 정치적 권위를 추구하는 것은 쾌락이나 재화의 추구보다는 상대적으로 행복과 더 가까운 듯이 보입니다. 지적 소양을 갖추었다고 생각하거나 세속적 지위를 성취하고자 원하는 사람들은 명예와 정치적 권위를 추구하는 경향이 있습니다. 명예와 정치적 권위가 시민 공동체적 삶에서 상당한 가치 있다는 것은 분명해 보입니다. 그래서 어떤 사람들은 정치적 지위나 명예를 삶의 목표로 삼기도 합니다. 그러나 정치적 지위는 일시적으로 주어질 뿐입니다. 명예 또한 표피적이며, 피상적입니다. 명예는 타인의 평가에 전적으로 의존하기 때문입니다.

명예는 다른 사람이 훌륭하다고 평가하는 것에 의해 결정됩니다. 그래서 명예를 원하는 사람들은 타인의 시선과 평가에 신경 쓸 수밖에 없습니다. 좋은 평가를 얻어야 명예를 가질 수 있기 때문입니다. 결국 명예는 다른 사람의 뜻에 달려 있는 것입니다. 자신이 옳은 행위를 하고, 그런 좋은 것들 때문에 명예를 얻게 되는 것이 아니라, 오히려 타인의 평가에 의해 주어지는 것입니다. 그래서 명예는 받는 사람보다는 명예를 부여하는 사람들이 결정권을 가지고 있습니다.

명예를 추구하는 사람은 자신이 그럴 만한 가치가 있는 존재라는 것을 확인 받고 싶어합니다. 그래서 타인들에게 자신이 탁월함과 훌륭함을 가진 사람이라는 것을 보여 주려고 애쓸 것입니다. 말하자면 명예를 구걸하는 셈입니다. 그러나 여기에서 분명한 것은 명예를 얻기 위해서 탁월함과 훌륭함을 보여 주려고 한다는 점입니다. 그렇다면 명예는 이런 탁월함과 훌륭함에서 오는 것이라고 말할 수 있습니다.

탁월성과 훌륭함을 소유한 사람이 명예를 얻을 수 있습니다. 그래서 명예보다는 탁월함과 훌륭함이 더 근본적입니다. 명예는 탁월함과 훌륭함에 따라오는 것이기 때문입니다. 그러나 탁월함과 훌륭함이 곧 행복은 아닙니다. 탁월함과 훌륭함을 갖추었다 할지라도 그것을 발휘하지 못하는 사람을 행복한 사람이라고 말하지 않을 것이기 때문입니다. 식물인간도 탁월함과 훌륭함을 가질 수 있습니다. 그러나 이런 사람을 행복한 사람이라고 말할 수 없을 것입니다.

이제 우리는 외적 가치, 즉 부, 명예 또는 쾌락을 좇는 것은 행복에 이르는 방법이 아니라는 것을 알고 있습니다. 행복은 이런 외적인 가치에 해당하지 않기 때문입니다. 분명 행복은 최상의 가치이며, 궁극적인 목적일 것입니다. 그러나 앞에서 보았듯이, 재화는 단지 수단이 된다는 점에서, 쾌락은 인간의 본질적인 가치와 거리가 멀다는 점에서, 명예는 타인의 평가에 의존한다는 점에서 최상의 가치가 될 수 없으며, 따라서 궁극적 목적도 아닙니다. 최상의 좋음은 더 이상 좋은 것이 없는 것입니다. 그러니 외적 가치들은 최상의 좋음이 아닙니다. 그런 외적 가치보다 더 좋은 가치들이 얼마든지 있기 때문입니다. 물론 최상의 좋음은 궁극 목적이어야 합니다. 그래서 행복은 최상의 좋음이면서, 궁극적 목적이 될 것입니다.

궁극적 목적으로서 행복: 완전성과 자족성

사람들은 세속적 가치, 즉 부, 명예 그리고 쾌락을 추구합니다. 그리고 이것을 행복이라고 여기는 경향이 있습니다. 그러나 앞에서 살펴보았듯이, 이런 세속적 가치들은 행복의 후보로서 충분한 자격을 가지고 있지 못합니다. 그렇다면 대체 행복은 무엇일까요? 그리고 행복은 어떤 특징을 가지고 있을까요? 이제 행복이 무엇이며, 어떤 특징을 가지고 있는지 살펴보아야 합니다.

아리스토텔레스는 이 세상의 모든 활동을 수단과 목적의 연쇄로 이해합니다. 인간의 어떤 활동이든 상응하는 목적을 가지고 있습니다. 말하자면 건축술의 목적은 건물을 짓는 것입니다. 의술의 목적은 신체의 건강입니다. 학생이 학교에 오는 목적은 공부하기 위한 것입니다. 인간의 모든 행위에도 상응하는 목적적 활동이 있습니다. 그러나 목적에는 두 종류의 목적이 있습니다. 하나는 다른 것의 수단이 아닌 오로지 목적일 뿐인 목적이 있습니다. 다른 하나는 목적이면서 동시에 다른 것의 수단이 되는 목적이 있습니다. 이것을 수단적 목적이라고 말합니다. 반면에 다른 것의 수단이 아닌 오로지 목적일 뿐인 비수단적 목적을 그 자체 목적, 즉 궁극적 목적이라고 합니다.

아리스토텔레스는 우리 삶의 목표를 수단적 목적의 연쇄를 거슬러 올라 최종 목적인, 그 자체 목적에 도달하는 것으로 보고 있습니다. 우리가 서울로 가는 열차를 타고 있다고 해 봅시다. 우리가 서울에 가는 것은 A라는 목적 때문이고, 목적 A는 다른 목적 B 때문이며, 목적 B는 다른 목적 C 때문입니다. 이런 수단과 목적의 관계는 최종 목적에 도달할 때까지 계속될 것입니다. 여기서 A는 서울에 온 목적이면서, 다른 목적 B의 수단이 됩니다. 그리고 다른 목적 B는 A의 목적이면서, 동시에 다른 목적 C의 수단입니다.

하나의 활동은 수단이면서 동시에 목적이 됩니다. 수단과 목적의 연쇄 관계는 최종 목적, 즉 다른 것의 수단이 되지 않는 그 자체로 목적에 도달할 때까지 지속됩니다. 이것이 수단과 목적의 연쇄 계열에서 최상위에 위치합니다. 그리고 최상위에 위치하여 다른 것의 수단이 되지 않는 그 자체로 목적이 인간 활동의 최종적인 종착점일 것입니다. 이것이 궁극 목적이고 최상의 좋음입니다. 행복이 궁극 목적으로서 최상의 위치에 있는 최고의 좋음입니다.

· ◆ ·

최고의 좋음, 즉 궁극적 목적은 어떤 다른 것 때문에 추구되는 것이 아닙니다. 이것은 그 자체로 추구되는 것입니다. 최고의 좋음으로서 궁극적 목적은 수단과 목적의 연쇄의 최종 목적이며, 그 이상의 목적은 없습니다. 그래서 이것은 다른 것의 수단이 아닙니다. 그런데 A 때문에 B가 추구되는 것이라면, A는 B보다 더 완전한 것입니다. 덜 완전한 것은 더 완전한 것 때문에 추구되기 때문입니다. 말하자면 수단은 목적보다 덜 완전하며, 목적은 수단보다 더 완전합니다.

목적이 수단보다 더 완전하다는 것은 분명합니다. 그래서 어떤 것 때문에 추구되는 것보다 그 자체 때문에 추구되는 것이 더 완전한 것입니다. 그리고 결코 다른 것 때문에 추구되지 않고, 말하자면 수단으로서 추구되지 않고 오로지 항상 그 자체로 추구되는 것은 절대적으로 완전할 것입니다. 결국 최상의 좋음이어서 궁극적인 목적이 되는 행복은 절대적으로 완전한 것입니다. 인간의 모든 행위가 궁극적으로 행복을 위한 것이기 때문입니다.

우리가 명예를 추구하고, 지성과 지혜를 추구하며, 올바름을 소망하는 것도 모두 행복을 실현하기 위한 것입니다. 물론 명예도, 지성과 지혜도, 올바름도 모두 바랄 만한 것입니다. 그러나 이런 좋은 것들의 추구도 궁극엔 행복을 실현하기 위한 것입니다. 행복은 인간의 모든 활동의 궁극적 목적입니다. 우리가 명예, 지혜, 올바름을 추구하는 것은 이것을 획득하게 되면 행복이 뒤따를 것이라고 생각하기 때문입니다.

· ◆ ·

완전한 좋음은 그 자체를 위해 추구되는 것입니다. 따라서 완전한 좋음을 추구하기 위해서 다른 것을 필요로 하지 않습니다. 즉 자기 충족적입니다. 앞에 말했듯이, 행복은 완전한 좋음입니다. 그래서 행복은 자기 충족적입니다. 행복이 자기 충족적이라는 것은 더 이상 추구할 수 있는 것이 없는 최상의 좋음이기 때문입니다. 최상의 좋음에 좋음을 더 첨가하더라도 더 이상 좋을 수 없습니다. 마찬가지로 행복은 완전히 좋은 것이기 때문에 다른 좋음을 덧붙이더라도 행복이 더 증가하지 않습니다. 행복은 그 자체로 행복이며 완전하고 자족적이기 때문입니다.

행복에 다른 것을 첨가하여 더 행복해진다면, 그 행복은 최상의 완전한 좋음일 수 없습니다. 그리고 그런 행복은 최종적인 목적이 될 수 없습니다. 최종적인 목적으로서 행복에 다른 것을 더 첨가하더라도 더 행복해지는 것은 아닙니다. 최종 목적으로서 행복은 부족함이 없습니다. 그래서 다른 좋은 것들을 필요로 하지 않습니다. 행복은 완전히 좋은 것이기 때문입니다. 그래서 행복은 그 자체로 선택할 만한 가장 우월한 것입니다.

물론 행복을 달성하는 것은 단순하지 않습니다. 행복에는 어느 정도의 부, 건강, 가족의 우애 등이 수반되어야 합니다. 이런 세속적 가치들이 뒷받침되지 않는다면, 행복은 불가능합니다. 또한 준수한 외모나 지적 능력 그리고 사회적 지위도 필요할 것입니다. 더불어 명예, 겸양, 절제와 같은 품성도 행복에 필요한 요소입니다. 이러한 요소들이 없다면 행복은 가능하지 않습니다. 이런 가치들을 결여했다는 것은 이미 불완전하다는 것을 의미합니다. 그러나 아리스토텔레스에서 결함을 가진 행복은 불가능합니다. 행복은 부족함이 없는 절대적으로 완전한 상태이기 때문입니다.

행복 - 탁월성에 따른 이성적 능력의 활동

행복한 상태는 부족함, 즉 결함이 없는 완전한 상태입니다. 그러나 어떤 사람들은 결함을 가진 행복이 불가능하다는 것을 이해하지 못할 수 있습니다. 왜냐하면 '우리는 가진 것은 없지만 행복하다.'라거나 '배운 것은 없지만 행복하게 산다.'라는 말을 하기 때문입니다. 맞습니다. 우리는 가진 것이 없어도, 배우지 못했어도, 사회적 지위가 낮아도 행복하다고 느낄 수 있습니다. 그러나 아리스토텔레스가 말하는 행복은 그런 것이 아닙니다. 아리스토텔레스가 말하는 행복은 결핍이 없는 완전하고 절대적인 행복입니다. 그래서 행복은 더 이상 바랄 것이 없는 궁극적인 목적입니다.

우리가 행복을 말할 때, 통상 영어의 'happiness'와 동일한 의미로 이해하는 경향이 있습니다. 말하자면 기쁨을 느끼는 것 또는 쾌락을 의미할 수 있습니다. 물론 행복과 'happiness'가 단순히 기쁨과 쾌락만을 의미하는 것은 아닐지라도, 행복에 대한 이런 이해는 행복을 육체적 즐거움과 쾌락을 정신적으로 표현한 것이라는 인상을 줍니다. 그러나 아리스토텔레스가 말하는 행복은 단순히 즐거움과 쾌락의 수준에 그치는 것이 아닙니다. 아리스토텔레스가 말하는 행복은 그리스어로 '에우다이모니아 eudaimonia'입니다. 이 용어를 번역할 수 있는 마땅한 용어를 찾기는 매우 어렵습니다. 어쩌면 이런 용어를 찾는 것은 불가능할지도 모릅니다. '에우다이모니아'는 너무도 많은 뜻을 담고 있기 때문입니다.

우리는 '에우다이모니아'를 '행복 happiness'으로 이해합니다. 그러나 아리스토텔레스를 연구하는 서양의 학자들은 '에우다이모니아'를 'well-being', 'flourishing', 'success' 등으로 번역하려고 시도합니다. 행복이라는 용어가 '에우다이모니아'의 의미를 충분히 드러내지 못하기 때문입니다. 그러나 다른 용어로 대체하려는 시도들 역시 성공적이라고 말하기 어렵습니다.

이런 용어들도 역시 '에우다이모니아'의 의미를 충분히 담아내지 못하는 것은 마찬가지이기 때문입니다. '에우다이모니아'의 우리말 번역어로는 '행복', '잘 삶', '번영', '성공' 등이 있을 것입니다. 그러나 우리말 역시 아리스토텔레스의 '에우다이모니아'를 하나의 용어로 설명하기는 어렵습니다. 어떤 용어를 대입하든 만족스럽지 못하기 때문입니다. 아마도 '에우다이모니아'는 이 용어를 모두 포함한다고 말하는 것이 더 나을 것입니다.

아리스토텔레스는 '에우다이모니아'를 분명하게 정의하면서, '탁월성에 따른 영혼의 이성적 능력의 활동'이라고 말하고 있습니다. 아리스토텔레스가 말하는 행복은 우리의 영혼과 관련되어 있는 것이 분명합니다. 그러나 아리스토텔레스가 말하는 영혼은 우리가 생각하는 영혼과는 약간 다릅니다. 그의 영혼은 좀 넓은 의미로 사용됩니다. 즉 '숨', '생명', '삶', 그리고 모든 정신적 활동을 포함합니다. 그래서 아리스토텔레스에 따르면 식물도, 동물도, 그리고 인간이 혼을 소유하고 있습니다. 그러나 인간과 같이 식물도 동물도 영혼을 가졌으니, 인간과 같은 활동을 한다고 생각하는 것은 옳지 못합니다.

• ◆ •

식물의 혼은 단지 영양물을 섭취하는 기능을 할 뿐입니다. 그리고 동물의 혼은 영양물을 섭취하는 것은 물론 감각적 기능과 운동 능력을 발휘합니다. 이들의 혼은 이것이 전부입니다. 우리가 생각하는 혼의 본질적인 측면은 식물과 동물의 혼에 담겨 있지 않습니다. 그러나 인간의 혼은 영양물 섭취, 감각적 기능, 운동 능력을 가지고 있으며, 이런 능력과 더불어 이성적 능력을 가지고 있습니다. 물론 식물, 동물, 인간의 혼들은 공통된 요소를 가지고 있습니다. 그러나 인간은 식물과 동물이 가지고 있지 않은 고유한 영역으로 이성적 능력을 가집니다.

인간의 혼은 고유한 기능으로서 이성적 능력을 가지고 있어서, 이성적 능력은 인간의 고유한 능력이 됩니다. 즉 이성적 능력은 인간을 인간답게 해 주는 능력입니다. 말하자면 인간의 존재 가치는 이성적 능력을 발휘하는 것에서 성립합니다. 또한 이성적 능력의 발휘가 인간이 추구해야 할 최고선이며 행복인 셈입니다. 인간의 행복은 인간의 고유한 본성, 즉 이성적 능력을 발휘함으로써 얻어질 수 있습니다. 그리고 이성적 능력을 발휘한다는 것은 탁월성을 성취하는 것이며 완성하는 것입니다. 이성적 능력을 발휘할 때의 탁월성이, 우리가 말하는 덕입니다.

인간으로서 한 존재의 진정한 가치는 자신의 탁월성, 즉 덕을 실현할 때 드러납니다. 왜냐하면 한 존재의 탁월성과 훌륭함은 그의 고유한 기능의 실현에 전적으로 의존하기 때문입니다. 목수는 목수일을 훌륭하게 해 냄으로써 자신의 탁월함을 보여 줄 수 있습니다. 제화공은 구두를 잘 만들어 냄으로써 자신의 탁월함이 드러납니다. 신체 기관들도 마찬가지입니다. 우리 눈은 보는 기능을 잘 수행함으로써 탁월함을 인정받을 수 있습니다. 심지어 필기도구조차도 학습을 위한 기능을 잘 수행함으로써 탁월함이 드러날 것입니다.

탁월성은 그 본래 고유한 기능의 실현과 직접적으로 관련되어 있습니다. 그렇다면 인간 자체의 탁월성은 인간의 본래 고유한 기능과 관련되어 있을 것입니다. 인간의 고유한 기능은 이성입니다. 이성은 인간을 인간답게 해 주는 능력입니다. 즉 인간이 인간답다고 말하는 것은 고유한 기능인 이성적 능력을 최대한 실현할 때일 것입니다. 누구든 이성 능력을 발휘하지 못한다면 훌륭한 삶도 잘 사는 삶도 아닐 것입니다. 따라서 이성 능력을 발휘하지 않는 삶을 행복한 삶이라고 말할 수는 더더욱 없습니다.

• ◆ •

지금까지 설명된 것은 '기능 논변'이라고 불리고 있습니다. 기능 논변을 정리하면 다음과 같을 것입니다.

> (가) X는 기능 F를 가진다.
> (나) X에게 F는 고유한 기능이고, X는 이것을 발휘한다.
> (다) X는 자신의 탁월성과 최고선을 실현한 것이다.
> (라) 인간은 식물과 동물들이 갖고 있지 않은 자신만의 고유한 기능이 있다.
> (마) 인간에게 고유한 기능은 영혼의 이성적 능력이다.
> (바) 이성적 능력의 발휘는 인간 탁월성과 최고선의 실현을 의미한다.
> (사) 이성적 능력의 발휘가 인간 행복이라는 것은 명백하다.

행복은 인간의 고유한 기능과 관련되어 있습니다. 그렇다면 인간의 고유한 기능은 무엇일까요? 행복이 인간의 고유한 기능과 관련되어 있다는 것은 분명합니다. 그리고 이에 대한 해명은 충분히 이루어졌습니다. 그러나 인간의 고유한 기능이 무엇인지 밝히지 않는다면 행복이 무엇인지 알지 못할 것입니다. 이제 인간의 고유한 기능을 밝히면 행복을 정의할 수 있습니다. 인간이 고유한 기능을 잘 실현함으로써 인간의 훌륭함과 탁월함을 드러낼 것이며, 바로 그 훌륭함과 탁월함의 실현이 행복일 것이기 때문입니다.

· ◆ ·

훌륭한 연주자는 연주자로서 기능을 잘 실현하는 사람입니다. 훌륭한 기술자도 기술자로서 자신의 기능을 잘 실현하는 사람입니다. 즉 훌륭함은 제 기능을 잘 실현함으로써 가질 수 있는 것입니다. 그렇다면 인간도 인간 자체의 기능을 잘 실현함으로써 인간의 훌륭함을 성취할 수 있을 것입니다.

인간이 훌륭함을 얻어서 행복하려면 제 기능을 잘 실현해야 합니다. 인간의 고유한 기능은 인간을 인간답게 해 주는 기능입니다. 그래서 이런 기능을 잘 수행할 때 인간다운 인간이 될 수 있습니다. 그런데 인간은 여러 기능을 가지고 있습니다. 앞에서 말했듯이, 영양물을 섭취하는 기능, 감각적 기능, 운동 능력, 이성적 능력입니다. 그러나 영양물을 섭취하는 기능을 잘 수행한다고 해서 인간다운 인간이 될 것 같지는 않습니다. 왜냐하면 이 기능은 식물도 동물도 공유하고 있는 기능이기 때문입니다.

인간다운 인간이 되기 위해 우리가 실현시켜야 할 기능은 인간의 고유한 기능이어야 합니다. 식물이나 동물과 공유하지 않은 인간의 고유한 기능을 실현시켜야만 인간으로서 탁월함과 훌륭함을 성취할 수 있습니다. 물론 인간의 고유한 기능은 영혼의 이성적 능력입니다. 따라서 인간의 고유한 기능으로서 영혼의 이성적 능력을 실현할 때 행복에 도달할 수 있습니다. 행복은 영혼의 이성적 활동의 실현입니다. 물론 영혼의 이성적 활동은 탁월성에 따른 활동이어야 합니다. 피아노 연주자는 자신의 기능을 잘 수행할 때 연주자로서 탁월성을 실현하며, 탁월한 연주자로서의 삶이 행복한 삶입니다.

인간의 고유한 기능을 잘 발휘함으로써 인간으로서 탁월성을 실현하고 행복에 이르게 될 것입니다. 그러나 탁월성을 실현하고 행복을 획득하는 것은 쉬운 일이 아닙니다. 이성적 능력을 발휘하기 위해서는 탁월한 행위들을 반복하여, 끊임없이 실천함으로써 영혼에 습관을 들여야 합니다. 단지 한 번의 탁월한 행위를 실천했다고 해서 탁월함이 실현되지 않습니다. 인간의 탁월성은 일생 동안 지속적이어야 합니다. 한 마리의 제비가 봄을 만들지 않습니다. 그리고 한 마리의 제비를 보고 봄이 왔다고 말하지도 않습니다. 일생 동안의 이성적 활동을 통한 탁월한 행위를 실천할 때 인간의 진정한 탁월성이 실현되는 것이며, 행복이 성취되는 것입니다.

⋯ 잠시, 샛길

92세 할머니가 가장 후회하는 것

"야야. 너 늙어지면 젤루 억울한 게 뭔지 아나? 주름? 아녀. 돈? 그거 좋지. 근데 그것도 아녀.

이 할미가 진짜 억울한 건 '나는 언제 한번 놀아 보나' 그것만 보고 살았는데, 이제 좀 놀아볼라치니 몸뚱이가 말을 안 듣네.

야야. 나는 마지막에 웃는 놈이 좋은 인생인 줄 알았다. 근데, 자주 웃는 놈이 좋은 인생이었어.

젊은 사람들 말 맹키로 타이밍인 것이여. 인생, 너무 아끼고 살지 말어. 꽃놀이도 꼬박꼬박 댕기고. 이제 보니께 웃는 것은 미루면 돈처럼 쌓이는 게 아니라 더 사라지더라고."

얼마 전 인터넷에서 본 글입니다. 92세나 되신 할머니가 하시는 말씀입니다. 행복해지기 위해 많은 것을 아끼고 살았나 봅니다. 그러면 언젠가는 행복한 날이, 웃음꽃이 피는 날이 반드시 올 것이라고 믿었겠지요. 그래서 열심히 일만 했을 겁니다. 정신적인 여유도 없고, 놀지도 않으니, 웃을 일도 없는 삶이었을 겁니다. 오로지 일에만 열중했을 테니 행복한 삶과는 거리가 있었을 것입니다. 우리나라 어른들의 삶이 별반 다르지 않습니다. 아니 지금 우리도 이렇게 살고 있을 겁니다.

인생의 막바지에 생계에 매달리지 않아도 될 만큼 재산도 모았을 겁니다. 어느 정도 여유가 되니 이제 좀 놀아 보고 싶었을 것입니다. 그러나 그땐 몸이 말을 듣지 않더랍니다. 이 이야기를 끝내면서 할머니는 이런 말을 들려 줍니다. 돈은 아끼면 늘어나지만, 웃음은 아끼면 늘어나는 것이 아니라 없어지더라는 겁니다. 할머니는 돈을 늘리기 위해 노는 것, 웃는 것을 아꼈나 봅니다. 돈을 늘리기 위해 웃으며 노는 것을 아끼고 일을 열심히 한다면, 훗날 크게 웃을 수 있다고 믿었겠지요. 마지막에 웃는 자가 승리자라는 말처럼 말입니다.

그러나 노는 재미는 아끼면 늘어난 것이 아니라, 사라져 버리고 말았다는 것입니다. 웃음은 저 멀리 달아나서 웃을 수가 없게 되어버린 것입니다. 그렇다고 할머니의 말이 젊어서부터 무작정 놀면서 즐기라는 것은 아닐 겁니다. 무작정 일만 하거나 무작정 아끼는 삶보다는 자신의 목표나 목적한 바를 즐기는 삶을 살라는 것이겠지요. 말하자면 자신의 삶을 즐기며 주체적으로 살아야 한다는 것입니다. 우리가 왜 사는지를 생각하게 하는 말씀이었습니다.

#에피쿠로스
#스토아
#쾌락주의
#세속적행복
#아타락시아
#아파테이아

CHAPTER 09

헬레니즘 철학:
세속적 행복 추구

• 처세술로서 철학

• 키레네학파

• 에피쿠로스학파

• 키니코스학파

• 스토아학파

처세술로서 철학

고대 그리스 철학에서 최고의 절정기는 철학적 관점이 자연과 우주에서 인간으로 전환된, 소크라테스, 플라톤, 그리고 아리스토텔레스가 활동하던 시기입니다. 이 시기에 철학은, 존재, 인식, 영혼, 예술, 논리, 윤리 등 모든 영역에 관심을 기울입니다. 사실상, 인간 자체, 국가의 구조와 형성, 교육, 그리고 학문적 방법 등 인간의 삶과 활동 전반에 걸친 문제들에 철학적 관심이 일어났습니다. 철학적 이론이 형성되고 학문의 체계가 자리를 잡았습니다. 어떤 학자들은 현대의 모든 철학적 문제들의 뿌리는 그리스 철학에 있다고 말할 정도입니다. 그러나 이 학문적 융성은 오래 지속되지 못했습니다. 아리스트텔레스 이후의 상황은 전쟁 등으로 혼란스러웠으며, 전쟁에서 패한 아테네는 정치적, 경제적으로 힘을 잃고 말았습니다.

정치적으로 혼란스럽고 사회적으로 불안한 시대에 이론적으로 완성되고 체계적인 철학의 등장을 기대하는 것은 지나친 것일 수 있습니다. 이런 시대에 철학적 사유가 등장한 것만으로도 신통합니다. 상황은 더욱 악화되어 생사의 위협과 불안에 시달리는 세상이 되어갑니다. 이런 불안의 시대에 철학은 통상 이론적으로 미숙하고 단편적이며, 체계적일 수 없습니다. 이런 시대에 철학이 등장하게 됩니다. 사회적으로 혼란하고 혼돈된 시대에 미래는 불안하고, 이로 인해 앞날을 예측하기 어렵습니다. 그래서 자신의 한 몸을 보존하는 것에 관심을 갖게 되고, 결국 처세술적 성격의 철학이 등장하더라도, 통상 현실적이고 세속적인 실천을 중시하는 철학일 수밖에 없습니다.

전쟁은 지속되고, 이로 인해 사회는 혼란했으며, 정치 또한 불안할 수밖에 없었습니다. 시민들의 삶도 앞날을 예측할 수 없는 불안과 혼동에 휩싸일 수밖에 없었을 것입니다. 이런 혼란 속에서 시민의 삶은 현실에서 도피하려는 경향을 보일 것이 분명합니다. 어떻게 처신해야 하는가? 어떻게 살아야 혼란에서 벗어날 수 있는가? 어떻게 행동하는 것이 위험에서 자유로울 수 있는가? 이런 어려운 시기에 생명을 지키고 살아남기 위한 처세술로서 철학이 등장한 것은 당연한 것처럼 보입니다.

키레네학파

미래가 불안한 시대에 자신의 삶을 보살피는 일은 무엇보다 중요합니다. 그래서 자신을 위해 '가능한 최대로 움켜쥐는 삶'을 살라는 가르침이 자연스럽게 등장하게 됩니다. 이 시대의 사람들은 움켜쥘 수 있는 최대한의 것을 '최대한의 쾌락'으로 이해했습니다. 자신의 삶에서 움켜쥐어야 할 것을 '쾌락'의 범주와 동일시했기 때문입니다. 그래서 '개인의 쾌락을 극대화하라.' 또는 '순간을 즐겨라.'라고 말하는 충고가 등장한 것은 어쩌면 당연할 수도 있습니다. 이런 충고를 핵심으로 삼는 쾌락주의 학파가 출현한 것은 자연스러워 보입니다.

이때 등장한 쾌락주의 학파가 키레네학파입니다. 키레네학파는 쾌락을 극대화하라고 말합니다. 보다 자세하게 말하자면, 가장 강력한 쾌락을 최대한으로 취하라고 말하고 있습니다. 쾌락은 우리 삶의 자연스러운 목표입니다. 모든 인간은 본능적으로 항상 쾌락을 추구합니다. 쾌락의 추구가 인간의 본성이라고 말할 수 있습니다. 그래서 이성적인 사람이라면 인간의 본성인 쾌락을 추구하는 것은 자연스러운 일로 받아들였습니다. 이성적인 사람일수록 모든 노력을 기울여 쾌락을 얻기 위해 애써야 합니다.

· ◆ ·

키레네학파의 창시자인 아리스티포스는 '순간을 놓치지 말라.'라는 짧지만 강력한 메시지를 던집니다. 이것은 쾌락을 얻는 일을 결코 뒤로 미루지 말라는 것입니다. 내일은 늦을 수도 있습니다. 그러니 지금 당장 쾌락을 취해야 합니다. 쾌락을 취하는 일이 무엇보다도 우선해야 할 가장 시급하고 중요한 과제입니다. 물론 이런 삶의 방식은 결국 고통을 야기할 수도 있습니다. 우리는 경험적으로 쾌락에 집착하게 되면 고통이 야기된다는 것을 알고 있습니다. 그래서 쾌락에 대한 추구를 절제하라고 충고하기도 합니다. 그러나 아리스티포스는 이런 충고를 단 한마디로 거부합니다. 미래에 생겨날 수도 있는 불확실한 고통 때문에 현재의 확실한 쾌락을 포기하는 것은 당치않다는 것입니다.

아리스티포스는 지적인 쾌락을 육체적 쾌락에 비해 하찮은 것으로 간주합니다. 지적인 숙고나 관조에서 오는 쾌락은 하찮은 것이기 때문에, 육체의 생생하고 강렬한 쾌락을 추구하는 것이 훨씬 낫다는 것입니다. 물론 이성이 중요하다는 것을 인정하고 있습니다. 그러나 이성이 중요한 이유는 우리가 지식을 동원하면 쾌락을 증가시킬 수 있기 때문입니다. 말하자면 이성의 가치는 쾌락을 절제하는 것에 있는 것이 아닙니다. 이성의 기능은 쾌락을 절제하는 것이 아닙니다. 오히려 이성의 진정한 가치는 쾌락 때문에 쾌락이 증가하지 못하는 것을 방지하는 데 있으며, 이성의 기능은 쾌락의 증진을 방해하는 요인들을 제거하는 것입니다.

쾌락의 증진은 이성이 쾌락을 지배함으로써 가능합니다. 이성은 쾌락을 지배하여 쾌락의 노예가 되지 않게 해 줍니다. 이 말이 이성을 통한 쾌락의 절제가 바람직하다는 것을 의미한다고 생각해서는 안 됩니다. 아리스티포스는 절제를 찬미하지 않습니다. 쾌락의 양을 감소시키는 절제는 바람직한 것이 아닙니다.

물론 아리스티포스도 쾌락을 추구하는 일이 쾌락을 추구하는 것에 방해가 될 수 있다는 것을 인정합니다. 그래서 쾌락의 총량을 늘리는 것에 방해가 되는 쾌락 추구를 경계한 것일 뿐입니다. 이성이 쾌락에 방해가 되는 쾌락에서 벗어날 수 있게 해 줄 수 있다는 것입니다. 아리스티포스는 이성을 통해 가장 강렬한 쾌락을 최대한 추구함으로써 삶에서 최고의 것을 성취할 수 있다고 말한 것입니다.

에피쿠로스학파

에피쿠로스는 젊어서 데모크리토스의 철학에 매료되었다고 합니다. 에피쿠로스는 제자들을 정원이 딸린 자신의 집에서 가르쳤습니다. 이 정원 입구에는 '쾌락이 최고의 선'이라는 글귀가 적혀 있었습니다. 이 당시에 세상은 무질서와 투쟁으로 혼란스러웠습니다. 그래서 에피쿠로스학파는 가능한 한 외부 세계와 고립되기를 원했습니다. 그리고 집과 정원에서 제자들과 공동체를 이루어 생활하였습니다. 이들을 에피쿠로스학파라고 부릅니다.

에피쿠로스학파에게 최고선은 쾌락입니다. 쾌락을 추구하는 삶이 훌륭한 삶입니다. 즉, 쾌락이 없는 삶은 훌륭한 삶이 아닙니다. 살아 있는 모든 것은 태어나면서 쾌락을 얻으면 만족하고 고통을 혐오합니다. 모든 것은 이성이 아니라 본성에 이끌리기 때문입니다. 그러나 에피쿠로스가 말하는 쾌락은 '육체적인 고통과 마음의 근심이 없는 상태', 즉 아타락시아 ataraxia를 의미합니다. 쾌락이란 고통의 부재입니다. 따라서 쾌락을 추구하는 것은 고통스러운 경험을 피하는 것입니다. 결국 최고의 삶은 쾌락을 추구하는 삶이며, 쾌락을 추구하는 삶은 고통 없는 삶입니다.

우리의 삶에서 고통을 피하는 최고의 방법은 육체적 쾌락의 지나친 탐닉을 절제하는 것입니다. 쾌락에는 정신적 쾌락과 육체적 쾌락이 포함되어 있습니다. 에피쿠로스학파는 정신적 쾌락을 소극적 쾌락, 육체적 쾌락을 적극적 쾌락이라고 부릅니다. 그렇다고 에피쿠로스가 말하는 '쾌락'이 방탕한 쾌락이나 관능적인 쾌락, 즉 적극적인 쾌락만을 의미하는 것은 아닙니다. 정신적인 소극적 쾌락도 포함합니다. 물론 적극적인 쾌락만을 추구해도 좋은 경우도 있습니다. 적극적인 쾌락들이 육체나 정신 모두에 어떤 고통도 야기하지 않는다면 추구되는 것이 좋을 것입니다. 이런 경우에 적극적으로 쾌락을 추구하는 것은 최대한의 쾌락 달성에 도움이 될 것이기 때문입니다.

최대한의 쾌락은 모든 고통을 제거함으로써만 달성될 수 있습니다. 에피쿠로스학파에서 행위의 목적은 고통과 공포로부터의 해방입니다. 그러나 고통과 공포의 해방, 즉 모든 고통의 제거는 육체적 쾌락을 적극적으로 추구해서는 달성되기 어렵습니다. 육체적 쾌락은 또 다른 고통을 쉽게 동반하기 때문입니다. 육체적 쾌락은 역설적입니다. 육체적 쾌락은 추구하면 추구할수록 고통의 크기도 커져갑니다. 적절한 쾌락의 추구를 넘어서 지나치게 추구하면 부작용이 따릅니다.

◆

쾌락의 역설에 직면한 에피쿠로스학파는 추구해도 좋은 쾌락과 그렇지 않은 쾌락을 구분하고자 합니다. 그래서 우리의 욕구를 세 가지로 구분합니다.

> 첫째, 자연적이고 필수적인 욕구
> 둘째, 자연적이지만 필수적이지 않은 욕구
> 셋째, 근거 없는 비자연적인 욕구

우리 인간은 욕구하는 존재입니다. 에피쿠로스학파는 이 욕구에서 쾌락과 고통이 생겨난다고 생각했습니다. 그래서 에피쿠로스학파는 인간의 욕구들을 분류하여, 이에 대한 상세한 설명을 시도합니다. 에피쿠로스학파는 먼저 인간의 욕구를 자연적 욕구와 비자연적 욕구로 나눕니다. 자연적 욕구는 인간에게 주어져 있는 욕구를 말합니다. 대체로 인간이 가진 육체적 특성에서 비롯된 욕구들이 여기에 속합니다. 자연적인 욕구들은 우리에게 이미 주어져 있는 욕구이기 때문에 '근거가 있는' 욕구라고 말합니다. 예를 들면, 식욕, 수면욕, 그리고 성욕 등이 여기에 속할 것입니다.

물론 비자연적 욕구들도 있습니다. 이런 욕구들은 근거가 없는 욕구입니다. 우리에게 이미 주어져 있는 욕구가 아니기 때문입니다. 이런 욕구들은 인간의 신체적 특성이 아니라, 인간 외적인 사회적 특성에 의해 생겨난다고 할 수 있습니다. 에피쿠로스학파는 이런 비자연적 욕구를 '근거가 없는' 욕구라고 말합니다. 예를 들면, 명예욕, 출세욕 등이 여기에 속할 것입니다.

에피쿠로스학파는 욕구를 또한 필수적인 욕구와 필수적이지 않은 욕구로 구분합니다. 필수적인 욕구는 생존에 필요한 욕구이지만, 필수적이지 않은 욕구는 생존과 무관한 욕구입니다. 이 구분을 비자연적 욕구에 적용하는 것은 무의미합니다. 비자연적 욕구는 모두 필수적이지 않은 욕구에 속할 것이 뻔하기 때문입니다. 말하자면, 자연적 욕구들 중 어떤 욕구는 자연적이면서 동시에 필수적 욕구이지만, 어떤 욕구는 오직 자연적일 뿐 필수적이지 않은 욕구입니다. 물론 근거 없는 비자연적인 욕구들이 있으며, 이것들은 필연적인 욕구가 아닙니다.

에피쿠로스학파가 주목하는 욕구는 자연적이면서 필수적인 욕구입니다. 이러한 욕구를 제외한 모든 욕구를 최대한 제약하거나 제거해야 한다고 말합니다. 생존에 필요한 욕구 이외에 여타의 욕구를 추가하는 것은 최선의 삶, 즉 쾌락적 삶을 해치는 고통을 불러오는 삶이 될 것이기 때문입니다.

자연적이면서 동시에 필수적인 욕구를 추구하는 것은 바람직한 삶의 태도입니다. 이런 욕구가 충족되지 않으면 고통을 느끼게 될 것이기 때문입니다. 반면에 비자연적인 욕구나, 자연적이면서 필수적이지 않은 욕구를 추구하는 것은 어리석은 태도입니다. 이런 욕구들은 충족되지 않는다고 해도 고통이 야기되지 않지만, 오히려 이런 욕구들을 추구하려고 하는 과정에서 고통이 야기되기 때문입니다. 각각의 욕구들을 좀 더 세밀하게 살펴보는 것이 좋겠습니다.

· ◆ ·

첫째 욕구는 우리의 기본적인 욕구에 해당합니다. 기본적인 욕구들은 자연적이면서 필수적입니다. 기본적인 욕구는 인간의 생존과 관련된 욕구들입니다. 이런 욕구들이 만족되지 않으면 고통을 느끼게 됩니다. 예를 들면, 음식에 대한 욕구가 충족되지 않으면 큰 고통을 느낄 것입니다. 음식을 먹지 못하면 배고픔의 고통을 느낄 것이 분명합니다. 잠을 자지 못하는 것 역시 고통을 야기할 것입니다.

둘째 욕구는 에피쿠로스가 성욕을 예로 들고 있습니다. 성적 욕구는 자연스러운 것입니다. 그러나 에피쿠로스는 성적 욕구가 필수적이라고 생각하지 않습니다. 성적 욕구는 육체에서 생겨나는 것이긴 하지만, 충족되지 않는다고 해서 육체에 고통을 야기하지는 않는다는 것입니다. 충족되지 않더라도 고통을 야기하지 않는 욕구는 기초적일지라도 필수적인 것은 아니라는 것입니다. 물론 사람들은 성적 욕구가 충족되지 않는 것이 고통을 야기한다고 생각할 수 있습니다. 그러나 에피쿠로스학파는 고통에 관하여 육체적 고통에 더 큰 무게를 두고 있습니다. 그리고 성적인 억제는 죽음을 야기하지 않습니다. 이런 특성을 고려한다면 에피쿠로스의 주장을 이해할 수는 있을 것입니다.

필수적인 욕구는 획득하기 어려울지라도 충족되어야 합니다. 심지어 필수적인 욕구를 충족시키는 과정에서 해악이 생겨난다 할지라도 충족되어야 할 것입니다. 필수적인 욕구는 생존과 직접 관련되어 있기 때문입니다. 반면에 필수적이지 않은 욕구는 획득하기 어려운 경우에 쉽게 포기할 수 있는 것이며, 이것을 충족시키는 과정에서 해악이 발생할 것이 예상되는 경우에 필수적이지 않은 욕구는 쉽사리 제거될 수 있다는 것입니다. 성적인 욕구가 비록 자연적이지만 필수적이지는 않기 때문에 성취하기 어렵거나 해악이 예상되는 경우에 쉽게 제거될 수 있다는 것입니다.

물론 성적인 욕구가 성취되기 어려운 경우에 쉽게 제거될 수 있는 것인지 그렇지 않은 것인지는 간단히 주장될 수 없습니다. 또한 성적인 욕구를 충족하려고 할 때 해악이 발생될 것이 예상된다면 쉽게 제거할 수 있는 것인지도 확신할 수 없습니다. 물론 음식물에 대한 욕구에 비해서 성적인 욕구는 상대적으로 비교적 절제하기 쉬울 수 있다고 말할 수 있습니다. 그러나 오히려 성적인 욕구가 절제하기 더 어렵다고 말할 수도 있을 것입니다. 에피쿠로스가 이런 논의를 반길 것 같지는 않습니다.

이런 논의에 의견이 다른 사람일지라도, 음식물에 대한 욕구를 계속 절제하는 것은 불가능하며 신체에 큰 해를 가져온다는 것은 인정할 수 있습니다. 그리고 성적인 욕구는 지속적인 절제가 가능하며, 그리고 그 절제가 신체에 고통을 야기하지 않는다는 것도 인정할 수 있습니다. 물론 지속적인 성적 억제가 정신에 고통을 준다는 것은 분명합니다. 그렇다고 죽음을 야기할 정도의 고통은 아닙니다. 에피쿠로스가 자연적인 것과 필수적인 것을 분류의 기준으로 삼고 있다는 점을 기억하시길 바랍니다. 이들에게 억제하거나 견딜 수 있는 욕구는 필수적인 욕구가 아닙니다.

셋째 욕구는 육체의 필요가 아닌 관행이나 사회적 습관에 의해 생겨납니다. 예를 들면 사치품에 대한 욕구는 자연적이지도 필수적이지도 않습니다. 그래서 근거 없는 욕구입니다. 우리의 신체가 사치품인 화려한 장신구를 요구하지 않는다는 것은 분명합니다. 또한 검소한 옷차림을 했다고 해서 육체에 고통이 생겨나지 않는다는 것도 분명합니다. 그리고 사치품이나 화려한 옷에 대한 욕구는 상대적으로 쉽게 극복할 수 있습니다. 구매할 수 없거나 구매하기 위해 여러 날을 굶는 고통을 겪어야 한다면 이런 물품을 쉽게 포기할 것이 분명하기 때문입니다.

・◆・

우리는 자연적이고 필수적인 욕구만을 충족시키는 삶을 살아야 합니다. 검소한 식사와 평범한 옷, 그리고 번잡한 세상사에서 벗어난 소박한 삶을 살아야 합니다. 이러한 삶은 은둔자로서의 삶에 잘 어울립니다. 그래서 에피쿠로스는 은둔의 삶을 요청합니다. 은둔의 삶은 마음에 동요나 갈등이 없는 고요한 상태를 유지할 수 있습니다. 바로 이런 상태가 행복입니다. 행복은 마음의 평정, 즉 아타락시아의 상태이기 때문입니다.

마음의 평정은 욕구를 줄일 때 가능합니다. 아무리 많은 것을 성취하더라도 성취하고자 하는 욕구가 많다면 마음의 평정은 요원할 것입니다. 많은 재화를 가졌다 할지라도 더 많은 재화를 원하는 사람은 마음이 편치 않을 것입니다. 즉, 욕구가 많은 사람은 마음의 평정을 유지할 수 없으며, 따라서 행복할 수 없습니다. 오히려 성취를 키우기보다는 욕망을 줄이는 것이 행복에 다가가는 길입니다. 결국 행복은 마음을 안정시키는 활동에서 시작합니다. 마음을 안정시키는 길은 야망을 줄이는 것이기 때문입니다.

야망을 줄여서 마음을 안정시키는 것은 죽음의 문제도 초월하는 결과를 가져올 것입니다. 우리는 살아 있거나 죽어 있거나 둘 중 하나의 상태에 있습니다. 그리고 살아 있는 한 죽지 않은 것이니 염려할 필요가 없습니다. 그리고 우리가 죽었다면 더욱 염려할 필요가 없습니다. 더 이상 고통을 느낄 수 없기 때문입니다. 물론 죽은 존재는 염려할 수도 없습니다. 말하자면, 내가 존재한다면 죽음은 나에게 존재하지 않으며, 죽음이 존재한다면 내가 존재하지 않을 것입니다. 그래서 살아 있는 동안은 죽음의 고통은 없으며, 죽었다면 고통 자체가 불가능하기 때문에, 죽음을 염려하거나 근심할 필요가 없다는 것입니다. 에피쿠로스학파는 죽음에 대해 다음과 같이 말합니다.

"죽음은 우리에게 아무것도 아니라고 믿는 데 익숙해져야 한다. 왜냐하면 선과 악은 감각 기능을 전제하는데 죽음은 바로 모든 감각 능력의 상실을 의미하기 때문이다. 따라서 죽음이 우리에게 아무것도 아니라는 점을 제대로 이해하기만 하면 우리는, 우리의 삶에 무한대의 시간을 부여함으로써가 아니라 오히려 불멸성에 대한 열망을 제거함으로써, 우리의 유한한 삶을 충분히 즐길 수 있다. 삶이 멈추고 나면 아무런 두려움도 느끼지 못한다는 사실을 완벽하게 파악한 사람은 살면서 두려움을 느끼지 않을 것이다. 그러므로 죽음이 찾아올 때 고통스럽기 때문이 아니라 죽음을 예상하는 것이 고통스럽기 때문에 죽음이 두렵다고 말하는 자는 어리석은 자이다. … 따라서 가장 고통스러운 악인 죽음은 사실은 우리에게 아무것도 아니다. 우리가 살아 있을 때 죽음은 우리에게 아직 오지 않았으며 죽음이 왔을 때 우리는 이미 존재하지 않는다는 점을 알기만 하면 된다."

고통을 느끼기 위해서는 살아 있어야만 합니다. 고통은 감각 능력이 있어야 가능하며, 감각 능력은 생명이 있는 존재에게 가능하기 때문입니다. 그래서 죽은 후에는 아무것도 느끼지 못할 것입니다. 죽음은 감각 능력이 끝났다는 것을 의미하기 때문입니다. 죽은 이후에는 쾌락도 고통도 느낄 수 없습니다. 어떤 사건이 고통을 야기하지 않는다면 그것을 두려워할 이유는 없습니다. 죽은 후 고통을 느낄 수 없기 때문에 죽음은 우리에게 어떤 해도 입힐 수 없습니다. 또한 죽음을 예상하는 것은 어떤 고통도 야기하지 못합니다. 우리가 두려워하는 것은 그것이 고통을 야기하기 때문입니다. 죽음이 고통을 야기하지 않는다면, 죽음을 예상하는 것도 고통을 야기할 수 없습니다. 그래서 우리는 죽음을 두려워할 이유가 없습니다. 죽음은 우리에게 어떤 해도 입힐 수 없기 때문입니다.

에피쿠로스가 주는 삶의 지혜

저의 두 아들이 어렸을 때, 치과에 간 적이 있습니다. 두 아들은 치과 의자에서 두려움에 울음을 터트렸습니다. 그래서 그들에게 에피쿠로스의 논변을 사용해 봤습니다. 그들에게 현재 아픈지 물었습니다. 두 아들 모두 아프지 않다고 말했습니다. 그래서 제가 말했습니다. '만약 아프다면 너희들이 우는 것은 매우 합당할 것이다. 그러나 아프지도 않은데, 우는 것은 바보같은 짓이다. 아프지 않다면 울 필요가 없다. 아프지 않은데 우는 것은 바보들이나 하는 짓이다. 바보가 아니라면, 아플 때 울어도 된다. 그리고 아프지 않으면 울 필요가 없다.'라고 말했습니다.

제가 아이들의 마음을 헤아리지 못하는 자격 미달의 아빠였을 수도 있습니다. 그러나 아빠로서 이런 자격 미달은 제가 전공한 철학에서 비롯된 것입니다. 결코 제 탓은 아닙니다. 제가 부족한 아빠이든 철학을 공부한 잘못이든, 어쨌든 중요한 것은 제 말이 분명한 효과를 발휘했다는 것입니다. 큰아들은 잠시 생각하더니 곧 울음을 그쳤습니다. 그리고 마취하는 잠깐 동안 울려다 말았습니다. 마취를 위해 주사바늘이 들어가는 동안 잠깐 아팠기 때문입니다. 마취된 후 치과 치료는 거의 고통이 없습니다. 큰아들은 울지 않고 치과 진료를 훌륭히 마쳤습니다. 그러나 이것은 반쪽의 성공입니다. 작은아들은 전혀 울음을 멈추지 않았고, 치료가 끝날 때까지 계속해서 울었기 때문입니다.

작은아들은 고통이 없었음에도, 치과 진료라는 관념이 제공하는 공포에 시달렸던 것이 분명합니다. 물론 에피쿠로스학파도 고통에 대한 두려움과 공포가 2차의 고통을 일으킨다는 것을 인정하고 있습니다. 실제로는 고통이 없지만, 단순히 고통을 예상하고서 두려움과 공포를 느끼는 것은 어리석은 짓이라고 말합니다. 큰아들은 이런 어리석음에서 벗어났지만, 작은아들은 이런 어리석음에서 벗어나지 못했기 때문에 계속 울 수밖에 없었을 것입니다. 첨언하자면, 큰아들은 자신이 울지 않고 치과 진료를 받았다는 것을 매우 자랑스럽게 여겼으며, 긍지를 가졌습니다. 그리고 이후에도 그 긍지를 잃지 않았습니다. 이것은 철학적 사유가 우리 삶에 도움이 될 수 있음을 보여 주는 작은 사례입니다.

키니코스학파

이 학파는 소크라테스의 제자인 안티스테네스에 의해 시작되었습니다. 안티스테네스는 소크라테스의 소박한 삶, 고통을 견디는 인내심, 욕망을 이겨내는 도덕성을 정신적 근간으로 삼았습니다. 키니코스학파는 사람들이 행복을 추구하며 행복을 최고의 목표로 삼고 있다고 말합니다. 무엇을 행복으로 보는가에 대한 여러 견해가 있을 수 있습니다. 물론 행복은 물질적 풍요나 정치 권력과 사회적 지위를 획득하는 것과는 다른 것입니다. 이런 세속적인 가치들은 인간의 외적 세계에서 생겨나는 것이며, 인간의 내면 세계와 무관한 것들입니다. 오히려 행복은 내면의 세계에서 추구되어야 합니다. 습관에 의해 덕을 함양하고, 내면화된 덕을 따라 행하는 것이 행복일 것입니다.

행복은 세속적인 외적 가치에서 생겨나는 것이 아닙니다. 외적 가치는 유한합니다. 그래서 모든 사람이 외적 가치를 충분히 가질 수 없습니다. 행복이 외적 가치에 의해 생겨난다면, 외적 가치를 가진 소수의 사람만이 행복할 수 있을 것입니다. 즉, 행복은 소수 사람들의 전유물이 될 것입니다. 키니코스학파 뿐만 아니라 여러 이론들은 행복에 대한 이런 견해를 공통으로 주장합니다. 키니코스학파의 행복에 대한 고유한 특성은 덕을 최고의 선으로 강조하면서, 행복과 연결시킨다는 점입니다. 키니코스학파는 행복은 최고의 선인 덕에서 비롯된다고 말하고 있습니다. 모든 사람들은 덕을 실천할 수 있기 때문에, 행복은 소수의 사람이 아닌 모든 사람들이 성취할 수 있다고 말합니다. 행복은 최고선인 덕을 실천할수록 증진될 것입니다.

· ◆ ·

키니코스학파는 덕을 욕망으로부터의 해방이라고 이해합니다. 욕망을 절제하고 격정을 배제하여 자기를 통제한다면 욕망과 욕정에서 자유로울 수 있다고 말합니다. 말하자면 덕은 욕망과 욕정의 포로가 되는 것을 거부하여 자유에 도달한 상태라고 할 수 있습니다. 그래서 덕을 실천한다는 것은 욕망에서 해방되어 고통과 격정으로부터 초연한 상태로 나아간다는 것을 의미합니다. 키니코스학파는 덕을 실천하기 위해서는 세속에서 벗어나서 인연을 끊고 자연 상태로 되돌아갈 것을 권합니다. 진정한 행복은 인간 세상에 있는 것이 아니라 자연적 삶에서 찾아야 한다는 것입니다. 인간 세상은 세속적인 소유에 집착할 수밖에 없으며, 이것은 정신을 번거롭고 혼란스럽게 하며, 불안을 자극합니다. 그리고 이런 불안은 결국 또 다른 것을 소유하고 싶은 욕망 때문입니다.

소유욕에 의한 불안은 또 다른 소유를 자극하고, 이 불안에 의해 촉발된 소유욕은 또 다른 불안을 야기합니다. 소유욕에 의한 불안은 끝이 없이 계속됩니다. 그래서 소유욕에 의한 삶을 사는 것은 '소유의 노예'와 다름없습니다. 즉, 소유에 집착하는 삶은 소유의 노예로 전락한 삶에 불과합니다. 세속적인 욕망과 소유에 대한 집착을 벗어 버리고 자연적 삶을 통한 무소유를 실천함으로써 불안을 떨쳐 버리고 욕망의 노예에서 해방되어, 영혼의 자유를 얻게 되며 참된 행복을 얻을 수 있습니다. 행복을 얻기 위해서는 소유하려는 집착을 벗어 던져야 하며, 소유의 집착에서 벗어나려면 세속적 욕망이 만연한 인간 세상을 등지고 자연으로 돌아가야 합니다.

여기에서 자연으로 돌아간다는 것을 숲이 우거진 곳으로 들어가 혼자 생활한다고 이해해서는 안 됩니다. 물론 인간 세상을 등진다는 것은 현실적으로 산속으로 들어가는 방법이 가장 일반적일 것입니다. 그러나 자연으로 돌아간다는 것은 이런 의미가 아닙니다. 자연으로 돌아간다는 것은 인간 본성을 되찾아야 한다는 의미입니다. 키니코스학파들은 인간의 본성이 세속적 욕망과 소유욕에 의해 파괴되었다고 생각합니다. 그래서 자연으로 돌아가라는 말은 인간의 참된 본성을 회복하라는 말과 같습니다. 이것은 '자연으로 돌아가자.'라고 역설한 루소의 생각과 동일합니다. 세속적 욕망에 의해 파괴된 인간의 본성을 회복할 때 진정한 행복이 있다는 것입니다. 세속적 삶 속에서 인간은 참된 인간의 본성이 파괴된 채로 소유에 대한 강력한 욕구를 충족시키기 위한 노력을 끊임없이 지속합니다. 결국 인간은 세속적 욕망의 노예에서 벗어나지 못하고 있습니다. 욕망의 노예에서 벗어나려면 먼저 인간의 세속적 삶을 포기하여 세속적 욕망에서 자유로워져야 합니다. 이렇게 함으로써 비로소 인간의 참된 본성을 되찾을 수 있습니다. 이러한 삶이 바로 자연에 따르는 삶입니다.

디오게네스와 알렉산더의 일화

키니코스학파는 견유학파라고 불립니다. 개처럼 자연적 삶을 즐기는 것이 행복이라고 생각하기 때문입니다. 이런 관점을 적나라하게 보여 주고 있는 인물이 있습니다. 키니코스학파의 상징적 인물로 평가되는 디오게네스입니다. 디오게네스가 자연적 삶을 진정으로 즐기며 산 인물이라고 생각하게 해 주는 일화가 있습니다.

첫째 일화는 알렉산더 대왕과 관련된 것입니다. 세상을 통일하여 마케도니아 제국을 건설하려던 야망을 가진 알렉산더 대왕이 전쟁에서의 승리로 승승장구하며 동방정벌을 위해 진군하는 중에 디오게네스라는 현자가 아테네광장 외진 곳에 살고 있다는 소식을 듣고 만나기 위해 찾아왔습니다. 디오게네스는 그곳에 버려진 통 속에 살고 있었습니다. 알렉산더가 마침 통에서 나와 햇볕을 즐기고 있던 디오게네스를 찾아와 '당신이 원하는 것은 무엇이든 들어주겠다.'라고 말했습니다. 그러자 디오게네스는 단지 '나의 햇볕을 가리지 말아 달라.'라는 부탁을 했다고 합니다.

무소유의 행복을 누리고 있던 디오게네스는 더 이상 필요한 것이 없었던 것입니다. 부족한 것이 있어야 그것을 원하게 됩니다. 부족함이 원하는 것에 선행되어야 합니다. 말하자면 우리가 원하는 것은 우리가 그것을 결여하고 있다고, 또는 부족하다고 여기기 때문입니다. 그러나 결여된 것도 부족한 것도 전혀 없는 디오게네스에게 원하는 것이 있을 수 없습니다. 오직 부족한 것이라고는 자연의 혜택인 햇볕이었던 것입니다. 그러나 그 부족한 햇볕을 알렉산더가 가리고 있어서 햇볕을 즐길 수 없었습니다. 그러니 알렉산더에게 부탁할 것이라고는 햇볕을 가리지 말아 달라는 것뿐이었습니다.

둘째 일화는 참다운 사람이 무엇인가를 일깨우려는 디오게네스의 퍼

포먼스입니다. 디오게네스는 한낮에 등불을 들고 무언가를 찾으며 아테네 거리를 두리번거리고 있었다고 합니다. 이를 본 한 사람이 대낮에 등불을 들고 무엇을 찾고 있는지 물었습니다. 그러자 디오게네스는 사람을 찾고 있다고 말했습니다. 그러자 그 사람은 '아니 이 아테네 거리에 엄청나게 많은 사람들이 돌아다니고 있는데, 도대체 어떤 사람을 찾기에 등불까지 들고 찾느냐'고 다시 물었습니다. 그러자 디오게네스는 '사람다운 사람'을 찾는다고 말했다는 겁니다.

아마도 디오게네스는 그토록 많은 사람이 왕래하고 있는 아테네 거리에서 사람다운 사람을 찾을 수 없었나 봅니다. 그런 사람이 좀처럼 보이지 않자, 등불을 밝혀 좀 더 밝게 해서 찾으려고 했을 것입니다. 물론 디오게네스의 이런 행동은 어처구니없는 것처럼 보일 수 있습니다. 그러나 디오게네스의 행동을 사람다운 사람이 드물다는 것을 일깨우려는 퍼포먼스로 이해하면 그의 행동의 본래 의도를 파악할 수 있을 것입니다.

스토아학파

스토아학파는 매우 오래 지속되었습니다. 기원전 3세기경에 시작되어 기원후 2세기까지 이어졌습니다. 그만큼 서구의 사상에 미친 영향력도 지대할 것입니다. 스토아학파의 초기 학자는 '제논'입니다. 제논은 소크라테스에 관한 글을 읽고 철학을 공부하기로 마음먹었다고 합니다. 그래서 철학을 공부하기 위해 아테네에 왔습니다. 제논은 어느 가게 주인에게 어떻게 철학자를 찾을 수 있는지를 물었다고 합니다. 그러자 가게 주인은 마침 가게 앞을 지나가던 한 사람을 따라가라고 말했습니다.

가게 앞을 지나가던 사람이 '크라테스'입니다. 크라테스는 앞에서 설명한 디오게네스의 제자였습니다.

제논이 아테네에 와서 크라테스를 만나고 여러 해가 지난 후, 제논은 채색된 주랑柱廊, 말하자면 스토아라고 불리는 곳의 중앙 광장 한 귀퉁이에서 대중을 상대로 강의하기 시작했습니다. 제논의 강의는 상당한 인기가 있었습니다. 그래서 강의를 들으려는 많은 사람들이 모여들었습니다. 제논은 강의 내용뿐만 아니라 그의 고결한 삶 때문에도 큰 인기가 있었습니다. 몰려든 사람들을 상대로 스토아에서 강의하였기 때문에, 스토아학파라고 불리게 되었습니다.

제논은 자연과 일치하는 삶을 목표로 제시하고, 이러한 삶이 유덕한 삶이라고 주장했습니다. 즉 제논은 자연이 인간 삶의 목표인 덕으로 인도한다고 생각한 것입니다. 제논이 '유덕한 삶은 자연에 따르는 삶'이라고 명시적으로 주장한 최초의 철학자입니다. 선은 도덕적으로 명예로운 삶을 사는 것을 목적으로 삼고 있으며, 이런 삶은 자연에 따른 삶에서 도출된다고 주장하고 있기 때문입니다.

제논이 철학적 탐구를 키니코스학파에서 시작했다는 것은 앞에서 말했습니다. 그런 까닭에 스토아학파의 사상은 키니코스학파의 사상과 공통점이 많습니다. 고통을 참고 견디는 것이 덕이며, 자연적 삶을 이상적인 삶으로 여기는 것입니다.

◆

스토아학파는 시간이 경과하면서 사상적으로 큰 진전을 이루었습니다. 스토아학파는 이 세계가 자연 또는 신과 동일하다고 주장합니다. 전체로서 이 세계의 모든 것은 서로 밀접하게 연관되어 있다는 것입니다. '이 우주는 하나의 살아 있는 유기체이며, 하나의 유일한 실체이고 하나의 유일한 영혼'이라는 것입니다.

우리는 유일한 실체이며 동시에 유일한 영혼을 신이라고 부릅니다. 스토아는 이 신이 곧 자연이라고 말합니다. 그래서 자연의 법칙은 필연적인 것이 됩니다. 자연의 모든 것들은 필연적이기 때문에 우연히 발생하는 것은 없습니다. 생겨난 모든 것은 필연적입니다. 그래서 자연 현상은 물론이고 인간의 역사도 자연 법칙의 지배 하에 있습니다. 따라서 자신의 운명에 순응할 줄 알아야 합니다. 자연에 저항하는 것은 필연적인 자연의 법칙을 거스르는 어리석은 짓에 불과합니다. 행복은 자연적 순리를 담담하게 수용하는 것에서 비롯되는 것입니다.

스토아학파는 발생할 모든 일은 반드시 일어난다고 생각합니다. 그래서 우리가 취할 적절한 태도는 발생하는 일들을 수용하는 것입니다. 세상의 사건들이 발생하는 방식이 아닌, 자신이 원하는 방식으로 발생하기를 바라는 것은 어리석기 짝이 없습니다. 발생할 일은 필연적으로 결정되어 있기 때문입니다. 그러나 크게 염려할 필요는 없습니다. 필연적으로 발생하는 모든 일은 항상 좋은 방향으로 일어날 것이기 때문입니다. 신의 법칙이면서 동시에 자연의 법칙이 그르다는 것은 이치에 맞지 않습니다. 모든 일은 정해진 방식대로 전개되어야 하며, 이것이 자연, 즉 신의 뜻입니다. 우리가 할 일은 세상에서 발생하는 일을 단지 수용하는 것입니다.

우리 역시 자연의 한 부분, 즉 신의 한 부분입니다. 그러니 우리의 삶도 신의 계획에 따라 실현될 것입니다. 따라서 우리 스스로가 계획에 따라 원하는 바를 행하고 우리의 삶을 향상시킬 것이라고 믿는 것은 무의미합니다. 자연의 진행은 태초부터 정해진 것입니다. 우리의 노력을 통해서 세상을 변화시킬 수 있다고 생각해서는 안 됩니다. 우리가 조절할 수 있는 유일한 것은 발생하는 사건들에 대한 우리의 태도뿐입니다. 결국 우리가 할 수 있는 일은 필연적으로 발생하는 일들에 대해 우리의 태도를 맞추어 나가는 것입니다. 즉 우리의 태도를 발생하는 일을 수용하는 방식으로 변화시키는 것입니다.

자연의 발생을 변화시키는 것이 아니라, 자연의 발생에 맞추어 삶의 태도를 변화시키는 것이 윤리적인 태도입니다. 윤리적인 삶은 좋은 결과를 얻기 위하여 노력하는 삶이 아닙니다. 우리가 조절할 수 있는 것은 아무것도 없습니다. 우리가 윤리적으로 선하게 될 수 있는 것은 삶을 통한 성취에 의존하는 것이 아니라 실천하는 우리의 태도와 행위의 동기에 의존합니다. 행위의 동기는 우리가 조절할 수 있는 것이기 때문에 도덕적 가치를 지니는 유일한 것입니다. 그래서 도덕적 가치를 가지는 유일한 동기는 자연과 일치하여 행동하려고 바라는 것입니다.

자연과 일치하는 것은 이성적인 것입니다. 이성적인 것을 행하려는 시도는 우리에게 도덕적인 선과 악을 부여하는 유일한 동기가 됩니다. 결국 자연 또는 이성과 일치하는 행위를 하는 것이 우리의 유일한 의무가 될 것입니다. 물론 의무에 따르는 삶이 행복입니다. 그래서 자연에 따르는 삶이 행복한 삶입니다. 즉, 자신의 운명을 받아들이고 이에 따르는 사람이 행복한 사람입니다.

◆ ◆ ◆

스토아학파에서도 인간 삶의 목적은 행복에 있다고 생각합니다. 아리스토텔레스가 말했듯이, 행복은 세속적 소유에서 비롯되는 것이 아니라, 내면적 자유에서 생겨납니다. 그러나 행복을 위한 내면적 자유는 외적인 것들에 대한 관심을 제거함으로써 얻을 수 있습니다. 즉 외적인 것들, 말하자면 세속적인 가치들에 무관심함으로써 내면적 자유를 얻어 행복의 길로 나아갈 수 있습니다. 행복은 탐욕에서 벗어나 마음의 동요가 없는 상태라고 할 수 있습니다.

우리의 삶이 자연의 법칙에 순응하고, 이성에 따르게 되면 욕구와 격정에서 벗어날 수 있을 것입니다. 그리고 금욕하여 외적인 변화에 초연하게 담담한 마음을 유지하는 부동심의 상태에 이르게 될 것입니다. 스토아는 이런 상태가 행복이라고 말합니다. 행복은 마음에 동요가 없는 고요한 상태입니다. 그리고 이것을 아파테이아 apatheia라고 부릅니다. 이것은 격정을 의미하는 'pathos'에 부정의 의미인 접두사 'a'가 결합된 형태입니다. 격정이 없는 부동심의 상태를 우리가 도달해야 할 가장 이상적인 상태이며, 따라서 유덕한 상태입니다. 결국 행복은 이성적이고 유덕한 상태입니다.

한편으로 스토아학파는 모든 사람이 이성의 지배를 받고 있다고 생각합니다. 스토아 이전의 사람들은 자기 도시 또는 자기 문화의 사람들만 이성적이라고 생각했습니다. 그 밖의 사람들은 모두 야만인으로 비이성적이라고 생각한 것입니다. 그러나 스토아학파는 이 세상의 모든 존재는 이성의 지배를 받는다고 생각합니다. 전체로서 세계는 대우주이고 전체를 이루는 개인들은 소우주입니다. 따라서 자신의 도시나 문화만이 이성적이라고 말하는 것은 스토아 사상과 양립할 수 없습니다. 모든 사람들은 대우주의 한 부분을 이루는 소우주로서 이성의 지배를 받기 때문에 모든 사람은 세계 시민의 한 구성원이 됩니다.

#기독교

#그노시스파

#호교론자

#전지전능

#신존재증명

#보편자논쟁

CHAPTER 10

중세의 철학:
종교와 신

• 중세의 시작과 철학적 사유의 쇠퇴

• 기독교 사상의 전개와 철학의 관계

• 신의 특성

• 신 존재 증명

• 보편자 논쟁

• 기독교 사상과 보편자

중세의 시작과 철학적 사유의 쇠퇴

사상의 역사에서 보면, 중세의 시작은 순수한 철학적 사유보다는 기독교가 사상의 중심이 되면서 시작되었습니다. 당시의 사회에서 순수한 철학적 사유의 중요성이 약해지고, 기독교 사유가 더 중요한 사상으로 자리 잡았습니다. 중세 시대는 AD 313년에 콘스탄티누스가 기독교를 공인하고, 380년에 테오도시우스 황제가 기독교를 국교로 선언한 때부터 출발의 싹이 텄다고 말하는 것이 합당할 것입니다. 물론 592년에 플라톤의 아카데미아 학원이 폐쇄되고 베네딕트 수도회가 창설되어 신학을 가르치게 되면서 중세 시대가 본격화되었다고 말하는 것이 보다 더 정확한 표현일 수 있습니다. 이때가 기독교를 중심으로 한 종교적 사유가 서양의 유럽 사회의 중심에 서게 된 시기이기 때문입니다.

아카데미아 학원의 폐쇄와 베네딕트 수도회의 창설은 철학 대신 신학이 강조되었다는 것을 말해 줍니다. 철학적 사색 대신에 종교적 명상이 중시되는 시대가 도래하였습니다. 이 시대에 철학적 사색은 중요한 가치가 아니었으며, 종교적 삶이 중심이 되었습니다. 말하자면 순수한 철학적 사유는 중세 사회의 사상적 토대로서의 자격을 상실하였습니다. 철학적 사유는 역할을 부여 받지 못하고 퇴장 당하는 처지에 놓입니다. 그리고 기독교가 학문은 물론 인간 삶의 중심 자리를 차지하게 됩니다. 중세의 시작은 철학적 사유의 몰락을 의미하고, 종교적 사유, 특히 기독교적 사유의 융성을 의미합니다.

철학적 사유의 몰락은 인간의 이성에 의한 합리적 사유의 몰락을 의미합니다. 서양 사상사에서 중세 시대는 인간을 사유의 중심에 두지 않습니다. 오직 신과 종교가 사회에서 중심 역할을 하게 됩니다. 그래서 중세 시대를 암흑기라고 부르는 사람들도 있습니다. 인간의 이성에 의한 합리적 사유가 배제되고, 모든 문제가 신과 종교적 믿음에서 이루어졌기 때문에, 자연 현상이나 사회 현상에 대해 새롭게 고민할 필요가 없었습니다. 성서와 교회의 가르침을 믿고 따르는 것으로 충분하였습니다. 그래서 성서의 지식과 이에 근거한 교회의 주장을 넘어서는 지식에 대한 탐구가 필요치 않게 된 것입니다.

서양의 중세 사회에서는 인간의 합리적 이성보다는 종교적 믿음이 더 중시되었습니다. 말하자면 중세는 철학적 사유보다는 종교적 신념이 중심이 되었습니다. 인간을 중심으로 한 이성적 사유에 기초한 철학적 사유가 쇠퇴하고, 신에 대한 믿음과 종교적 사유가 중심이 된 사회였습니다. 그래서 중세 시대에는 새로운 철학적 사유나 창의적인 학문의 발달은 이루어지지 않았습니다. 이런 시대적 특성 때문에 융성했던 서양 고대의 철학 발전도 맥이 끊긴 채 관심에서 사라져 갔습니다. 결국 학문의 체계적인 발전은 요원한 일이 되었습니다. 바로 이런 특징이 학문과 사상에 있어서 암흑기라는 오명의 근거입니다.

기독교 사상의 전개와 철학의 관계

중세철학은 그리스 철학과 기독교 사상의 결합이라고 말할 수 있습니다. 중세 철학은 두 시기, 즉 전기와 후기로 나뉩니다. 중세 철학의 전기를 교부 철학 patristic philosophy이라고 부릅니다. 그리고 중세 철학의 후기를 스콜라 철학이라고 말합니다. 교부 철학의 대표적인 인물은 '성 아우구스티누스'입니다. 그리고 '교부'는 '교회의 아버지'를 뜻합니다. 말하자면 교부 철학은 기독교를 로마제국의 국교로 만드는 데 기여한 사람들의 철학입니다. 성 아우구스티누스를 비롯한 '교부'들은 기독교의 교리를 확립하는 것을 사명으로 삼았습니다. 따라서 교부 철학은 기독교의 교리와 관련된 철학이라고 할 수 있습니다.

교부 철학자들은 기독교가 다른 종교들과 어떻게 다른지를 설명하고자 애썼습니다. 그리고 기독교에 관하여 다양하게 존재하는 주장들을 통일하기 위해 교리를 확립해야 했습니다. 그러나 종교적 교리를 확립하는 것은 간단한 일이 아닙니다. 교부 철학자들은 기독교의 교리를 확립하면서 그리스 철학, 특히 플라톤 철학을 중심 이론으로 삼고 있습니다. 말하자면 교부 철학은 플라톤 철학의 '기독교화'라고 말할 수 있습니다. 교부 철학의 주된 활동은 성서의 가르침과 플라톤 철학의 유산을 조화시키는 것이었습니다.

스콜라 철학의 대표적인 인물은 성 토마스 아퀴나스입니다. 중세 시대 후반에 교회와 수도원에는 학당이 딸려 있었으며, 그 학당을 스콜라라고 불렀습니다. 즉, 스콜라는 교회와 수도원에 부설되어 있는 학당을 지칭하는 용어였습니다. 그래서 스콜라 철학은 교회에 부속된 학당의 교사들이 주장한 철학입니다. 철학적 활동이 교회의 교사들에 의해 이루어졌으며, 기독교 사상의 확립과 증명을 위해 활용되었습니다. 스콜라 교사들은 교리를 체계적으로 이론화하는 작업에 철학을 활용했습니다. 신학을 위해 봉사하는 것이 철학의 역할이었기 때문입니다. 그래서 철학의 역할은 '신학의 시녀'로 전락하고 말았습니다.

스콜라 철학은 교부 철학이 확립해 놓은 교리를 이론적으로 증명하고 해석하여, 체계화하는 것을 주된 과제로 삼았습니다. 아퀴나스는 플라톤 철학에 입각한 신학의 주류를 거부하고, 아리스토텔레스의 철하에 근거하여 기독교 신학을 새롭게 조명하였습니다. 교부 철학은 플라톤 철학을 토대로 삼고, 스콜라 철학은 아리스토텔레스 철학을 근간으로 삼고 있습니다. 이 두 견해에 차이점은 있을지라도, 중세 철학을 관통하는 철학적 주제가 있습니다. 그것은 신앙 fides과 이성 ratio의 관계에 관한 것입니다. 한편에서는 신앙보다 지식이 우선한다고 주장하면서 기독교를 지적인 것으로 만들려고 합니다. 이들을 그노시스 gnosis파라고 합니다. 다른 한편에서는 신앙이 지식보다 우선한다고 주장합니다. 이들을 호교론자 apologist라고 부릅니다. 신앙과 이성의 관계에 대한 해명은 중세 철학자들의 숙명과 같은 것이었습니다.

· ◆ ·

호교론자인 테르툴리아누스는 지식과 신앙을 엄격히 구별하려고 하였습니다. 그는 아테네와 예루살렘, 아카데미와 교회는 아무런 관련도 없다고 주장합니다. 신 앞에서 인간의 지식이 무력하다는 것을 이성과 신앙을 철저하게 분리함으로써 강조합니다. 그리고 이성이 아닌 신의 계시에 복종해야 한다고 주장합니다. 이성의 눈으로 보면 불합리한 것이지만, 신앙의 눈으로 보면 믿음의 토대가 된다는 것입니다. 따라서 예수가 십자가에서 죽은 후 다시 부활한 것은 '불가능하기에 확실하다.'는 것입니다. 그리고 '불합리하기 때문에 믿는다.'라고 말합니다.

호교론자들은 신의 존재를 그저 믿어야 한다고 말하고 있습니다. 신을 믿음으로써 신이 존재하게 된다고 생각하는 것처럼 보입니다. 물론 신을 믿기 위해서는 신이 존재해야 합니다. 존재하지도 않는 신을 믿을 수는 없습니다. 그래서 이 믿음은 아직 증명된 지식이 아닙니다. 존재하는지 증명되지 않은 것을 존재한다고 전제하고서 믿기 때문입니다. 그래서 이 믿음은 거짓으로 판명될 수 있습니다. 신이 존재하지 않는다면,

신이 존재한다는 믿음은 거짓이 될 것입니다. 존재하지 않는 신을 믿는 것은 그른 믿음입니다. 그래서 호교론자들에게도 신의 존재에 대한 증명은 중요한 과제일 수밖에 없었습니다.

호교론자가 철학과 신앙을 구별하여, 신앙에서 철학의 역할을 배제하려고 애쓴 반면에, 그노시스파는 신앙과 철학의 결합, 즉 조화를 추구합니다. 물론 그노시스파가 신앙에 대한 지식의 우위를 주장하지만, 신앙과 철학이 별개로 존재하는 것은 아니라고 말합니다. 안셀무스는 '알기 위해 믿는다.'라고 말합니다. 그리고 아우구스티누스는 '알기 위해서는 믿고, 믿기 위해서는 알라.'라고 말하고 있습니다. 이들은 기독교를 지적인 것으로 만들려고 하였습니다. 그노시스파는 신앙에 철학의 역할이 크다는 것을 인정합니다. 신앙을 위해서는 철학적 사유가 중요하다고 생각하기 때문입니다.

신앙과 철학의 관계는 중세를 관통하는 주제입니다. 그래서 그노시스파와 호교론자의 대립과 견해들은 중세 철학을 구성하는 결정적인 요소입니다. 호교론자는 철학과 신앙은 분리될 수 있으며, 철학은 신앙에 불필요한 것이라고 말하고 있습니다. 철학과 신앙은 아무런 관계도 아니라는 것입니다. 그러나 그노시스파는 철학과 신앙은 불가분의 관계에 있으며, 철학이 신앙의 기초가 된다고 말합니다. 철학과 신앙에 대한 두 입장을 잘 조화시킨 인물은 토마스 아퀴나스입니다. 그는 철학과 신학을 구별합니다. 철학은 이성에서 시작하고, 이성을 통해 파악한 원리나 전제에서 출발하는 반면에, 신학은 계시에서 시작하고, 계시의 내용을 가지고서 출발하기 때문입니다.

아퀴나스는 이성에 의한 철학과 계시에 의한 신앙은 다르다고 말합니다. 이성과 신앙이 전혀 다른 내용으로 이루어져 있지만, 그렇다고 완전히 별개의 것은 아니라고 말합니다. 이성과 신앙은 공통된 부분을 가지고 있기 때문입니다. 물론 철학은 이성적인 것이고, 신학은 계시에 의한 것이기 때문에 철학과 신학은 다릅니다. 그러나 신앙이 계시의 내용을 전개하거나 적용할 때 이성적인 활동이 필요합니다. 즉 신앙은 이성의 도움을 받아야 합니다. 이성의 도움을 받아서 신앙을 가질 수 있습니다. 이성의 도움이 없다면, 신앙도 불가능합니다.

신의 특성

오늘날에도 철학자들은 '신의 존재'에 관한 논의에 큰 관심을 가지고 있습니다. 물론 일반인들도 신의 존재에 대해 큰 관심을 가지고 있습니다. 신을 믿는 사람은 믿기 위해서 신의 존재 여부가 중요하며, 믿지 않는 사람은 믿지 않기 때문에 신의 존재 여부가 중요합니다. 신이 존재하든 그렇지 않든, 신이 존재한다면 어떤 존재여야 하는지 생각해 볼 수 있습니다. 신은 어떤 특성을 지닌 존재일까요? 기독교에서는 신은 모르는 것이 없는, 모든 것을 아는 존재입니다. 즉, 신은 전지한 능력을 가진 존재입니다. 그리고 신은 원하는 것은 무엇이든 할 수 있는 능력을 지닌 존재입니다. 즉 전능한 존재입니다. 그래서 신을 전지전능한 존재라고 말합니다. 또한 신은 악을 싫어하고 선을 사랑하는 존재입니다. 즉 최고로 선한 존재입니다. 또한 생성되거나 소멸되지 않는, 영원한 존재입니다. 그리고 완전무결한, 최고의 완전성을 가진 존재입니다.

신은 전지한가?

신이 전지하다는 것은 이 세상에서 발생한 모든 것을 안다는 것입니다. 모든 것을 안다는 것은 발생하는 모든 일의 원인과 결과를 관통하고 있다는 것을 의미합니다. 현재 뿐만 아니라 과거와 미래에 발생할 모든 일들을 모두 꿰뚫어 볼 수 있습니다. 신은 수업을 듣는 학생이 학기 말에 어떤 학점을 받을지 알고 있습니다. 어떤 시험 문제를 틀리고 맞을지 이미 다 알고 있습니다. 그러나 신이 여러분의 학점을 이미 다 알고 있다면, 여러분의 노력은 어떤 의미가 있는 것일까요? 여러분의 노력에도 불구하고 학점은 이미 결정되어 있는 것일까요? 미래는 우리의 의지에 따른 활동에 의해 생겨난 결과입니다. 신이 미래를 알고 있다면, 우리의 의지조차 결정되어 있다는 것일까요?

신이 전지하다는 점에서 이 세상이 이미 결정되어 있다는 주장이 생겨날 수 있습니다. 이것은 자유 의지의 문제와 관련되어 있습니다. 신이 미래의 결과를 이미 알고 있다면 인간의 자유 의지는 무의미한 것이 되어 버리고 말 것입니다. 신이 여러분의 미래를 알기 위해서는 여러분의 미래가 미리 결정되어 있어야 하기 때문입니다. 그래서 신의 전지성과 인간의 자유 의지는 양립할 수 없는 주장입니다. 그러나 신의 전지성과 자유 의지는 양립할 수 없는 것일까요? 양립할 수 없다면, 신이 전지하지 않거나 우리에게 자유 의지가 없게 됩니다. 적어도 하나는 포기해야 합니다. 우리가 자유롭다면, 신은 전지하지 않습니다. 신이 전지하다면, 우리는 자유롭지 않습니다.

그런데 우리가 자유롭지 않다면, 즉 우리의 미래가 결정되어 있다면 우리는 미래에 대해 책임질 필요가 없습니다. 책임은 내가 무언가를 자유롭게 선택하거나 행동했을 때 그 선택과 행동 그리고 그것들의 결과에 대해 부여되는 일종의 부담입니다. 그러나 내가 자유롭지 않거나 또는 강요 받아서 선택하거나 행동했다면, 그 선택과 결과에 대해 책임을

질 필요가 없습니다. 또한 내가 어떤 선택을 하든 그리고 내가 어떤 행동을 하든 그 선택과 행동이 나도 모르는 채 이미 누군가에 의해 결정된 것이라면, 그 선택과 결과에 책임질 필요가 없을 것입니다. 내가 어떤 선택을 하든 그리고 어떤 행동을 하든 그것은 나의 결정에 의한 것이 아니기 때문입니다.

신은 전능한가?

신은 또한 전능하다고 주장되고 있습니다. 신은 못하는 일이 없다는 것입니다. 그렇다면 신은 둥근 삼각형도 만들 수 있을 것처럼 보입니다. 그리고 물도 0℃에서 끓게 하고, 100℃에서 얼게 할 수도 있습니다. 과연 그렇게 할 수 있을까요? 신이 그렇게 할 수 있으면서 하지 않는 이유는 무엇일까요? 신의 능력과 관련하여 제기된 것으로 아주 오래된 물음이 있습니다. '신은 너무 무거워서 신 스스로도 들 수 없는 바위를 만들 수 있는가?' 신이 전능하다면 만들 수 있어야 합니다. 그러나 신이 이런 바위를 만들게 되면, 신은 이 바위를 들어 올릴 수 없습니다. 들어 올릴 수 없다면, 신은 전능한 존재가 아닙니다. 신이 이런 바위를 만들 수 없다고 대답한다면, 만들 수 없기 때문에 신은 전능하지 않을 것입니다.

신은 선한가?

신이 선하다는 것도 많은 논란이 있습니다. 신이 선하다면, 이 세상에는 악이 존재한다는 것을 이해할 수 없기 때문입니다. 전능하면서 최고로 선한 신이 악을 만들어 냈다는 것은 참으로 이해하기 어렵습니다. 더구나 악한 사람들이 더 많은 이익을 취하고, 심지어 착한 사람들을 악용하여 불행으로 몰아넣기도 합니다. 전지전능하고 최고로 선한 신이 존재한다면, 이런 일을 방관하는 이유가 무엇일까요?

신이 존재한다면 악은 없어야 하며, 악이 존재한다면 신이 존재하지 않는 것 아닐까요? 신이 최고로 선하다면 신은 악이 이 세상에서 완전히 없어지기를 원했을 것입니다. 그리고 신이 전능하다면 신은 악을 완전히 없앨 수 있었을 것입니다. 그러나 이 세상에 악이 존재한다는 것은 엄연한 사실입니다. 그러므로 신은 최고로 선하지도 전능하지도 않습니다. 말하자면 최고로 선하고 전능한 신은 존재하지 않습니다. 이것은 신과 악의 존재에 관한 오래된 논쟁 중 하나입니다.

악이 존재한다고 해서 신이 존재하지 않는다고 말하는 것은 지나친 것일 수 있습니다. 악이 존재한다고 해도 신이 존재한다는 주장은 모순은 아니기 때문입니다. 물론 악이 존재한다고 해도 신이 존재하지 않는다는 주장은 도출되지 않습니다. 그러나 악이 존재한다면 적어도 신은 최고로 선하지도 전능한 것도 아니라고 말할 수 있습니다. 그리고 어떤 존재가 최고로 선하지도 않고, 전능한 것도 아니라면, 그 존재는 신이 아닐 것입니다. 신은 그 자체로 최고로 선하며 전능하고 전지한 존재이기 때문입니다. 신은 결함을 가진 존재가 아닙니다. 그래서 악이 존재한다는 것을 근거로 신의 존재에 의문을 제기하는 것은 가능해 보입니다.

신 존재 증명

어떤 것이 존재하는지 알기 위해서는 그것의 존재를 직접 경험하는 것처럼 좋은 방법은 없습니다. 어떤 사물이 존재한다는 것을 의심하는 사람에게는 그것을 보여 주는 것으로 그의 의심을 제거할 수 있습니다. 직접 경험이 존재를 입증하는 가장 좋은 방법입니다. 그러나 신의 존재를 증명하는 것은 이와 다릅니다. 신의 존재를 의심하는 사람에게 신의 존재를 보여 주면서 증명하려는 시도는 성공할 수 없습니다. 신을 보여 줄 수 있는 사람은 없기 때문입니다. 물론 신을 경험했다고 말하는 사람도 있습니다. 그러나 신을 경험한 사람이 있을 수 있다고 인정할지라도, 그런 종류의 경험이 신의 존재를 증명해 주는 것은 아닙니다. 신을 경험했다는 경험은 매우 자의적이기 때문입니다. 증명은 자신이 경험했다는 사실을 넘어서 타인을 경험시킬 수 있어야 합니다.

신을 경험했다고 주장하는 사람들은 타인에게 신에 대한 경험을 제공할 수 없습니다. 자신 혼자만의 유일한 경험은 증명의 근거가 될 수 없습니다. 증명을 위해서는 반복적 경험이 가능해야 합니다. 말하자면 물이 100℃에서 끓는다는 믿음은 그 물이 언제나 반복적으로 100℃에서 끓어야 합니다. 그리고 다른 사람이 시도해도 물은 100℃에서 끓어야 합니다. 이럴 때 물이 100℃에서 끓는다는 주장이 증명되는 것입니다. 그러나 신에 대한 개인의 주관적 경험은 타인이 확인할 수 없으며, 그 경험을 타인이 공유할 수 없습니다. 이런 주관적 경험은 증명의 근거가 되지 못합니다. 즉 신에 대한 주관적 경험은 증명을 위한 직접 경험이 아닙니다.

신을 직접 경험하는 것으로 증명할 수 없다면, 신의 존재를 증명하기 위해서는 다른 방법을 사용해야 합니다. 그래서 중세 철학자들은 신의 존재를 증명하기 위해서 여러 논증을 시도하였습니다. 여기에서는 신의 존재에 대한 세 가지 논증을 살펴볼 것입니다. 이 논증들이 여타의 논증들을 대체로 포섭할 수 있으며, 이 세 논증이 어떤 논증보다 정교하기 때문입니다. 이 논증들은 존재론적 논증, 우주론적 논증, 목적론적 논증입니다.

존재론적 증명

존재론적 증명은 신을 증명하는 논증으로 가장 오래된 중요한 논증입니다. 이 논증은 신의 완전성을 전제로 하여 이루어집니다. 신은 완전한 존재이기 때문에 존재할 수밖에 없다는 것입니다. 식물보다 동물이 더 완전한 존재입니다. 그리고 사람이 동물보다 더 완전합니다. 이런 완전성의 단계는 계속 진행할 것입니다. 그러나 완전성의 단계가 무한히 지속될 수는 없습니다. 완전성의 단계는 어느 지점에선가 끝을 맺어야 합니다. 즉 가장 완전한 단계가 있어야 합니다. 그리고 최고의 완전성의 단계에는 최상의 그리고 가장 완전한 존재가 있을 것입니다. 이 최상의 그리고 가장 완전한 존재가 바로 신입니다.

존재론적 증명에서 신은 생각될 수 있는 것 중에서 가장 위대하고 완전한 존재입니다. 더 이상 완전한 존재를 상상할 수 없는 실재입니다. 물론 이런 존재가 마음속에만 존재할 수 있습니다. 그러나 마음속에만 존재하는 존재는 마음속에도 존재하고 실제로도 존재하는 존재보다 완전할 수 없습니다. 그래서 마음속에도 존재하고 실제로도 존재하는 존재가 더 완전합니다. 따라서 신은 최상의 그리고 가장 완전한 존재이기 때문에 마음속에도 존재하고 실제로도 존재하는 실체여야 합니다. 또한 가장 완전한 존재인 신은 어디에든 존재하는 실체일 것입니다.

우주론적 증명

우주론적 증명의 기본 원리는 경험적 사실로부터 이 사실의 원인이나 설명을 찾아내는 것입니다. 우주론적 증명은 신이 존재하지 않는다면 우리가 경험할 수 있는 이 세계는 존재할 수 없다는 것을 기초로 삼고 있습니다. 이 세계가 존재하고 있으며 이것을 우리가 경험하고 있다는 것은 분명하기 때문에 신은 존재합니다. 이 세계와 여기에 존재하는 것들의 원인으로서 신이 존재해야 하기 때문입니다. 이 세상의 모든 것은 우연히 생겨나지 않습니다. 우리 주변의 모든 것들에는 각각 존재하는 원인이 있습니다. 신은 존재하는 것들의 최종적인 원인이면서 최고의 원인입니다.

하나의 원인이 어떤 것을 존재하게 하지만, 그 원인은 다른 원인의 결과이기도 합니다. 말하자면 원인과 결과는 계속되는 연쇄 관계로 형성되어 있습니다. 그래서 대부분의 원인은 다른 것의 원인이면서 동시에 다른 원인의 결과입니다. 우리는 앞에서 아리스토텔레스의 목적과 수단의 연쇄 관계를 살펴보았습니다. 이 목적과 수단의 연쇄와 마찬가지로, 원인과 결과도 계속되는 연쇄 관계입니다. 그러나 목적과 수단이 무한히 계속되지 않듯이, 원인과 결과도 무한히 계속될 수는 없습니다. 따라서 물론 목적과 수단에 최종적인 궁극적 목적이 있듯이, 원인과 결과의 연쇄에도 다른 원인을 갖지 않는 최초의 원인이 있어야만 합니다.

◆

이 세계가 존재한다는 것은 분명하기 때문에 이 세계를 존재하게 하는 최초의 원인이 있어야 합니다. 최초의 원인은 그 자체로 원인일 뿐 다른 것의 결과일 수 없습니다. 이 원인을 결과하게 한 원인이 있다면, 이 원인은 최초의 원인이 될 수 없기 때문입니다. 따라서 최초의 원인은 '제 1원인', '원인을 갖지 않는 원인', 그리고 '자기 원인' 등으로 불립니다. 따라서 이 세계는 분명 최초의 원인에 의해 창조되었습니다. 이 세계의 존재 원인으로서 최초의 원인이 바로 신입니다.

이런 설명은 운동 개념을 통해서도 가능합니다. 모든 움직이는 물체는 다른 것에 의해 그 움직임이 촉발되어야 합니다. 그렇게 촉발된 움직임은 다른 것을 움직이게 할 것입니다. 이 움직임의 촉발 과정 또한 계속해서 소급될 수 있습니다. 그러나 운동의 촉발은 무한히 소급되는 것은 아닙니다. 운동이 무한히 소급되지 않으려면 최초로 움직임을 야기한 존재가 필요합니다. 이것을 제일 동자^{第一動者}, 또는 원동자^{原動者}라고 부릅니다. 이 원동자는 '스스로는 움직이지 않으면서 다른 모든 것을 움직이게 해 주는 존재'를 의미합니다. 이 세상의 변화와 운동이 있으려면 반드시 최초의 운동인으로서 신이 존재해야 한다는 것입니다.

부동의 원동자, 즉 최초의 운동인을 좀 더 쉽게 이해할 수 있는 예가 도미노입니다. 도미노 게임은 운동, 또는 원인과 결과의 연쇄 관계를 통해 설명될 수 있습니다. 하나의 도미노가 넘어지는 것은 이전 도미노의 결과이며, 다음 도미노의 원인입니다. 이 도미노들을 움직이게 하려면 맨 처음 움직이게 해 준, 말하자면 사람의 손가락이 필요합니다. 물론 사람의 손가락은 도미노를 움직이게 하지만 도미노에 의해 움직인 것은 아닙니다. 이 사람의 손가락이 바로 도미노를 움직이게 한 최초의 움직임이면서, 최초의 원인입니다. 말하자면 노미노를 통한 비유에서는 사람의 손가락이 신에 비유될 수 있습니다. 움직임을 위해서는 사람의 손가락이 있듯이, 이 세계가 움직이기 위해서는 신이 있어야만 합니다.

목적론적 증명

목적론적 증명은 이 우주가 질서 있게 구성되었으며 어떤 목적을 가지고 운행하고 있다는 것을 전제하고 있습니다. 이 우주가 질서 있게 어떤 방향으로 나아간다면, 이것은 틀림없이 지적인 존재에 의해 계획된 것으로 보아야 할 것입니다. 화살이 어떤 목표를 향하여 날아간다면, 누군가 의도를 가지고 이 화살을 쏘았다고 생각할 것입니다. 정교하고 정밀한 세계가 설계자 없이 우연히 생겨난 것이라고 말하는 것은 합리적일 수 없습니다. 따라서 이 세계를 완벽하게 고안한 설계자가 반드시 있을 것이며, 이 존재가 신이라는 것입니다.

정교하고 세련된 존재가 특정한 목적을 가지고 작용하고 있다면, 이런 세련된 존재가 우연히 생겨난 것이라고 생각하는 것은 어리석을 것입니다. 이렇듯 정연한 질서를 가지고 운행하는 이 세계나 우주가 우연적으로 생겨난 것이라고 생각하는 것도 어리석기는 마찬가지입니다. 그래서 이런 세계가 우연이 아니라 어떤 특별한 목적을 수행하려고 설계된 것이라고 생각하는 것이 합당할 것입니다. 그렇다면 이렇게 거대하고 질서 정연한 세계를 누가 만들 수 있을까요? 이 세상에서 가장 지적이라고 생각할 수 있는 인간도 이런 세계를 만들 수는 없습니다. 그래서 이런 거대하고 질서 정연한 세계를 어떤 전지전능한 존재가 만들었다고 생각할 수밖에 없습니다. 그리고 이 세계를 만든 전지전능한 존재를 신이라고 말하는 것이 합당할 것입니다.

이런 설명에 만족하지 못한다면, 신에 대한 목적론적 증명에서 제공하는 유비 추론을 살펴보는 것도 도움이 될 것입니다. 이 유비 추론은 매우 설득력 있는 추론으로 알려져 있습니다.

"당신이 해변을 걷다가 모래 위에 떨어져 있는 시계를 발견했다고 생각해 보자. 그것을 들여다보고서 당신은 그 시계가 정교하고 복잡한 기계라는 것을 알았다. 이와 같이 정교한 사물의 존재를 어떻게 설명할 수 있을까? 파도가 모래를 때림으로써 시계가 우연적으로 만들어졌다고 설명하는 것은 설득력이 없다. 그것은 원숭이가 타자기 위를 아무렇게나 두드림으로써 셰익스피어의 작품들이 만들어졌다고 주장하는 것과 마찬가지로 설득력이 없다. 시계의 정교함은 그것이 지성의 산물임을 보여 준다. 시계를 만든 지성적인 존재자, 즉 시계공이 있었기 때문에 시계는 존재한다. 생명의 세계를 한번 둘러보자. 생명의 세계에는 엄청나게 정교하고 환경에 잘 적응된 생명체들로 꽉 차 있다는 사실을 당신은 발견할 것이다. 사실 생명체들은 시계보다 훨씬 더 복잡하다. 그리고 시계가 시간을 측정하는 일에 알맞게 되어 있듯이, 생명체들도 생존하고 복제하는 일에 매우 적합하게 되어 있다. 우리는 생명체들이 그렇게 놀라울 정도로 정교하고 잘 적응되어 있다는 사실을 어떻게 설명할 수 있는가? 파도가 모래를 때리는 것과 같은 제멋대로의 과정에 의해 우연히 난초들, 악어들, 사람들이 존재하게 되었다고 설명하는 것은 설득력이 없다. 엄청난 지성을 가진 창조자가 생명체라고 불리는 대단히 정교하고 잘 적응된 기계들을 만들었다고 설명하는 것이 최상의 설명일 것이다. 그러한 존재자를 우리는 신이라 부른다."

신의 존재를 증명하는 여러 논변을 살펴 보았습니다. 그리고 앞에서 신의 특성을 살펴보면서 개념적인 모순들도 살펴보았습니다. 신은 존재할까요? 그렇다면 어떤 특징을 가졌을까요? 물론 신이 존재하지 않는다고 생각한다면 더 이상 논의할 필요는 없을 것입니다. 그러나 신이 존재한다고 생각한다면 신을 증명하고, 신의 특성을 설명하기 위한 노력이 계속되어야 할 것입니다.

보편자 논쟁

중세 철학자들은 보편자가 실재하는지 그렇지 않은지에 대한 논쟁에 집중하였습니다. 이 논쟁의 연원은 한참 거슬러 올라가야 합니다. 포르피리오스는 신 플라톤주의의 대표적 인물인 플로티누스의 제자입니다. 포르피리오스는 아리스토텔레스의 저술인 『범주론』을 해설한 저술을 남겼습니다. 그것이 『아리스토텔레스 범주론 입문』입니다. 보에티우스는 포르피리오스의 저서를 라틴어로 번역하고 주석을 달았습니다. 보에티우스는 이 책에 주석을 달면서 포르피리오스가 논의하지 않겠다고 미루어 두었던 문제를 논쟁의 수면 위로 끌어 올렸습니다. 포르피리오스는 다음과 같이 말하고 있습니다. "나는 종과 유가 그 자체로 존재하는 것인지 우리의 오성에만 있는 것인지, 종과 유가 형체를 지닌 것인지 형체가 없는 것인지, 그리고 종과 유가 개별자에서 분리된 것인지 개별자에 내재한 것인지, 나는 이러한 문제에 대해서 말하지 않으려 한다."

포르피리오스가 논의하지 않겠다고 한 문제는 보에티우스에 의해서 '보편자 논쟁'이라는 이름을 가지고 다시 논의되기 시작하였습니다. 이 당시에는 종과 유를 통칭하여 보편자 universalia라고 했기 때문에 이와 관련된 논쟁은 '보편자 논쟁'이라고 불렸습니다. 보에티우스는 이 논의를 위해 플라톤의 이데아와 아리스토텔레스의 우시아를 끌어들여 논의하고 있습니다. 이런 연유로 보편자 논쟁은 두 갈래로 갈라집니다. 플라톤적 관점과 아리스토테레스적 관점, 즉 보편자 실재론과 보편자 유명론으로 갈라집니다.

보편자 실재론

보편자 실재론은 말 그대로 보편자가 실재한다는 입장입니다. 많은 사람들은 그냥 실재론이라고 부릅니다. 실재론은 보편자가 플라톤의 이데아와 같이 참된 존재이며, 개별적 존재에 우선하여 존재한다는 입장입니다. 보편자는 개별자에 분리되어 참으로 존재하며, 완전하고 불변하는 실재 존재입니다. 우리가 '철수는 인간이다.'라고 말할 때, 우리가 사용하고 있는 개념은 '철수'와 '인간다움'입니다. 물론 개별자인 철수가 존재한다는 것을 부정할 사람은 없을 것입니다. 그러나 '인간다움'은 어떨까요?

'인간다움'이 존재한다고 흔쾌히 말할 수 있는 사람은 드물 것입니다.

물론 실재론자들은 '인간다움'이 실제로 존재한다고 말합니다. 그것도 철수가 존재하기 전에 이미 보편적 실체인 '인간다움'이 존재하고 있다고 말합니다. 철수는 단지 특수한 개체에 '인간'이라는 보편적 실체가 우연히 개입되어 생겨난 것입니다. 말하자면 어떤 개체에 보편적 실체인 인간이 개입되어 하나의 인간 개체가 생겨나고, 그 후에 그 개체는 철수라는 이름을 얻은 것입니다. 그래서 '인간다움'은 구체적인 실체이며, 개별적인 인간이 존재하지 않을지라도, 말하자면 모든 인간이 소멸하여 존재하지 않게 되더라도, '인간다움'이 존재한다는 것입니다.

이런 방식의 설명이 어렵다면, 노란색 풍선을 생각해 보십시오. 노란색 풍선은 노란색을 가진 풍선입니다. 물론 풍선은 파란색 풍선, 빨간색 풍선 등 다양한 풍선이 있을 수 있습니다. 말하자면 풍선은 풍선의 색과는 별개의 존재입니다. 따라서 노란색과 풍선은 별개로 존재한다고 말할 수 있습니다. 실재론자들은 이 노란색이 노란 풍선이 존재하지 않더라도 존재한다고 말합니다. 나아가 노란색은 노란색의 개별자들이 전혀 존재하지 않을지라도 노란색은 여전히 존재할 수 있다는 것입니다. 노란색과 풍선의 관계처럼, 보편자와 개별자를 구별해 볼 수 있습니다. 어떤 노란 것이 존재하지 않더라도, 노란색이 존재한다고 여긴다면, 어떤 개별적인 인간이 존재하지 않더라도, 보편자로서 '인간다움'은 존재한다고 말할 수 있을 것입니다.

보편자 유명론

보편자 유명론은 존재하는 것은 개별적인 사물들뿐이며, 보편자라는 것은 단지 개념에 불과하다고 주장합니다. 인간의 정신이 존재하는 개별자들을 추상하여 보편자라는 개념을 추상해 낸 것이라고 말합니다.

따라서 보편자는 실제로 존재하는 것이 아니라 언어의 사용을 위하여 붙인 이름일 뿐입니다. '인간의 정신은 개체들을 모아서 종개념을 만들고 다시 종개념을 모아서 유개념을 만들었다.'라는 것입니다. 말하자면 보편자로서 종개념과 유개념은 인간의 정신 안에 있는 것이고, 정신 밖에는 개별자들이 존재한다는 것입니다. 그래서 개별자들을 떠난 종개념과 유개념은 존재하지 않으며, 종개념과 유개념은 정신 속에 들어 있는 이름에 불과하다는 것입니다.

그래서 우리가 '철수는 인간이다.'라고 말할 때, 존재하는 것은 오로지 개별자인 '철수'만 존재하고, 보편자인 '인간다움'은 존재하는 실체가 아닙니다. 사용된 보편자 개념인 '인간다움'은 단지 개별적 인간들에서 추상해낸 개념이며, 여기에 붙여진 이름에 불과한 것입니다. '인간다움'이라는 실체는 실제로 존재하지 않습니다. 현실에 존재하는 것은 단지 개별자들뿐이며, 보편자는 인간 정신이 만들어 낸 가공물로서 '개념', 즉 이름에 불과합니다. 그래서 현실 세계는 개별자들로만 구성된 세계입니다. 그 개별자들이 모두 사라진다면, 그들에 덧붙여진 이름에 불과한 보편자들도 사라질 것입니다. 보편자는 실재하는 존재가 아니고 인간에 의해 가공된 이름에 불과하기 때문입니다.

앞에서 말한 노란색 풍선을 다시 생각해 보십시오. 실재론자들은 풍선은 개별자로 존재하며, 노란색은 보편자로 실재한다고 말합니다. 그러나 유명론자는 오로지 개별자로서 풍선만 존재한다는 것입니다. 말하자면 존재하는 것은 여러 노란색 풍선들입니다. 노란색 그 자체가 따로 존재하는 것은 아닙니다. 모든 노란색을 가진 개별자들이 소멸한다면, 노란색은 그 자체로 존재하는 것이 아니기 때문에, 노란색이라는 보편자도 존재하지 않을 뿐만 아니라 '노란색'이라는 개념 자체도 무의미할 것입니다.

오컴은 유명론자로서 보편 논쟁에 결정적 논변을 제공합니다. 이 논변은 중세의 종말을 앞당겼다고 말해질 정도로 유명한 논쟁입니다. 그는 '보다 적은 것으로 할 수 있는 일을 보다 많은 것으로 하는 것은 헛된 짓이다.'라고 말하면서 보편자의 존재를 철저하게 부정합니다. 존재하지도 않는 보편자를 가정하는 것은 어리석다는 것입니다. '실체를 필요 없이 증가시켜서는 안 된다.'라고 주장하면서 허구의 존재들을 부정합니다. 이것이 잘 알려진 '오컴의 면도날'입니다. 이 면도날은 불필요하게 가정된 실체들을 가차없이 잘라내기 위한 것입니다.

오컴의 면도날은 훗날 독일 관념론적 사유를 비판하면서, 분석적 방법으로 철학을 시도했던 영미 철학자들에 의해 다시 등장한 개념이기도 합니다. 당시의 유럽 철학은 독일 관념론, 특히 헤겔의 절대적 관념론에 의한 형이상학적 추상 개념들을 당연한 것으로 받아들이는 추세였습니다. 영미 철학자들은 철학에서 이런 추상 개념을 제거하기 위해 오컴의 정신을 요청하였습니다. 이들은 불필요한 추상 개념을 면도날로 베어 버리듯이 제거하고, 실제 세계에 대응하는 개념만을 사용하자고 역설했습니다.

기독교 사상과 보편자

중세에 보편자의 문제는 뜨거운 논쟁으로 이어졌습니다. 보편자의 문제가 철학적으로 중요한 것은 사실입니다. 그러나 철학적으로 중요한 문제라는 것만으로 이처럼 뜨겁고 치열한 논쟁이 벌어지지는 않았을 것입니다. 보편자의 문제가 기독교의 교리에 큰 영향을 미칠 수 있다는 것이 논쟁을 더 뜨겁게 달군 결정적 이유입니다. 보편자 문제는 기독교의 성패가 달린 문제였기 때문입니다. 보편자의 문제는 첫째, 신의 존재, 둘째, 교회의 실재성, 셋째, 원죄 사상과 밀접한 관련이 있으며, 중대한 영향을 미치는 중요한 주제였습니다.

보편자와 신의 존재

보편자의 존재를 부정하는 것은 신은 존재를 부정하는 것과 다름없습니다. 물론 기독교에서 신의 존재를 의심하는 것은 당치않은 일입니다. 신은 영원하며, 불변하고, 완전한 존재입니다. 그래서 신은 감각적 대상이 아니어서 경험을 초월해 있는 존재입니다. 말하자면 신은 개별자가 아니라 보편자의 성질을 가지고 있습니다. 신이 보편자가 아니라면, 불변하며 영원히 존재하는 신의 존재를 수긍할 수 없게 됩니다. 초월성은 개별자가 아니라 보편자의 속성입니다. 그러나 보편자가 존재하지 않는다면, 신의 초월성도 주장할 수 없게 될 것입니다. 그렇다면 보편자가 존재하지 않듯이, 신도 또한 존재하지 않을 것입니다. 보편자가 인간 정신이 산출한 추상적인 개념에 불과하다면, 신의 객관적인 실재성을 옹호할 수 없을 것이기 때문입니다.

보편자의 존재를 의심하는 것이 신의 존재를 의심하는 것과 마찬가지라면, 보편자의 존재를 의심하는 것은 기독교를 의심하는 것과 같습니다. 왜냐하면 보편자의 존재를 인정하지 않고서는 신의 존재를 인정할 수 없기 때문입니다. 신을 의심하는 것은 기독교의 철학적 기반을 허무는 일이 될 것이고, 이것은 보편자를 의심하는 것에서 시작할 것입니다. 결국 보편자의 존재를 인정하느냐 그렇지 않느냐는 기독교의 존립에 가장 중요한 문제였습니다. 기독교의 존립을 위해서는 신의 존재가 긍정되어야 하며, 신의 존재가 긍정되기 위해서는 보편자의 존재가 인정되어야 했던 것입니다.

보편자와 교회의 실재성

보편자를 부정하는 것은 교회의 실재성을 부인하는 것과 같습니다. 교회는 하나님의 몸이면서, 동시에 순결의 원천입니다. 그래서 교회는 단순한 모임의 성격을 넘어 절대적인 실재성을 가집니다. 즉, 교회는 사람들이 일시적으로 모였다 흩어지는 단순한 집합이 아니라, 영원한 실재입니다. 교회가 영원한 실재성을 가진다면, 교회는 각각의 개별적인 교회의 개별성을 넘어서 보편적인 성질을 가지고 있어야 합니다. 교회가 보편자로서 실재성을 가지고 있지 않다면, 교회의 실재성을 확보할 수 없으며, 교회의 권위는 추락하고 말 것입니다. 따라서 보편자의 존재를 부정하는 것은 교회의 권위를 위태롭게 할 것입니다. 교회의 권위를 굳건히 하기 위해 보편자의 존재를 인정하는 것은 중요한 일이었습니다. 결국 보편자를 인정하지 않고는 기독교의 존립을 말할 수 없습니다.

보편자와 원죄 사상

보편자를 부정하는 것은 원죄 사상을 부인하는 것과 같습니다. 기독교는 모든 인간을 죄인이라고 말합니다. 아담은 신의 말에 복종하지 않고 계율을 어겼기 때문에 죄인이 되었습니다. 그리고 아담의 자손들인 우리도 아담이 지은 원죄에 따라 죄인으로 태어납니다. 인간이 가진 원죄를 설명하기 위해서는 모든 개별적 인간들을 포괄하는 보편적 인간으로서 아담을 인정해야 합니다. 말하자면 개별적 인간에 앞서는 보편적 인간으로서 아담의 존재를 부정한다면 인간의 원죄를 인정할 수 없게 될 것입니다.

원죄 사상은 기독교의 가장 핵심적인 교리입니다. 원죄 사상은 신과 인간의 관계를 설정하는 토대가 됩니다. 가장 무거운 죄를 지은 인간은 신으로부터 구원받기 위해 노력해야 합니다. 그래서 신은 인간의 죄를 구원하기 위해 예수를 십자가에서 죽게 한 것입니다. 예수의 죽음은 인간을 죄에서 구원하기 위한 것입니다. 신과 인간의 관계는 원죄 사상에 토대를 두고 있기 때문에 이것이 인간의 모든 행동의 원천이라고 말할 수 있습니다. 원죄 사상이 인간이 신을 섬기고 신에 따라서 살아야 하는 이유를 제공합니다.

원죄 사상을 주장하기 위해서는 아담의 보편성이 인정되어야 합니다. 그러나 아담의 보편성이 인정되려면 보편자의 존재가 인정되지 않고서는 불가능합니다. 따라서 보편자의 존재를 인정하는 일은 아담이 지은 죄의 보편성을 인정하는 일이 됩니다. 그리고 아담의 보편성을 인정함으로써 원죄 사상을 주장할 수 있게 됩니다. 보편자의 존재를 인정하지 않으면, 기독교의 핵심 교리인 원죄 사상은 위태로워질 것입니다.

··· 잠시, 샛길

천사는 화장실이 필요할까?

종교의 힘이 지배적인 세상에서는 참된 학문이 발전하기 어려웠습니다. 그래서 서양의 중세를 학문에서 암흑의 시대라고 부르기도 합니다. 그래서 중세 시대에 눈에 띄는 학문의 발전을 말하기는 쉽지 않습니다. 그렇다고 서양의 중세 철학자들이 손을 놓고 있었던 것은 아닙니다. 서양의 중세 철학자들은 "천사들이 화장실을 갈까?"를 진지하게 논쟁했다고 합니다. 또한 "바늘 끝에 몇 명의 천사가 올라앉을 수 있는가?"도 진지하게 논쟁하였습니다. 날카로운 바늘 끝에 앉을 수 있는지도 의문일 터인데, 몇 명이 올라앉을 수 있는지를 고민했다는 것입니다. 이런 논의들은 어찌 보면 뜬금없는 농담같기도 합니다. 너무도 터무니 없고, 어처구니없는 논쟁같아 보이기 때문입니다.

과연 천사에게 화장실이 필요하며, 바늘 끝에 올라앉을 수 있을까요? 이런 물음을 중세 철학자들이 진지하게 고민했다고 하니, 분명 철학자들은 터무니없는 물음에 집착하는 사람들이 분명하다고 생각할 수도 있을 것입니다. 그러나 이 물음의 속내를 들여다보면 중세 철학자들이 이 물음에 집착한 이유를 알 수 있습니다.

천사는 하늘과 지상에 걸쳐 있는 존재입니다. 그리고 지상은 감각적 존재들의 세상지만, 하늘은 감각되지 않는 존재들의 세상입니다. 물론 지상은 물질로 이루어진 존재, 즉 우리의 감각으로 확인 가능한 존재들로 구성되어 있습니다. 반면에 하늘은 물질이 아닌 혼만으로 이루어진 존재들, 즉 우리의 감각에 파악되지 않는 존재들로 구성되어 있다고 믿어지고 있습니다.

물질로 이루어진 존재는 질량과 부피를 가지고 있습니다. 그리고 물질로 된 살아 있는 존재는 생장 작용이 필수적입니다. 이 생장 작용은, 식물에서는 조금 다르게 표현될지라도, 근본적으로 먹고 마시고 배설하는 활동을 필연적으로 동반합니다. 그래서 동물에게는 화장실이 필요합니다. 반면에 혼들은 물질적 존재가 아니기 때문에 질량과 부피를 가지고 있지 않습니다. 그래서 혼이 살아 있다 할지라도, 질량과 부피를 가지지 않는 덕분에 생장 작용이 필요하지 않습니다. 말하자면 먹고 마시고 배설하는 작용을 할 필요가 없으니, 화장실도 필요하지 않을 것입니다. 그렇다면 천사는 어떤 존재일까요? 천사는 오로지 혼적인 존재일까요? 아니면 육신을 가진 존재일까요?

천사가 하늘의 존재라면 혼만으로 이루어져 있을 것입니다. 그래서 천사는 우리의 감각으로 파악될 수 없는 존재일 것이 분명합니다. 그렇다면 천사는 천상의 메시지를 어떻게 지상에 전달할 수 있을까요? 지상의 존재들은 혼으로 이루어진 존재를 파악할 수 없기 때문에, 혼만으로 이루어진 존재로부디 메시지를 직접 전달 받을 수 없습니다. 온만으로 이루어진 존재는 질량과 부피를 갖지 않아서 감각으로 파악할 수 없기 때문입니다. 그래서 기독교에서는 천상의 메시지를 직접 전달해 줄 수 있는 천사가 필요했습니다. 그리고 천사는 감각으로 파악될 수 있는 존재여야 했습니다. 그러나 우리가 천사를 눈으로 볼 수 있다면, 천사는 혼만으로 이루어진 존재가 아닙니다. 천사는 분명 물질을 포함하고 있어야 합니다. 그래야만 질량과 부피를 가지게 되며, 우리의 감각에 파악될 수 있기 때문입니다. 그래서 우리는 눈으로 볼 수 있는 천사로부터 하늘의 메시지를 직접 받을 수 있게 됩니다.

문제는 물질로 구성된 존재가 살아 있기 위해서는 생장 작용이 필요하다는 것입니다. 그리고 생장 작용을 한다면 화장실이 반드시 필요합니다. 천사에 대한 물음은 여기에서 끝없이 이어질 수 있습니다. 즉 천사가 물질로 구성되었다면 질량과 부피를 가질 것이고, 그렇다면 바늘 끝에 올라앉을 수 없습니다. 이것은 물질로 이루어진 지상의 존재에 공통된 특성입니다. 물론 천사는 하늘의 존재입니다. 질량과 부피를 가지고서 하늘에 갈 수는 없습니다. 하늘은 혼들의 세계이기 때문입니다. 천사가 하늘의 존재이기 위해서는 혼만으로 이루어져야 합니다. 그렇다면 천사는 화장실이 필요 없을 것이며, 바늘 끝에 올라앉을 수 있습니다. 그것도 많은 수의 천사가 동시에 하나의 바늘 끝에 올라앉아 있을 수 있습니다. 그러나 천사가 혼만으로 이루어져 있다면, 우리가 볼 수 없을 것이며, 천사로부터 하늘의 메시지를 직접 받을 수 없게 됩니다.

중세 철학자들은 천사의 문제에서 딜레마에 빠지고 말았습니다. 천사의 존재를 인정한 후에, 천사가 어떤 존재인지를 설명하는 과정에서 난관에 봉착하게 된 것입니다. 이런 난관은 혼과 물질의 특성 때문에 생겨나는 문제입니다. 이런 문제를 '심신문제'라고 부릅니다. 이 문제는 근대 합리론 철학자들이 큰 관심을 가지고 논의했던 것이기도 합니다. 오늘날에는 '심리 철학'의 핵심적인 주제가 되었습니다.

PART Ⅲ

CHAPTER 01 근대 철학의 태동:
          계몽과 과학, 그리고 새로운 지식 방법론
CHAPTER 02 근대의 합리론과 경험론
CHAPTER 03 칸트의 비판 철학:
          경험론과 합리론의 종합
CHAPTER 04 칸트의 윤리학:
          절대적인 규칙, 정언 명령, 인간 존중
CHAPTER 05 근대의 행복에 관하여
CHAPTER 06 헤겔의 절대적 관념론 철학
CHAPTER 07 종교의 쇠퇴와 허무주의의 출현
CHAPTER 08 허무주의 시대의 철학
CHAPTER 09 현대 영미 철학:
          언어 분석과 형이상학의 제거

#근대

#합리론

#경험론

#르네상스

#자연과학

#종교개혁

#우상론

CHAPTER 01

근대 철학의 태동:
계몽과 과학,
그리고 새로운 지식 방법론

• 근대의 서곡

• 근대 철학과 베이컨의 과학적 방법

근대의 서곡

신이 중심이었던 시대가 종말을 맞이했습니다. 그렇다고 하루아침에 신의 시대가 종말을 고한 것은 아닙니다. 신이 세계의 중심이라는 사고는 한순간에 사라진 것이 아닙니다. 한 시대를 풍미했던 사유이든 잠시 단순한 역할을 수행했을 뿐인 사유이든 한번 등장한 사유는 갑자기 멈추지 않으며, 더우기 흔적도 없이 사라지는 경우는 없습니다.

신에 대한 믿음들이 서서히 약해지면서 그 틈 사이로 새로운 정신들이 스며들었습니다. 새로운 정신은 르네상스, 자연 과학, 종교 개혁, 지리상의 발견으로 대표될 수 있습니다. 이 새로운 정신들은 중세의 사상을 조금씩 헐어내어 틈을 벌리고, 그 틈 사이로 근대의 문을 열었습니다. 그렇게 세상의 흐름이 바뀐 것입니다. 말하자면 르네상스, 자연 과학, 종교 개혁, 지리상의 발견은 새로운 시대, 즉 근대를 여는 원동력이며, 근대의 서곡이었습니다.

르네상스

르네상스는 문예 부흥 운동으로도 불립니다. 이 당시 유럽은 서로마 제국과 동로마 제국으로 분리되어 있었습니다. 동로마 제국은 비잔틴 제국으로 불리기도 합니다. 동로마 제국은 고대 그리스의 문화를 계승 발전시킨 덕분에 문화와 문명의 측면에서 서로마 제국을 능가했습니다.

그러나 동로마 제국은 사회 내부의 혼란과 전쟁이 지속되면서 붕괴의 운명을 맞게 됩니다. 이때 동로마에서 활동하던 학자들과 기술자들은 제국 붕괴에 따른 전쟁과 혼란을 피하기 위해 서유럽으로 탈출했습니다.

비잔틴 학자들이 탈출하면서 가지고 온 고대 그리스의 책들이 번역되어 유통된 덕분에 서유럽의 학자들이 이 책을 접할 수 있었습니다. 서유럽의 학자들은 고대 그리스와 고대 로마 문명을 새롭게 바라볼 수 있는 기회를 얻게 되었으며, 두 문명의 '인간 중심적 정신'을 수용하려는 운동이 일어났습니다. 이것이 고대 그리스와 로마의 사상, 문학, 예술을 본받아 되살리려는 운동입니다. 르네상스는 신의 중심에서 인간 중심의 정신을 되살리려는 정신 운동이라고 말할 수 있습니다.

물론 르네상스를 고대 문예를 부흥시키려는 운동으로만 이해하는 것은 그 본모습을 충분히 이해한 것이 아닙니다. 르네상스는 문예 부흥을 통해서 근대 문화를 새롭게 창조하려는 문화 운동이기 때문입니다. 교회는 중세가 붕괴하면서 기능을 상실했습니다. 이제 교회는 더 이상 사회의 문화와 삶을 통제할 수 없었습니다. 교회는 권위와 힘을 잃고 말았습니다. 결국, 사람들은 중세의 기독교적 문화와 생활과는 다른 새로운 문화와 삶의 원리를 찾을 수밖에 없었습니다. 새로운 문화와 삶의 원리를 고대 그리스와 로마의 문화 속에서 찾아보려 했던 것입니다. 그래서 고대 문예에 대한 탐구가 활발하게 이루어진 것입니다.

르네상스는 프랑스어로 '재생'을 뜻합니다. 이 용어는 이탈리아의 화가였던 바사리 Giorgio Vasari 가 처음 사용했습니다. 그러나 바사리는 고대 미술의 '재생 renascitia'을 의미하는 좁은 의미로 사용했을 뿐입니다. 프랑스의 역사가 미슐레 J. Michelet는 르네상스를 고대 문예의 부활과 근대 문화의 창조로 이해했습니다. 미슐레의 이해는 오늘날의 르네상스 개념에 한걸음 다가선 것입니다. 그러나 그는 르네상스를 프랑스 내부의 역사적 현상으로 이해함으로써 오늘날의 르네상스 개념에 완전히 다가가지는 못하였습니다. 르네상스가 오늘날의 개념으로 확장되어 사용되기 시작한 것은 스위스의 역사학자 부르크하르트J. Burckhardt에서 비롯되었습니다. 그는 르네상스가 미슐레처럼 고대 문화의 부활을 의미할 뿐만 아니라 근대 문화를 창조한 운동이라고 생각했습니다. 또한 프랑스에 국한된 운동으로 이해한 미슐레와는 달리 이탈리아에서 발생하여 유럽 전체로 확산된 문예 부흥 운동으로 이해하고 있습니다.

· ◆ ·

르네상스는 두 측면에서 이루어졌습니다. 자연의 발견과 인간의 발견입니다. 자연의 발견은 외적인 발견과 내부적인 발견으로 구분될 수 있습니다. 외적인 발견은 지리상의 발견과 관련됩니다. 항해술이 발달하면서 새로운 항로가 개발되고, 아메리카 대륙을 발견하게 됩니다. 그리고 아시아와의 교역이 활발하게 이루어집니다. 지리상의 발견을 통해 다양한 문화와 접하게 되고, 유럽의 문명과 문화와는 다른 문명과 문화를 이해하는 정신적 태도가 필요하게 되었습니다. 세계가 넓어지고 확대되면서 새로운 정신세계가 필요해진 것입니다.

자연에 대한 내적인 발견은 중세 시대의 자연에 대한 이해에서 벗어나는 것과 관련되어 있습니다. 중세의 교회는 자연을 신에 반대되는 부정적인 것이고, 세속적인 것으로 이해했습니다. 그리고 자연을 인간의 삶을 위협하는 공포의 대상으로 여겼습니다. 그러나 르네상스 시대의 사상가들은 자연에 신이 깃든 것으로 이해함으로써 자연은 부정적인 것이 아니며, 공포의 대상은 더더욱 아닌 인간의 삶에 유용한 것으로 이해했습니다.

또한 르네상스를 통해서 인간에 대한 새로운 인식이 생겨났습니다. 신이 중심이던 삶에서 인간은 항상 경시되었습니다. 그래서 인간의 육체적 욕망과 욕구는 항상 부정적인 것으로 거부되었습니다. 인간의 육체적 욕망과 욕구를 신적인 것에 반대되는 것으로 이해했기 때문입니다. 그러나 르네상스는 육신의 욕망과 욕구가 부정적이고 악에 해당하는 것이 아니라는 인식을 가능하게 해 주었습니다. 그리고 이런 욕망과 욕구가 자연스러운 것이라고 주장하고 있습니다.

나아가 르네상스는 인간의 육신이 아름다운 것으로 인식하도록 만들었습니다. 즉 인간은 고귀하며 찬미의 대상이라는 생각을 갖게 해 주었습니다. 르네상스는 인간을 중세와는 전혀 다른 방식으로 이해하고 있습니다. 인간은 육체와 정신의 결합체이며, 둘의 조화를 통해서 진정한 인간의 모습이 드러날 수 있다고 생각합니다. 그래서 르네상스 시기의 인문주의자들은 지성과 육체가 균형을 이룬 새로운 인간상을 제시하였습니다. 또한 새로운 인간상은 모든 분야에 능력을 갖추고 우아하고 예절 바른 인간의 모습입니다.

종교 개혁

봉건제가 해체되면서 교황권이 약화되었고, 이에 따라 중세의 붕괴가 가속화되었습니다. 봉건제가 해체되면서 봉건 귀족은 경제적으로 곤란을 겪었습니다. 그러자 봉건 귀족들은 교회가 소유한 재산을 탐내게됩니다. 또한 장원 제도가 붕괴되면서 농민들이 내던 십일조가 줄어들어 교회도 재정적으로 곤궁한 처지에 놓이게 됩니다.

그리고 사회를 통제하려는 교회의 태도에 대한 거부감도 커졌습니다. 더구나 교회는 부패하였으며, 성직자의 타락은 극에 달했습니다. 이런 상황에서 르네상스의 영향으로 교회의 변화를 요구하는 분위기가 자연스럽게 형성되었습니다.

시대적인 상황과 교회의 부패, 그리고 성직자의 타락으로 인해 종교 개혁의 목소리는 커질 수밖에 없었습니다. 사회의 토대가 신의 세계에서 인간의 세계로 전환되는 분위기에서 교황과 교회의 권위가 계속 힘을 발휘하기 어려웠습니다. 이미 사회적 변화에 의해 약화된 교황과 교회의 권위는 종교개혁에 의해 더욱 힘을 쓸 수 없었습니다. 독일의 성직자였던 루터 M. Luther 가 가장 먼저 종교 개혁을 주도하였습니다. 종교 개혁은 구원, 말씀의 권위, 그리고 신과 소통의 문제에 대한 변화를 요청했습니다. 종교 개혁은 구원 받을 수 있는 새로운 방식을 제안했고, 말씀의 권위를 성서에 토대를 두었으며, 성직자를 통하지 않고 신도가 직접 신과 소통할 수 있다고 강조했습니다.

· ◆ ·

종교 개혁은 세 가지 문제에서 기독교에 혁명적 역할을 했습니다.

첫째, 구원의 문제입니다. 중세에 구원은 교회 의식과 율법에 의해 가능한 것으로 여겨졌습니다. 교회의 의식과 율법을 잘 지킴으로써 구원을 얻을 수 있다는 것입니다. 그러나 종교 개혁은 구원의 방법에 대한 믿음을 바꾸었습니다. 구원은 신에 대한 믿음과 신의 은총에 의해, 즉 신앙에 의해서만 가능하다는 것입니다. 종교 개혁은 참된 신앙을 최우선으로 삼고서 교회의 의식과 율법은 참된 신앙을 위한 방편에 불과하다고 말합니다. 즉 기독교인들은 교회의 의식과 율법보다 참된 신앙을 갖기 위해 애써야 합니다.

둘째, 신앙의 근거로써 말씀의 권위와 관련된 문제입니다. 중세에 신앙의 근거는 교황과 교회에 있었습니다. 즉 신앙의 권위는 교황과 교회에 의해 유지될 수 있습니다. 그러나 종교 개혁은 신앙의 권위가 신의 말씀에 있다고 주장합니다. 즉 종교에서 모든 권위의 최종 근거는 신의 말씀이라는 것입니다. 그리고 신의 말씀은 성서를 통해 알 수 있다고 주장합니다. 문제는 성서가 라틴어로 쓰여 있어서 신도들이 읽을 수 없었다는 것입니다. 마침 인쇄술이 발달하면서 성서가 번역되어 출판될 수 있었습니다. 신도들 스스로 성서에 있는 신의 말씀을 직접 접할 수 있게 되었습니다. 교황과 교회의 명령이 아닌 성서의 말씀에 따른 삶으로 충분하다고 여기게 된 것입니다.

셋째, 신과 소통하는 방법의 문제입니다. 중세에 신과 소통할 수 있는 유일한 통로는 성직자였습니다. 즉 성직자인 신부만이 신과 교통할 수 있다고 여겨졌습니다. 따라서 신도들은 성직자를 통해서만 신에 다가설 수 있었습니다. 그러나 종교 개혁을 통해 신도들 각자 신과 교통할 수 있다는 믿음을 갖게 되었습니다. 종교 개혁은 신도의 믿음과 소망을 성직자가 대신하여 신께 전달한다는 믿음을 파괴하였습니다. 오로지 신에 대한 믿음으로 신과 소통할 수 있다는 믿음을 갖게 되었습니다. 그래서 신에 대한 믿음이 구원의 유일한 방법이라면, 구원은 성직자나 교회가 아닌 자신의 믿음에 의해서 이루어질 것입니다. 모든 신도는 신과 직접 교통할 수 있습니다. 종교 개혁을 통해서 성직자와 교회의 역할은 약화되었습니다.

자연 과학의 발달

근대 이전의 과학은 오늘날 우리가 이해하는 체계적인 자연 과학이 아니었습니다. 자연 과학은 근대의 산물입니다. 근대 이전에 지식은 삶에 유용한 수단으로 간주되지 않았습니다. 고대와 중세의 지식은 지식 그 자체에 의미를 두었습니다. 그래서 지식을 삶의 도구로 생각하지 못하였습니다. 즉 지식의 효용성에는 관심이 없었습니다. 그러나 베이컨은 '아는 것이 힘이다.'라고 말합니다. 그의 말은 지식의 효용성을 강조한 것입니다. 그리고 지식이 삶의 수단이 되어야 한다는 것을 천명한 것입니다. 이것은 삶에 도움이 되는 것이 지식이라는 의미를 함축합니다.

말하자면 근대 과학은 삶을 위한 지식입니다.

자연 과학은 인간에게 삶의 유용한 수단을 제공하는 것을 넘어서, 세계에서 인간의 활동과 지위에도 큰 영향을 미쳤습니다. 존 듀이 J. Dewey 는 자연 과학이 인간의 위상에 큰 변화를 가져왔다고 말합니다. 그에 따르면, 고대와 중세의 인간은 자연에 순응하고 복종하는 삶을 살았습니다. 자연에 순응하고 복종하는 삶은 노예의 삶입니다. 결국 인간은 자연의 노예였던 것입니다. 자연 과학이 성장하지 않았던 고대와 중세에 인간이 자연의 노예로 살아가는 것은 어쩌면 불가피한 일이었습니다. 그러나 자연 과학의 성장으로 인간은 자연의 노예에서 해방되었습니다. 비로소 자연을 극복하는 삶을 살게 된 것입니다. 인간은 자연 과학 덕분에 자연의 노예가 아니라, 자연의 주인이 되었습니다.

근대 이후 자연 과학이 발달하면서 자연을 이용하고 정복할 수 있게 되었습니다. 그리고 자연을 이용하고 정복하게 되면서 인간은 자연의 주인이 되었습니다. 말하자면 자연 과학이 인간을 자연의 노예에서 자연의 주인으로 고양시켰습니다. 이제 자연 과학을 손에 든 인간은 자연을 인간의 발아래 복종시켰습니다. 자연의 주인이 된 인간은 자연 과학을 더욱 발전시켜 산업 혁명을 이루었습니다. 그리고 산업 혁명은 농경 사회에서 산업 사회로 변화시켰습니다. 말하자면 자연 과학이 산업 혁명을 이끈 원천입니다. 근대의 자연 과학이 르네상스와 종교 개혁보다도 인간의 삶과 사유에 더 많은 영향을 미쳤다고 해도 과언은 아닐 것입니다. 자연 과학과 산업 혁명은 현재의 인간 삶에도 계속해서 큰 영향을 미치고 있습니다.

버트란트 러셀 B. Russell은 교회의 권위와 자연 과학의 권위를 대칭적으로 이해하고 있습니다. 근대의 특징을 교회의 권위가 약해지면서 자연 과학의 권위가 강성해지는 시기로 평가합니다. 말하자면 근대는 천칭 저울처럼 교회의 권위가 기울고 과학의 권위가 상승하는 시기였다는 것입니다. 중세의 문화가 종교적 또는 교회와 관련된 것이라면, 근대의 문화는 자연 과학적인 것입니다. 종교와 교회는 근대 이후의 사회와 문화에 거의 영향을 주지 못하지만, 자연과학은 여전히 근대 이후 사회와 문화의 근간이 되고 있습니다.

• ◆ •

러셀은 자연 과학의 세 가지 특징을 통해 근대 이전과 근대 이후를 구별할 수 있다고 말합니다.

첫째, 과학은 이성에 기초하고 있습니다. 반면에 교회는 신앙에 기초하고 있습니다. 교회는 의지와 율법에 호소하기 때문에, 이를 거부하는 것은 징벌이 뒤따릅니다. 현실의 징벌을 교묘하게 피했다 할지라도 사후의 징벌을 피할 수 없습니다. 그러나 과학을 거부한다고 해서 징벌을 받는 일은 없습니다. 단지 자연 과학은 이성과 이치에 따르는 지성적 태도를 드러낼 뿐입니다. 그러나 우리의 삶이 이성과 이치에 어긋난다면 상당한 곤경에 처하게 될 것입니다. 징벌은 아니지만, 삶에서 곤경에 처하지 않으려면 이성과 이치에 근거하고 있는 자연 과학의 지성적 태도를 유지해야 합니다. 자연 과학을 거부하는 것은 어리석은 짓입니다.

둘째, 과학은 오로지 자연 세계에 관해서만 관심을 가집니다. 과학은 주어져 있는 것만을 다룰 수 있습니다. 자연 세계는 우리에게 주어져 있는 모든 것이기 때문에, 과학은 자연 세계를 대상으로 삼을 뿐입니다. 그래서 과학은 이 세계 전체를 다루는 것이 아니라, 이 세계의 일부분, 즉 우리에게 주어져 있는 자연 세계만을 대상으로 삼고 있으며, 그 부분에 대한 앎을 제공할 뿐입니다. 그러나 자연 과학의 앎은 이성과 이치에 맞는 구체적인 앎입니다. 반면에 교회는 주어져 있지 않은 대상에도 관심을 가지고 있습니다. 그래서 이 세계 전체에 대한 앎을 제공하려고 합니다. 즉, 교회는 주어져 있지 않은 세계에 대한 앎도 제공하려고 합니다. 그러나 주어져 있지 않은 것들에 대해서는 이성과 이치에 맞는 구체적인 앎을 제공할 수 없습니다. 그래서 교회는 인간의 역사와 인간의 삶을 포함한 모든 것들에 대해 필연적으로 단정적 주장을 하게 됩니다. 그리고 이런 단정적인 주장은 이성과 이치에 맞는 구체적인 앎이 아니기 때문에 독단적일 수밖에 없습니다. 결국 교회는 단정적이고 독단적일 수밖에 없습니다.

셋째, 과학은 항상 잠정적이고 개연적으로 주장합니다. 그래서 과학적 주장은 그른 것으로 판명될 수 있습니다. 과학은 자신의 오류 가능성을 열어 두고서, 스스로를 수정하려고 합니다. 이렇게 수정되어 가는 과정을 진보라고 말할 수 있습니다. 반면 교회는 언제나 확정적이고 단정적으로 주장합니다. 그래서 교회의 주장은 영원히 불변하는 진리입니다. 말하자면 교회의 주장은 수정이 필요하지 않은 절대적인 진리입니다. 교회는 과거에 지구가 평평하다고 주장했습니다. 이런 교회의 주장은 불변하는 진리여야 합니다. 그러나 지구가 평평하다는 교회의 주장이 그른 것은 분명합니다.

··· 잠시, 샛길

갈릴레이 재판과 교황의 사과?

교회는 지구가 평평하다고 공표했지만, 갈릴레이는 교회의 견해에 동의할 수 없었습니다. 그는 여러 가지 방법을 통해 지구가 둥글다고 확신하고 있었습니다. 그러나 당시에 교회는 지구가 평평하다는 주장에 도전하는 갈릴레이를 파문하겠다고 협박합니다. 당시에 교회의 파문은 죽음보다도 더 두려운 것이었습니다. 교회의 주장은 틀릴 수 없기 때문에 갈릴레이가 교회의 절대적인 진리에 도전하고 있다고 생각한 것입니다. 결국 갈릴레이는 교회의 협박에 굴복하고서 종교 재판장에서 지구가 둥글다는 자신의 견해를 취소합니다. 그러나 오늘날 지구가 둥글다고 말한 갈릴레이의 주장이 옳다는 것은 모두 알고 있습니다.

갈릴레이 재판은 교회의 과오였음이 분명합니다. 그러나 이 재판은 오늘날까지도 취소되지 않았습니다. 교회는 신을 대리하는 단체로 절대적이며, 오류를 범할 수 없기 때문입니다. 다만 1992년 교황 요한 바오로 2세는 '갈릴레이 재판이 잘못되었을지도 모른다.'라고 애매한 말을 하고 있습니다. 물론 교황의 발언이 갈릴레이 재판에 대한 취소이며, 갈릴레이에 대한 사과라고 이해할 수도 있습니다. 그러나 교황은 그 재판이 잘못된 것이었다고 분명하게 말할 것이 아닙니다. 교황은 '잘못되었을지도 모른다.'라고 애매한 말을 하고 있습니다. 교황이 직접적이고 분명하게 교회의 오류를 인정하고, 갈릴레이에게 사과하지 않은 이유는 무엇일까요? 즉, 갈릴레이 재판은 교회의 잘못이었다고 분명하게 말하지 않는 이유는 무엇일까요? 교회는 절대적이며, 오류를 범할 수 없기 때문입니다. 교황의 발언은 약간 치졸한 느낌을 주기까지 합니다. 그래도 교회의 절대성을 지키면서 할 수 있는 최선의 발언이었을 것입니다.

근대의 철학과 베이컨의 과학적 방법

근대 이전의 철학은 플라톤과 아리스토텔레스의 철학과 사상을 해석하여 주석을 붙이고, 이를 종합하는 일에 전념했습니다. 교부 철학자들과 스콜라 철학자들은 플라톤과 아리스토텔레스 철학 사상을 기초로 자신의 사상을 주장했습니다. 그러나 근대의 철학자들은 이전의 사상가들과 단절하고서, 자신들의 독창적인 사상을 전개합니다. 베이컨은 우상론을 통해 이전 철학의 전통적인 방법을 거부하고서, 과학의 방법론으로서 귀납적인 방식의 정당성을 확보하고자 하였습니다. 데카르트는 이전 사상과 관점에 얽매이지 않고 스스로 학문의 기초를 마련하기 위해 '방법적 회의'를 철학적 토대로 삼고 있습니다.

근대의 철학자들은 앞선 철학 사상과의 단절을 모색합니다. 이들은 플라톤과 아리스토텔레스의 철학을 계승 발전시켰던 앞선 철학적 전통에서 벗어나 완전히 다른 관점을 유지합니다. 베이컨이 강조했던 '우상론'은 전통에 대한 거부와 단절을 상징적으로 보여 줍니다. 베이컨은 과거의 철학이 그 방법과 사유에서 잘못을 범하고 있다고 생각합니다. 과거의 철학자들은 경험으로 검증할 수 없는 전제들에서 시작하는 연역적 추론 방법을 사용합니다. 베이컨은 경험할 수 없는 추상적인 관념에서 추론하는 것은 단순한 유희에 불과하기 때문에 생산적인 학문의 방법이 될 수 없다고 말합니다. 그래서 추상적 관념에 의존하는 과거의 철학 방법을 버려야 한다는 것입니다.

학문하는 자세

베이컨에 따르면, 학문을 하는 자세는 세 가지 유형으로 구별될 수 있습니다.

첫째, 거미와 같이 무엇이든 쏟아 내는 방법입니다. 타당한 근거에 대한 탐구 없이 사변적인 사유 속에 빠져드는 사람들이 여기에 속합니다. 따라서 추상적 이론을 전개하는 사변 철학자들이 여기에 속할 것입니다.

둘째, 개미와 같이 모으기만 하는 방법입니다. 자료들이 축적되어 지식이 될 것입니다. 그러나 자료를 그저 모으기만 하는 것은 지식이 될 수 없습니다. 지식이 되기 위해서는 자료들을 변형하거나 가공해야 합니다. 그러나 단지 자료의 모음을 지식이라고 주장하는 사람들이 있을 수 있습니다. 이들이 여기에 속할 것입니다. 따라서 자료들을 모아서 저장만 하는 감각주의자들이 여기에 속할 것이 분명합니다.

셋째, 벌과 같이 모아온 자료로 새로운 것을 창조하는 방법입니다. 자료들을 모아 분별 있게 해석한 후에 실험을 통해 확인함으로써 새로운 지식이 확립될 수 있습니다. 따라서 지식은 자료를 모으는 활동, 분별 있게 해석하는 활동, 그리고 실험을 통해 확인하는 활동을 거쳐야 합니다. 이것은 과학자들이 하고 있는 방법과 동일합니다.

베이컨은 학문하는 자세를 설명하면서, 예전의 철학자들이 거미와 같이 사변을 늘어놓는 일에 매달렸다면 진정한 철학자는 벌과 같이 자료를 모아서 분석하고, 검토하는 방법을 사용해야 한다고 강조하고 있습니다. 새로운 지식을 얻기 위해서 벌과 같은 방법을 사용해야 합니다. 벌과 같은 방법을 귀납의 방법이라고 말할 수 있습니다. 귀납의 방법은 세계에 대한 참다운 지식을 발견하기 위한 방법입니다. 그러나 귀납의 방법을 사용하기 전에 먼저 해야만 하는 활동, 즉 반드시 우리의 마음속에 자리잡은 편견을 없애야 합니다. 우리 마음속에 자리 잡은 우상을 없애야만 합니다. 이 우상을 없애지 않고서는 벌과 같은 탐구자가 될 수 없습니다.

우상론

우상은 우리 마음속에 있는 거짓된 생각이나 편견 또는 망상입니다.

우상은 자연 속에 실재하지 않는데도 인간이 만들어 놓고서 그것에 존경을 표하는 공상의 산물입니다. 우상에는 네 가지가 있습니다. 종족의 우상, 동굴의 우상, 시장의 우상, 극장의 우상입니다.

> **종족의 우상**: "이 우상은 그 근원을 일반적으로 인간의 본성에 두고 있거나 '선입관을 가진 이념에 대한 애착에, 또는 편협함에, 또는 조급함에, 또는 감정에 개입함으로써, 또는 부적절한 감각에, 또는 감성의 형식에' 두고 있다. '인간의 이해는, 대상의 본성에 영상을 뒤섞어서 사물의 본성을 왜곡하고 어지럽혀서, 대상에서 영상을 참되게 비출 수 없는 울퉁불퉁한 거울과 같다.'"

종족의 우상은 인간의 본성, 즉 인간성에 의해 생겨납니다. 그래서 종족의 우상은 인간성에 내재한 우상입니다. 인간의 자연적 성향인 본성에 의해 생기는 것이기 때문에 자연적 우상이라고 불리기도 합니다. 이 우상은 인간 종족 모두에 공통된 자연적 본성에 의한 것이기 때문에 인간 종족 모두에 공통된 우상입니다. 인간의 본성인 감각은 사물을 왜곡하는 경우가 많습니다. 그러나 감각이 사물을 바르게 드러낸다고 생각하곤 합니다. 또한 인간의 이해력은 현상계에 머물 뿐입니다. 그러나 우리의 사유는 현상계 밖으로 나아가려는 경향성을 가지고 있습니다. 이 때문에 경험에 근거하지 않고 추상적인 사상 체계를 만들어 내게 됩니다. 이런 추상적인 사상 체계가 우상입니다.

인간의 의지도 우상을 만들어 냅니다. 인간은 이성보다는 의지에 지배되기 쉬운 경향을 가지고 있습니다. 인간의 의지는 참되고 바른 것보다는 원하고 바라는 것을 더 중시하는 경우가 많습니다. 그래서 인간이 원하고 바라는 것이 참되고 바른 것이라고 여깁니다. 이성에 따른 충분한 근거를 갖지 못하였지만, 오로지 인간이 원하고 바란다는 이유에서는 참되다고 주장되는 것들은 모두 우상입니다. 이런 종류의 우상들은 인간의 본성과 관련되어 있기 때문에 '종족의 우상'이라고 불립니다.

동굴의 우상: "이 우상은 개별자의 특정한 정신과 육체의 본성에서 생겨나며, 또한 교육, 습관, 그리고 우연에 의해 생겨난다."

동굴의 우상은 개인들의 특성 때문에 생겨나는 우상입니다. 개인의 환경, 개인 특유의 성격, 취미, 습관, 그리고 개인의 독서와 교육 등에 의해 개인적 편견이 생길 수 있습니다. 이런 편견이 동굴의 우상입니다. 인간은 누구나 자신만의 동굴에 거주합니다. 그리고 그 동굴을 통해서 세상을 바라보며, 판단합니다. 동굴의 우상은 우물 안의 개구리를 생각나게 합니다. 우물 안의 세계가 전부가 아니듯이, 개인적으로 편향된 관점이 모든 것은 아닐 것입니다. 따라서 개인적 편견에서 벗어나 객관적으로 파악할 수 있는 능력이 필요합니다. 개인적 편견을 가진 사람은 동굴에 갇힌 사람과 같습니다. 그래서 개인적 편견에 의한 오류를 '동굴의 우상'이라고 말합니다.

시장의 우상: "이 우상은 언어와 이름의 연합을 통하여 이해 속으로 들어간다. '사람들이 자신들의 이성이 언어를 통제한다고 믿고 있는 한편으로, 사실상 이 언어들은 이해에 등을 돌리고 자신의 힘을 과시한다. 그래서 철학과 과학은 궤변적이고 무능하게 된다.'"

시장의 우상은 언어를 잘못 사용하는 경우에 생겨납니다. 어떤 언어는 다의적 특성을 가지고 있습니다. 언어의 다의적 특성이 혼란과 오해를 초래할 수 있습니다. 언어의 다의적 특성에 의해 생겨난 오류를 '애매어의 오류'라고 합니다.

언어는 다의적이면서, 한편으로는 모호성도 가지고 있습니다. 즉 어떤 언어는 구체적 대상을 분명하게 나타내지만 어떤 언어는 구체적인 대상을 지칭하지 않고 어떤 대상을 지칭하는지 모호한 경우가 있습니다. 이 모호성에 의해 오류가 생겨날 수 있습니다. 언어의 모호한 특성에 의한 오류를 '모호어에 의한 오류'라고 말합니다. 시장은 많은 사람들이 모여서 말을 나누는 곳입니다. 그래서 언어가 가진 특성 때문에 생겨나는 오류를 '시장의 우상'이라고 말합니다.

극장의 우상: "이 우상은 이론적 또는 철학적 유행을 포함한, 시대의 유행에 근원을 두고 있다. 이들은 타고난 것이 아니며, 이들은 이해에 은밀하게 주입된 것이 아니다. 오히려 이론에서 허구의 배심원으로부터 그리고 잘못된 방식의 증명으로부터 전적으로 부과되었거나 받아들인 것이다."

극장의 우상은 전통적인 것, 권위적인 것, 또는 기존의 사상 체계를 무비판적으로 받아들이는 경우에 생겨나는 오류입니다. 전통적인 것이나 권위적인 것, 또는 인정되어 있는 사상 체계일지라도 그를 수 있습니다. 그러나 이런 것들을 반성 없이 무비판적으로 수용하거나 신봉함으로써 오류가 생겨날 수 있습니다. 이런 종류의 오류를 극장의 우상이라고 말합니다. 극장에서는 허구가 실재인 것처럼 상연되고 있기 때문입니다.

#근대
#합리론
#경험론
#본유관념
#백지상태
#관념의연상법칙
#방법적회의
#실체
#기회원인론
#심신병행론
#예정조화설
#인상
#추상관념

CHAPTER 02

근대의
합리론과 경험론

- 합리론과 경험론의 특징
- 합리론자들 - 이성에 기초한 철학
- 경험론자들 - 경험에 기초한 철학

합리론과 경험론의 특징

　근대 철학은 합리론과 경험론으로 구분됩니다. 프랑스를 중심으로 한 유럽 대륙은 합리론을 발전시킨 반면에, 조그만 섬나라인 영국을 중심으로 경험론이 발전했습니다. 이렇게 보면, 근대 초기 서양의 철학은 한편으로는 유럽 전체와 영국의 경쟁이라고 생각할 수도 있습니다. 대륙의 합리론은 데카르트에서 시작하여, 스피노자를 거쳐 라이프니츠까지 이어집니다. 반면에 영국의 경험론은 로크에서 시작하여, 버클리를 거쳐 흄에서 성숙된 이론으로 발전합니다. 거의 동시대에 대륙과 영국에서 이전 시대와는 전혀 다른 이론들이 출현한 것입니다. 이 이론들이 합리론과 경험론으로 불리고 있습니다. 그러나 합리론자들이 자신들의 이론을 합리론이라고 직접 지칭하거나 자신들을 합리론자라는 용어를 사용하여 나타내지도 않았습니다. 경험론 철학자들 역시 자신들의 이론을 경험론이라고 지칭하지도, 스스로를 경험론자라는 용어를 사용하여 나타낸 것은 아닙니다. 합리론과 경험론은 이들의 공통점을 파악한 후대의 철학자들이 붙인 이름입니다.

· ◆ ·

　합리론은 이성의 역할을 중시하면서 존재와 이에 대한 인식의 문제에 집중합니다. 반면에 경험론은 존재의 문제보다는 인식의 문제에 집중하고 있습니다. 심지어 윌 듀란트는 영국의 경험론은 존재론적 탐구가 전혀 없는, 단지 인식론적 탐구를 하고 있을 뿐이라고 주장합니다. 그리고 영국의 경험론은 단지 심리학에 속하는 학문이며, 철학적 탐구가 아니라고 주장하기도 합니다. 그래서 그는 자신의 철학사 책인 『철학 이야기』에서 영국의 경험론을 다루지 않습니다. 그러나 이런 견해는 경험론에 대한 지나친 폄하라고 할 수 있습니다. 경험론자들이 존재의 문제에 상대적으로 관심이 덜하긴 했지만, 무시하거나 경시했던 것은 아닙니다. 인식하기 위해서는 그 인식의 대상이 존재해야 합니다. 그러나 경험론자들은 인식의 대상을 규명하기보다는 경험 내용과 경험 방식에 대한 탐구에 전념한 것처럼 보입니다.

합리론과 경험론은 존재론뿐만 아니라 인식론에 있어서도 서로 대립적입니다. 경험론자는 우리에게 주어진 경험 능력의 역할을 중시합니다. 그래서 존재마저도 경험된 내용으로 이해합니다. 경험되지 않은 존재는 인간이 알 수 없는 대상이라는 것입니다. 그리고 인간이 알 수 없는 존재는 의미 없는 존재로 취급되기 쉽습니다. 경험론의 이런 입장은 칸트가 경험론을 보완하면서, 즉 경험의 근거가 되는 '물자체'의 세계를 인정하면서 제자리를 찾았다고 말할 수도 있습니다. 실제로 경험론자들은 경험을 중시하면서도 경험의 근거인 대상들에 무심했기 때문입니다. 물론 경험론은 인식에서도 경험의 역할을 강조합니다. 그리고 경험적 지식을 기초적인 지식으로 간주합니다. 그래서 경험론자들은 우리의 경험 방식에 대해 집중하여 탐구하고 있습니다.

경험론자와는 달리, 합리론자는 우리에게 주어진 이성 능력을 강조합니다. 그리고 이성 능력을 통해서 이미 주어져 있는 대상, 즉 실체를 인정합니다. 존재하기 위해 다른 것의 도움이 필요하지 않은 존재, 즉 실체의 존재를 인정합니다. 이 실체에는 '연장 실체'와 '정신 실체'가 있습니다. 쉽게 말하자면, 연장 실체는 물질적 대상이고, 정신 실체는 정신입니다. 여기에서 세 종류의 존재가 출현하게 됩니다. 단순한 연장 실체로서 물질적 대상, 오로지 정신 실체로서 신, 그리고 연장 실체와 정신 실체가 결합한 인간입니다. 물론 연장과 정신 실체가 결합한 인간에 대한 해명이 철학적으로 가장 중요하면서도 어려운 주제입니다. 그래서 합리론자들은 물질과 정신이 어떻게 결합하는지 그리고 서로 어떻게 영향을 미치는지에 대한 탐구에 매진합니다.

물론 합리론자들은 인식의 문제에서도 이성의 역할을 강조합니다. 합리론자들은 경험이 지식의 기초가 되기에 불완전하다고 생각합니다. 경험은 사실성을 잘 드러내 주기는 하지만, 필연성과 보편성은 확보할 수 없기 때문입니다. 그래서 합리론자들은 이성을 통해서 필연성과 보편성을 확보하고자 합니다. 이성이 인식에서 필연성과 보편성의 근거라고 생각하기 때문입니다. 합리론자들은 필연성과 보편성의 근거인 이성을 통해 추론된 지식을 지식의 토대가 되는 지식으로 간주합니다.

합리론자들 - 이성에 기초한 철학

합리론자들은 이성을 통한 사유가 지식 형성의 근거가 된다고 생각합니다. 그래서 이들은 이성적 사유와 추론을 통해 명석하고 판명한 지식을 확보하고자 합니다. 물론 이런 명석 판명한 지식이 가능한 것은 우리에게 주어져 있는 본유 관념이 있기 때문입니다. 이 본유 관념이 지식의 필연성과 보편성의 근거가 됩니다. 이런 합리론적 특성을 충분히 이해하기 위해서는 근대 합리론의 대표적인 철학자인 데카르트, 스피노자 그리고 라이프니츠의 주장을 살펴보는 것이 가장 좋은 방법입니다.

데카르트의 철학 사상

데카르트 Rene Descartes, 1596~1650는 근대 철학의 문을 열었습니다. 데카르트의 철학은 중세의 철학과는 근본적으로 다른 측면을 가지고 있습니다. 그래서 데카르트를 근대 철학의 아버지라고 부르기도 합니다.

물론 데카르트의 근대 철학은 우리가 합리론이라고 부르는 철학 이론의 근본적인 이념을 제공했습니다. 먼저 근대의 합리론 철학은 데카르트에서 시작합니다. 앞에서 말한 것처럼 합리론은 존재와 그에 대한 인식의 문제에서 필연성과 보편성을 중시했습니다. 그리고 이런 필연성과 보편성은 감각 경험이 아닌 이성에서 찾을 수 있다고 생각했습니다. 그래서 데카르트는 감각 경험이 지식의 기초가 되기에 얼마나 불완전한지 철저하게 증명하고 있습니다. 경험의 불완전성을 파악한 데카르트는 필연성과 보편성을 보장해 주는 것은 이성이라는 결론에 도달합니다. 그리고 이성을 통해서만 참다운 지식에 도달할 수 있다는 결론에 이르게 됩니다.

• **방법적 회의**: 데카르트는 우리가 안다고 말하는 것들이 참다운 지식에 속할 수 있는지 의문을 가집니다. 그리고 이런 지식이 참다운 지식인지 알기 위한 새로운 방법을 제시합니다. 이것이 '방법적 회의'라는 사유 실험입니다. 이 방법적 회의는 우리가 알고 있는 지식이 확고한 기초를 가진 지식인지, 즉 필연성과 보편성을 가진 지식인지를 구별하기 위한 것입니다. 우리의 지식이 방법적 회의를 통하여 조금이라도 의심스러운 면이 있다면, 일단 지식의 범주에서 배제됩니다. 이런 지식들은 지식이 갖추어야 할 기본적인 특징, 즉 필연성과 보편성을 가졌다고 확신할 수 없기 때문입니다.

방법적 회의는 일단 감각에 의해 형성된 믿음들을 배제합니다. 감각은 우리를 속일 수 있기 때문입니다. 감각의 내용들은 종종 거짓으로 판명될 수 있습니다. 즉 감각에 의해서는 필연성과 보편성을 확보할 수 없습니다. 그래서 감각에 의해 형성된 앎들은 방법적 회의에 의해 가장 먼저 배제될 것입니다. 말하자면 방법적 회의를 통해 가장 먼저 배제되는 것은 '감각적인 것들'입니다. 감각적인 것들은 확실한 듯이 보이지만, 감각은 우리를 쉽게 속일 수 있습니다. 우리가 어떤 물체를 보았다고 확실하게 믿을 수 있지만, 이런 경험은 얼마든지 거짓으로 판명될 수 있습니다. 동일한 경험을 하고서 서로 상이하고 다르게 설명하는 것을 보면, 경험의 확실성이 신뢰할 만한 것이 아니라는 것에 큰 이견은 없을 것처럼 보입니다. 어떤 것이 존재한다는 것을 경험하는 것으로는 그것이 존재한다는 것을 확실하게 증명했다고 말할 수 없습니다. 어떤 것의 존재를 경험한다 할지라도, 경험이 확실성을 주지 못하는 한 그것의 존재는 증명된 것이 아닙니다.

◆

방법적 회의가 경험에 의한 앎들을 배제하는 역할을 한다면, 방법적 회의가 어떤 지식이 이성에서 도출된 지식인지를 알게 해 주는 방법이라고 생각할 수도 있습니다. 방법적 회의를 통과한 지식은 필연성과 보편성을 가진 지식, 즉 이성에서 도출된 지식이 될 것이기 때문입니다. 그러나 방법적 회의가 경험적인 것만 의심하는 것은 아닙니다. 방법적 회의는 이성에 의한 앎도 의심해야 합니다. 이성적인 것은 감각적인 것보다 확실한 것처럼 보일 수 있습니다. 그래서 수학적 지식이 확실하다고 생각하는 것에 이의를 제기하는 사람은 없을 것입니다. 그러나 데카르트는 수학적 지식과 같은 이성적인 것들도 의심해 볼 수 있다고 말합니다. 나를 속이려는 전지전능한 악마가 있다면 내가 수학을 계산하거나 수학적 추론을 할 때 나를 감쪽같이 속일 수 있습니다. 그래서 나를 그른 계산이나 잘못된 추론으로 유도할 수 있을 것입니다. 어떤 악마가 우리를 속여서 수학적 지식을 믿도록 했다면, 악마에 의한 수학적 지식은 확실한 지식이 될 수 없습니다.

데카르트의 방법적 회의는 우리가 의심할 수 있다고 생각했던 감각적인 것들과 더불어 우리가 확실하다고 생각하여 전혀 의심하지 않았던 수학적인 지식조차도 배제하게 됩니다. 즉 이 세상의 모든 지식은 어쨌든 의심 가능한 것들입니다. 감각적인 것이든 이성적인 것이든 방법적 회의는 배제하게 될 것입니다. 그러나 방법적 회의가 모든 것의 존재를 부정하기 위하여 회의하는 것이라고 오해해서는 안 됩니다. 방법적 회의는 철학의 확실한 기초를 마련하기 위해 의심 가능한 것을 배제하기 위한 것입니다. 데카르트는 의심할 수 있는 모든 것을 제거한 후, 의심할 수 없는 확실한 것을 철학의 출발점으로 삼으려고 했습니다. 즉 확실한 것을 철학의 기초로 삼기 위하여 의심 가능한 모든 것을 배제하는 방법적 회의를 사용했습니다.

방법적 회의는 감각에 의한 것뿐만 아니라 이성적인 것들도 모두 의심 가능하다는 것을 분명하게 보여 줍니다. 전지전능한 악마는 우리의 감각뿐만 아니라 이성적 능력도 무력하게 만들 수 있기 때문입니다. 그러나 이 악마가 우리를 속일지라도, 그래서 모든 것의 존재를 의심해야 할지라도, 결코 의심할 수 없는 확실한 것이 하나 있습니다. 우리가 방법적 회의를 통해서 모든 것을 의심할지라도, 의심하고 있다는 사실만큼은 의심할 수 없습니다. 그래서 '의심'이 존재한다는 것은 확실할 것입니다. 악마가 우리를 속일지라도, 우리가 속고 있다는 그 생각은 있어야 할 것입니다. 그리고 악마가 우리를 속이고 있다는 생각은 있어야 합니다. 의심하고 있다는 사실 이외에 모든 것은 확실하지 않을 수 있습니다. 그러나 의심하고 있다는 사실만큼은 의심하면 의심할수록 더욱 확실해집니다.

· ◆ ·

의심한다는 사실은 의심함으로써 더욱 확실해질 것입니다. 그러나 의심하기 위해서는 의심하는 주체가 있어야 합니다. 의심한다는 생각을 하기 위해서는 그런 생각을 하는 주체가 필요합니다. 그래서 데카르트 는 '나는 생각한다. 그러므로 나는 존재한다. ^{cogito ergo sum}'라고 말하고 있 습니다. 생각을 하기 위해서는 생각하는 '나'가 있어야 합니다. 그리고 생각이 있다는 것은 확실하기 때문에 '나'가 있다는 것 역시 확실한 것이 됩니다. 사유한다는 사실이 확실하면 확실할수록 내가 존재한다는 것도 확실합니다. 결국 나의 존재를 의심한다고 할지라도, 역설적이게도 바 로 그 의심이 나의 존재를 확실한 것으로 만들어 줍니다. 데카르트는 방 법적 회의에 의해 배제되었던 나의 존재를 사유의 확실성을 통하여 확 실한 것으로 부활시키고 있습니다.

'나는 생각한다. 그러므로 나는 존재한다.'라는 명제는 명석하고 판 명한 진리입니다. 데카르트는 방법적 회의를 통하여 이 명제가 명석하 고 판명한 진리임을 분명하게 확인했다고 생각합니다. 따라서 사유와 나의 존재가 확실하다는 것도 명석하고 판명한 진리일 것입니다.

데카르트는 여기에서 한 걸음 더 나아가, 신의 존재가 확실하다고 주장합니다. 방법적 회의를 통해서 사유가 분명하게 존재하며, 사유가 존재하기 때문에 사유 주체의 존재도 의심의 여지가 없다는 것을 밝힌 후, 사유의 존재를 가능하게 해 주는 근거로서 신의 존재를 증명하고 있 습니다. 이것은 역으로 신에 의해서 사유의 존재가 가능하게 되며, 사유 의 존재는 이성을 통해 사유하고, 여기에서 참된 지식이 생겨난다고 말 할 수도 있을 것입니다.

• **신의 관념과 본유 관념**: 데카르트에게 신의 존재를 증명하는 것은 매우 중요한 과제입니다. 심지어 데카르트 철학 전체가 신의 존재를 증명하기 위해 마련되었다고 주장하는 철학자들도 있습니다. 어쨌든 그는 인간이 가진 관념이 신의 존재를 증명할 수 있는 근거가 된다고 생각합니다. 우리의 정신 속에는 세 가지 관념이 있습니다. 외래 관념, 인위 관념, 그리고 본유 관념입니다. 외래 관념은 외부의 대상들을 감각하여 얻게 된 감각 내용으로 경험적 관념에 해당합니다. 인위 관념은 외래 관념을 활용하여 인간 정신이 만들어 낸 관념입니다. 말하자면 감각 내용을 재구성하거나 결합하여 얻은 관념입니다. 예를 들면, 유니콘, 황금산 등과 같은 상상의 존재들이 여기에 해당합니다. 본유 관념은 인간이 태어나면서 가지고 있는 관념입니다.

신의 관념이 무엇이든, 신의 관념이 우리의 정신 속에 있다는 것은 확실합니다. 그런데 무한하고 완전한 존재로서 신의 관념은 외래 관념일 수 없습니다. 신은 감각을 통해서 지각될 수 없기 때문입니다. 우리가 신에 대한 감각 내용을 가지고 있지 않다는 것은 분명합니다. 또한 신의 관념은 인위 관념일 수도 없습니다. 신은 무한하고 완전한 존재이기 때문입니다. 완전한 것에서 불완전한 것이 도출되는 것은 가능합니다. 말하자면 신의 관념에서 인간의 관념이 생겨나는 것은 가능합니다. 그러나 불완전한 것에서 완전한 것이 도출될 수는 없습니다. 말하자면 불완전한 인간의 관념에서 완전한 신의 관념이 생겨나는 것은 불가능합니다. 따라서 불완전하고 유한한 인간이 무한하고 완전한 신의 관념을 만들어 낼 수는 없습니다. 완전한 존재가 불완전한 존재에 의존할 수 없다는 것은 분명하기 때문입니다.

우리가 신의 관념을 가지고 있다면, 그 관념은 본유 관념일 수밖에 없습니다. 신의 관념은 외래 관념도 인위 관념도 아니기 때문입니다. 우리가 신의 관념을 가지고 있다는 것은 부정할 수 없습니다. 그렇다면 이 관념은 어디에서 생겨난 것일까요? 우리가 신의 관념을 가졌다면, 가지게 된 원인이 있어야만 합니다. 무에서는 어떤 것도 생겨날 수 없기 때문입니다. 존재하는 것이 존재하기 위해서는 원인을 가지고 있어야 합니다. 즉 신의 관념이 존재하기 위해서는 그 관념의 원인이 있어야 합니다. 그 원인에 의해 신의 관념이 나의 정신 속에 들어 있을 수 있기 때문입니다.

우리의 정신 속에 신의 관념이 들어 있다는 것은 분명합니다. 그렇다면 신의 관념을 나의 정신 속에 부여한 주체로서 신이 존재해야 합니다. 신이 존재하지 않는다면, 신의 관념이 나의 정신 속에 들어 있을 수 없기 때문입니다. 말하자면 신의 관념이 우리의 정신 속에 들어 있기 때문에, 그 원인으로서 신이 존재할 수밖에 없습니다. 뒤집어 말한다면, 신이 존재하기 때문에 우리는 신의 관념을 가질 수 있습니다. 그러나 이 신의 관념은 감각에 의한 외래 관념이 아니며, 외래 관념들을 재구성한 인위 관념도 아닙니다. 오히려 신의 관념은 신이 우리에게 본래부터 부여한 관념, 즉 본유 관념입니다.

• ◆ •

신의 존재를 증명한 데카르트는 물질 세계의 존재도 증명하고자 합니다. 우리는 세계가 존재한다고 생각합니다. 그리고 이 세계가 존재한다는 신념은 매우 강력한 신념입니다. 왜냐하면 이 신념은 신이 인간에게 부여한 신념이기 때문입니다. 따라서 이 세계가 실제로 존재하지 않는다면, 신은 거짓을 우리에게 부여한 것입니다. 즉 신은 기만자가 될 것입니다. 그러나 신은 완전한 존재입니다. 완전성은 성실성을 포함합니다. 완전한 존재로서 신은 성실한 존재이기 때문에, 기만적일 수 없습니다. 신은 우리에게 거짓을 부여하지 않습니다. 그래서 신이 우리에게 부여한 관념대로 이 세계는 실제로 존재합니다.

정리하자면, 데카르트는 철학의 확실한 기초를 확립하기 위해 방법적 회의를 사용합니다. 방법적 회의를 통해 의심 가능한 모든 것을 의심합니다. 그리고 정신의 존재가 확실하게 존재한다는 것이 명석하고 판명한 진리임을 밝혀냅니다. 그리고 이 정신의 존재를 통해서 신의 존재를 증명합니다. 나아가 신의 존재를 기초로 물질세계의 존재를 긍정할 수 있게 됩니다.

• ◆ •

• **실체와 심신 이론:** 데카르트는 존재하기 위해 다른 존재에 의존할 필요가 없는 독자적인 존재를 '실체'라고 말합니다. 이 실체는 이 세계를 구성하는 가장 기초적이고 기본적인 존재입니다. 세계는 실체들로 구성되어 있기 때문입니다. 데카르트는 실체가 세 가지라고 말합니다. 신, 정신, 물체가 다른 존재에 의존할 필요가 없는 독자적인 존재, 즉 실체입니다. 신은 정신과 육체에 의존하지 않는 절대적 실체입니다. 반면에 정신과 물체는 신에 의존하는 상대적 실체입니다.

정신과 물체가 신에 의존하는 상대적 실체일지라도, 정신과 물체는 별개의 실체로서 서로 독자적으로 존재합니다. 그래서 정신과 물체는 아무런 관계도 없는 본래 다른 존재입니다. 다른 존재로서 정신과 물체는 서로 의존하지 않고 독자적으로 존재합니다. 그런데 인간은 정신과 육체로 이루어져 있습니다. 데카르트에 따르면 인간은 본래 아무런 관계도 없는 독자적 존재인 정신과 육체의 구성물, 즉 서로 다른 정신과 육체의 결합체입니다. 그래서 데카르트의 심신 이론은 이원론입니다. 인간은 아무런 관계도 없는 별개의 두 존재, 즉 정신과 육체로 구성되어 있습니다.

육체는 연장성 extension의 속성을 가지고 있습니다. 연장성을 가진다는 것은 공간을 점유하며, 지속성을 가지고 공간적으로 크기와 모양을 가진다는 것을 의미합니다. 연장성을 가진 존재는 동시에 두 공간을 점유할 수 없습니다. 즉 연장성을 가진 육체는 공간의 제약을 받습니다. 그리고 수동적이고 기계적인 활동을 합니다. 정신은 사고의 속성을 가지고 있습니다. 정신은 사고를 통해서만 자신의 존재를 드러냅니다. 정신은 단지 사고의 속성을 가지기 때문에 연장성을 가지지 않습니다. 따라서 정신은 공간을 점유하지 않아서 공간적으로 무제약적이며, 크기도 가지지 않습니다. 공간성과 크기를 가지지 않는 정신은 모양도 가질 수 없습니다. 정신은 그저 사고하는 실체입니다. 그리고 능동적이고 자유로운 활동을 하는 실체입니다.

그런데 정신과 물체는 독립적인 실체이기 때문에 상호 작용하지 않습니다. 정신은 물체에 영향을 미칠 수 없으며, 물체도 정신을 변화시킬 수 없습니다. 이것은 정신과 물체에 대한 일반적 사유와 크게 다르지 않습니다. 그러나 문제는 인간입니다.

인간은 정신과 물질로서 육체로 구성되어 있습니다. 그리고 정신과 육체는 매우 밀접하게 연관되어 있는 것처럼 보입니다. 더구나 정신과 육체는 상호 작용하여 서로에게 영향을 미치고 있기도 합니다. 우리는 우리의 정신이 바라는 대로 육체를 움직입니다. 그리고 육체의 변화는 정신을 변화시키고 있습니다.

· ◆ ·

데카르트는 인간에서 정신과 육체가 어떻게 서로 영향을 미치며 상호 작용하는지를 설명할 수 없습니다. 그는 정신과 육체가 독립적인 실체라고 말하기 때문입니다. 물론 데카르트도 인간에서 정신과 육체의 상호 작용을 설명하려고 시도합니다. 데카르트는 정신과 육체가 상호 작용할 수 있게 도와주는 하나의 기관이 있다고 생각합니다. 그리고 이 기관을 송과선이라고 말합니다. 인간의 뇌 안쪽의 한 기관인 '송과선'을 통해 정신과 육체가 서로 접촉한다는 것입니다.

말하자면 육체적 자극이 송과선을 통해 정신에 전달되고, 정신의 작용도 송과선을 통해 육체에 전달됩니다. 송과선은 육체와 정신이 상호 작용을 할 수 있게 해주는 매개체입니다. 데카르트의 이런 입장을 정신과 육체의 상호작용을 설명하기 위한 이론으로서, '인과적 상호 작용설'이라고 합니다. 그러나 데카르트의 설명은 상당히 궁색하다는 평가를 받고 있습니다. 인과적 상호작용설이 자신의 형이상학적 이원론과 어떻게 양립하는지 명확하게 설명해 낼 수 없기 때문입니다.

데카르트의 제자인 괼링크스 A. Geulincx가 정신과 육체의 상호 작용에 대한 데카르트의 문제점을 해결하려고 시도합니다. 괼링크스는 데카르트의 이원론을 수용하면서도 정신과 육체의 상호 작용을 설명하고자 합니다. 정신과 육체는 분명 서로 다른 실체입니다. 그래서 정신과 육체는 상호 작용하지 않습니다.

정신과 육체가 상호 작용하는 것처럼 보이지만, 실상은 그런 상호 작용은 없다는 것입니다. 상호 작용하는 것처럼 보이는 것은 실상은 상호 작용이 아닙니다. 괼링크스는 정신과 육체는 정밀한 시계 장인에 의해 제작된 두 개의 시계와 같다고 말합니다. 이 두 시계는 상호 작용하지 않습니다. 다만 한 시계가 12시를 가리키면 다른 시계가 12번 종소리를 내도록 제작되었습니다. 이 두 시계와 마찬가지로, 정신과 육체도 서로 관련이 없으며, 따라서 상호 작용하지 않습니다. 다만 정신이 어떤 것을 의욕하면, 그 순간 육체에서 그것에 해당하는 행동이 일어나도록 신이 정신과 육체에 개입하고 있습니다. 또한 육체가 어떤 것의 자극을 받으면, 그 순간 정신에 그것에 상응하는 감정이 생기도록 개입하고 있다는 것입니다. 이것을 '기회 원인론'이라고 부릅니다. 정신과 육체가 어떤 변화가 생겨나는 순간 신이 기회를 노려서 상응하는 작용이 발생하도록 했기 때문입니다.

스피노자의 철학 사상

스피노자는 사상의 자유를 중시하는 삶을 살았습니다. 교수직이 자신의 사상의 자유를 제한하는 것을 원치 않았습니다. 그래서 하이델베르크 대학의 교수로 초빙받았으나, 이를 거절했습니다. 그리고 렌즈를 갈아 생계를 유지하면서 철학적 사색에 몰두했습니다. 철학을 돈벌이의 도구로 삼고 싶지 않았으며, 철학을 직업으로 삼게 되면 자신의 사유를 제대로 펼칠 수 없다고 생각했기 때문입니다.

스피노자 역시 합리론자로서, 이성을 신뢰하고 이성적 지식을 참된 지식으로 받아들였습니다. 또한 학문의 방법으로 기하학적 방법을 사용하였으며, 실체 개념을 통해 정신과 육체의 관계를 밝히려고 노력했습니다.

• 실체, 신, 그리고 자연: 스피노자의 실체 개념 역시 데카르트의 실체 개념과 크게 다르지 않습니다. 스피노자는 실체를 '스스로 존재하고 스스로 이해되는 존재이다. 존재하기 위해서나 이해되기 위해 다른 존재가 필요 없는 독립적인 존재'라고 말합니다. 스피노자에서 실체는 무한자이면서, 단독자이고, 스스로 원인이 되는 자의 특성을 가집니다. 실체

가 무한자가 아니라면 독립적 존재일 수 없으며, 단독자가 아니라면 다른 것의 제한을 피할 수 없고, 스스로가 자신의 원인이 아니라면 다른 것에 의존할 수밖에 없기 때문입니다. 스피노자는 이런 실체의 모든 특성을 가진 존재는 하나일 수밖에 없으며, 그 하나의 실체는 신일 수밖에 없다고 생각합니다. 따라서 스피노자는 오직 하나의 실체만 존재하며, 그 실체는 신이라고 주장합니다.

· ◆ ·

스피노자가 말하는 실체로서 신은 기독교적인 신과는 전적으로 다릅니다. 스피노자의 실체로서 신은 인격적 신도 아니며 지성적인 신도 아닙니다. 스피노자의 신은 '철학적 신'입니다. 즉 의지도 없고, 감정도 없으며, 목적도 가지지 않은 신입니다. 따라서 가치의 기준이 될 수 없습니다. 또한 신은 생각도 계획도 하지 않고 결정도 하지 않기 때문에 역사를 주관하는 존재도 아닙니다. 스피노자가 말하는 철학적 신은 실체로서 자연입니다. 자연은 실체가 가진 모든 성질을 가지고 있기 때문입니다.

자연은 존재에 대한 원인을 자신의 내부에 가지고 있습니다. 그리고 무한한 힘과 무한한 가능성을 가지며, 무한한 생명력도 지니고 있습니다. 자연은 무한한 것이고 영원한 것이며, 전체가 하나의 체계로 이루어진 단독자입니다. 이런 특성 모두를 가진 존재가 자연이면서 동시에 신입니다. 스피노자에게 있어서 신과 자연은 하나의 동일한 존재입니다. 신이 곧 자연이고 자연이 곧 신입니다. 신은 세계와 분리된 것이 아니라 세계 속에 있습니다. 신은 세계 속에 있고 세계는 신 속에 있습니다. 신과 세계는 하나입니다. 따라서 실체는 신이면서 동시에 자연이라고 말할 수 있습니다.

• **심신 이론:** 데카르트는 실체의 존재를 정신과 물체 두 개로 주장하고서, 독립적이고 상호 작용하지 않는 존재로 주장하고 있습니다. 그래서 인간의 정신과 육체의 상호 작용을 설명하지 못하는 어려움에 처하게 됩니다. 스피노자는 데카르트가 봉착한 이원론의 난점을 해결하려고 합니다. 그래서 그는 오직 하나의 실체만을 인정하고 있습니다. 스피노자는 정신과 육체가 두 개의 실체가 아니라고 주장합니다. 정신과 육체는 자연 또는 신이라는 유일한 실체의 두 얼굴에 해당한다는 것입니다. 말하자면 정신과 육체는 유일한 실체인 자연 또는 신의 두 속성에 불과한 것입니다.

물론 스피노자도 정신과 육체가 서로 영향을 주고받지 않는다고 생각합니다. 정신이 육체의 원인이나 결과가 아니며, 육체도 정신의 원인이나 결과가 아닙니다. 정신과 육체는 자연 또는 신의 두 측면입니다. 정신과 육체는 실체의 두 측면이기 때문에 한 측면에서 보면 정신적인 것이고, 다른 측면에서 보면 육체적인 것입니다. 말하자면 동전의 양면과 흡사합니다. 정신과 육체는 두 측면에 불과하기 때문에 항상 병행할 수밖에 없습니다. 그래서 스피노자는 '관념의 질서와 사물의 질서는 동일하다.'라고 말합니다.

정신과 육체는 실체의 두 측면에 불과하기 때문에, 인간에게 일어나는 변화는 정신과 육체에 동시에 발생합니다. 정신에만 일어나는 변화나 육체에만 일어나는 변화는 없습니다. 인간에게 발생한 변화는 정신적 측면에서 보면 정신적 변화이고 물리적 측면에서 보면 육체적 변화입니다. 정신적 변화와 육체적 변화는 한 사물, 즉 인간의 두 측면에서의 변화일 뿐입니다. 말하자면 한 인간의 모습이 정신과 육체에서 다른 모습으로 보일 수 있습니다. 그것은 정신과 육체의 각각의 특성에 따른 모습이기 때문입니다. 그러나 정신과 육신은 인간 각각의 측면에서의 모습이기 때문에 언제나 병행합니다. 그래서 스피노자의 정신과 육체의 관계에 대한 설명을 '심신 병행론'이라고 부릅니다.

라이프니츠의 철학 사상

라이프니츠도 합리론자답게, 이성을 신뢰하고 이성적 지식을 참된 지식으로 주장합니다. 또한 실체의 문제를 철학의 중심 주제로 삼고 있습니다. 데카르트는 정신과 물체를 실체로 인정하는 이원론적 입장을 취합니다. 그리고 스피노자는 자연 또는 신이라는 하나의 실체만을 인정합니다. 그리고 하나의 실체가 정신과 물질이라는 두 개의 속성을 가지고 있다고 말합니다. 이것은 데카르트 이원론의 문제점을 해결하기 위한 일환으로 제시한 것입니다. 그러나 라이프니츠는 자연의 다양한 원소들을 설명하기에 스피노자의 설명은 결함을 가졌다고 말합니다. 자연이 유일한 실체라는 스피노자의 주장은 자연의 다양한 현상을 설명할 수 없다는 것입니다.

스피노자는 하나의 실체만을 인정했기 때문에, 신과 자연이 동일한 것이며, 인간도 그 자연의 한 측면이라고 말할 수밖에 없었습니다. 그러나 라이프니츠는 신과 자연을 구별하고자 합니다. 그리고 신과 자연을 인간과 구별하고자 하였습니다. 각각의 존재들을 구별하기 위해서는 실체가 단지 하나라고 주장할 수 없었습니다. 그래서 라이프니츠는 무수히 많은 실체를 인정합니다. 라이프니츠는 그 실체들을 '단자 monad'라고 부릅니다. 물론 단자는 물질이 아닙니다. 그래서 넓이나 부피를 갖지 않습니다. 단자는 분할되지 않는 단일한 존재입니다. 그러나 힘과 생명을 가지고 있어서 스스로 움직일 수 있습니다.

• **실체와 단자론**: 라이프니츠의 단자는 고대 그리스의 자연 철학자인 데모크리토스의 원자와 유사한 것처럼 보입니다. 그러나 라이프니츠의 단자를 데모크리토스의 원자와 혼동해서는 안 됩니다. 데모크리토스의 원자도 나눌 수 없는 단일한 물체이지만, 물질적 존재로 연장성을 가지며 생명을 가지지 않아서 스스로 움직일 수 없는 존재입니다.

그러나 단자는 물질적 존재는 아니지만 실재하는 것으로 세계를 구성하는 기본 단위입니다. 그래서 세상의 모든 존재들은 단순한 단자들로 구성되어 있습니다. 실체로서 단자들은 무수히 많으며, 서로 별개로 독립되어 존재하기 때문에 서로 영향을 주고받지 않습니다. 말하자면 단자들은 독립적이고 독자적인 실체입니다. 그래서 단자 안에 새로운 어떤 것이 첨가될 필요가 없습니다. 각각의 단자들은 자신의 활동 원리를 자신의 내부에 가지고 있습니다. 단자들은 서로 교통하지도 않습니다. 교통할 수 있는 창구가 없기 때문입니다. 라이프니츠는 이것을 '단자에는 창문이 없다. ^{ohne fenster}'라는 말로 표현하고 있습니다.

단자들에는 창문이 없어서 서로 교통할 수 없으며, 서로 영향을 주고받을 수 없습니다. 그렇다면 서로 별개로 존재하는 단자들로 구성된 세계가 혼돈에 빠지지 않고 질서를 유지할 수 있는지 의문이 제기될 수 있습니다. 라이프니츠는 단자들은 신에 의해 질서를 가지고서 서로 조화를 이루도록 예정되어 있다고 말합니다. 관현악단의 연주자들은 다른 연주자에 영향을 주거나, 다른 연주자의 연주에 자신이 영향을 받을 필요 없이 오로지 자신의 연주에 집중하면 됩니다. 실제로 연주자들이 서로 영향을 미치는 것을 원치 않지만, 전체로서 관현악단은 조화를 이뤄 완전한 연주에 성공합니다. 물론 이런 조화로운 연주가 성공하게 되는 것은 악보와 지휘자의 계획 덕분입니다.

• ◆ •

• **심신 이론과 예정 조화**: 각각의 단자들은 질적인 차이가 없습니다. 그러나 단자들은 정신적인 명료성에서는 차이가 있습니다. 신은 가장 명료한 단자들로 구성되어 있으며, 인간은 신을 구성하고 있는 단자들보다는 덜 명료한 단자들로 이루어져 있습니다. 그리고 동물, 식물, 무생물의 순으로 명료성의 정도가 낮은 단자들로 구성되어 있습니다. 그렇다면 정신은 명료성이 높은 단계의 단자로 이루어져 있지만, 육체는 명료성이 낮은 단자들로 이루어져 있게 됩니다. 그리고 단자들은 서로 교통할 수 있는 창문이 없어서 육체와 정신은 아무런 관계도 없게 됩니다. 그러나 정신과 육체가 서로 작용하고 있는 것은 분명해 보입니다.

서로 교통하지 않는 단자로 이루어진 정신과 육체가 어떻게 서로 작용할 수 있는지 의문이 생겨날 수 있습니다. 라이프니츠는 앞에서 말한 관현악단의 질서와 조화에 관한 설명을 통해 정신과 육체의 상호 작용에 대한 의문이 해명될 수 있다고 생각합니다. 관현악단의 질서와 조화가 지휘자에 의한 것이듯, 단자들의 조화는 신에 의한 것입니다. 즉, 단자들은 독자적으로 각자의 역할을 수행하지만, 신은 단자들의 역할이 조화를 이루도록 미리 정해 놓았습니다. 그래서 정신과 육체의 상호 작용은 신이 미리 정해 놓은 것입니다. 라이프니츠의 정신과 육체의 작용에 대한 설명을 '예정 조화설'이라고 합니다. 신은 정신과 육체를 창조했습니다. 그리고 정신과 육체가 조화를 이루도록 창조한 것입니다. 즉 정신과 육체의 상태가 조화를 이루면서 나란히 진행하도록 신이 미리 정해 놓은 것입니다.

라이프니츠와 최선의 세계

라이프니츠는 이 세계를 신이 미리 조화롭게 만들어 놓았다고 말합니다. 그래서 그는 '현재가 모든 가능한 세계 중에서 최선'이라는 말을 남겼습니다. 현재가 최고로 좋은 상태라는 것입니다. 얼핏 그럴듯해 보이는 이 말은 엄청난 비웃음을 샀습니다. 특히 볼테르의 소설 『캉디드 혹은 낙관주의』는 현재가 최선의 세계라는 라이프니츠의 말을 비웃는 가장 탁월한 예라고 할 수 있습니다.

이 소설은 좋은 본성을 가진 젊은 캉디드와 그의 철학적 조언자인 팡글로스 박사의 대화를 통해 라이프니츠의 생각을 비꼬고 있습니다.

팡글로스와 젊은 캉디드는 여행하면서, 지진을 겪고, 폭행 당하고, 부당한 처벌을 받게 되고, 전염병으로 고통 받았습니다. 그러나 팡글로스는 여전히 현재가 모든 가능한 세계 중에서 최선 중에 최선이라는 주장을 포기하지 않았습니다. 말하자면 현재의 지진, 폭행, 부당한 처벌, 전염병 등은 신이 만들 수 있는 불가피한 최선의 세계라는 것입니다. 얼핏 이해하기 어렵지만, 이런 재앙도 신이 만들 수 있는 더 나쁜 세계보다는 나은 세계라는 것입니다. 어쨌든 어떤 재앙이나 나쁜 사건이 발생하더라도, 그 세계가 최선의 세계라는 것입니다. 그래서 리스본 해안에서 바다에 빠져 허우적거리는 사람을 발견한 캉디드는 구해 주려고 했지만, 팡글로스는 '리스본 해안은 그 사람이 물에 빠지도록 만들어진 것이 분명하다.'라고 말하면서 캉디드를 만류했습니다.

라이프니츠가 '현재가 모든 가능한 최선의 세계'라고 말한 것을 이 세계에 악이 없다고 주장한 것처럼 이해할 수도 있습니다. 그래서 이런 비판이 등장한 것입니다. 그러나 이런 비판은 라이프니츠를 오해한 것입니다. 라이프니츠는 이 세상에 악이 존재한다고 생각했습니다. 다만 신이 다른 방식으로 이 세계를 창조했다면, 결과적으로 더 많은 악이 존재했을 것이라고 생각했을 뿐입니다. 이런 논의는 다음과 같은 유머를 떠올리게 합니다.

"낙천주의자는 현재가 가능한 최선의 상태라고 생각한다. 반면에 비관주의자는 현재가 최선의 상태일까봐 두려워한다."

경험론자들 – 경험에 기초한 철학

경험론자들은 경험이 지식 형성의 기초가 된다고 생각합니다. 감각이 세계와 접촉하는 유일한 통로라는 것입니다. 이들은 인간의 지식은 세계와 감각의 접촉을 통해서 얻을 수 있다고 생각합니다. 따라서 감각이 지식의 근거이며, 감각에 의해 지식이 생겨납니다. 감각에 의하지 않은 지식은 존재할 수 없습니다. 지식이 되려면 먼저 감각을 통해 알려져야 한다는 것입니다. 감각되지 않는 것은 우리의 정신에 들어 있을 수 없습니다. 따라서 경험론자들은 경험 이전에 우리에게 주어져 있는 것은 아무 것도 없다고 말합니다.

즉 합리론자들이 생각하는 본유 관념은 우리 정신에 없습니다. 우리는 완전히 백지 상태 tabula rasa로 태어나서 경험을 통해 지식을 추적해 갑니다. 이런 경험론의 특징을 충분히 이해하기 위해서는 근대 경험론의 대표적인 철학자인 로크, 버클리, 그리고 흄의 주장을 살펴보는 것이 가장 좋은 방법입니다.

로크의 철학 사상

로크는 경험론의 선구자라고 할 수 있습니다. 로크는 지식이 경험에서 비롯된다는 것을 이론적이며 체계적으로 설명한 최초의 사람입니다. 로크는 실체 개념을 통한 탐구 방식에서 벗어나 경험적 탐구의 필요성을 역설합니다.

> "우리는 그동안 잘못된 길을 밟아 왔다. 그러한 성질의 탐구에 착수하기에 앞서, 우리의 인식 능력을 검토하여 우리의 지성이 어떤 대상을 다루기에 적합하고 어떤 대상을 다루기에 부적합한지를 알 필요가 있다."

로크는 우리의 인식 능력을 검토하는 것이 철학적 탐구의 핵심이라고 말하고 있습니다. 이것은 오랫동안 철학에서 부당하게도 감각을 통한 경험적 능력을 무시해 왔다는 것을 점잖게 항의하는 것이기도 합니다. 그리고 지식이 어디에서 생겨나는지, 그 원천을 밝혀야 한다고 말합니다. 우리가 태어나면서 가지고 있는 관념, 즉 본유 관념을 가지고 태어난다는 것은 플라톤 이후로 당연한 것으로 인정되고 있었습니다. 플라톤의 이데아 그리고 아우구스티누스와 데카르트에서 신의 관념이 대표적인 본유 관념입니다. 이 본유 관념은 인간이 가지고 태어나기 때문에 경험에 의해 얻어진 관념이 아닙니다. 말하자면 경험에 앞선 관념이라고 할 수 있습니다.

◆

• **본유 관념의 거부**: 플라톤 이래로 본유 관념을 인식의 원천으로 여기는 것이 전통적인 견해였습니다. 그러나 로크는 인식에 있어서 전통적인 견해에 도전합니다. 말하자면 인식의 기원으로서 본유 관념을 부

인합니다. 본유 관념으로는 논리적 원리, 실천적 원리, 그리고 신의 관념이 있습니다. 로크는 우리가 이 세 관념, 즉 본유 관념을 이미 가지고 태어난 것이 아니라고 주장합니다.

흄은 우리가 본유 관념이라고 생각해 왔던 관념들이 실상은 본유 관념이 아니라는 것을 증명하려고 노력했습니다. 말하자면 본유 관념이라고 착각하고 있는 논리적 원리와 실천적 원리 그리고 신의 관념이 실제로는 본유 관념이 아니라는 것을 역설하고 있습니다.

첫째, 논리적 원리들은 본유 관념이 아닙니다. 논리적 원리들의 대표적인 예는 동일률과 모순율입니다. 이 두 원리가 본유 관념이라면 어린아이들과 교육 받지 않은 사람들도 알고 있어야 합니다. 그러나 교육 받지 않은 사람이나 어린아이들은 동일률과 모순율에 대한 관념을 가지고 있지 않습니다. 또한 문명의 혜택이 없는 미개인들도 동일률과 모순율을 알고 있는 것 같지 않습니다.

둘째, 실천적 원리도 본유 관념이 아닙니다. 실천적 원리로서 도덕률이 본유 관념이라면, 도덕률은 모든 사람에게 자명하며 보편성을 지녀야 합니다. 그러나 도덕률은 나라마다, 시대마다, 심지어 사람마다 다를 수 있습니다. 실천적 원리로서 도덕률이 각각 다르다는 것은 사회마다 각각의 도덕률을 만들어 냈다는 것을 의미합니다. 따라서 도덕률은 사회적 산물에 불과합니다. 사회적 산물은 본유 관념일 수 없습니다.

셋째, 신의 관념도 본유 관념이 아니기는 마찬가지입니다. 신의 관념이 본유 관념이라면 태어나면서부터 신의 관념이 우리의 정신 안에 있어야 합니다. 그리고 모든 인류가 신의 관념을 보편적으로 그리고 공통으로 가지고 있어야 합니다. 그러나 어린아이는 신의 관념을 가지고 있는 것처럼 보이지 않습니다. 또한 사람들마다 신에 대한 관념에서 차이를 보이고 있습니다. 이것은 신의 관념이 본유 관념이 아니라는 것을 말해 줍니다.

로크는 인간의 정신 안에 미리 주어져 있는 본유 관념을 부정합니다. 종이를 채우고 있는 내용이 종이의 것이 아니듯이, 우리의 정신 안에 있는 모든 내용도 경험된 것이며, 경험되지 않은 것은 들어 있을 수 없습니다.

• ◆ •

• **단순 관념과 복합 관념**: 경험 이전에 부여된 본유 관념은 없습니다. 그래서 우리의 정신은 애초에 텅 빈 백지 상태와 같습니다. 즉, 애초에 우리의 정신에는 아무것도 들어 있지 않습니다. 이 백지는 우리의 경험을 통하여 채워져야 합니다. 경험만이 우리의 정신 내용을 채울 수 있는 유일한 근거입니다. 경험을 통해서 정신에 자리잡은 것을 '관념'이라고 합니다. 경험을 통해서 외적 대상에 대한 관념을 가질 수 있습니다. 우리가 경험을 통하여 관념을 형성하는 방법은 두 과정을 통해서 이루어집니다.

첫째, 외적 경험에 해당하는 감각을 통해서 관념이 형성됩니다. 외적 경험인 감각은 정신 밖의 사물들을 지각합니다. 사물들에 대한 지각은 사물들에 대한 관념을 제공합니다.

둘째, 내적 경험에 해당하는 '내성 또는 반성 reflection'에 의해 관념이 형성됩니다. 내적 경험인 반성은 사고하고 추리하고 추상하는 등의 정신작용을 통하여 정신들에 대한 관념을 제공합니다. 그래서 로크는 감각과 반성을 통해서 우리에게 관념이 형성되는 전 과정을 '경험'이라고 말하는 것처럼 보입니다.

로크는 또한 관념을 단순 관념과 복합 관념으로 구분합니다. 단순 관념은 외적 경험인 감각과 내적 경험인 반성을 통해 직접 주어지는 관념입니다. 즉 단순 관념은 감각을 통해 직접 생겨난 것 또는 정신이 수동적으로 받아들인 것이라고 할 수 있습니다. 그래서 단순 관념은 우리 정신의 능동적 활동에 의한 관념이 아닙니다. 즉 우리의 정신이 가공하거나 만들어 낸 관념이 아닙니다. 반면에 복합 관념은 우리의 정신이 능동적으로 작용한 결과물입니다. 우리의 정신은 일단 수동적으로 단순 관념을 받아들인 후, 이 단순 관념을 비교, 결합, 변형 또는 추상하여 관념들을 만들어 낼 수 있습니다. 그래서 복합 관념은 수없이 많이 만들어 낼 수 있습니다.

단순 관념은 직접 주어지는 것이기 때문에 우리의 정신이 가공한 관념이 아닙니다. 단순 관념은 외적 경험과 내적 경험을 통해 단순히 받아들인 관념입니다. 반면에 복합 관념은 우리의 정신적 활동이 개입하여 산출된 관념입니다. 그러나 우리의 정신이 복합 관념을 마음대로 가공할 수 있는 것은 아닙니다. 우리의 정신은 무질서하지 않습니다. 우리의 정신은 일정한 방식을 가지고서 복합 관념을 만들어 냅니다. 그래서 복합 관념은 세 부류에 속하게 됩니다. 말하자면 어떤 복합 관념이든 '양태', '실체', 그리고 '관계' 중 하나에 속합니다.

◆

실체는 복합 관념입니다. 실체는 외적 경험과 내적 경험에서 직접 우리에게 주어지는 단순 관념이 아닙니다. 실체는 우리의 정신이 단순 관념을 추상하여 만든 관념입니다. 실체는 존재론적 의미와 인식론적 의미에서 약간의 차이가 있습니다. 존재론적으로 실체는 다른 존재를 필요로 하지 않는 독립된 존재입니다. 그러나 인식론적으로 실체는 '현상의 배후에서 현상을 가능하게 해 주는 어떤 것'입니다. 로크가 복합 관념으로서 실체를 말할 때는 실체의 인식론적 의미를 염두에 두고 있습니다.

우리가 볼펜에서 '하얀', '딱딱한', '둥근' 등의 성질을 얻을 수 있는 것은 이 볼펜을 직접 보고 감각하였기 때문입니다. 그리고 이런 성질의 배후에 이런 성질을 우리에게 일으키는 어떤 것이 있다고 생각할 수 있습니다. 어떤 성질이든 그 성질의 배후에는 그 성질을 가능하게 해 주는 어떤 것이 있다고 생각할 것입니다. 즉, 어떤 현상을 가능하게 해 주는 그 현상의 바탕이 되는 토대 또는 기체^{substratum}가 있어야 한다고 생각할 것입니다. 로크는 현상의 근거가 되는 기체를 실체로 이해합니다. 즉 실체는 현상의 배후에서 현상을 가능하게 해 주는 토대가 되는 어떤 것입니다. 그러나 우리가 감각할 수 있는 것은 현상뿐입니다. 우리는 실체를 감각할 수 없습니다. 우리는 실체를 감각할 없고, 단지 추론할 뿐입니다. 따라서 로크에게 실체는 알 수 있는 것이 아닙니다. 단순히 있을 것이라는 추론만 가능합니다.

양태 역시 복합 관념입니다. 양태는 실체가 아니라 실체의 모습입니다. 예를 들면, 활동의 관념에는 여러 양태가 있을 수 있습니다. 즉 걷다, 던지다, 먹다, 마시다, 공부하다 등 여러 모습의 활동이 있습니다. 이런 활동의 모습이 활동의 양태입니다. 활동의 양태들은 활동과 관련된 관념의 모습입니다. 활동의 관념은 활동의 양태들의 결합이라고 할 수도 있습니다. 물론 우리의 정신은 어떤 관념과 어떤 양태가 상응하는지 잘 알고 있습니다. 우리의 정신은 관념들을 추론하여 복합 관념으로서 양태들을 만들어 냅니다. 그래서 그 양태들이 어떤 관념에 상응하는지 분명하게 파악할 수 있습니다.

관계 역시 복합 관념입니다. 관계는 하나의 관념을 다른 관념과 관련시킬 때 생겨납니다. 하나의 관념과 다른 관념이 비교되고 대비되는 경우에 복합 관념으로서 관계의 관념이 생겨납니다. 예를 들면 '철수와 영희는 가깝다'에서 '가깝다'는 '철수' 관념과 '영희' 관념의 관계를 나타냅니다. 물론 우리는 '가까움'을 감각할 수 없습니다. 가까움은 두 관념 사이에서 추상된 관계이기 때문입니다. 관념들을 비교하고 연관시키는 방법은 무수히 많기 때문에 관계의 관념도 무수히 많다고 말할 수 있습니다.

버클리의 철학 사상

버클리는 로크가 주장하는 인식론이 경험론의 입장에서 철저하지 못하다고 비판합니다. 그리고 로크의 인식론에서 미흡한 점들을 비판하면서, 경험론적 관점을 보다 철저하게 견지하려고 했습니다.

버클리는 로크가 추상 관념을 인정한 것은 경험론적 입장에서 온당하지 않다고 생각합니다. 버클리는 모든 관념이 감각을 통해서 들어오는 것이기 때문에 언제나 구체적이고 특정하다고 말합니다. 물론 관념 중에는 감각을 통해 직접 들어온 관념을 결합하거나 분리하여 만들어진 것들도 있습니다. 그러나 이런 관념들도 역시 구체적이며 특정합니다. 이런 관념들은 구체적이고 특정한 관념들을 가공한 것이기 때문입니다.

• ◆ •

• 추상 관념의 거부: 추상 관념은 구체적이지도 특정하지도 않습니다. 추상 관념은 오히려 일반적이고 추상적입니다. 추상 관념은 감각을 통해 들어온 것이 아니기 때문입니다. 추상 관념은 감각을 통해 얻어진 것이라기보다는 인간의 지성이 만들어 낸 관념입니다. 버클리는 이런 추상 관념을 거부합니다. 추상 관념은 '언어의 기만'에서 비롯된 것일 뿐이라는 것입니다. 그래서 '인간'이나 '운동'과 같은 추상 관념에 해당하는

실재는 없다고 말합니다. 남자도 아니고 청년도 아닌 '인간'이라는 추상 관념에 해당하는 실재물은 없습니다. 그리고 빠르지도 않고 느리지도 않은 '운동'이라는 추상 관념에 해당하는 실재물은 없습니다. 오로지 존재하는 것은 개별적인 인간과 구체적인 운동이 있을 뿐입니다. 그리고 구체적인 운동에 대한 관념이 있을 뿐입니다.

추상 관념은 사물들에서 추상된 관념입니다. 따라서 추상 관념에 대응하는 사물이 별도로 있는 것이 아닙니다. 이 내용과 정확히 일치하는 것은 아니지만, 이해를 돕기 위해서, 포유동물을 생각해 보십시오. 포유동물에 해당하는 존재가 따로 있는 것이 아니라, 여러 개별적인 동물에서 포유동물의 속성을 추상한 것에 대해 붙인 이름에 불과합니다. 전통적으로 추상 관념은 실체라는 이름으로 불렸습니다. 그리고 이런 실체가 구체적인 사물보다 더 중요한 존재로 여겨졌습니다. 플라톤의 이데아가 추상 관념으로서 실체의 대표적인 예입니다. 따라서 버클리가 추상 관념의 대응물을 거부하는 것은 곧 실체에 대한 부인이며, 플라톤 이후로 형성되어 온 전통적 견해에 대한 부정입니다.

버클리가 추상 관념을 비판하면서 실체를 부정하고 있는 것은 언어의 기만에서 해방되기 위해서입니다. 추상 관념은 마치 우리가 가지고 있지도 않은 관념을 가지고 있는 것처럼 기만하기 위한 언어적 술수라는 것입니다. 추상 관념에 해당하는 구체적인 대상은 없습니다. 말하자면 추상 관념은 경험에 근거하지 않은 관념입니다. 버클리는 경험론자로서 경험에 근거하지 않은 관념의 대응물은 있을 수 없다고 생각했습니다. 그리고 추상 관념은 언어적 기만과 술수라고 여겼습니다. 그래서 철학의 출발점은 추상 관념이라는 언어적 기만과 술수에서 벗어나는 것에서 시작한다고 여긴 것입니다.

• **존재는 지각됨이다**: 버클리에 따르면, 우리가 지각하는 사물은 실재합니다. 이것은 지각되지 않는 존재는 인식될 수 없다는 의미입니다. 그리고 지각되지 않는 존재는 인식될 수 없기 때문에, 그 존재는 인간에게 어떤 의미도 없게 됩니다. 지각된 존재만이 의미를 갖게 됩니다. 지각된 사물은 관념이 되고, 관념은 우리의 정신 속에 있게 됩니다. 어떤 것이 실재한다는 것은 그것을 지각함으로써 알려지게 됩니다. 지각되지 않는 존재를 우리가 알 수 있는 방법은 없습니다. 정신 속에 없는 것을 알 수는 없기 때문입니다. 그래서 버클리는 '존재는 지각됨이다.^{esse est percipi}'라고 말하고 있습니다. 이 말은 지각되어야 존재한다고 말할 수 있다는 의미입니다. 물론 지각되지 않으면 존재한다고 말할 수 없다는 의미이기도 합니다.

지각된 것이 존재한다는 것은 확실합니다. 그리고 지각된 사물은 우리 마음속에 관념으로 자리하게 됩니다. 그렇다면 모든 사물은 우리의 마음속에 있는 관념에 불과합니다. 결국 관념 이외에는 아무것도 없다는 말이 가능하게 됩니다. 버클리의 주장이 타당하다면, 이 세계에는 관념만 존재한다고 말해야 합니다. 물론 버클리는 관념 이외에 그 관념을 인식하고 기억하는 어떤 것으로서 '정신'이 있다고 말합니다. 정신은 능동적이고 생산적이며 독자적인 데 반하여, 관념은 수동적이고 정신 속에서 정신에 의존하는 특성을 가지고 있습니다. 관념은 지각을 통해 생겨나서 정신 속에 있게 됩니다. 관념은 정신을 떠나서는 존재할 수 없기 때문입니다. 어쨌든 버클리의 입장에서는 이 세상에는 관념과 정신만이 존재합니다.

버클리의 주장에 따라서 지각되어야 존재한다면, 실제로 존재하는 사물을 아무도 지각하고 있지 않다면 존재하지 않는다고 말해야 합니다. 이런 결론은 납득하기 어렵습니다. 물론 반드시 내가 지각할 필요는 없습니다. 누군가 지각한다면 그 대상은 존재할 것입니다.

문제는 아무도 지각하지 않는 경우도 있다는 것입니다. 예를 들어, 어떤 대상을 아무도 지각하지 않는다면 그 대상은 존재하지 않는다고 말해야 할 것입니다. 그러나 다시 누군가 지각한다면, 존재하지 않았다가 다시 존재한다고 말해야 하는 것일까요? 이렇게 말하는 것은 만족스럽지 못합니다. 어쨌든 어떤 것이 존재하지 않는다면 그 이후로 아무도 이것을 지각할 수 없게 될 것입니다. 따라서 존재하는 것은 그 존재를 멈추어서는 안 됩니다. 이에 대해 버클리는 존재하는 것들을 아무도 지각하지 않더라도 신이 지각하고 있기 때문에 그 대상이 존재할 수 있다고 말합니다.

아무도 지각하지 않더라도 계속 존재하기 위해서는 그 사물을 계속해서 지각하는 존재가 있어야 합니다. 그래서 버클리는 신이 이 세계에 존재하는 것들을 항상 지각하고 있다고 말합니다. 신의 지각에 의해서 이 세계가 객관적으로 실재한다는 것이 보장된다는 것입니다.

··· 잠시, 샛길

실재물 존재를 주장한 사무엘 존슨 박사

버클리의 '존재는 지각됨'이라는 주장에 불만이었던 철학자가 있었습니다. 사무엘 존슨 박사입니다. 사무엘 존슨 박사는 지각만이 존재하는 것이 아니라 실재물들이 존재한다고 주장합니다. 그러면서 '돌을 발로 차면서 '지각만이 아닌 돌 자체가 존재한다는 것을 증명하려고 했습니다. 자신의 발에 채인 돌이 버클리의 주장을 논박할 수 있다고 생각한 것입니다.

누구든 돌을 발로 차게 되면, 그 돌이 실재한다고 생각할 것입니다. 이것은 매우 상식적입니다. 사무엘 존슨 박사도 상식적으로, 돌을 발로 차게 되면, 발이 아플 것이고, 이것은 돌이 실재하는 것을 증명하는 것이라고 생각한 듯이 보입니다. 즉 돌을 발로 차면 아프기 때문에, 존재가 지각이 아니라 실재라고 말하는 듯이 보입니다.

사무엘 존슨 박사의 반론은 상식적으로 이해할 만합니다. 어떤 지각이 존재한다면, 그 지각을 가능하게 해 주는 어떤 것이, 즉 그 지각에 상응하는 존재가 먼저 있다고 생각하기 때문입니다. 즉 돌을 발로 차면 아픔을 지각합니다. 그래서 그 아픔의 지각을 가능하게 해 주는 돌이 있다고 생각하는 것은 지극히 상식적입니다.

사무엘 존슨 박사의 증명 방법은 매우 상식적이며, 누구든 받아들일 수 있을 것처럼 보입니다. 그러나 사무엘 존슨 박사의 증명 방법은 성공적이지 못합니다. 즉 그의 방법은 버클리의 주장을 논박할 수 없습니다. 돌을 발로 찬다면, 그는 돌의 지각, 즉 아픔의 지각을 가질 것입니다. 사실상 그 뿐입니다. 사무엘 존슨 박사는 돌의 지각을 가졌을 뿐 돌의 존재에 대한 어떤 증거도 가지고 있지 않습니다. 사무엘 존슨 박사가 돌을 찼다 할지라도, 그가 가진 것은 지각뿐입니다. 돌의 존재를 증명한 것이 아니라, 아픔의 지각이 있다는 것만을 증명했을 뿐입니다. 그래서 버클리가 존재하는 것은 지각뿐이라고 말한 것입니다.

사실 사무엘 존슨 박사는 괜한 일을 한 것이며, 괜히 발만 아팠을 뿐입니다. 버클리는 사물의 실재성을 부인하기 위해 '존재는 지각됨'이라고 말한 것이 아니기 때문입니다. 모든 것은 지각을 통해 알려지며, 지각을 통해 그것들에 대한 관념이 들어오기 때문에 모든 것은 우리 마음 안에서 관념으로 존재한다는 것을 주장하고자 했던 것입니다. 말하자면 지각을 통해 형성된 관념으로 존재하지 않은 것은 존재하지 않는다는 것을 말하고자 한 것입니다. 예를 들면 추상 관념은 지각을 통해서 형성된 관념이 아니기 때문에 존재하지 않습니다. 즉 지각에 근거하지 않은 관념은 존재하지 않습니다.

사무엘 존슨이 돌을 발로 참으로써 지각되고, 그리하여 돌의 관념이 우리의 정신에 들어오게 됩니다. 물론 돌의 지각을 가능하게 해 준, 지각의 원인으로서 돌에 대한 관념도 존재할 수 있습니다. 그러나 지각을 통해 돌의 관념이 들어온 후에, 지각의 원인으로서 돌에 대한 관념이 생겨날 수 있습니다. 지각을 가능하게 해 주는 원인으로서 돌에 대한 관념이 실체 관념입니다. 물론 이 실체 관념은 로크에 의하면 복합 관념입니다. 우리 정신 안에 들어 있는 것은 관념뿐입니다. 사물 자체는 우리의 정신 안에 들어올 수 없습니다. 사무엘 존슨 박사가 발로 돌을 찼을 때, 우리가 얻은 것은 '아프다', '딱딱하다' 등의 지각뿐입니다. 돌의 실재성, 즉 돌 자체가 우리의 정신 안에 들어올 수는 없기 때문입니다. 이런 관점은 경험론과 합리론을 비판적으로 수용했다고 평가 받는 칸트에서도 잘 드러나 있습니다. 칸트가 말하는 현상의 근거인 '물자체'는 우리의 정신 바깥에 존재하지만, 인식 불가능한 존재이며, 따라서 우리 정신 속에 들어올 수 없습니다.

흄의 철학 사상

경험론적 사유는 로크에서 시작하여, 버클리를 거치며 성숙되어, 흄에서 완성된 형태를 갖추게 됩니다. 흄은 경험론적 관점을 보다 철저하게 견지합니다. 그리고 흄은 우리 인식의 경로를 보다 상세하게 설명하고 있습니다. 로크와 버클리는 감각 지각을 통해 관념이 형성된다고 말합니다.

그러나 흄은 감각으로부터 곧바로 관념이 형성되는 것이 아니라 중간

과정을 거친다고 말합니다. 흄은 관념이 형성되기 이전에 지각에 의해 먼저 인상이 주어지고, 그 인상이 관념을 형성한다고 주장합니다. 말하자면 지각을 통해 먼저 인상을 얻게 되고, 그 후에 그 인상들이 관념을 형성한다는 것입니다. 인상은 관념의 근거이며, 관념은 인상의 모사입니다.

• ◆ •

• **인상과 관념의 관계**: 지각은 정신 속에 직접 주어집니다. 지각이 정신 속에 직접 주어질 때 '인상'이 생겨납니다. 감각은 인상을 정신에 직접 형성합니다. 그리고 이 인상이 기억, 상상, 그리고 반성의 정신 작용을 거쳐서 '관념'이 생겨납니다. 인상은 지각을 통해서 직접 주어지기 때문에 원초적이고 생생하며 분명합니다. 반면에 관념은 인상을 통해서 간접적으로 주어진 것이기 때문에, 인상보다 덜 생생하고 덜 분명합니다. 예를 들면, 고통의 감각을 느끼는 순간 인상이 형성됩니다. 그리고 고통을 느꼈던 것을 기억하여 떠올릴 때 인상을 통해서 관념이 생겨납니다. 그래서 인상과 관념의 내용은 유사합니다. 다만 인상과 관념은 생생함과 분명함의 정도가 다를 뿐입니다. 흄은 인상은 '생생한 지각'이고 관념은 '희미한 지각'이라고 말합니다.

지각은 직접 인상을 만들어 냅니다. 그리고 인상은 관념을 만들어 냅니다. 따라서 인상에 없는 관념은 있을 수 없습니다. 인상을 통하지 않고 관념이 직접 생겨날 수도 없습니다. 관념은 단지 인상의 모사일 뿐이기 때문입니다. 말하자면 모든 관념은 인상에서 유래합니다. 지각에서 직접 주어진 인상은 생생하고 명료하지만, 인상의 모사물인 관념은 인상보다 생생함과 명료함에서 덜할 수밖에 없습니다. 또한 인상은 지각에서 직접 주어지기 때문에 한 종류만 있습니다. 그러나 관념은 두 종류로 구분될 수 있습니다. 한 종류의 관념은 인상에서 바로 생긴 관념입니다. 또 한 종류의 관념은 인상에서 생긴 관념들을 우리 정신이 결합하고 바꾸어 증가시키고 감소시키는 작용을 통해 만들어 낸 관념들입니다. 물론 두 종류의 관념 모두 인상에서 비롯된 관념이라는 것은 분명합니다. 인상을 근거로 삼지 않는 관념은 없습니다.

• ◆ •

• **단순 관념과 복합 관념**: 인상에서 바로 생긴 관념은 인상과 크게 다를 바가 없습니다. 다만 생생함에서 차이가 있을 뿐입니다. 인상에서 바로 생겨난 관념을 단순 관념이라고 부릅니다. 단순 관념은 인상과 내용에서는 차이가 없으며, 단지 생생함과 분명함에서만 정도가 다를 뿐입니다. 그러나 정신은 인상으로부터 관념들을 가공해 낼 수 있습니다. 정신적 작용을 통해 가공된 관념들을 복합 관념이라고 부릅니다. 복합 관념은 인상들을 분해, 결합, 또는 연결하는 등의 과정을 거쳤기 때문에 인상의 내용과는 다를 수 있습니다. 예를 들면 이런 관념들은 '황금산' 또는 '반인반마', '인어'와 같은 관념들입니다. 그러나 이런 관념들도 결국에는 황금, 산, 사람, 말, 물고기 등과 같은 원초적인 인상들이 결합된 관념입니다. 따라서 모든 관념은 인상에서 비롯된 것입니다. 복합 관념도 인상에 없는 것은 존재하지 않습니다.

우리의 사유는 관념들을 결합하고 연결하면서 이루어집니다. 그러나 관념들의 결합과 연결이 마구잡이로 이루어질 수는 없습니다. 우리가 사유를 통하여 지식을 갖기 위해서는 관념들을 연결하여 결합하는 무언가가 필요합니다. 한 관념이 다른 관념을 불러내기 위해서는 특별한 법칙이 있어야 합니다. 흄은 이것을 '관념의 연상 법칙 또는 관념의 결합 법칙'이라고 말합니다. 관념의 연상 법칙에는 세 가지가 있습니다. 첫째는 유사성에 의한 연상입니다. 둘째는 근접에 의한 연상이고, 셋째는 원인과 결과에 의한 연상입니다.

첫째, 유사성에 의한 연상은 유사한 관념들이 서로 연관되어 결합한 다는 의미입니다. 예를 들면, 노란색을 보고서 개나리를 연상하거나, 빨 간색을 보고서 장미를 연상하는 것과 같습니다. 둘째, 근접에 의한 연상 은 시간 또는 공간적으로 가까운 관념들이 연합한다는 의미입니다. 예 를 들면, 숟가락과 젓가락, 연필과 노트, 식사와 설거지, 컴퓨터와 마우 스 등이 시간적 또는 공간적 가까움에 의해 연합되어 있습니다. 셋째, 인과에 의한 연상은 원인과 결과의 관계에 있는 관념들이 서로 결합한 다는 의미입니다. 예를 들면, 난로와 따뜻함, 노력과 좋은 성과, 화재와 연기 등이 원인과 결과에 의해 결합된 관념들입니다.

관념들은 비슷한 사물들의 관념끼리, 시간과 공간이 근접되어 있는 관념들끼리, 그리고 원인과 결과의 관계에 있는 관념들끼리 불러내서 결합하여 지식을 형성하게 됩니다. 정리하자면 경험 이전에 우리의 정 신에 주어진 것은 없습니다. 오직 경험을 통하여 들어온 인상이 관념을 형성하게 됩니다. 물론 인상은 직접 관념을 형성하기도 하지만, 정신적 활동을 통해 직접 관념들이 다시 가공되어 새로운 관념을 만들어 내기 도 합니다. 그러나 인상에 없는 관념은 결코 없습니다. 이런 관념들은 서로 관련된 것들끼리 결합하여 지식이 됩니다. 유사성과 근접성, 그리 고 인과성에 의해 관념들이 결합하게 됩니다.

#감성
#오성
#이성
#분석명제
#종합명제
#선천적

CHAPTER 03

칸트의 비판 철학: 경험론과 합리론의 종합

- 칸트의 철학적 배경
- 경험론과 합리론의 종합으로서 칸트 철학
- 지식 형성에서 감성과 오성의 역할
- 분석 판단, 종합 판단, 선천적 종합 판단

칸트의 철학적 배경

칸트는 당시에 독일 철학의 분위기를 이끌던 합리론의 전통 속에 있었습니다. 라이프니츠와 볼프의 영향을 받아, 인식에서 이성의 역할이 토대가 된다고 생각하였습니다. 칸트가 스스로 고백하고 있듯이, 오랫동안 이성이라는 독단의 잠 ^{dogmatic slumber}에 빠져 있던 시기도 있었습니다.

다행히도 루소와 흄의 철학을 접한 칸트는 비로소 독단의 잠에서 빠져나올 수 있었습니다. 루소는 인간을 더 나은 세계로 이끄는 것은 이성이 아니라 감정의 역할 덕분이라고 말합니다. 물론 루소는 교육에서도 정서의 중요성을 강조합니다. 흄은 경험이 지식의 근원이라고 주장하며, 감정이 도덕의 근원이라고 주장합니다. 결국 칸트는 루소와 흄을 통해서 감정과 경험의 중요성에 눈을 뜨게 된 것입니다. 인간의 지식은 경험에서 비롯되며, 경험을 넘어선 어떤 지식도 없다는 것을 자각했습니다. 칸트는 흄의 경험론을 충분히 이해하고, 자신의 철학적 사유의 한 축으로 받아들였습니다.

칸트가 루소에게 받은 영향에 대해 극적인 에피소드가 전해집니다. 칸트는 매일 오후 3시면 산책을 했습니다. 이 산책은 어김없이 3시에 이루어졌습니다. 심지어 성당의 종지기가 산책하는 칸트를 발견하고서 성당의 시간을 맞췄다는 이야기가 전해질 정도입니다. 그런 그가 『에밀』을 읽다가 너무 심취한 나머지 산책하는 것을 잊은 날이 있다고 합니다. 칸트가 일생에서 산책하는 시간을 어긴 것은 루소의 『에밀』을 읽던 날 단 하루였습니다.

최초의 독일 철학자, 칸트

칸트는 당시 독일의 영토였던 쾨니히스베르크에서 태어났습니다. 쾨니히스베르크는 독일의 옛 도시이며, 중세부터 동프로이센의 수도였습니다. 칸트는 일생 동안 쾨니히스베르크에서 살면서, 단 한 차례도 이 도시를 벗어난 적이 없다고 합니다. 칸트는 쾨니히스베르크에서 나고 자랐으며, 독일어를 사용한 독일 철학자입니다. 실제로 철학의 불모지였던 독일에 진정한 철학적 사유를 제공한 최초의 철학자라고 해도 과언은 아닐 것입니다. 당시 독일의 철학자들은 철학적 사유를 논의하면서 라틴어를 사용했습니다. 그래서 칸트 이전에는 진정한 의미에서 독일 철학은 없었다고 말하는 것이 옳을 것입니다.

당시에 독일은 철학의 불모지였기 때문에, 독일어에는 철학적 용어가 발달하지 않았습니다. 그래서 칸트는 독일어로 된 철학책을 저술하면서 독일어로 된 철학 용어들을 만들어 내게 됩니다. 라틴어나 영어로 된 철학 용어를 표현할 마땅한 독일어 단어가 없는 경우, 독일어 단어를 조합하거나 결합하여 독일어 철학 용어를 만들어 냈다고 합니다. 이때 칸트가 만든 독일어 철학 용어들은 오늘날 독일 철학에서 매우 의미 있게 사용되고 있습니다. 아마도 칸트가 아니었더라면, 독일 철학은 존재하지 않았거나 상당히 늦게 태동했을 것입니다. 칸트 덕분에 독일 철학의 주류를 형성한 독일 관념론이 융성할 수 있었습니다.

그런데 칸트가 독일 철학자가 아니라는 매우 흥미로운 주장도 있습니다. 칸트가 나고 자란 쾨니히스베르크가 현재는 독일 영토가 아닙니다. 칸트가 죽기 몇 년 전에 러시아 영토가 되었습니다. 현재는 러시아 영토로서 칼리닌그라드로 개명되었습니다. 영토가 러시아로 바뀐 것이 칸트가 죽기 전이었으니, 칸트는 태어날 때는 독일인이었을지 몰라도,

죽을 때는 러시아인이었다는 것은 분명해 보입니다. 그래서 칼리닌그라드의 러시아인들은 칸트를 러시아 철학자라고 생각한다고 합니다. 러시아인들의 주장이 터무니없긴 합니다. 한 철학자를 그 나라의 철학자라고 주장할 수 있는 확고한 근거는 무엇일까요? 국적? 또는 사용한 언어? 국적이라면 태어났을 때? 아니면 죽었을 때?

경험론과 합리론의 종합으로서 칸트 철학

칸트는 근대 철학자 중에서 가장 위대한 철학자 중 하나로 평가됩니다. 합리론과 경험론의 철학을 융해하여 종합하고 체계화한 철학 사조를 출범시켰습니다. 그래서 칸트의 철학을 합리론과 경험론을 비판적으로 종합한 철학이라고 말합니다. 칸트의 철학은 합리론과 경험론을 어떻게 비판적으로 종합할 것인지에 대한 물음을 가지고 시작했습니다. 그 결과 합리론과 경험론의 단점을 버리고 장점을 골라서 종합한 체계적인 철학적 견해를 제시했습니다. 칸트의 철학적 태도는 일단 합리론과 경험론을 비판하는 것입니다. 경험론과 합리론에 대한 비판을 통하여 두 견해의 실상을 드러냅니다. 즉 두 견해의 장점과 단점을 파악하여 자신의 철학으로 종합했습니다.

합리론은 이성을 인식의 근원으로 이해하고서, 이성이 가진 초월적 특성을 강조하였기 때문에 '독단론'에 빠질 수밖에 없었습니다. 경험되지 않는, 그래서 실재하지 않는 것을 사유를 통해서 존재한다고 가정하고서 그 존재가 실제로 존재한다고 주장하는 독단적 태도를 취하게 된 것입니다. 반면에 경험론은 경험을 인식의 근원으로 이해하고서, 경험의 제한성에 집착함으로써 '회의론'에 빠지게 되었습니다. 말하자면 경험론은 경험된 것들만 존재한다고 주장함으로써, 그 경험들의 근저에 놓여 있는 경험되지 않는 존재들을 외면하려는 태도를 보입니다. 그래서 칸트는 합리론의 독단성과 경험론의 회의론에서 벗어날 수 있는 방법을 찾고자 합니다. 칸트는 다음과 같이 말합니다.

> "우리의 지식이 경험과 더불어 시작된다는 것은 의심의 여지가 없다. … 그러나 우리의 지식이 경험과 더불어 시작된다고 해서, 그것이 바로 우리의 지식이 '경험에서' 생긴다는 것을 의미하는 것은 아니다. 왜냐하면 우리의 경험적 지식도 우리가 경험을 통해 받아들인 것과 이성이 제공한 것의 결합이기 때문이다."

칸트는 우리의 지식이 경험만으로 생기는 것도 아니고, 이성만으로 형성되는 것도 아니라고 말하고 있습니다. 그리고 우리의 지식은 이성과 경험의 종합을 통해서 이해될 수 있다고 말합니다. 그러나 이성과 경험의 종합을 말하기 위해서는, 합리론은 이성에, 경험론은 경험에 각각 부여한 내용이 무엇인지를 분명하게 드러내기 위한 비판적 검토가 필요했습니다.

칸트의 철학은 합리론과 경험론을 비판하는 것에서 시작합니다. 그래서 칸트의 철학을 비판 철학이라고 부르기도 합니다. 그러나 이 비판은 소모적인 비판이 아닙니다. 합리론과 경험론이 범하고 있는 잘못을 바로잡고자 하는 비판입니다. 말하자면 합리론에서 중시하는 이성과 경험론에서 중시하는 경험의 역할을 비판을 통해서 제대로 밝히고자 한 것입니다.

칸트는 합리론과 경험론에 대한 비판을 통하여 합리론과 경험론의 과오를 드러냅니다. 합리론은 이성이 가지고 있지 않은 능력, 즉 경험하여 받아들이는 능력을 가진 것으로 잘못 이해하고 있으며, 경험론 역시 경험이 가지고 있지 않은 능력, 즉 받아들인 경험들을 사유하는 능력을 가진 것으로 잘못 이해하고 있다는 것을 분명하게 지적합니다.

말하자면 감각 경험은 외적 대상의 모습 ^{표상}들을 우리의 정신 안으로 받아들이는 능력일 뿐이며, 이성은 경험이 받아들인 내용을 사유를 통해서 우리의 지식으로 만드는 능력입니다. 그러나 합리론은 이성이 감각 경험의 능력도 동시에 가진 것으로, 경험론은 감각 경험이 사유의 능력도 동시에 가진 것으로 오해했습니다.

앞에서 알 수 있듯이, 칸트에게 '비판'이라는 용어는 매우 중요합니다. 이 용어는 각각에 합당한 역할을 확인하기 위한 방법이라고 말할 수 있습니다. 이성에 합당한 역할을 찾아 주기 위하여, 그리고 경험에 합당한 역할을 찾아 주기 위하여 비판의 방법이 사용된 것입니다. 그래서 칸트는 자신의 저서에 비판이라는 용어를 사용하고 있습니다.

이 책들이 유명한 3대 비판서, 『순수이성비판』, 『실천이성비판』, 『판단력비판』입니다. 각각은 인식의 문제, 실천으로서 윤리의 문제, 미학의 문제를 중점적으로 다루고 있습니다. 그리고 인간의 어떤 능력이 각각의 주제에 합당한지를 확인하고, 그 능력의 근거와 역할을 해명하고 있습니다.

지식 형성에서 감성과 오성의 역할

우리는 인식의 기능을 통해 외부의 대상을 인식합니다. 합리론은 외부 대상을 인식하는 기능이 이성을 통해서 이루어진다고 말하고, 경험론은 지각이나 경험을 통해서 이루어진다고 말합니다. 우리가 경험과 이성을 가졌다는 것은 분명합니다.

그러나 칸트 이전까지, 지각이나 경험의 능력이 무엇인지 또는 이성의 능력이 무엇인지, 어떻게 기능하는지에 대한 세밀한 검토는 이루어진 적이 없었습니다. 지각이나 경험이 그리고 이성이 어떻게 작용하는지 그리고 그 한계가 무엇인지를 밝힌다면, 지식의 형성에 관한 새로운 이해의 길을 열 수 있습니다.

감성은 인식의 대상을 받아들이고, 오성은 받아들인 인식 대상을 사유합니다. 따라서 감성이 없다면 인식은 불가능합니다. 또한 오성이 없어도 인식은 가능하지 않습니다. 감성은 사유할 수 없고, 오성은 받아들일 수 없기 때문입니다. 감성은 받아들이고, 오성은 그것을 사유합니다. 따라서 우리의 인식은 감성과 오성의 활동에 의해 가능합니다. 칸트는 다음과 같이 말합니다.

> "감성 없이는 대상이 주어지지 않으며, 오성 없이는 대상이 사유되지 않는다. 내용 없는 사유는 공허하고, 개념 없는 직관은 맹목적이다. …오성은 직관하지 못하고 감성은 사유하지 못한다. 이 두 기능의 연합된 작용에 의하지 않은 지식은 생겨날 수 없다."

인식에서 감성과 오성은 필수적입니다. 그러나 합리론은 인식에서 감성의 역할을 부정했으며, 경험론은 정신의 구성하는 역할을 무시하였습니다. 합리론은 받아들이는 감성의 능력을 무시했기 때문에 공허한 독단론에 이르게 되었으며, 경험론은 구성하는 이성의 능력을 부정했기 때문에 경험을 넘어서는 것을 인정할 수 없는 회의론에 빠지게 되었던 것입니다.

감성의 형식으로서 공간과 시간

칸트는 감성 능력을 통해 경험이 형성된다고 말합니다. 그리고 그 감성은 공간과 시간의 형식을 가지고 있습니다. 그래서 감성은 공간과 시간의 형식을 통해 경험적 재료들을 받아들입니다. 즉 감성의 형식으로서 공간과 시간은 경험적 재료들이 들어오는 인식의 통로입니다. 이 경험적 재료들은 현상이라고 불립니다.

현상들은 공간과 시간의 형식을 통하여 우리의 내부로 들어오게 됩니다. 말하자면 우리가 경험적 사물들은 인식할 때, 공간과 시간은 제한 조건입니다. 그래서 우리가 경험적 사물들을 지각할 때, 공간과 시간 속의 존재로서 지각합니다.

경험적 재료인 현상들은 잡다하고 무질서하게 감성에 주어집니다. 그러나 현상들이 무질서하게 주어질지라도, 공간과 시간의 형식에 맞게 들어옵니다. 말하자면 그 무질서는 공간과 시간의 형식을 갖춘 무질서입니다. 현상들이 직관의 형식에 맞게 들어올 때, 감성은 그저 주어진 대로 수용할 뿐입니다.

감성의 능력은 수동적이어서 경험 재료인 현상들을 변화시킬 수 있는 능력이 없습니다. 단지 공간과 시간의 형식의 질서에 따라서 주어지는 대로 받아들일 뿐입니다. 감성은 받아들인 현상들을 가공하지 않으며, 가공할 수 있는 능력도 없습니다. 감성은 단지 주어진 것을 받아들이는 능력이기 때문입니다.

오성의 형식으로서 범주

감성은 경험 재료들을 단순히 수동적으로 받아들입니다. 그리고 그렇게 받아들인 경험 재료들은 오성의 형식인 범주에 의해 정리되고 종합됩니다. 오성의 형식인 범주는 경험적 재료들을 정리하고 종합하는 능력을 가졌습니다. 감성이 단지 수동적으로 받아들이는 능력이라면, 오성은 주어진 것을 종합하고 구성하는 적극적 능력입니다. 말하자면 대상은 감성을 통해서 들어오고, 오성은 들어온 감성적 자료들을 인식하고 사유합니다. 즉 감성에 의해 들어온 인식 대상의 현상들을 오성이 종합하고 구성합니다.

칸트는 사유하는 능력으로서 오성의 형식인 범주를 개념이라고 부르기도 합니다. 범주는 네 개의 범주로 구분됩니다. 분량, 성질, 관계, 양태입니다. 그리고 분량은 전칭, 특칭, 단칭으로 구분되며, 성질은 긍정, 부정, 무한으로 구분되고, 관계는 정언, 가언, 선언으로 구분되고, 양태는 가능, 단정, 필연으로 구분됩니다. 오성은 열두 개의 범주에 따라서 주어진 경험 자료, 즉 현상들을 분류하여 종합합니다. 이런 분류와 종합이 오성의 사유 작용인 셈입니다.

분석 판단, 종합 판단, 선천적 종합 판단

우리의 판단은 분석 판단과 종합 판단으로 구분될 수 있습니다. 이때 '판단'의 결과물은 '명제'입니다. 그래서 분석 판단은 분석 명제와 상응하고, 종합 판단은 종합 명제에 상응합니다. 판단은 판단하는 활동에 대한 표현이며, 명제는 판단한 내용을 표현한 것입니다. 사실 판단과 명제를 구분하지 않아도 이해하는 데 큰 문제는 없습니다.

선천적 분석 판단과 경험적 종합 판단

분석 판단은 이성적 판단입니다. 즉 분석 판단은 이성적 사유만으로도 참이라는 것을 확인할 수 있습니다. 그래서 선천적 판단입니다. 분석 판단은 주어가 술어를 함축하는 판단이기 때문입니다. 따라서 주어를 분석하면 술어가 도출되는 판단입니다. 이런 분석 판단은 주어가 술어를 함축하는 명제로 나타납니다. 말하자면 "모든 물체는 연장성을 갖는다."와 같은 명제입니다. 물체는 연장성을 이미 함축하고 있습니다. 연장성을 갖는 것을 물체라고 하기 때문입니다. 즉, 물체를 분석하면 연장성을 갖는다는 술어가 도출됩니다. 이런 명제를 분석 명제라고 합니다. 첨언하자면, 물체가 연장성을 가지기 때문에 하나의 물체는 동시에 두 공간을 점유할 수 없다는 물리 법칙이 성립합니다. 좀 쉬운 예로는 '총각은 결혼하지 않은 남자다.'가 있습니다. '총각'이라는 말은 이미 '결혼하지 않은 남자'를 함축하고 있습니다.

분석 판단은 경험에 의존하지 않고 개념 분석에 의존하는 판단입니다. 따라서 분석 명제가 참이라는 것을 확인하기 위해 경험적 요소가 필요한 것이 아닙니다. 다만 이성적 활동으로서 주어를 분석하여 술어가 도출되는지를 확인하는 것으로 충분합니다. 분석 판단은 거짓이 될 수 없는 확실한 판단입니다. 따라서 분석 판단은 필연적으로 참이 됩니다. 분석 판단은 필연적으로 참이면서, 경험에 의존하지 않기 때문에 선천적 판단 또는 선험 판단이라고 말합니다. 선험 판단으로서 분석 판단은 필연적으로 참이기 때문에 지식이 된다는 것에는 의문의 여지가 없습니다. 그러나 분석 판단은 결정적인 약점을 가지고 있습니다. 분석 판단은 지식의 확장을 가져오지 못합니다. 분석 판단은 주어에 함축된 내용을 분명하게 밝히는 역할은 하지만, 술어의 내용이 이미 주어에 들어 있는 것이기 때문에 지식의 확장이라고 말할 수 없습니다.

· ◆ ·

종합 판단은 경험을 통한 경험 판단입니다. 종합 판단은 주어를 분석하여 나온 판단이 아니라, 경험을 통해 주어에 덧붙여진 판단입니다. '모든 물체는 무겁다.'와 같은 판단이 종합 판단입니다. 물체를 분석하는 것으로는 '무겁다.'라는 술어가 도출되지 않습니다. 물체가 무겁다는 것은 경험을 통해서 알려져야 합니다. 종합 판단은 경험에 근거한 판단이기 때문에, 필연적으로 참이라고 말할 수 없습니다. 즉 참의 확실성을 결여하고 있습니다. 그러나 종합 판단은 경험을 통해서 지식이 확장된 판단입니다. 즉 종합 판단은 확실성은 결여하고 있지만, 지식을 확장할 수 있는 판단입니다. 그래서 종합 판단은 경험 명제로 표현되며, 경험 판단에 해당합니다.

분석 판단은 참이라는 확실성을 가졌다는 점에서는 장점을 가졌지만, 지식의 확장을 이끌지 못한다는 점에서 단점도 가졌습니다. 종합 판단은 지식을 확장할 수 있다는 장점을 가졌지만, 참이라는 확실성은 보장되지 않습니다. 따라서 분석 판단도 종합 판단도 완전한 지식의 근원이 되기에는 결함이 있습니다. 칸트는 분석 판단과 종합 판단이 가진 약점에서 벗어나, 장점만을 가진 좀더 완전한 지식이 될 수 있는 판단을 찾으려고 합니다. 말하자면 지식을 확장할 수 있으면서도 필연적으로 참일 수 있는 판단 또는 명제가 가능할 것이라고 생각합니다. 그리고 이런 판단을 선천적 종합 판단이라고 말합니다. 선천적 종합 판단은 선천적 특성 덕분에 참이라는 확실성을 가지게 되며, 종합적 특성 덕분에 지식을 확장할 수 있는 판단입니다.

선천적 종합 판단의 가능성

선천적 종합 판단이라는 용어는 단순한 용어가 아닙니다. 이 용어의 사용은 철학적으로 혁명적이라고 할 수 있습니다. 앞에서 말했듯이, 분석 판단은 분석 명제 또는 선험 명제로 표현되며, 이것은 필연적 참을 보장하기 때문에 선천적 판단입니다. 그리고 종합 판단은 경험 명제로 표현되며, 지식을 확장하지만 필연적 참이 될 수는 없습니다. 따라서 분석 판단과 종합 판단은 서로 결합될 수 없는 이질적인 판단으로 여겨져 왔습니다. 칸트 이전의 철학자들은 분석 판단과 종합 판단의 결합을 상상조차 하지 못했습니다. 합리론과 경험론이 극한의 대립을 보이는 것도 이런 까닭입니다.

그렇다면 선천적 종합 판단은 어떻게 가능할까요? 앞에서 말했듯이, 선천적 종합 판단이라는 용어는 매우 낯선 용어입니다. 반면에 선천적 분석 판단이라는 용어와 후천적 또는 경험적 종합 판단이라는 용어는 합당하며, 익숙한 표현입니다. 선천적인 것은 분석 판단이며, 종합 판단은 경험적인 것이기 때문입니다. 그러나 선천적 종합 판단은 선천과 경험의 조화, 분석과 종합의 조합을 의미합니다. 이런 조합의 쌍은 어울리는 것처럼 보이지 않습니다. 그래서 지금껏 이런 조합을 시도한 적은 없었습니다. 그러나 칸트는 선천적 종합 판단이 가능하다고 믿었습니다. 그리고 선천적 종합 판단이 가능해야만 경험을 통해 얻은 우리의 지식을 참으로 주장할 수 있으며, 비로소 학문의 체계적 구성이 가능할 수 있습니다. 그렇다면 칸트에게는 선천적 종합 판단이 어떻게 가능한지 설명해야 할 책무가 있습니다.

· ◆ ·

선천적 종합 판단은 참이라는 확실성을 가지면서도 우리의 지식을 확장해 줄 수 있는 판단입니다. 분석 판단이 아니면서도 참이라는 확실성을 가졌으며, 경험 판단이 아니면서도 지식을 확장해 주는 판단입니다. 칸트는 선천적 종합 판단의 예들을 제시합니다. 첫째, 산술 판단으로서 '7+5=12'는 수학에서 선천적 종합 판단의 예입니다. 술어 '12'라는 수는 주어 '7+5'를 분석하여 도출된 것이 아닙니다. 그렇다고 경험을 통해서 얻어진 것도 아닙니다. 그러나 이 명제가 지식을 확장시켜 주는 것은 분명해 보입니다. 말하자면 '7+5=12'는 분석 판단이 아니며, 경험 판단도 아니지만, 지식을 확장해 주고 있습니다. 그래서 '7+5=12'은 분석 판단이 아니기 때문에 종합 판단이며, 경험판단이 아니기 때문에 선천적 판단입니다. 결국 '7+5=12'은 선천적 종합 판단입니다.

둘째, 물체와 질량의 관계에 대한 판단으로서 '모든 물체의 질량은 불변이다'는 판단은 물리학에서 선천적 종합 판단의 예입니다. 물체의 질량을 분석한다고 해서 '불변'이라는 술어가 도출되는 것은 아닙니다. 따라서 이 판단은 종합 판단입니다. '모든 물체의 질량은 불변이다'는 판단은 분석 판단이 아닌, 종합 판단이면서도 참이라는 것이 확실합니다. 이 판단은 경험적 판단이 아니기 때문입니다. 모든 물체의 질량을 경험한다고 해서 '불변'이 도출될 수 있는 것도 아닙니다. 그렇다면 이 판단은 경험 판단이 아니라, 경험 이전의 선천적 판단이기 때문일 것입니다. 이 판단은 선천적 판단이면서도, 우리에게 확장된 지식을 제공합니다. 따라서 이 판단은 선천적 종합 판단입니다.

실천과 관련된 판단으로서 '모든 인간은 선택의 자유를 가진다.'라는 명제는 형이상학에서 선천적 종합 판단입니다. 인간을 분석한다고 해서 '선택의 자유'라는 개념이 도출되는 것이 아닙니다. 따라서 분석 판단이 아니라 종합 판단입니다. 그러나 이 판단이 종합 판단이면서도 모든 인간이 선택의 자유를 가진다는 것은 필연적으로 참일 것입니다. 어떤 판단이 필연적으로 참이려면 경험 판단이 아니라, 선천적 판단이어야 합니다. 물론 모든 인간을 경험한다고 해서 '선택의 자유'라는 개념을 얻을 수 있는 것이 아닙니다. 그렇다면 이 판단은 경험 판단이 아닌 선천적 판단일 것입니다. 그런데 선천적 판단인 이 명제는 우리에게 분명 확장된 지식을 제공합니다. 따라서 '모든 인간은 선택의 자유를 가진다.'는 선천적 종합 판단입니다.

솔 크립키의 선천적 종합 판단

선천적 종합 판단과 관련된 칸트의 설명은 매우 혁명적입니다. 그러나 그 혁명적 충격 때문에 선뜻 납득하기 어려운 부분도 있습니다. 그래서 칸트의 선천적 종합 판단에 관한 논의는 큰 진전이 없었습니다. 이 문제를 다시금 부활시킨 혜성같은 철학자가 1970년대에 등장합니다. 솔 크립키입니다.

그는 선천적 종합 판단을 논리적으로 설명 가능하다고 말합니다. 그는 '새벽별은 저녁별이다.'라는 명제가 선천적 종합 판단이라고 말합니다. 실제로 새벽별과 저녁별은 같은 별입니다. 금성을 저녁에는 저녁별이라고 말하고, 새벽에는 새벽별이라고 말합니다. 동일한 별에 두 이름이 있는 셈입니다. 이 명제는 논리학의 'a=a'의 형식을 가지고 있습니다. 그래서 분석 명제의 형식으로 된 선천적 판단입니다.

다른 한편으로는, 새벽별과 저녁별이 같은 별이라는 명제는 우리에게 확장된 지식을 제공하고 있습니다. 새벽별의 의미와 저녁별의 의미는 다르기 때문입니다. 새벽별과 저녁별이 동일한 별일지라도, 각각의 이름이 의미하는 바가 다르다면, 두 별이 동일한 별이라고 말하는 것은 종합 판단에 속합니다. 동시에 두 별이 같은 별이라는 것은 동일률에 속하는 것으로 선천적 판단입니다. 따라서 '새벽별은 저녁별이다.'는 선천적 종합 판단이 됩니다. 어쨌든 우리의 언어 구조에서는 선천적 종합 판단이라고 말할 수 있는 명제들이 존재하는 것처럼 보입니다.

#정언명령

#보편법칙

#인간존중

#선의지

#가언명령

#간접적의무

#응보주의

CHAPTER 04

칸트의 윤리학: 절대적인 규칙, 정언 명령, 그리고 인간 존중

- 침해해서는 안 되는 절대적인 규칙
- 보편 법칙으로서 정언 명령
- 인간 존중의 원리로서 정언 명령
- 거짓말 금지와 사형제 옹호

침해해서는 안 되는 절대적인 규칙

　의무론에서는 어겨서는 안 되는 절대적인 도덕 규칙이 있다고 생각합니다. 특히 인간의 생명을 해치는 것에 대한 금지를 절대적인 도덕 규칙으로 제시합니다. 인간 생명에 대한 금지가 절대적 도덕 규칙이라는 것은 인간의 생명은 어떠한 경우에도 해쳐서는 안 된다는 것을 의미합니다. 그러나 한편에서는 인간의 생명도 절대적인 것은 아니라고 주장하기도 합니다. 정당방위에 의한 살해는 인정되어야 한다고 말합니다. 사실상 정당방위를 위한 살해를 부정하는 사람은 거의 없을 것입니다. 칸트의 의무론을 주장하는 사람들도 정당방위에 의한 살해를 부정하지 않을 것처럼 보입니다. 그러나 다수의 생명을 살리기 위한 소수의 살해는 어떨까요?

　칸트의 윤리 이론은 결코 행해져서는 안 되는 것들이 있다고 주장합니다. 그것을 행함으로써 아무리 많은 선이 산출될지라도, 그런 행동은 옳지 않다는 것입니다. 한 명의 무고한 사람을 처벌하는 것이 테러를 막는 엄청나게 선한 결과를 가져올지라도 옳지 않다는 것입니다. 결과하는 엄청나게 큰 선은 윤리적으로 중요하지 않습니다. 오로지 중요한 것은 '이것이 그르다.'라는 것뿐입니다.

　우리에게는 결코 침해해서는 안 되는 규칙들이 있습니다. 말하자면 무고한 사람을 살해해서는 안 된다는 것은 침해해서는 안 되는 절대적인 규칙입니다. 이것을 침해하는 것은 그 결과가 아무리 선할지라도 그른 행위입니다. G.E.M. 앤스콤은 다음과 같이 말합니다.

　결과가 무엇을 협박하든, 금지된 것들이 있다는 것을 가르치는 것은 유대-기독교적 윤리의 특성이었다. 즉 얼마나 선한 결과가 도출되든 무고한 사람을 어떤 목적 때문에 살해하는 것, 대신 처벌하는 것, 배반, 우상 숭배, 간통, 거짓 신앙 고백은 금지된 것이다.

물론 이런 주장에 모든 철학자들이 동의하는 것은 아닙니다. 어쩌면 매우 많은 철학자들은 이런 주장에 반대할 수 있습니다. 사실 우리 사회에서 살인에 대한 금지가 완전하게 작동하는 것도 아닙니다. 좋은 결과가 기대된다면 살인을 허용하는 경우들이 있을 수 있습니다.

예를 들면, 전쟁 중에 도시를 폭격하는 경우들입니다. 전쟁이라 할지라도, 도시를 폭격하는 것은 무고한 사람들을 살상하는 금지된 경우입니다. 그러나 그 폭격의 결과를 고려하여 흔히 발생하곤 합니다. 또한 좀 사정은 다르다 할지라도, 결과할 선이 크다는 이유로 사형에 찬성하는 사람들도 있습니다. 그러나 살인에 대한 금지의 엄격함은, 살인의 결과가 얼마나 바랄 만한 것이든, 그 결과에 유혹되어서는 안 된다는 것을 말해 주고 있습니다.

결코 어겨서는 안 되는 도덕 규칙이 있으며, 그런 규칙을 어겨서 결과한 선의 양은 그 규칙을 어긴 행위의 가치 판단에 고려 요소가 되어서는 안 된다는 것이 의무론의 기본 입장입니다. 절대적인 규칙을 어긴 결과로 발생할 선의 양이 아무리 크다 할지라도, 그 규칙을 어기는 것은 그르다는 것입니다. 절대적인 도덕 규칙은 침해되어서는 안 되며, 침해되었다면 침해했다는 것 그 자체가 그른 것입니다. 그것의 결과나 선은 옳고 그름의 척도가 될 수 없습니다. 이런 관점은 칸트의 윤리학 또는 의무론적 윤리학의 기초입니다.

보편 법칙으로서 정언 명령

우리는 흔히 예외 없는 규칙은 없다고 말합니다. 실제로 규칙에 예외를 인정해야 할 만한 경우들이 드물지 않습니다. 그래서 도덕 규칙에 예외가 없어야 한다는 주장을 옹호하기는 쉽지 않습니다. 많은 경우에 규칙들은 바람직하지 않은 결과를 야기하기 때문입니다. 드물게 규칙은 끔찍한 결과를 야기하기도 합니다. 이런 경우가 규칙에 예외를 인정해야 하는 이유라고 말하는 것은 자연스러워 보입니다. 그래서 의무론자들이 도덕 규칙에 예외가 없다고 주장하려면, 예외를 인정하지 않는 이유를 설명해야 합니다.

절대적 규칙의 근거로서 신의 명령과 이성

오랫동안 도덕 규칙에 예외를 인정하지 않는 이유로 신을 언급해 왔습니다. 도덕 규칙은 신의 명령이기 때문에 지켜야만 하며, 여기에 예외는 없다는 것입니다. 이런 관점을 '신의 명령론'이라고 말할 수 있습니다. 신의 명령론은 어떤 것이 옳은 이유는 그것을 신이 명령했기 때문이라고 주장합니다. 신의 명령이 옳고 그름의 절대적 근거입니다. 신이 명령을 한다면, 그 명령을 어기는 것은 상상하기 어렵습니다. 그래서 신의 명령으로서 도덕 규칙은 예외가 있을 수 없습니다.

그러나 절대적인 규칙이 신의 명령이라는 주장은 호응을 얻기 어려울 것입니다. 윤리적 관점에 신을 근거로 삼는 것은 매력적인 주장이 아니라는 것은 분명합니다. 아퀴나스조차도 신의 명령론을 옹호하지 않습니다.

도덕 규칙에 예외가 있어서는 안 되는 이유에 대한 신의 명령론의 관점을 칸트도 받아들이지 않습니다. 칸트는 도덕 규칙에 대한 신학적 주장에서 벗어나, 인간의 이성에 근거한 설명이 필요하다고 생각했습니다. 인간의 관점에서 도덕 규칙의 절대성을 설명해야 한다는 것입니다. 그리고 도덕 규칙의 절대성을 인간의 고유한 기능인 이성에서 발견할 수 있다고 생각했습니다.

조건 명령 또는 가언 명령

도덕적 표현은 '당위'로 제시됩니다. 이것은 명령의 형태를 취하거나, 금지의 형태를 취합니다. 명령의 형태는 '약속을 지켜야만 한다.'이며, 금지의 형태는 '살인해서는 안 된다.'일 것입니다. 그러나 명령과 금지가 모두 도덕적 명령이나 금지는 아닙니다. 즉 명령이나 금지가 도덕과 무관한 방식으로 표현될 수 있습니다.

* 초등학교 고사가 되고자 한다면, 교육대학교를 졸업해야만 한다.
* 부자가 되려면, 거짓말을 해서는 안 된다.

이 두 표현도 명령과 금지의 형태를 취하고 있습니다. 말하자면 도덕적 표현의 핵심인 당위를 표현하고 있습니다. '졸업해야만 한다.'와 '거짓말을 해서는 안 된다.'는 전형적인 당위의 표현입니다. 그러나 두 문장의 조건절은 특정한 욕구를 나타내고 있습니다. 그래서 두 문장은 당위로 표현된 '졸업하는 것'과 '거짓말하지 않는 것'이 우리가 원하는 바를 성취하는 데 도움이 될 것이라고 말하는 것입니다. 우리가 원하는 바를 위해서는 제시된 명령과 금지에 따라야 한다는 결론을 밝히고 있습니다.

칸트는 앞의 두 명제를 '조건 명령' 또는 '가언 명령'이라고 부릅니다.

우리가 특정한 욕구를 가진다는 조건에서만 해야 할 것과 하지 말아야 할 것을 말해 주기 때문입니다. 초등학교 교사가 되려는 욕구가 없다면, 교육대학교를 졸업할 필요가 없습니다. 부자가 되려는 욕구가 없다면 정직할 필요가 없습니다. 이때의 당위의 표현은 욕구에 의존하고 있습니다. 그래서 욕구를 포기함으로써 당위의 요구에서 쉽게 벗어날 수 있습니다. 초등학교 교사가 되고 싶지 않은 사람과 부자가 되고 싶지 않은 사람은 교육대학교를 졸업하거나 거짓말을 하지 않아야 할 의무에서 벗어날 수 있습니다.

사실 교육대학교를 졸업해야만 한다는 당위는 도덕적 명령도 아닙니다. 당위의 명령이지만 도덕 명령이 아닐 수 있습니다. 그러나 거짓말을 해서는 안 된다는 당위는 도덕 명령입니다. 그래서 당위의 명령은 도덕과 관련된 명령과 도덕과 무관한 명령으로 나뉠 수 있습니다. 물론 칸트는 도덕과 관련된 명령 중에도 조건 명령인 경우에는 도덕 명령이 될 수 없다고 말합니다. 조건 명령 또는 가언 명령은 실천해야 할 근거를 개인의 욕구에 두고 있기 때문입니다. 칸트는 욕구와 결과는 도덕과 무관한 것이라고 주장합니다.

도덕적 의무는 욕구에 의존하지 않습니다. 그래서 도덕적 의무는 "~한 다면, ~해야만 한다."와 같이 조건적으로 표현되지 않습니다. 오히려 도덕적 의무는 "~해야만 한다."와 같이 직접적으로 표현됩니다. 이런 직접적 표현을 '정언'이라고 말합니다. 그래서 도덕 명령은 '정언 명령'입니다. 예를 들면 도덕 규칙은 사람들을 돕는다면 또는 이들을 돕는 것이 기여할 수 있는 어떤 다른 목적을 가지고 있다면, 그들을 도와야만 한다와 같은 형식으로 표현되지 않습니다. 오히려 도덕 규칙은 당신의 욕구나 욕망과는 무관하게 사람들을 도와야만 한다와 같은 형식으로 표현됩니다.

정언 명령

당위 표현에는 두 가지가 있습니다. '조건적 당위' 또는 '가언적 당위'와 '정언적 당위'입니다. 가언적 당위는 자신이 원하는 목적을 이루고자 하는 경우, 필요한 수단을 제시하는 진술입니다. 말하자면 자신의 목적 성취를 위해서 필수적인 수단을 받아들여야 한다는 것입니다. 반면에 정언적 당위는 자신이 원하는 목적 성취와는 무관하게 행동하도록 요구합니다. 이것은 자신의 목적 성취에 방해가 될 때조차도 반드시 행동해야 합니다. 이것은 욕구, 결과, 목적 성취와 무관하게 실천해야 합니다. 그래서 이것은 의무입니다.

가언적 당위는 우리가 욕망을 가진 것 덕분에 가능합니다. 이와 마찬가지로 정언적 당위는 우리가 이성을 가졌기 때문에 가능하다고 칸트는 말하고 있습니다. 그래서 정언적 당위는 행위자의 합리성과 관련되어 있습니다. 모든 도덕적 행위자는 이성을 가졌으며, 따라서 합리적이기 때문입니다. 칸트는 정언적 당위가 모든 합리적 행위자가 받아들여야만 하는 하나의 원리에서 도출되었다고 말합니다. 즉 모든 합리적 행위자가 받아들여야만 하는 하나의 원리로서 정언 명령에서 도출된 것이기 때문에 가능합니다. 정언 명령은 다음과 같이 표현됩니다.

네 의지의 준칙이 동시에 보편적 법칙이 되도록 하고,
이 준칙에 따라 행위하라.

이 정언 명령은 '스스로 도덕적 준칙을 설정하되, 보편적 법칙이 되도록 설정해야 하며, 그 준칙에 따라서 행동하라.'라는 의미입니다. 그래서 정언 명령은 한 행위가 도덕적으로 옳은지를 결정할 수 있는 척도가 됩니다. 이 척도는 우리가 옳은 행위를 선택하는 과정을 압축적으로 설명하고 있습니다. 정언 명령은 3단계로 구성되어 있습니다.

• ◆ •

첫째, 우리가 어떤 행위를 하고자 할 때 자신이 따르고자 하는 규칙이 무엇인지 확인해야 합니다. 그리고 그 규칙을 자신의 의지에 따라 만들어야 합니다. 그래서 이 규칙은 내가 의지하는 준칙, 즉 내 의지에 따라 만든 준칙입니다.

둘째, 이 준칙이 모든 사람이 동시에 따를 만한 규칙인지를 살펴봐야 합니다. 이 과정은 자신이 의지에 따라 만드는 준칙을 보편적인 법칙이 되게끔 만드는 것입니다. 물론 내가 준칙을 의지하고 보편적 법칙이 되도록 하는 것은 동시에 이루어질 것입니다. 이렇게 해서 도덕 법칙이 자신의 의지에 따라서 보편법칙으로 만들어집니다.

셋째, 자신의 의지에 따라서 보편 법칙이 되도록 만든 준칙에 따라서 행위해야 합니다. 정언 명령에 따라 행위해야 하는 것은 너무도 당연합니다. 이것은 자신의 의지로 만든 것이기 때문에 이에 따라 실천해야 한다는 것은 너무도 당연하기 때문입니다. 그리고 정언 명령은 또한 모든 사람이 승인할 수 있는 보편 법칙의 형식으로 만들어졌습니다. 그래서 모든 사람이 이 명령에 따를 것 또한 너무도 분명합니다. 자신의 의지에 따라서 보편 법칙으로 만든 도덕 법칙은 모든 사람도 또한 실천하게 될 것입니다. 자기 의지에 따라 만들었기 때문에, 자신이 그 도덕 법칙에 따라야 하는 것은 너무도 당연합니다.

• ◆ •

정언 명령으로서 도덕 법칙은 스스로 만들었기 때문에 실천하게 될 것이며, 다른 모든 사람들도 승인하는 보편 법칙이기 때문에 모두가 따르게 될 법칙입니다. 정언 명령은 모든 사람이 언제나 실천해야 할 도덕 법칙이라는 점에서 예외가 없습니다. 그래서 절대적인 법칙입니다.

칸트는 정언 명령에 해당하는 몇 가지 예를 제공하고 있습니다. 이 예들은 정언 명령이 어떻게 작동하고 있는지를 잘 보여 줍니다. 한 사람이 돈이 필요하다고 생각해 봅시다. 갚겠다고 약속하지 않는 한 아무도 돈을 빌려주지 않는다는 것을 잘 알고 있습니다. 돈을 갚지 않을 것이 분명함에도 기꺼이 빌려주려는 사람은 흔하지 않을 것입니다. 그러나 그는 갚을 능력이 없었습니다. 그가 돈을 빌리기 위해서는 빚을 갚을 수 없다는 것을 알면서도 갚겠다고 거짓 약속을 해야 합니다. 이 경우에 그가 따라야 할 규칙으로서 '행위의 준칙'은 다음과 같습니다.

> "돈이 필요할 때마다, 당신이 실제로 빚을 갚을 수 있는지와 관계 없이, 갚겠다고 약속해라."

이런 준칙을 자신의 행위 준칙으로 의지할 수는 있습니다. 그러나 이런 준칙은 보편적인 법칙이 될 수 없습니다. 이런 준칙은 자기 파멸적이기 때문입니다.

자기 파멸적인 준칙은 보편적인 관행이 될 수 없습니다. 이런 준칙이 보편적인 관행이 된다면, 어떤 사람도 더 이상 그런 약속을 믿지 않을 것입니다. 어떤 사람도 돈을 빌릴 수 없게 될 것입니다. 칸트는 이에 대해 다음과 같이 말합니다. "그의 약속을 믿는 사람은 아무도 없을 것이며, 빚을 갚겠다는 그의 주장을 헛된 거짓일 뿐이라고 비웃을 것이다." 결국 이런 준칙은 보편 법칙이 될 수 없으며, 따라서 도덕적 규칙이 될 수 없습니다.

타인에 대한 무관심도 보편적 법칙이 될 수 없습니다. 타인을 돕는 것이 나와 관계가 없다고 생각하고서 도움이 필요한 사람을 돕기를 거부한다고 생각해 봅시다. 타인을 돕는 것을 거부하는 것에는 각자의 행복은 하늘의 뜻에 달려 있거나 자기 스스로 만들어 가는 것이라는 생각이 놓여 있을 수 있습니다.

그래서 나는 타인으로부터 어떤 것도 얻을 것이 없으며, 타인을 부러워하지도 않을 것이라고 생각할 수 있습니다. 물론 도움이 필요할 때조차도 타인에게 요청하려는 욕구를 가지고 있지 않다고 주장할 수 있습니다. 그러나 이런 모든 것은 보편적 법칙으로 의지할 수 없습니다. 우리는 과거와 현재, 그리고 미래의 어떤 시점에서든 타인의 도움이 필요합니다. 그런 까닭에 그는 타인이 자신에게 무관심하기를 원하지 않을 것입니다.

인간 존중의 원리로서 정언 명령

칸트는 인간이 특별한 지위를 가지고 창조되었다고 생각했습니다. 그래서 인간은 도덕적으로도 특별한 지위를 가진다고 여겼습니다. 물론 이것은 칸트의 독창적인 사유는 아닙니다. 이런 사유는 고대부터 이어져 온 오래된 이념이었습니다. 인간은 다른 피조물들과는 달리 본질적으로 다른 특성을 가지고 있다는 것입니다. 그래서 인간은 특별한 지위를 가져야 한다고 생각합니다. 전통적으로 인간은 매우 대단한 존재로 여겨져 왔으며, 칸트는 이런 생각을 충실하게 받아들였습니다.

인간은 '본래적 가치'를 가지는 존재입니다. 본래적 가치는 내재적 가치라고 불리기도 합니다. 어쨌든 인간은 본래적 또는 내재적 가치를 가지기 때문에 모든 가치에 우선하는 가치를 가진 존재로 대우 받아야 합니다. 따라서 인간은 최고의 존엄성을 지닌 존재입니다.

간접적 의무와 동물 학대 금지

인간이 최고의 존엄성을 가진 존재인 반면에, 동물들은 인간의 목적에 이바지하는 경우에만 가치를 인정받을 수 있습니다. 칸트는 동물에 대해 다음과 같이 말하고 있습니다.

> 그러나 동물과 관련해서 우리는 직접적인 의무를 갖지 않는다. 동물은 목적에 대한 수단에 불과하다. 그 목적은 인간이다.

우리가 원하는 대로 동물을 이용하는 것은 아무런 문제도 없습니다. 우리가 동물을 죽여 음식으로 먹고자 한다면 그럴 수 있습니다. 현재 우리는 이런 방식으로 동물을 대우하고 있습니다. 동물을 죽이는 것은 아무런 문제도 없습니다.

그러나 칸트가 우리 마음대로 함부로 동물을 대우할 수 있다고 말하는 것은 아닙니다. 비록 원하는 대로 동물을 이용할 수 있을지라도, 동물을 함부로 대우하거나 고문할 수 있는 것은 아닙니다. 칸트는 동물을 학대하는 것을 그르다고 말합니다. 그러나 동물이 존엄성을 갖기 때문에 또는 동물이 도덕적 지위를 갖기 때문에 동물 학대가 그르다는 것이 아닙니다. 어떤 존재가 도덕적 권리를 가졌다면, 그 존재를 학대하는 것은 도덕적으로 옳지 않습니다. 이것은 그 존재가 '직접적 의무'를 가졌기 때문입니다. 그러나 동물은 이런 권리를 가지고 있지 않습니다. 동물은 도덕적 지위를 가지고 있지 않지만, 우리는 동물을 학대하지 않을 의무를 가지고 있습니다. 즉 동물을 학대하지 않아야 하는 이유는 동물이 권리를 가졌기 때문이 아니라 우리가 동물에 대한 의무를 가지고 있기 때문입니다. 대상이 권리를 가지고 있지 않지만 우리가 갖게 되는 의무를 '간접적 의무'라고 말합니다. 우리는 동물을 학대해서는 안 되는 간접적 의무를 가지고 있습니다. 그러나 동물이 학대 당하지 않을 권리를 가진 것은 아닙니다.

칸트는 동물을 학대하는 것이 그르다고 믿었습니다. 그 이유는 학대가 동물에 해를 끼치기 때문이 아니라 그 학대가 인간에게 간접적으로 해를 끼치기 때문입니다. "동물에게 잔혹한 사람은 사람을 대하면서도 또한 잔혹할 수 있기 때문에" 동물을 학대해서는 안 됩니다. 동물을 학대한 결과로 인간이 간접적으로 고통을 받을 수 있기 때문에 동물을 학대해서는 안 된다는 것입니다. 따라서 칸트의 견해에 따르면 동물은 도덕적 지위를 갖지 않으며, 도덕적 중요성도 갖지 않습니다. 동물은 인간의 목적을 위한 수단으로 이용될 수 있습니다. 반면에 인간은 결코 목적을 위한 수단이 되어서는 안됩니다. 왜냐하면 인간은 도덕의 궁극적 목적이기 때문입니다.

궁극적 목적으로서 인간

칸트는 인간을 궁극적 목적이라고 여깁니다. 그리고 이것을 정언 명령의 또 다른 형식화로 제시합니다. 도덕성은 도덕의 궁극적 원리인, 정언 명령에 전적으로 근거하고 있습니다. 그래서 정언 명령에서 우리의 모든 의무와 책무가 도출됩니다. 칸트는 또 다른 정언 명령의 형식화를 통해서 인간이 궁극적 목적이라는 것을 분명하게 드러내며, 인간에 대한 의무와 책무를 주장합니다.

너 자신이나 다른 사람이나, 인간을 단지 수단이 아닌 목적으로 항상 대우하라.

사실 이 형식화는 앞의 정언 명령과 동등한 도덕 규칙이 아닌 것처럼 보입니다. 두 규칙이 서로 다른 도덕 개념을 표현하고 있기 때문입니다. 그러나 이런 의문에 집착할 필요는 없습니다. 이런 물음은 전문학자의 몫으로 남겨두는 것이 좋겠습니다. 우리는 단지 이 정언 명령의 형식화가 무엇을 의미하는지 살펴 보는 것이 좋을 듯합니다. "인간을 단지 수단이 아닌 목적으로 항상 대우하라."라는 것은 정확히 무엇을 의미하는가?

우리는 인간을 단지 수단이 아닌 목적으로 항상 대우하는 것을 도덕적으로 옳다고 생각합니다. 우리가 이것이 옳다고 생각하는 것은 두 가지 사실에 근거하는 것처럼 보입니다. 그리고 이 두 가지 사실들은 인간의 중요성과 관련되어 있습니다.

첫째, 인간을 제외한 존재들은 인간의 계획과 관련해서 가치를 가집니다. 이 존재들은 인간들을 위한 수단적 가치를 가질 뿐입니다. 동물을 포함한 모든 단순한 존재들은 목적에 대한 수단으로써만 가치를 가집니다. 그리고 이런 존재가 가치를 가지게 되는 근거는 바로 인간의 목적입니다. 즉 인간의 목적에 부합하는지에 따라 가치가 부여됩니다. 예를 들면, 당신이 주식에서 돈을 벌고자 한다면, 주식 책은 가치가 있습니다. 그러나 당신이 주식으로 돈을 벌려는 목적이 없다면, 주식 책은 어떤 가치도 없습니다. 당신이 여행하고자 한다면, 그곳에 가기 위한 자동차가 가치를 가질 것입니다. 그러나 여행에 대한 욕구가 없다면, 자동차는 아무런 가치도 가지지 않습니다.

둘째, 인간은 '본래적 가치'를 가지며, 따라서 존엄성을 가지고 있습니다. 인간은 합리적 행위자이기 때문입니다. 합리적 행위자는 스스로 결정을 하고, 스스로 목표를 설정하며, 이성적으로 판단하여 행위할 수 있습니다. 칸트는 도덕적 선이 존재하는 것은 합리적인 행위자가 있기 때문이라고 말합니다. 합리적인 행위자가 선의지에 따라 행동함으로써 도덕적 선이 존재할 수 있기 때문입니다. 따라서 도덕성은 합리적인 행위자 자신이 행해야 하는 것을 의무감으로 인식하고서 행할 때 성립합니다. 합리적인 존재가 없다면, 도덕의 영역은 이 세계에서 사라져 버릴 것입니다. 칸트가 '자유는 도덕 법칙의 존재 근거이며, 도덕 법칙은 자유의 인식 근거'라고 말한 이유도 여기에 있습니다.

합리적 행위자와 도덕적 가치

어떤 존재가 도덕적 가치를 가지기 위해서는 합리적 행위자여야만 합니다. 그리고 도덕적 가치를 가지는 존재는 합리적 존재임이 분명합니다. 그래서 칸트는 합리적 존재의 가치가 다른 존재들의 가치와는 비교될 수 없을 정도로 절대적이며, 모든 가치를 넘어선다고 말하고 있습니다. 그래서 합리적 존재의 가치가 절대적이며, 모든 가치를 넘어선다면, 단지 수단으로서가 아니라 목적으로 항상 대우 받아야 한다는 것도 인정될 수 있습니다. 그렇다면 합리적인 존재의 권리는 항상 존중되어야 하며, 이들에게 피해를 주는 것은 도덕적으로 인정될 수 없을 것입니다. 그리고 우리는 합리적 존재들의 목적을 증진하기 위해 가능한 최고의 노력을 기울여야 합니다.

합리적 존재를 '그 자체 목적으로 대우하는 것'은 '이들의 자율성을 존중한다는 것'을 의미합니다. 자율성을 존중한다는 것은 그 존재를 속이거나 의사에 반하여 이용하지 않는다는 것을 의미합니다. 그래서 목적으로 대우하는 것은 우리의 목적이 얼마나 선하든 그 목적을 달성하기 위하여 사람들을 속이거나 이용하지 않는 것입니다.

앞에서 든 예이기는 하지만, 당신이 돈이 필요하여 빌리기를 원한다고 생각해 봅시다. 그러나 그 돈을 갚을 능력이 없다는 것을 알고 있습니다. 자포자기의 심정이 되어, 친구를 속여서라도 돈을 빌리기로 마음 먹을 수 있습니다. 그리고 갚겠다는 거짓 약속을 하여 속여서 돈을 빌릴까 고민할 수 있습니다. 당신이 친구를 속인다 할지라도, 그것은 선한 목적을 위한 것일 수 있습니다. 심지어 선한 목적은 그 거짓말이 정당화될 수 있을 정도라고 확신할 수도 있습니다. 그러나 어떤 경우든 거짓 약속으로 속이는 것은 그를 수단으로 이용하는 것입니다. 예를 들어 아이의 수술에 돈이 필요하며 수술할 때에만 아이가 살 수 있을지라도, 친구에게 거짓말로 돈을 빌린다면, 당신은 그를 속이는 것이며, 그를 '수단'으로 이용하는 것입니다.

'목적으로' 대우하는 것은 자율성을 존중하는 것입니다. 그래서 진실을 말하고 돈을 빌려 달라고 말하는 것입니다. 돈이 필요하지만 갚을 능력이 없다고 말하고 친구의 결정에 따르는 것입니다. 친구는 친구의 처지를 듣고, 자신의 가치와 바람을 참고하고, 자신의 이성 능력을 발휘하여 자유로운 선택을 할 것입니다. 친구가 돈을 빌려 준다면, 최고의 결과가 될 것입니다. 이것은 당신의 목적을 위하여 친구를 수단으로 이용한 것이 아닙니다. 왜냐하면 친구가 이성적 판단에 의해 스스로 결정하여 돈을 빌려주는 것은 동시에 친구 자신의 목적이 되기 때문입니다. 칸트는 이것을 다음과 같이 표현합니다.

"합리적 존재는 … 목적으로 동시에 항상 평가되어야만 한다. 즉 동일한 행위의 목적을 스스로 포함할 수 있는 존재로만 평가되어야만 한다."

거짓말 금지와 사형제 옹호

칸트의 윤리학적 견해의 핵심은 정언 명령입니다. 정언 명령을 통해서 도덕 규칙의 절대성을 주장합니다. 결국 도덕 규칙에는 예외가 있을 수 없습니다. 그러나 이런 주장은 응답하기 곤란한 비판에 직면할 수 있습니다. 또 다른 형식의 정언 명령은 인간을 목적으로 대우하라는 주장을 담고 있습니다. 그래서 칸트는 사형제를 옹호하게 됩니다. 모든 합리적인 존재에게 합당한 대우를 하는 것이 도덕적이라고 말합니다. 그래서 칸트는 살인자에게는 사형이 응당한 대우라는 것입니다.

진실을 말하는 것과 거짓말 금지

칸트는 도덕 규칙은 절대적인 규칙이며, 따라서 예외가 있을 수 없습니다. 그래서 우리는 거짓말을 해서는 안 됩니다. 그러나 이것은 곤란한 문제를 야기하는 듯이 보입니다.

어떤 사람이 살인자로부터 달아나고 있으며, 당신에게 그가 집에 갈 수 있도록 숨겨 달라고 말한다고 생각해 보자. 그런 뒤 살인자는 아무 일이 없는 것처럼 나타나서, 그가 어디로 갔는지를 묻는다. 당신이 진실을 말한다면, 살인자는 그를 찾아내서, 살해할 것이다. 더욱이 살인자가 이미 올바른 방향으로 향하고 있다고 생각해 보자. 그리고 당신이 단순히 침묵한다면, 그는 그를 찾아내서 살해할 것이다. 당신은 무엇을 행해야 하는가?

이 사례는 진실을 말하는 것과 생명을 구하는 것 중에서 더 중요한 것을 선택하도록 요구합니다. 우리가 거짓말을 해야 한다고 말한다면, 생명을 더 중요한 것으로 여기는 것이며, 진실을 말해야 한다고 말한다면, 생명보다 거짓말을 하지 않을 의무를 더 중요한 것으로 여기는 것입니다. 어쨌든 칸트에게 정언 명령으로서 도덕 규칙은 절대적인 규칙입니다. 그리고 여기에 예외는 없습니다. 그러나 우리는 이런 사례에 마주하여, 거짓말을 인정할 수 있다고 여기는 경향이 있습니다. 인간의 생명은 도덕 규칙을 어기는 것보다 더 소중하다고 여기기 때문입니다. 이렇게 생각한다면, 도덕 규칙은 절대적이지 않다는 것을 함축하게 됩니다.

칸트는 이런 비판에 직면해서 거짓말에 대한 금지에 대한 절대성을 여전히 옹호합니다.

> "살인자가 계획하고 있는 피해자가 집에 있는지에 관한 살인자의 물음에 당신이 정직하게 대답한 뒤에, 피해자는 빠져 나가서 살인자와 마주치지 않을 수 있다. 그리하여 살인이 일어나지 않았을 수 있다. 그러나 당신이 거짓말을 했다면, 그리고 그가 당신이 거짓말을 한 것을 모르고서 이미 떠나 버렸을 때, 그가 집에 없다고 말했다면, 그리고 살인자가 달아나는 피해자와 마주쳤다면, 당신은 그의 죽음의 원인으로 비난 받아 마땅할 수 있다. 당신이 알고 있는 바 대로 진실을 말했다면, 살인자가 그 집을 살펴보는 동안 이웃에게 발각되었을 수 있었다. 그리하여 살인 행위가 방지되었을 수 있었다. 따라서 그가 얼마나 잘 의도했든, 거짓말을 하는 사람은 누구든, 그들이 예견할 수 없었던, 그 결과에 부합해야만 한다. 그리고 처벌을 받아야만 한다. 따라서 숙고해서 진실을 말하는 것은 이성의 신성하고 절대적인 명령이다. 이러한 명령은 어떤 편의를 위해서든 제한되지 않는다."

칸트는 거짓말을 허용하는 경향성은 결과를 잘못 예상한 것에서 비롯된 것이라고 말합니다. 거짓말에 반대하는 규칙에 예외를 인정하려는 유혹이 있다는 것은 사실입니다. 그러나 이것은 진실의 결과가 나쁘게 되고, 거짓말의 결과가 좋게 된다고 생각하기 때문이라고 말합니다. 우리는 행위의 결과를 결코 확신할 수 없습니다. 거짓말의 결과가 뜻밖에도 나쁠 수 있습니다. 그 결과를 알 수 없다면, 우리가 택할 수 있는 최고의 선택은 거짓말을 피하는 것입니다. 거짓말은 악이기 때문입니다. 진실을 말한 결과가 나쁠지라도, 그것은 진실을 말한 우리의 잘못은 아닙니다. 우리는 단지 의무를 행했기 때문입니다. 오히려 거짓말을 한 결과가 나쁘다면, 거짓말의 결과에 책임을 져야 합니다.

사형제와 응보주의

칸트는 사회적 선이나 감정에 의해서 법적 처벌이 이루어져서는 안 된다고 말합니다. 법적 처벌의 근거는 범죄를 범했다는 것에 있기 때문입니다. 범죄자는 범죄를 범했기 때문에 처벌되어야 합니다. 범죄자는 그들의 정당한 대가를 받아야 하기 때문입니다. 그래서 살인자는 사형을 받아야 합니다. 사형이 살인자에게 정당한 대가이기 때문입니다. 정의로운 사회는 살인자를 다음과 같이 처벌해야 합니다.

> 시민 사회가 모든 구성원들의 동의를 얻어 해체하기로 결정하는 경우일지라도, 감옥에 있는 마지막 살인자는 해체가 이루어지기 이전에 사형이 집행되어야만 한다. 이것은 모든 사람이 자신의 행위에 대한 응당한 대가를 실현할 수 있기 위하여, 그리고 살인죄가 사람들에게 남아 있지 않게 하기 위하여 실행되어야만 한다. 그렇지 않다면, 그들 모두는 정의를 공적으로 위반하는 살인에 참여자로 간주될 것이다.

처벌에 관한 견해에서 칸트는 응보주의자라고 말할 수 있습니다. 그는 처벌이 그 범죄와 닮아야 한다고 생각했기 때문입니다. 즉 칸트는 동해 보복 lex talionis의 원리에 동의합니다. 말하자면 범죄자가 피해자에게 행한 바와 동일한 것을 되갚아야 한다는 것입니다. 이것은 '눈에는 눈, 이에는 이'로 표현되는 원리입니다.

그러나 공적인 정의가 원리와 표준으로 삼아야 하는 처벌의 수단과 방법은 무엇인가? 이것은 오직 평등의 원리뿐이다. 이 원리에 따르면 정의의 척도는 어느 한쪽으로 기울어서는 안 된다. 이것은 다른 사람에게 범한 부당한 악은 그 자신에게 범해진 것으로 간주되어야만 한다고 말함으로써 잘 드러난다. "… 당신이 다른 사람을 때린다면, 당신은 스스로를 때리는 것이다. 당신이 다른 사람을 죽인다면, 당신은 스스로를 죽이는 것이다." 이것이 … 살인을 범한 사람은 누구든 사형에 처해져야만 한다는 응보 jus talionis의 권리이다.

칸트의 동해 보복은 처벌이 범죄와 유사해야 한다는 것을 함축합니다. 그러나 칸트의 주장을 받아들인다면, 폭파범을 폭파해야 하며, 고문한 사람은 고문 당해야 합니다. 그러나 이런 처벌은 잔혹하며 비인간적입니다. 현대 사회는 이런 비인간적이며 잔혹한 처벌을 인정하지 않으려는 경향이 있습니다. 이런 처벌은 오늘날 아프카니스탄을 정복한 탈레반들이나 주장하는 것입니다. 더구나 강간한 사람은 강간 당해야 합니다. 이런 처벌이 가능할 것인지는 의문입니다. 또한 비행기 납치범, 반역자 등에 대한 처벌이 무엇인지 알기도 어렵습니다.

#심리적이기주의

#금욕주의

#쾌락주의

#유용성원리

#양적쾌락

#질적쾌락

CHAPTER 05

근대의 행복에 관하여

• 경제학 이론의 출현

• 선과 가치에 관한 사유의 전환

• 행복과 심리적 이기주의

• 금욕주의와 행복

• 쾌락의 계산법

• 양적 쾌락과 질적 쾌락의 구분

경제학 이론의 출현

18세기 유럽에서 산업의 성장은 사회적 혼란과 빈민가 형성의 결정적 계기가 되었습니다. 그러나 산업은 지속적으로 발전했습니다. 수공업에서 공장제 생산으로의 전환이 매우 빠르게 이루어졌습니다. 그리고 공업의 발전으로 인해 경제와 관련된 문제가 사회의 관심사로 떠올랐습니다. 그래서 정치 경제학이 하나의 분과 학문으로 성장하게 됩니다. 수공업에 의한 생산과 소비의 형태와 공장을 통한 생산과 소비의 형태는 규모와 질적인 면에서 매우 다릅니다. 공장제 생산에 의해 새롭게 대두된 경제학적 문제를 해명할 필요가 있었을 것입니다.

산업의 발달은 산업을 더 발전시킬 사유의 전환을 요청하고 있었습니다. 이런 요청에 따라 아담 스미스의 경제학 저서, 『국부론』이 명성을 얻게 됩니다. 이 책은 '노동의 분업'에 관한 문제를 다루고 있습니다. 생산의 각 단계를 나누어서 제작하면 생산이 크게 증가한다는 것입니다. 오늘날 노동의 분업은 거의 상식에 속할 정도로 일반화되었습니다. 산업화의 초기에 스미스의 『국부론』이외에도, 많은 경제학 저서와 이론이 등장한 것은 당연한 일일 것입니다. 새로운 생산 체계에서 발생하는 문제점들을 해명할 필요가 있었기 때문입니다.

선과 가치에 관한 사유의 전환

경제학이 분과 학문으로 발전하면서 서구의 사상사에 주목할 만한 사유가 모습을 드러냅니다. 철학의 영역에서 유용성을 강조하는 사유가 등장하게 된 겁니다. 그러나 유용성을 강조하기 위해서는 가치의 양을 객관적으로 평가할 수 있어야 합니다. 가치의 양을 평가할 수 없다면, 유용성의 정도를 비교할 수 없을 것이기 때문입니다. 마침 경제학자들은 경제학적 이론을 제시하면서 가치가 양적으로 평가될 수 있다는 것을 전제하고 있습니다. 물론 경제학자들이 명시적으로 가치가 양적으로 측정될 수 있다고 말하지는 않았지만, 경제학 이론의 성장 덕분에 가치가 양적으로 측정될 수 있다는 생각을 확립할 수 있었습니다.

사회에서 가치 있다고 여기는 것들의 가치를 양적으로 평가하여, 이들의 등급을 매길 수 있다는 생각이 힘을 얻게 되었습니다. 상품의 가격이 결정되듯이, 사회적 가치나 개인적 가치들도 양적 평가를 통해 비교 가능해졌습니다.

사회적 가치 또는 사회적 선이 평가될 수 있다는 생각에 길을 열어 준 철학자는 프랜시스 허치슨입니다. 그는 선을 쾌락으로, 그리고 악을 고통으로 표현했습니다. 선의 가치를 양적으로 측정하는 것은 어려웠을 것입니다. 그래서 선 대신에 측정하기 쉬운 쾌락을 양적으로 계산하고서, 그것을 선의 가치로 환원한 것입니다. 물론 악의 양을 측정하는 것보다 고통의 양을 계산하는 것이 더 쉬울 것입니다.

측정하기 어려워 보이는 가치들을 측정하기 쉬운 가치들로 환원한다면, 그래서 어떤 것이 선한지를 알기 위하여 그것이 결과하는 쾌락의 양을 측정하여, 그것의 선의 값으로 결정할 수 있을 것입니다. 물론 어떤 것이든 쾌락과 고통을 동시에 일으킵니다. 그래서 어떤 것의 선의 값을 계산하기 위해서는 그것이 결과하는 쾌락의 양에서 그것이 결과하는 고통의 양을 빼야 합니다. 결과된 쾌락의 양에서 결과된 고통의 양을 뺀 나머지 값이 최종적인 쾌락 값, 즉 유용성 값이 됩니다. 최종적으로 도출된 최종적인 쾌락 값이 그것의 선의 값이 될 것입니다.

· ◆ ·

이 세상의 모든 것은 쾌락과 고통을 동시에 결과합니다. 예외는 거의 없습니다. 예를 들면, 영화를 보는 것이 쾌락만을 결과하는 것은 아닙니다. 영화를 보기 위해서는 돈을 지출해야 합니다. 돈의 지출은 고통에 해당합니다. 따라서 영화를 보는 것의 최종적인 유용성 값은 영화를 통해 느낀 쾌락 값에서 지출한 돈 등의 고통 값을 빼야 합니다. 공부하는 것도 쾌락과 고통을 동시에 일으킵니다. 공부를 통해 성취한 것은 쾌락일 것이고, 공부하기 위한 힘든 노력은 고통일 것입니다. 이때 쾌락 값에서 고통의 값을 뺀 나머지 값이 공부의 최종적인 쾌락 값, 즉 유용성 값입니다.

제레미 벤담은 선이 쾌락이고 악이 고통이라는 허치슨의 사유를 이어받아 발전시킵니다. 즉 인간이 도달해야 할 최고의 상태는 고통의 값을 빼고서 남은 쾌락의 값이 가장 많은 상태, 즉 유용성 값이 최고인 상태라는 것입니다. 이것이 '최대의 행복 원리'입니다.

벤담은 사람들이 최대의 행복에 도달하고 싶어한다고 주장합니다. 말하자면 인간은 누구나 자신의 행복을 위한 활동을 한다는 것입니다. 물론 자신의 최고의 또는 최대의 행복은 최대의 쾌락 값을 가지는 상태일 것입니다.

행복과 심리적 이기주의

벤담의 생각은 모두가 자신의 행복을 위한 활동을 한다는 '심리학적 이기주의' 관점에 바탕을 두고 있습니다. 심리학적 이기주의는 모든 사람이 각자 자신의 이익만을 추구한다고 말합니다. 여기에서 주목해야 할 것은 각자가 자신의 이익만을 추구해야만 한다는 당위적 표현이 아니라 추구한다는 사실적 표현으로 이루어져 있다는 것입니다. 자신의 이익만을 추구한다는 사실적 표현과 추구해야만 한다는 당위적 표현은 매우 다릅니다. 다른 사람의 이익을 위한 활동을 하지 않는다는 것과 다른 사람의 이익을 위한 활동을 해서는 안 된다고 말하는 것은 크게 다른 표현입니다.

그러나 모든 사람이 자신의 행복을 위한 활동만 하고 있는지는 의문입니다. 이타적인 행동을 하는 사람도 많이 있는 듯이 보이기 때문입니다.

제2차 세계대전 당시, 스웨덴의 사업가 로웰 워렌버그는 집에서 안전하게 지낼 수 있었음에도 불구하고 헝가리 부다페스트에서 제2차 세계대전이 끝나는 마지막 달까지 머물렀다. '유대인 문제에 대한 히틀러의 마지막 해결책'에 관한 보고를 들은 후 헝가리의 부다페스트로 갔다. 그리고 스웨덴 외교부의 업무를 자원했다. 그곳에서 그는 헝가리 정부에 압력을 넣어, 유대인을 집단 수용소로 추방하는 것을 중단시켰다. 그러나 헝가리 정부가 나치의 꼭두각시 정권으로 바뀌면서, 다시 추방이 시작되었다. 워렌버그는 유대인들이 스웨덴과 관련되어 있으며 스웨덴 정부의 보호를 받고 있다고 주장하면서, '스웨덴의 보호를 받는 여권'을 수천 명의 유대인에게 발급했다. 그는 많은 사람을 도와서 숨을 곳을 찾아 주었다. 이들이 체포되는 경우에는 체포되는 유대인의 앞을 가로막고 서서, 독일인들에게 먼저 자신을 쏴야 할 것이라고 말했다. 전쟁이 끝날 무렵, 외교관들이 탈출할 때에도 그는 여전히 그곳에 머물러 있었다. 그는 10만 명이 넘는 생명을 구해 냈다. 전쟁이 끝났을 때, 그는 행방불명이 되었다. 이후로 그의 행방을 아는 사람은 없다. 현재는 소련 점령군에 의해 살해되었다고 알려져 있다.

이런 사례를 찾는 것이 어렵지는 않을 것입니다.

호주의 공무원인 데이비드 알삽은 자기 수입의 반절을 환경 운동을 위해 기부한다. 미국의 토지 투자자인 젤 크라빈스키는 4,500만 달러를 자선단체에 기부했다. 그리고 좋은 의도에서, 크라빈스키는 자신의 신장 하나를 전혀 모르는 사람에게 기증했다.

물론 이런 훌륭한 사람이 많지는 않을 것입니다. 소수의 사람만이 타인의 생명을 구하기 위해서 자신에게 피해가 되는 일들을 기꺼이 감당할 것입니다. 그러나 이렇게 힘들고 어려운 일이 아니더라도, 기꺼이 이타적인 행동을 하는 사람은 상당히 많이 있습니다. 무거운 짐을 들고 가는 노인을 돕거나, 휠체어가 인도의 턱을 넘지 못하여 어려움을 겪고 있는 장애인을 돕고, 헌혈하며, 경제적으로 어려운 이웃에게 온정을 베푸는 사람을 찾는 것은 어렵지 않습니다. 그리고 이들의 행동을 이기적이라고 말하는 것은 온당하지 않습니다.

그러나 이타적인 모든 행위가 이기적인 마음에서 발현되었다고 말할 수도 있습니다. 이타적으로 행동하는 사람들도 결국엔 자신이 가장 원하는 것을 행한다는 이유에서 그렇게 말할 수 있습니다. 결국 이타적인 행동처럼 보이지만 사실은 이기적인 행동에 불과하다는 것입니다.

타인에게 이익이 되는 일일지라도, 결국에는 자신이 좋아하는 것, 자신이 하고 싶은 것을 한 것이기 때문에, 어떤 것을 행하든 자신의 행복을 위한 것이 됩니다. 이런 주장을 이해하는 데 다음의 예가 도움이 될 것입니다.

> 언젠가 링컨이 낡은 마차를 타고 가며 동행인에게 모든 사람이 선을 행하는 것은 이기심에 의해 증진될 수 있다고 말했다. 마차가 늪 위의 통나무 다리를 건너는 동안 링컨의 얘기를 듣고 있던 동행인은 그의 입장에 반대 입장을 표했다. 마차가 다리를 가로지를 때, 이들은 새끼 돼지들이 늪에 빠져서 익사할 위험에 처해 제방 위에서 울부짖는 나이든 암퇘지를 발견했다. 낡은 마차가 언덕을 오르기 시작했을 때, 링컨은 소리쳤다. "마부, 잠시만 멈출 수 있겠소?" 그러고 나서, 링컨은 마차에서 뛰어 내려 뒤로 달려가 늪에서 새끼 돼지들을 구해 제방에 올려 놓았다. 링컨이 돌아왔을 때, 그의 동행인은 다음과 같이 지적했다. "자, 링컨, 이 작은 이야기 속에 이기심은 어디에 있는 거지?" "왜 그래, 에드. 이것이 바로 이기심의 본질이야. 내가 자식을 걱정하며 고통스러워하는 나이든 암퇘지를 못 본 체하고 그냥 지나쳐 갔다면, 나는 어떤 마음의 평화도 얻지 못했을 걸세. 나는 마음의 평화를 위해 그 일을 했네. 그렇게 보이지 않나?"

링컨의 주장은 이타적인 것처럼 보이는 행동도 실제로는 이기적인 행동에 불과하다는 것입니다. 링컨은 새끼 돼지를 구해 줌으로써 자신의 마음의 평화를 얻었습니다. 말하자면 새끼 돼지를 구하는 행동이 자신의 마음의 평화를 위한 행동입니다. 링컨이 새끼 돼지를 구한 것은 돼지를 위한 것이 아니라 자신의 마음의 평화를 얻기 위한 것입니다. 심리학적 이기주의에 따르면, 새끼 돼지를 구하지 않음으로써 마음의 평화를 얻는다면 그렇게 해야 합니다. 그러나 극도의 악인을 제외하고 새끼 돼지를 구하지 않아서 마음의 평화를 느끼는 사람은 없을 것입니다.

링컨의 설명에 주목한다면, 심리학적 이기주의는 매우 그럴듯하며, 따라서 이타적인 행위처럼 보일지라도 결국엔 이기적 행위에 불과한 것처럼 보입니다. 그러나 행위의 의도가 무엇인지가 이기적 행위와 이타적 행위를 구분해 줄 수 있을 듯합니다.

링컨의 행위가 오로지 자신의 행복을 위한 것이라면, 그 행위의 종류가 무엇이든, 그리고 그 행위의 결과가 무엇이든 링컨의 행위를 이기적이라고 평가하는 것이 온당해 보입니다. 그러나 링컨의 행위가 돼지를 위한 행위였으며, 그 행위를 통해 링컨이 행복을 느꼈다면, 링컨의 행위를 이기적이라고 평가할 수 없을 것입니다.

· ◆ ·

벤담은 최대 다수의 최대 행복의 원리가 심리학적 이기주의에 근거하여 도출된다고 말합니다. 심리학적 이기주의에 따르면 누구나 자신에게 최대한의 쾌락을 추구합니다. 모든 사람이 최대한의 쾌락을 추구하기 때문에, 이들의 목표에 방해가 되는 것은 바람직하지 않을 것입니다. 그래서 자신의 최대한의 쾌락을 추구하면서 다른 사람이 최대한의 쾌락을 추구하는 것을 방해해서는 안 됩니다. 서로가 자신의 최대한의 쾌락을 추구할 때 '최대 다수의 최대 행복'이 도출될 것입니다.

그렇다면 타인의 쾌락과 행복 추구를 방해하지 않는 한에서 자신의 행복을 추구할 최대한의 자유를 허용해야 합니다. 타인의 쾌락 추구를 방해하지 않음으로써 행복 성취에 있어서 '최대 다수'라는 목표를 성취하게 되고, 자신의 행복 추구를 위한 최대의 자유를 허용함으로써 '최대의 행복'이라는 목표를 성취할 수 있습니다. 법적 규범과 도덕 규범은 타인의 쾌락 추구를 방해하지 않는 한에서 자신의 쾌락 추구를 최대한 허용하는 방식이어야 합니다. 그런 법적 규범과 도덕 규범은 옳은 규범이 됩니다.

금욕주의와 행복

유용성의 원리는 자신의 행복을 증진시키는 경향성에 따른 행위를 시인하고, 감소시키는 경향성에 따른 행위를 부인합니다. 그런데 금욕주의는 이와는 반대로 행복을 줄이는 경향성에 따른 행위를 승인하고, 행복을 증진하는 경향에 따른 행위들을 거부합니다.

금욕주의는 쾌락이 행복을 증진시키는 것이 아니라, 오히려 쾌락을 제거함으로써 행복이 증진된다고 주장합니다. 따라서 금욕주의는 모든 쾌락의 추구를 금지합니다. 얼핏 금욕주의 원리는 그럴듯해 보입니다. 쾌락은 항상 고통을 수반하기 때문입니다. 그래서 쾌락 추구가 불행을 자초한다고 생각할 수 있습니다. 사실 부당한 일을 통해 얻는 저급한 쾌락이 무가치하며, 불행을 불러온다는 것을 일깨우기 위해서는 금욕주의가 필요할 수도 있습니다.

저급한 쾌락은 바람직하지 않습니다. 그렇다고 쾌락 추구를 부정적으로만 생각하는 금욕주의가 옳은 것도 아닙니다. 저급한 쾌락을 추구하는 것은 틀림없이 너무도 많은 고통이 수반될 것입니다. 그래서 저급한 쾌락을 추구하는 행위는 결과적으로 최대 쾌락의 상태에 이르지 못할 것입니다. 오히려 이런 저급한 쾌락을 추구하는 행위는 생겨날 쾌락보다는 더 많은 고통이 수반될 것이기 때문에 합리적인 사람이라면 마땅히 거부할 것이 분명합니다. 저급한 쾌락에 대한 추구는 금욕주의가 아니더라도, 유용성 원리에서도 충분히 부정될 수 있습니다.

금욕주의는 완고한 도덕론자나 종교가들이 흔히 주장합니다. 도덕론자는 행복과 쾌락의 관점에서 금욕주의 원리를 주장합니다. 그리고 종교가는 고통과 공포의 관점에서 금욕주의 원리를 주장하고 있습니다. 자세히 말한다면 도덕론자는 행복을 사람들에 의한 명예와 명성으로 이해합니다. 그리고 이런 명예와 명성을 얻기 위해서는 금욕적 태도가 바람직하다고 여깁니다. 반면에 종교가는 고통과 공포를 신의 복수에 의한 처벌로 이해합니다. 그리고 신의 복수와 처벌을 피하기 위해서는 금욕적 삶이 요청된다고 말합니다. 도덕론자와 종교가는 금욕을 위한 동기가 서로 다릅니다. 그러나 각각의 동기와 목적을 달성하기 위해서 금욕의 원리를 똑같이 주장합니다.

금욕주의는 모든 쾌락 추구를 비난합니다. 쾌락을 추구하는 것은 행복한 삶에 도달하는 방법이 아니라는 것입니다. 물론 앞에서 말했듯이, 비천한 쾌락을 비난하는 것은 합당할 수 있습니다. 그러나 세련된 쾌락도 있습니다. 금욕주의는 세련된 쾌락, 즉 명예로운 것, 영광스러운 것, 훌륭한 것, 바르고 옳은 것 등을 모두 금지합니다. 쾌락을 적극적으로 추구하는 것은 결국에는 고통스러운 삶으로 전락할 것이라고 여기기 때문입니다. 심지어 금욕주의는 쾌락 추구를 비난하는 정도를 넘어서 고통을 스스로 자처하기도 합니다. 말하자면 고통이 가치 있는 일이라고 주장하기도 합니다. 이런 경향성은 종교에서 통상 나타납니다. 어떤 종교인들은 쾌락 추구를 금지하는 것을 넘어 고통을 선이라고 주장하기도 합니다.

· ◆ ·

그러나 고통을 선이라고 주장하는 금욕주의에는 심각한 문제점이 있습니다. 이런 금욕주의는 그 자체로 모순을 내포하고 있습니다. 쾌락이 혐오스러운 것이며 피해야 할 것이라면, 세상의 모든 사람을 고통스럽게 만들어야 합니다. 이런 금욕주의에 의한다면 모든 사람을 고통스럽게 만드는 것은 바람직한 일입니다. 그래서 강도와 폭행을 양성하거나 권장하는 법을 제정하는 것도 합당할 것입니다. 이런 법을 제정하는 것은 고통을 자처하는 금욕주의의 원리와 잘 부합할 것이기 때문입니다. 그러나 이런 금욕주의조차도 이런 법의 제정을 거부할 것이 분명합니다.

금욕주의자들도 모든 사람에게 고통을 발생시켜야 한다는 주장을 받아들이지 않을 것입니다. 그러나 이것은 금욕주의자들이 자신의 원리를 신봉하지 않는다는 것을 드러냅니다. 만약 이들이 자신의 원리를 신봉한다면, 그래서 금욕주의 원리를 이 세상에 철저하게 적용한다면, "단 하루 만에 지구를 지옥으로 만들어 버릴 것"입니다. 금욕주의 원리에 따라서 모든 사람을 고통스럽게 하는 것이 좋은 일이기 때문입니다. 그러나 금욕주의자일지라도, 모든 사람을 고통스럽게 하라고 말하지 않을 것입니다. 틀림없이 모든 사람을 고통스럽게 하는 것은 옳지 못한 일이기 때문입니다. 그렇다면 금욕주의 원리를 주장하는 것은 모순적입니다.

금욕주의 원리를 채택한 것은 쾌락 추구가 더 큰 고통을 발생시킨다는 사실 때문입니다. 그러나 쾌락 추구가 더 큰 고통을 발생시킨다고 해서, 쾌락은 악하고 고통이 선하다는 것을 증명하는 것은 아닙니다. 오히려 이것은 선과 악을 판단하기 위해서는 전체적인 결과를 고려해야 한다는 것을 말해 주고 있습니다. 어떤 쾌락이 매우 큰 고통을 발생시킨다는 것은 금욕주의 원리보다는 유용성의 원리와 더 잘 들어맞습니다. 유용성 원리에 따라 계산한다면, 쾌락보다 더 큰 고통을 발생시키는 행동은 옳은 행동이 아닐 것이기 때문입니다. 유용성 원리는 어떤 것이든 쾌락과 고통을 동시에 발생시킨다고 말합니다. 그래서 발생한 쾌락에서 발생한 고통을 뺀 값을 최종적인 쾌락 값이라고 말합니다. 그리고 최종적인 쾌락 값이 유용성 값이 됩니다.

쾌락의 계산법

공리주의에서 유용성은 측정 가능합니다. 따라서 유용성은 양적이며, 객관적인 것입니다. 유용성은 최종적인 쾌락 값을 의미하는 것이기 때문에, 쾌락과 고통은 역시 측정 가능한 것입니다. 쾌락과 고통의 측정을 통해서 어떤 행위가 최대의 쾌락을 산출하는지 평가할 수 있을 것이며, 또한 최대의 쾌락 상태, 즉 행복에 관해 말할 수 있을 것입니다. 물론 쾌락과 고통의 양을 측정할 방법을 제시해야 합니다. 쾌락과 고통이 양적이고 객관적일지라도, 이를 측정할 방법이 없다면, 쾌락과 고통의 양적 측정을 통해 옳은 행위나 행복을 말하는 것은 불가능할 것입니다.

벤담은 쾌락과 고통을 측정할 수 있는 수학적 계산법을 제시합니다. 그리고 쾌락과 고통의 양을 계산할 때, 쾌락과 고통이 가진 여러 측면과 차원을 고려해야 한다고 말하고 있습니다. 쾌락과 고통의 양은 1. 강도, 2. 지속성, 3. 확실성과 불확실성, 4. 원근성, 5. 다산성, 6. 순수성, 7. 미치는 범위에 따라 달라집니다. 쾌락과 고통의 양을 계산할 때에는 반드시 일곱 가지 측면을 고려해야 합니다.

· ◆ ·

1. 강도. 일단 쾌락과 고통은 각각 세기의 강도에서 다를 수 있습니다. 어떤 쾌락은 아주 강렬하지만, 어떤 쾌락은 미약할 수 있습니다. 고통도 마찬가지입니다. 어떤 고통은 격렬하지만, 어떤 고통은 강력하지 않을 수 있습니다. 어떤 쾌락이 다른 쾌락보다 강도가 더 세다면, 그리고 다른 조건이 같다면, 강도가 센 쾌락의 양이 더 많을 것입니다.

2. 지속성. 쾌락과 고통은 지속하는 시간에서도 각각 다릅니다. 어떤 쾌락은 더 길게 지속하고, 다른 쾌락은 짧게 끝날 수 있습니다. 어떤 쾌락이 짧게 끝난다면, 길게 지속하는 쾌락의 양이 더 많을 것입니다. 쾌락과 고통의 지속 시간은 쾌락과 고통의 양을 결정하는 필수적인 항목입니다.

3. 확실성과 불확실성. 쾌락과 고통의 양을 측정할 때에는 확실성과 불확실성의 측면을 고려해야 합니다. 어떤 행위들은 확실하게 쾌락을 일으키지만, 쾌락을 일으키는지 불확실한 행위들도 있기 때문입니다. 예로 들면, 소고기를 먹는 것은 확실히 쾌락을 일으킬 것입니다. 반면에 콩으로 만든 콩고기를 먹는 것이 쾌락을 일으킬 것인지는 분명하지 않습니다. 자신이 좋아하는 가수의 노래를 듣는 것은 쾌락을 확실하게 일으킬 것이 분명하지만, 알지 못하는 가수의 노래가 쾌락을 일으킬 것인지는 확실하지 않습니다.

4. 원근성. 쾌락과 고통이 얼마나 빠르게 일어나는지도 쾌락의 양을 결정하는 중요한 항목입니다. 어떤 쾌락은 곧바로 일어나지만, 어떤 쾌락은 상당한 시간이 지난 후에 일어납니다. 말하자면 어떤 행위를 하면 그 결과가 곧바로 발생하지만, 어떤 행위는 결과가 한참 후에 나타나기도 합니다. 주먹으로 얻어맞는 것은 곧바로 고통이 뒤따르지만, 술을 마신 경우에는 다음날이 되어야 숙취의 고통이 발생합니다.

5. 다산성. 어떤 쾌락은 부가적으로 다른 쾌락을 일으키는 특성이 있습니다. 그리고 어떤 고통은 부가적으로 다른 고통을 일으킬 수 있습니다. 공부하는 것은 아주 적은 쾌락을 낳을 것이 분명합니다. 그러나 공부한 결과로 학기 말에 아주 좋은 성적을 받는 또 다른 쾌락을 결과할 가능성이 큽니다. 술을 마시는 행위는 숙취의 고통을 일으키면서, 동시에 숙취 때문에 시험을 망치는 결과를 발생시킬 수 있습니다. 쾌락과 고통은 또 다른 여러 쾌락과 고통을 일으킵니다. 따라서 쾌락과 고통의 계산에는 이런 모든 항목이 고려되어야 합니다.

6. 순수성. 어떤 쾌락은 부가적으로 고통을 일으킬 수도 있습니다. 어떤 쾌락이 고통을 일으키는 정도가 낮으면 순수성은 커집니다. 반면에 고통을 일으키는 정도가 높으면 순수성은 적어집니다. 순수성의 정도는 쾌락이 고통을 일으키는 것,그리고 고통이 쾌락을 일으키는 것과 관련되어 있습니다. 반면에 다산성은 쾌락이 또 다른 쾌락을 일으키는 것, 그리고 고통이 또 다른 고통을 일으키는 것과 관련된 것입니다.

7 범위. 쾌락이나 고통은 영향을 미치는 사람의 수가 다를 수 있습니다. 어떤 쾌락이 다른 쾌락보다 더 많은 사람에게 영향을 미친다면, 즉 더 많은 사람에게 쾌락을 일으킨다면, 영향을 더 많이 미치는 쾌락이 영향을 적게 미치는 쾌락보다 더 쾌락의 양이 클 것입니다. 쾌락과 고통이 미치는 범위, 즉 영향받는 사람의 수는 쾌락과 고통의 양을 계산하면서 반드시 고려해야 합니다.

양적 쾌락과 질적 쾌락의 구분

쾌락에 대한 벤담의 설명은 많은 비판을 받았습니다. 벤담이 말하는 쾌락의 추구는 인간에 적합한 원리가 아니라는 것입니다. 쾌락을 추구하여 도달할 수 있는 행복은 인간의 행복이 아니라 동물의 행복에 불과하다는 비판입니다. 벤담이 이런 비판을 받게 된 것은 쾌락에 오직 양적 차이만 있다고 생각했기 때문입니다. 즉 쾌락의 양을 행복의 기준으로 삼았기 때문입니다. 같은 양의 쾌락을 일으킨 행위는 행복에 똑같이 이바지한 행위일 뿐입니다. 행복과 관련하여 이 두 행위의 차이는 없습니다.

벤담의 주장은 선과 행복은 쾌락의 성질과는 무관하며, 발생한 쾌락의 양에 의해 결정된다고 생각했습니다. 그래서 벤담이 주장한 행복과 쾌락에 관한 이론은 돼지에게나 어울리는 이론이라고 혹평을 받았습니다. 이런 비판은 공리주의가 전체적으로 합당한 이론이 아니라는 부정적 인상을 주었습니다. 앞에서 말했듯이, 벤담은 개인이 유용성 원리를 통하여 사회적 선과 행복을 주장하는 이론을 발전시켰습니다. 그러나 벤담의 이론은 인간이 행복 추구에서 개인적이고 이기적이라는 것을 전제하고 있는 것처럼 보입니다.

말하자면 벤담은 이기적인 개인의 쾌락 추구를 인간 삶의 목표로 제시하고, 최대의 쾌락 값을 통해 행복을 규정하고, 이를 통해 도덕적으로 옳은 행위를 결정할 수 있다고 믿었습니다. 그러나 쾌락의 양을 통해 행복을 규정하고 옳은 행위를 평가할 수 있다는 원리는 동물에 적합한 원리라는 비판을 피할 수 없었습니다. 존 스튜어트 밀은 치욕적인 비판에 직면한 벤담의 공리주의를 구제할 방법을 찾으려 했습니다. 그래서 밀은 쾌락을 양적인 쾌락과 질적인 쾌락으로 구분합니다. 양적인 쾌락과 질적 쾌락의 구분을 통해서 인간이 추구해야 할 진정한 쾌락을 제시할 수 있다고 생각했습니다.

· ◆ ·

밀은 '배부른 돼지가 되기 보다는 배고픈 사람이 되는 것이 낫고, 배부른 바보가 되기 보다는 배고픈 소크라테스가 되는 것이 낫다.'라고 말합니다. 우리는 이것을 줄여서 '배부른 돼지가 되기 보다는 배고픈 소크라테스가 되는 것이 낫다.'라고 말하기도 합니다. 이 말은 질적인 쾌락 추구를 강조하는 의미를 담고 있습니다. 쾌락에는 동물적 욕망에 적합한 것들이 있습니다. 그리고 동물적 욕망에 의한 쾌락과는 다른, 고차원적인 쾌락, 즉 질적인 쾌락이 있습니다. 물론 인간이 추구해야 하는 쾌락은 고차원의 쾌락, 즉 질적인 쾌락입니다.

쾌락에는 성질이 다른 두 종류, 즉 양적 쾌락과 질적 쾌락이 있다는 것은 분명합니다. 그리고 육체적인 쾌락으로서 동물적 쾌락이라고 비판받는 양적 쾌락보다는 고차원적인 정신적 산물로서 질적 쾌락을 추구하는 것이 행복에 더 접근할 수 있다는 주장도 그럴듯해 보입니다. 그러나 양적 쾌락과 질적 쾌락이 구분될 수 있더라도 문제는 남습니다. 그 문제는 어떤 것이 질적 쾌락인지 결정하기 쉽지 않다는 것입니다. 밀은 '고상한 감정 능력을 지닌 사람들'이 항상 선택하는 쾌락을 고차원의 질적 쾌락이라고 말합니다.

· ◆ ·

밀은 행복이 선이라는 것을 증명하기 위하여 다음과 같은 논변을 사용합니다. 어떤 대상을 볼 수 있다는 것을 증명하는 유일한 방법은 실제로 그 대상을 보는 것입니다. 그리고 어떤 것이 바랄 만한 것이라는 것을 증명하는 유일한 방법은 실제로 그 대상을 사람들이 바란다는 사실일 것입니다. 그렇다면 행복이 바람직하다는 것을 증명하는 방법은 사람들이 행복을 바란다는 사실일 것입니다.

일반적 행복이 모든 사람에게 행복이라는 사실이 그것이 선이라는 것을 증명하는 방법이라면, 고상한 사람들이 항상 그 쾌락을 선택한다는 사실은 그 쾌락이 고차원의 질적 쾌락이라는 것을 증명해 줄 것입니다. 그래서 우리가 고상한 사람들이 항상 선택하는 쾌락을 추구한다면 인간으로서 가치 있는 삶과 행복에 접근할 수 있습니다.

#관념론

#변증법

#소외

#인륜

CHAPTER 06

헤겔의
절대적 관념론 철학

• 독일 관념론의 역사

• 주관적 관념론과 객관적 관념론 비판

• 변증법의 기본 구조

• 절대적 관념론

• 소외 극복과 윤리적 삶

독일 관념론의 역사

독일 철학은 칸트에서부터 시작한다고 말해도 과언은 아닐 것입니다. 칸트 이전 시대에 독일에서 활동하던 철학자들은 모두 라틴어로 철학 작업을 수행했습니다. 칸트에 들어서 비로소 독일어를 통한 철학적 사유가 시작되었습니다. 칸트는 자신의 철학 작업을 수행하면서 다양한 철학 개념들을 독일어로 옮기고, 독일어 표현이 없는 경우에는 조합하여 독일어 철학 개념들을 탄생시켰습니다. 그러니 진정한 독일 철학은 칸트에서 시작된다고 말하는 것도 지나친 것은 아닐 것입니다. 말하자면 독일 철학은 칸트에서 비롯되었으며, 칸트에서 독일 관념론 철학의 주류가 형성되었습니다.

· ◆ ·

독일 관념론은 칸트에서 시작하여 피히테와 셸링을 거쳐 헤겔에서 정점을 이룹니다. 칸트는 우리가 직관하는 것은 물자체가 아니라 현상들뿐이라고 말합니다. 즉 우리와 독립되어 존재하는 물자체에 대해 알 수 없고, 단지 인식 기능을 통하여 현상만을 규정할 뿐이라는 것입니다. 그래서 칸트는 물자체가 인식 불가능하다고 단언하고 있습니다. 물자체는 표상을 제공하는 근거로서 단지 '사유'의 대상일 뿐이라는 겁니다. 그렇다면 우리가 인식할 수 있는 것은 지각된 현상들뿐입니다. 칸트의 이런 관점은 인식론적으로 관념론에 해당합니다.

그러나 칸트는 물자체가 관념으로만 존재한다고 말하지 않습니다. 칸트에게도 물자체는 실재물로 존재합니다. 다만 우리가 그 물자체를 인식할 수 없다는 것입니다. 우리는 물자체가 드러내는 현상들만 알 수 있을 뿐입니다. 우리는 물자체에 대해서는 알 수 없습니다. 물자체는 우리의 인식 기관에 포착되지 않기 때문입니다. 다만 물자체는 우리가 인식하는 현상들을 드러내는 토대이며, 근원입니다. 칸트는 물자체의 실재성을 부정하지 않기 때문에 형이상학적 관점에서 관념론자에 해당하지는 않습니다. 그러나 우리가 인식할 수 있는 것은 감각된 것들뿐이라고 말하기 때문에 인식론적으로 관념론자에 해당합니다. 즉 우리가 파악한 세계는 실재물에 대한 것이 아니라, 그것들이 드러낸 현상들입니다. 이것이 인간이 가진 인식론적 제약입니다.

우리는 현상들을 오로지 경험을 통해서 받아들입니다. 이 현상들을 경험하게 되는 것은 우리 정신의 감성 능력과 오성 능력에 의해 이루어집니다. 감성은 시간과 공간의 형식을 통해서 감각 자료들을 받아들입니다. 오성은 받아들인 감각 자료들을 범주를 통해서 종합합니다. 이때 감각과 지각된 내용은 현상을 통해서 우리에게 주어진 것이지만, 감성의 형식인 시간과 공간의 형식은 감각 경험에 선행하는 정신에 내재해 있는 선험적인 것으로 관념의 산물입니다. 또한, 오성의 형식인 범주는 경험을 해석하는 사유의 틀입니다. 따라서 범주는 경험 이전에 우리의 정신에 주어져 있는 선험적인 것입니다.

· ◆ ·

칸트는 우리의 정신을 구성하고 있는 능력을 감성 능력, 오성 능력, 그리고 이성 능력으로 구분합니다. 감성은 단지 현상을 받아들이는 역할을 하며, 오성 능력은 감성이 받아들인 현상들을 분류하고 종합합니다. 이것이 세계에 대한 지식을 구성합니다. 그러나 감성 능력과 오성 능력으로는 단지 현상만을 파악하여 경험을 구성하게 할 뿐, 현상의 배후에서 현상의 근거가 되는 물자체를 파악할 수 없습니다. 우리는 감성과 오성을 통해 현상만을 파악하고 경험하여 인식합니다. 그래서 우리는 감성의 표상과 오성 개념을 통해 형성된 내용이 실재 세계라고 믿을 수 있습니다. 그러나 우리가 믿고 있는 실재 세계는 우리의 정신 안에서 관념적으로 재구성한 것들입니다. 다만 우리는 정신의 또 하나의 능력인 이성 능력을 통해 경험의 존재론적 근거가 되는 물자체의 존재를 사유할 수 있습니다. 그러나 물자체를 사유한다는 것은 물자체를 인식한다는 것이 아니라, 그런 존재가 있어야 한다고 단지 사유한다는 것입니다. 결국 우리가 받아들인 실재 세계는 단지 관념적으로 재구성한 것일 뿐입니다.

· ◆ ·

피히테는 객관적 세계는 자아가 구성해 낸 것일 뿐이라고 주장합니다. 말하자면 외적 세계를 인식하는 자아를 떠난 독립적 존재는 없다는 것입니다. 달리 말하면 칸트가 말하는 물자체는 존재하지 않는다는 것입니다. 외적인 대상들은 자아가 그 표상들을 받아들이는 한에서 존재하는 것일 뿐, 결코 자아에 독립해서 존재하는 것이 아닙니다. 그래서 피히테는 철학의 과제는 자아의 활동을 올바로 파악하는 것이라고 말합니다. 피히테에게 있어서 자아는 능동적이며 순수한 의지를 지닌 도덕적 자아입니다. 이 도덕적 자아는 당위성을 가지고서 행위를 하는 존재이기 때문에, 모든 외적 대상들도 이런 관점에서 이해되어야 합니다.

도덕적 자아는 외부의 세계에 대한 존재를 얻고자 노력하는 것이 아니라 당위성이 부여한 의무를 수행하고자 노력합니다. 따라서 도덕적 자아와 독립된 존재는 아무런 가치도 없습니다. 외적인 존재는 단지 질료에 지나지 않기 때문입니다. 이런 질료는 우리에게 가상이나 현상만을 제공할 뿐입니다. 따라서 존재의 가치는 도덕적 자아의 순수 의지를 구현하는 것에서 비롯되며, 순수 의지가 진정한 실재라고 말할 수 있습니다. 피히테는 실천 이성을 이론 이성의 우위에 둠으로써 주관과 객관의 통일을 시도한 셈입니다.

칸트와 피히테의 관점은 주관적 관념론에 해당합니다. 반면에 셸링의 사유는 객관적 관념론이라고 말합니다. 셸링은, 피히테와 마찬가지로, 주관과 객관의 통일을 위해서는 절대적 자아의 존재를 인정해야 한다고 말합니다. 그리고 이 절대적 자아는 유한한 인간의 자아를 말하는 것이 아니라 스스로 자신을 정립하며, 모든 것을 창조하는 절대적 자아입니다. 물론 절대적 자아는 주관과 객관을 모두 포괄하는 절대자일 것입니다. 그래서 절대자는 주관과 객관의 근저에서 양자의 통일을 제공합니다.

절대자는 주관과 객관, 정신과 자연의 공통된 근원이기 때문에 주관과 객관을 구별하는 것은 전혀 의미 없는 일입니다. 절대자를 근원으로 가진 주관과 객관은 무차별적인 존재이며, 절대적으로 동일한 존재일 뿐입니다. 피히테에게 있어서 절대자는 주관과 객관이 무차별적이며, 동일한 존재라는 것을 보증해 주는 객관적 존재입니다. 그리고 우리의 지적 직관은 객관적 존재로서 절대자를 파악할 수 있게 해 줍니다.

• ◆ •

헤겔은 철학의 흐름을 하나의 관점에서 파악할 수 있는 체계적인 형이상학을 구축하려고 합니다. 이를 위해서 먼저 주관적 관념론인 칸트와 피히테의 관점과 객관적 관념론인 셸링의 관점을 비판적으로 재구성합니다. 말하자면 헤겔은 주관과 객관의 대립을 전제하고 있는 인식론적 관념론에서 탈피하여, 주관과 객관 또는 사유와 존재를 포괄하는 총체적 관점의 기본 구조를 밝히려고 하였습니다. 헤겔은 주관과 객관을 포괄하는 총체적 관점으로 변증법을 제시하고 있습니다.

주관적 관념론과 객관적 관념론 비판

헤겔은 자신의 철학을 형성하면서 칸트의 철학에 큰 영향을 받았습니다. 그러나 칸트의 견해에 단순히 의존하는 것은 아닙니다. 헤겔은 이성의 역할에 제한을 두고 있는 칸트의 견해를 비판합니다. 그리고 칸트철학에 대한 비판을 통해서 자신의 변증법적 기본 구조를 제시합니다. 칸트는 세계를 현상계와 예지계로 구분합니다. 예지계는 현상계의 배후에 놓여 있는 물자체라고 불리는 것으로, 경험이 가능할 수 있도록 해주는 현상들의 근거이지만 경험될 수 있는 대상이 아닙니다. 헤겔이 보기에 이것은 이성의 힘을 소극적으로 이해한 것입니다. 그래서 헤겔은 칸트에 의해 무시되었던 이성의 적극적 힘을 회복시키고자 합니다.

칸트는 물자체가 인식될 수는 없고 단지 '사유'될 수 있을 뿐이며, 이성은 오성의 판단을 정리하는 역할을 할 뿐이라고 말합니다. 이것은 경험과 이성을 분리한 칸트의 관점에서는 필연적인 결론입니다. 그러나 물자체가 오성의 판단에는 벗어나 있을지라도 이성의 사유 규정에서 벗어난 것은 아닙니다. 헤겔은 물자체가 이성의 사유 규정에서 벗어난 것이 아니라면 이성을 통해서 접근할 수 있는 세계라고 생각합니다. 헤겔에게 있어서 경험과 이성은 하나의 통일된 활동입니다. 그래서 이성은 오성의 활동 속에 있으면서 오성의 활동을 주도하는 능동적 주체입니다. 이성은 자신의 적극적 힘을 발휘하여 오성의 활동 영역인 현상계 밖으로 나아갈 수 있습니다. 현상계 밖의 예지계, 즉 물자체는 직관을 통해서 주어지지 않지만, 이성의 적극적 힘은 물자체를 파악할 수 있습니다. 말하자면 예지계로서 물자체는 이성을 통해서 접근할 수 있는 세계입니다.

물자체는 칸트가 주장한 바대로 현상을 분석하는 오성에게는 낯선 것이 분명합니다. 그러나 이성은 오성보다 높은 차원의 의식 활동입니다. 말하자면 이성은 감성과 오성의 활동을 평가하고 보증합니다. 이런 평가와 보증의 과정에서 물자체는 자신의 정체를 드러내게 됩니다. 헤겔은 이것을 물자체가 현상한다고 말합니다. 즉 이성은 현상하는 물자체를 파악할 수 있습니다. 물론 오성의 단계는 물자체를 파악할 수 없습니다. 그러나 이성은 물자체를 파악할 수 있는 능력입니다.

변증법의 기본 구조

헤겔은 이 세계가 변증법적 구조로 이루어져 있다고 말합니다. 그리고 이 세계는 변증법적 과정을 거쳐 변화합니다. 변증법은 정-반-합의 구조로 되어 있습니다. 어떤 것이 '정'으로 규정되어 '정립'된다면, 그 정립된 것에 대립하는 '반정립'이 등장하게 됩니다. '정립'과 '반정립'은 대립하면서 고양되어 '종합'의 단계로 나아가게 되고, 이 '종합'은 또한 상위의 '정립'이 됩니다. 물론 이 '정립'에 대한 대립으로서 '반정립'이 등장하게 되고, 이들은 또 다른 '종합'으로 나아갑니다. 이런 과정은 계속 반복되면서 세계의 역사를 구성하고 있습니다.

역사가 지속할 것이기 때문에 변증법적 발전 과정이 무한히 계속될 것으로 생각해서는 안 됩니다. 오히려 역사 자체가 변증법적으로 발전합니다. 말하자면 역사 발전의 원천이 변증법적 과정입니다. 또한, 변증법의 정-반-합 구조에서 정립에 대립하는 반정립이 외부에서 제기된 것으로 이해해서도 안 됩니다. 정립에 대립하는 반정은 외부에서 제시되어 안으로 들어온 것이 아니라 정립의 내부에서 도출되어 나온 것입니다. 말하자면 정립은 이미 내부에 반정립을 품고 있습니다. 정립은 스스로 자신을 부정하여 반정립을 끌어냅니다.

정립이 스스로 분열하여 반정립을 만들어 내고, 정과 대립하면서 상호 관계를 통해 합으로 이행해 갑니다. 정립에서 분열된 대립하는 두 대립자, 즉 정립과 반정립이 상호 관계를 통하여 새로운 합으로 고양되어 종합이 됩니다. 이때 정립과 반정립은 반목하지만, 둘이 고양되어 종합될 때, 어느 한쪽이 다른 쪽을 제거하는 것이 아닙니다. 정립과 반정립은 반목을 극복하고 양자의 본질을 간직한 채 더 높은 곳으로 향합니다. 역사는 이와 같은 변증법적 구조로 변화하기 때문에, 오랜 세월 동안 역사 발전의 내용을 모두 품고 있으며, 더 높은 곳을 향하고 있습니다.

◆

그러나 이런 정-반-합의 이행 과정은 무한히 반복되는 것이 아닙니다. 변증법적 이행은 출발점이었던 최초의 '정'으로 복귀하는 순환 운동을 합니다. 변증법적 이행은 최초의 출발점으로 되돌아옵니다. 이것은 변증법적 이행이 무분별한 운동이 아니라, 특정한 목적을 가지고서 진행된다는 것을 의미합니다. 변증법적 이행이 가진 특별한 목적은 '자기실현'의 목적입니다. 물론 자기실현의 목적은 그 존재가 이미 자기 내부에 품고 있는 목적입니다. 한 존재가 목적으로 품고 있는 자기실현은 변증법적 이행을 통해서 자기의 모든 것을 드러내는 것입니다. 따라서 자기실현의 목적을 가진 변증법적 이행은 자기의 모든 것이 드러나는 곳에서 끝나게 됩니다.

변증법의 이행은 다음과 같은 특성이 있습니다. 첫째, 추상성에서 벗어나 구체적으로 이행합니다. 그리고 둘째, 최초의 것이 자기 부정을 하고, 또다시 부정하여 새로운 것을 산출해 냅니다. 셋째, 이중 부정의 결과는 최초의 것이 자기를 드러낸 것입니다. 통상의 논리학에서는 어떤 것의 이중 부정은 바로 최초의 그것을 의미합니다. 그러나 헤겔에게 있어서 변증법을 통한 이중 부정의 과정은 최초의 그것이 아니라 완전히 다른 것을 만들어 냅니다. 이것을 헤겔은 '고양 ^{aufheben}'이라고 말하고 있습니다. 이 고양은 '내버린다.', '보존하다.', '높은 단계로 끌어 올린다.'를 의미하는 복잡한 개념입니다. 헤겔은 변증법의 이행은 내버리는 것도, 보존하는 것도 아니라 높은 단계로 끌어 올리는 것을 의미하고 있습니다. 변증법의 이행은 부정을 통해서 부정의 대상을 파괴하는 것이 아니라, 오히려 풍성하게 고양하는 과정입니다.

절대적 관념론

앞에서 말했듯이, 칸트는 자연의 영역과 정신 또는 이성의 영역을 구별하고 있습니다. 헤겔은 이런 칸트의 입장에 불만을 품고 있었습니다. 그래서 헤겔은 자연과 이성을 통일하려고 시도합니다. 자연과 이성을 통일하려는 시도가 헤겔의 절대적 관념론입니다. 헤겔은 자연과 이성을 통일하려고 시도했기 때문에 "이성적인 것은 현실적이며, 현실적인 것이 이성적인 것"이라고 주장합니다. 이것은 전체로서의 세계는 이성적으로 되어 가는 발전의 과정에 있다는 것을 함축합니다. 그래서 발전해 가면서 전체로서의 세계는 이성적인 자신의 본질을 더욱 의식하게 되고, 이런 본질을 전개하여 실현하게 됩니다.

세계 발전의 초기에는 이성적인 주관이 자신을 자연의 영역, 즉 객관들과 서로 다른 것으로 파악합니다. 그래서 이성적 주관은 자연적 객관들과 구별된다고 이해합니다. 이것을 헤겔은 주관이 객관들로부터 소외되어 있다고 표현합니다.

객관으로부터 소외된 주관은 자신을 객관적인 실재와는 구별되는 주관적인 의식으로 인식합니다. 말하자면 주관적 의식은 자신이 세계와 분리된, 헤겔의 표현으로는 세계에서 소외된 존재로 인식합니다. 그러나 객관과 주관의 구별은 발전 초기 단계의 특징일 뿐입니다. 발전을 거듭하면서 객관과 주관의 구별은 사라지게 됩니다.

· ◆ ·

세계 발전의 초기 단계에 나타났던 주관과 객관의 구별은 정신이 자연 안에서 자신의 본성을 발견함으로써 서서히 사라지게 됩니다. 자연을 충분히 이해함으로써 자연으로부터 이성의 소외는 사라집니다. 말하자면 자연에 대한 지식이 증가하면서 주관과 객관의 구별은 사라집니다. 발전의 초기 단계의 이성적 주관은 현실적인 것이 이성적인 것이며 이성적인 것이 현실적인 것이라는 것을 깨닫게 됩니다. 이런 자각을 통해서 주관과 객관, 정신과 대상의 구별은 사라지게 됩니다.

절대적 관념론은 자연의 영역에 한정된 이론이 아닙니다. 절대적 관념론은 사회와 문화의 영역도 포괄하는 폭넓은 이론입니다. 헤겔은 사회적 활동도 소외에서 통일로 나아가는 진보적인 발전 과정으로 이해합니다. 개인이 사회와 직면했을 때, 처음엔 그 사회에서 소외된 존재로 파악합니다. 그러나 사회 역시 인간의 산물이라는 것을 깨닫게 됩니다. 말하자면 인간의 이성과 의지가 사회를 형성했다는 것을 깨닫게 됩니다. 그렇게 형성된 사회 안에는 인간의 이성과 의지가 포함될 수밖에 없습니다. 그래서 개인이 사회에 적응하게 되면 편안함을 느끼게 됩니다.

결국, 사회에 적응하여 편안함을 느끼려는 노력은 소외를 극복하려는 하나의 시도입니다.

개인이 다른 인간들과 구별된다는 의식, 즉 개별적 존재에 불과하다는 의식은 개인 역시 인간의 보편적 특성을 지닌 존재라는 것을 자각함으로써 사회적 존재라는 의식으로 발전해 갑니다. 물론 사회적 존재가 된다는 것은 개인이 가진 개성을 상실한다는 것을 함축합니다. 그리고 개성을 상실했다는 것은 사회적 존재로서 자유를 상실했다는 것을 의미합니다. 사회적 존재가 된다는 것이 개성과 자유를 포기해야 하는 것이라면, 사회적 존재가 된다는 것이 반드시 긍정적인 의미만 있는 것은 아닐 것입니다. 사회인이 된다는 것이 소외를 극복할 수 있지만, 개성과 자유를 포기해야 하는 것이라면, 사회인이 되어야 할 필요는 없을 것입니다.

통상 우리는 원하는 것을 마음대로 할 수 있는 것을 자유로 단순하게 이해합니다. 말하자면 자유란 원하는 것을 할 때 이를 방해하는 외적 장애가 없는 상태를 말하곤 합니다. 그래서 사회적 제약이 자유를 방해하는 요소라고 이해합니다. 즉 사회적 존재가 된다면, 소외를 극복할 수 있지만, 개성과 자유를 포기해야 합니다. 사회의 조건들이 개인의 개성과 자유를 제약할 것이기 때문입니다. 그렇다면 개성과 자유를 잃지 않으면서도 사회에서 소외 당하지 않는 방법이 필요합니다.

· ◆ ·

헤겔은 사회적 소외를 극복하면서도 개성을 잃지 않는 방법을 제시하고 있습니다. 헤겔은 사회에서 소외의 문제는 자유의 획득과 관련되어 있다고 생각합니다. 그러나 자유가 사회적 조건에 의해 방해 받는다는 생각은 개인을 사회적 조건과 대립하는 존재로 이해할 때 가능하니다. 즉 사회적 조건과 대립하는 개인, 즉 사회에서 소외된 개인은 사회적 조건이 자신의 자유를 방해한다고 생각합니다. 소외된 개인은 '자신이 원하는 바'와 사회의 조건이 대립한다고 생각합니다. 그러나 헤겔은 이런 자유의 개념을 부적절한 개념이라고 말합니다. 헤겔의 표현을 빌리자면, '추상적인' 자유 개념에 불과합니다.

헤겔에게 있어서, 개인이 사회적 존재라는 것은 개인의 본질적 특성입니다. 자유 역시 개인이 사회적 존재라는 본질적 특성과 관련되어 이해되어야 합니다. 그러나 '추상적인 자유 개념'은 개인을 사회와 분리하여 사유하기 때문에 비롯된 것입니다. 말하자면 개인을 사회와 분리하고서, 분리된 개인이라는 추상적인 개념을 전제하고 있습니다. 그래서 추상적인 자유는 부적절한 개념일 수밖에 없습니다. 진정한 자유 개념은 사회적 존재라는 본질적 특성과 관련하여 이해될 수 있습니다. 진정한 자유 개념은 개인과 사회의 대립을 넘어서는 자유 개념입니다.

소외 극복과 윤리적 삶

앞에서 말했듯이, 개인이 자연 세계와 관련하여 행하는 모든 활동은 자연 세계로부터 개인의 소외를 극복하려는 시도입니다. 이와 마찬가지로, 우리의 윤리적 실천도 사회로부터 소외를 극복하려는 시도입니다. 말하자면 윤리나 도덕은 개인이 사회로부터 소외를 극복하기 위한 수단입니다. 물론 사회로부터 소외는 진정한 자유를 통하여 극복되어야 합니다. 개인과 사회를 대립 관계로 이해한 '추상적 자유'를 통해서는 사회로부터 소외가 극복될 수 없기 때문입니다. 말하자면 진정한 자유에 도달할 수 있는 윤리적 실천을 통해 사회로부터 소외를 극복할 수 있습니다. 그래서 윤리적 실천은 진정한 자유에 도달하려는 시도입니다.

헤겔은 이전의 철학들을 비판합니다. 특히 칸트의 도덕 개념은 내용이 전혀 없는 형식적 개념일 뿐이라고 비판합니다. 인간의 자유 의지는 순수한 선험성에 머무는 것이 아니라는 것입니다. 선험적 영역의 자유 의지가 고상한 것일 수는 있으나, 이런 방식으로 규정된 도덕적 가치는 구체성이 없으며, 따라서 공허한 것에 불과합니다. 그래서 도덕적 가치가 구체성을 갖기 위해서는 사회의 법과 제도 안에서 구현되어야 합니다. 그렇지 않다면, 도덕적 가치는 현실과 관련이 없는 공허한 것이 되기 때문입니다. 헤겔은 현실과 관련을 맺은 구체적인 도덕을 '인륜'이라고 말합니다.

개인적 도덕성도 이성적 특성을 담고 있으며, 가족, 사회, 국가라는 인륜 속에서 실현된 것입니다. 그래서 개별적 이성이 현실 속에서 절대 정신으로 '고양'되듯이, 개인적 도덕성도 현실 속에서 인륜으로 고양됩니다. 말하자면 공허한 형식적인 도덕은 고양되어 구체성을 가진 '인륜'이 됩니다. 헤겔은 이성적인 실천적 삶은 단순한 도덕적 삶에 그치는 것이 아니라, 그것을 넘어서 나아간다고 말합니다. 단순한 도덕적 삶을 넘어선 것이 바로 '인륜적 삶'입니다. 인륜적 삶은 개인과 사회의 구별을 극복한 삶입니다. 그리고 인간의 진정한 자유를 명백하게 드러내는 삶입니다.

◆

인륜적 삶은 세 단계를 거쳐 발전해 갑니다. 첫째는 가족으로, 자연적이고 직접적인 단계에 해당합니다. 두 번째 단계는 시민 사회로, 개인들을 구성원으로 하는 연합체입니다. 시민 사회는 개인들의 특정한 이

익 또는 공통의 이익이라는 필요 때문에 조직되었습니다. 물론 연합체
는 법률적인 체계를 가지고서 조직되어 운영됩니다. 셋째는 국가로, 여
기에서 개인들의 필요와 이익이 하나로 통합됩니다. 국가는 인륜적 이
념들의 실현이며, 이성의 절대적 목적 그 자체입니다. 인간의 본성인 이
성이 구체화한 형태가 바로 국가입니다.

국가는 전체적인 통일체이며, 개인은 그 통일체의 한 부분입니다. 그
래서 부분으로서 개인은 전체적인 통일체로서 국가와 하나가 됩니다.
애국심은 국가 구성원으로서 개인의 정체성을 확인시켜 줍니다. 그리고
국가의 구체적인 활동은 구성원인 개인들의 삶과 활동을 통해 이루어집
니다. 헤겔은 이것을 '국가는 개인들의 삶과 활동을 통해서 구체적인 현
실성을 발견한다.'라고 표현합니다.

#허무주의

#진화론

#신의죽음

#형이상학의몰락

#기독교의쇠퇴

#진화론출현

CHAPTER 07

종교의 쇠퇴와
허무주의의 출현

• 종교적 영향력의 추락

• 신의 죽음과 허무주의

• 형이상학의 몰락과 신의 죽음

종교적 영향력의 추락

서양 사상사에서 신의 존재는 핵심적 자리를 차지하고 있었습니다. 이 신은 인간을 창조한 인간 존재의 본질이며 원형이었습니다. 그래서 인간 중심주의는 서양의 사상에서 매우 자연스러운 생각입니다. 그리고 인간 중심주의는 세계와 우주를 이해하는 핵심적인 관점으로 발전했습니다. 이런 관점에서 천체의 모든 것이 지구의 주위를 돈다는 천동설은 매우 자연스러운 발상이었습니다. 우주의 주인인 인간이 거주하는 지구 주위를 다른 별들이 돈다고 생각하는 것은 당연한 일처럼 보입니다. 이런 사유는 당시에 아무런 어려움 없이 주장되었습니다. 당시에 이 관점에 반론을 제기할 아무런 근거도 없었기 때문입니다. 당시의 제한적인 관찰 방법으로 수집된 관찰 사례들은 지동설이 아니라 오히려 천동설을 지지해 주고 있었습니다.

천동설과 기독교

프톨레마이오스의 천동설 이후로 지구가 우주의 중심이라는 것을 의심하는 사람은 없었습니다. 지구가 우주의 중심이며, 태양을 포함한 천체의 모든 것은 지구의 주위를 돌고 있다는 것은 당시의 사람들에게 확고한 믿음이었습니다. 그러나 천동설은 실제 우주의 변화와 잘 맞지 않았습니다. 행성들의 위치를 정확하게 예측하지 못했습니다. 사실 프톨레마이오스가 천동설을 고안했던 당시의 고대인들조차도 천동설이 훌륭한 모델이라고 생각하지 않았습니다. 천동설은 여러 약점을 가지고 있었습니다. 천동설은 실제 우주의 운동과 변화를 완벽하게 설명할 수 없었습니다. 그래서 이론을 실제 우주의 운동과 변화에 맞게 수정할 필요가 있었습니다.

천동설은 행성들이 지구를 중심에 두고 스스로 작은 원을 궤도로 돌면서 더 큰 원을 돌고 있다고 생각했습니다. 이것은 실제와는 전혀 다른, 지구의 주위를 태양이 돌고 있는 거꾸로 된 이론입니다. 그래서 천동설이 잘 들어맞지 않았습니다. 그래서 임시방편으로 꿰맞춘 설명이 필요했습니다. 지구가 태양의 주위를 돌면서 나타나는 실제의 우주 현상을 설명하기 위해 불가피한 것이었습니다. 태양이 지구 주위를 돈다는 관점을 주장하면서 실제로 지구가 돌고 있는 현상을 설명하기 위한 불가피한 장치였습니다. 물론 이렇게 수정되었다고 해서 우주의 운동과 변화를 충분히 설명할 수 있었던 것도 아닙니다.

천동설 이론은 문제가 발생할 때마다 계속해서 수정되었습니다. 그러나 결코 완전한 이론이 될 수는 없었습니다. 애초에 잘못된 가정을 하고 있었기 때문입니다. 그러나 프톨레마이오스는 기독교의 이론과 매우 잘 들어맞았습니다. 기독교는 신이 인간을 창조했으며, 그 인간을 위하여 이 우주와 세상 만물을 창조했다고 말합니다. 그래서 이 우주는 인간을 위해 존재하는 것이며, 인간은 이 세상의 만물을 이용할 권리가 있습니다. 신이 인간을 위해 세상 만물을 창조했으며, 인간이 활용하고 이용하도록 했기 때문입니다.

기독교의 우주관은 천동설과 잘 들어맞습니다. 기독교에서 인간은 우주의 중심입니다. 인간은 우주와 세계를 지배하는 존재이며, 우주와 세계는 인간을 위해서 봉사해야 하는 존재입니다. 말하자면 인간은 우주의 중심에 위치해야 합니다. 지구는 인간이 거주하고 있는 집이며, 그 집이 중심이 되어야 합니다. 따라서 인간이 거주하는 지구가 우주의 중심이 되어야 하며, 여타의 행성들은 인간의 거주지의 주위를 돌아야 한다는 생각은 자연스러운 것입니다. 천동설도 지구를 우주의 중심으로 삼고 있으므로 기독교가 이런 우주관을 받아들여 확고하게 믿은 것도 자연스러운 것이었습니다.

기독교의 이런 사유는 아리스토텔레스의 목적론적 사유와도 잘 들어맞았습니다. 아리스토텔레스는 다음과 같이 말합니다.

> "우리는 첫째, 식물들은 동물을 위해 존재한다는 것을, 둘째, 모든 동물은 인간을 위해 존재한다는 것을 믿어야 한다. 가축은 이들이 제공하는 음식들뿐만 아니라 이들로부터 얻을 수 있는 유용한 것들을 위하여, 야생 동물은, 이들 모두가 음식물을 제공하기 위하여 사용될 수는 없지만 다른 방식으로 유용하다. 즉 이들로부터 옷감과 도구를 얻을 수 있다. 자연이 목적 없이는 어떤 것도 만들 수 없다는 것이 옳게 믿은 것이라면, 자연은 모든 것을 사람들을 위하여 특별히 만드는 것임이 틀림없다."

아리스토텔레스의 이런 입장은 성 토마스 아퀴나스에 의해 기독교에 그대로 받아들여졌습니다. 기독교의 입장과 잘 들어맞는 주장이었기 때문입니다.

그러나 신이 인간을 위해 우주를 창조했다고 해서, 모든 천체가 지구를 중심으로 돌 필요가 있는지에 의문을 제기할 수 있습니다. 매우 합리적인 문제 제기일 수 있습니다. 주인이 거주하는 지구가 다른 별들 주위를 돈다고 생각할 수도 있기 때문입니다. 이런 의문이 가능한 것일지라도, 인간은 이런 방식으로 사유하지 않습니다. 한 나라의 왕이 거주하는 왕궁은 그 나라의 중심입니다. 왕궁을 중심으로 그 나라의 모든 일이 이루어집니다. 왕궁을 중심으로 그 나라의 동서남북이 결정됩니다. 왕궁이 이 모든 것의 중심이 되는 지점입니다.

왕의 거주지가 그 나라의 중심이듯이, 우주의 왕인 인간의 거주지가 우주의 중심이어야 합니다. 인간의 거주지는 지구이기 때문에 우주의 중심은 지구입니다. 따라서 우주는 지구를 중심으로 돌아야 합니다. 중심이 움직이며 돌아다닐 수는 없기 때문입니다. 중심이 움직이면 그것은 이미 중심이 아닙니다. 중심은 한 곳에 자리를 지키고, 여타의 것들이 그 주위를 둘러싸야 합니다. 지구가 우주의 중심이라면 행성들이 지구의 주위를 도는 것은 당연한 일입니다. 기독교의 이런 관점은 프톨레마이오스의 천동설의 관점과 정확히 들어맞는 것이었습니다.

지동설의 출현과 기독교의 쇠퇴

코페르니쿠스는 완전히 새로운 관점을 제시했습니다. 지구를 우주의 중심으로 보았던 프톨레마이오스와는 달리, 코페르니쿠스는 태양을 우주의 중심으로 보았습니다. 지구를 포함한 여타의 행성들이 태양의 주위를 돈다고 생각한 것입니다. 이런 견해는 놀랄 만큼 새로운 견해였습니다. 따라서 완강하고 강경한 반대에 부딪힌 것도 어쩌면 당연한 일인 듯이 보입니다. 코페르니쿠스의 지동설은 인간이 우주의 중심이라는 생각을 포기하도록 요구하기 때문입니다. 결국, 코페르니쿠스의 견해는 기독교의 견해와 상충할 수밖에 없었습니다. 그리고 기독교의 강력한 반대에 직면했습니다.

· ◆ ·

코페르니쿠스의 지동설이 등장한 후, 지동설에 영향을 받은 이탈리아의 인본주의자 브루노 Giordano Bruno는 "사람은 무한한 조물주의 산물 중에서 개미보다 더 나을 것이 없다."라고 주장하였습니다. 브루노는 교회로부터 주장을 철회하도록 요구 받았지만, 거부했기 때문에 종교 재판을 받고서 화형을 당했습니다. 갈릴레이 역시 교회의 처벌을 받을 위험에 놓였습니다. 갈릴레이도 지구가 둥글며, 태양 주위를 돈다고 주장했기 때문입니다. 그래서 그 역시 종교 재판에 넘겨졌습니다. 갈릴레이는 종교 재판에서 브루노가 화형에 처해졌다는 것을 알고 있었기 때문에, 신중한 자세를 취할 수 있었습니다. 그래서 갈릴레이는 종교 재판에서 지구가 돈다는 자기 뜻을 굽히고 말았습니다.

갈릴레이는 굳이 죽을 필요가 없다고 판단한 것처럼 보입니다. 그래서 재판장에서는 자신의 견해를 철회했습니다. 그러나 갈릴레이는 자신의 견해를 포기한다고 말할지라도 진리는 여전히 진리라고 생각했습니다. 진리가 아니라고 말한다고 해서 진리가 바뀌는 것은 아니기 때문입니다. 그래서 갈릴레이는 재판정을 나오면서 '그래도 지구는 돈다.'라고 중얼거렸다고 합니다. 물론 이 말을 갈릴레이가 직접 한 말인지는 확인되지 않습니다. 많은 사람은 훗날 호사가들이 갈릴레이가 이 말을 한 것으로 덧붙였다고 생각합니다. 그러나 지구가 돈다는 말을 취소했지만, 자신의 주장이나 취소와는 상관없이 지구가 돈다는 것은 진리이며, 진리는 변함이 없다는 주장은 매우 의미심장하게 들립니다. 그래서 이 이야기가 인기 있는지도 모르겠습니다. '언어가 진리를 바꿀 수 없다.'라는 것은 분명합니다.

• ◆ •

오늘날 지동설을 당연한 것처럼 여기지만, 코페르니쿠스의 지동설이 처음에 제시되었을 때, 강력한 이론이었던 것은 아닙니다. 심지어 코페르니쿠스의 지동설이 처음에는 천동설 체계보다 정확성이 떨어졌습니다. 천동설은 오랜 세월 동안 문제점을 보완하기 위하여 지속해서 수정했습니다. 수정된 천동설은 나름대로 상당한 설명력을 가지고 있었습니다. 그러나 초기에 지동설의 설명력은 천동설의 설명력에 미치지 못했습니다. 그 이유는 행성의 궤도를 원으로 이해했기 때문입니다. 케플러가 행성의 궤도가 약간 타원이라는 것을 증명했을 때조차도 행성들의 궤도가 원이라는 관념을 떨쳐 버리기 어려웠습니다.

처음에 지동설이 천동설보다 설명력이 떨어졌다 할지라도, 케플러가 행성들이 타원 궤도를 돈다는 것을 증명함으로써 코페르니쿠스의 지동설은 거부할 수 없게 되었습니다. 지구가 우주의 중심이며, 모든 행성이 지구 주위를 돈다고 믿는 사람은 이제 없습니다. 이런 태도는 기독교에 큰 타격을 주었습니다. 그러나 기독교는 코페르니쿠스의 사상을 흡수하여 동화시키려고 시도합니다. 인간이, 그리고 지구가 우주의 중심은 아니라는 것을 받아들였습니다. 그렇다고 기독교가 이런 관점을 완전히 철회한 것은 아닙니다.

··· 잠시, 샛길

직선 운동과 선적인 원운동

행성의 궤도를 원으로 이해했기 때문에, 지동설은 천동설보다 설명력이 떨어졌습니다. 그래서 사람들은 여전히 천동설을 신뢰했습니다. 고대 그리스 시대부터 원운동은 신적인 운동으로 이해되었습니다. 고대 그리스인들은 세상의 변화를 운동으로 이해했습니다. 그래서 생성되었다 소멸하는 존재들은 직선 운동을 한다고 생각한 것입니다. 직선은 시작과 끝이 있습니다. 그래서 직선은 시작으로서 생성과 끝으로서 소멸을 설명하기 좋은 방편이었습니다. 말하자면 운동은 소멸의 과정으로 나아가는 활동입니다. 운동은 소멸의 과정을 겪는 존재들의 고유한 특성입니다. 그리고 이런 존재들은 물질로 구성되어 있습니다.

반면에 소멸하지 않는 존재들은 운동하지 않습니다. 신이나 영혼은 운동하지 않고 영원불변하는 존재입니다. 그리고 영원불변하는 존재는 물질이 아닌 신적이며 영혼의 특성을 가진 존재입니다. 이 세상에는 소멸의 과정을 겪는 물질로 구성된 존재와 영원불변하는 영혼의 특성을 가진 신적인 존재가 있습니다. 그러나 고대 그리스인들은 이 두 존재 이외에 운동하지만, 영원히 존재하는 또 다른 존재가 있다는 것을 깨닫게 됩니다. 우주가 그것입니다. 이 당시 사람들은 우주가 소멸하는 존재라고 생각할 수 없었습니다. 우주는 영원히 존재해야 합니다. 그러나 눈에 보이는 물질로 구성되어 있다는 것도 분명해 보였습니다.

운동하지만 영원히 존재하는 우주와 행성을 설명하는 것은 고대 그리스인들의 고민거리였을 것입니다. 그러나 이들은 현명한 사람들이었습니다. 직선 운동은 출발과 끝이 있지만, 원운동은 출발과 끝이 없는 영속적인 운동입니다. 그래서 우주와 행성이 원운동을 한다고 생각한 것입니다. 물질로 되어 있어서 운동하지만, 영원히 존재하기 때문에 영원한 운동인 원운동을 한다는 것입니다. 그래서 우주와 천체는 영원히 존재하기 때문에 신적인 존재에 가까운 존재입니다. 플라톤도 데미우르고스가 우주를 창조하면서 신적인 모습을 본으로 삼고서 만들었다고 말합니다.

진화론의 출현과 기독교

기독교는 신이 인간을 창조했으며, 그런 까닭에 인간은 신을 대신하여 이 세상을 지배하는 왕과 같은 존재로 인식하고 있습니다. 이런 관점은 코페르니쿠스의 지동설의 출현으로 많은 타격을 받았습니다. 지동설은 지구가 우주의 중심이 아니며, 또한 인간이 이 우주의 지배자가 아닐 수 있다는 것을 보여 주고 있기 때문입니다. 그러나 이런 충격에도 불구하고 기독교는 지동설을 흡수하면서도 신이 인간을 창조했다는 관점을 유지하려고 애쓰고 있습니다. 즉, 인간이 우주의 중심은 아닐지 몰라도 인간을 신의 형상으로 만들었다는 견해를 여전히 고수했습니다. 기독교는 비록 타격은 입었지만 쓰러지지는 않았습니다.

찰스 다윈의 진화론은 서구의 기독교적 전통에 엄청난 위협이 되었습니다. 다윈의 진화론은 지동설에 타격을 받은 기독교에 다시 한번 충격을 주었습니다. 다윈은 진화론의 서문에 "오만한 인간은 자신이 신이 개입할 만한 가치를 지닌 위대한 존재라고 생각한다. 그러나 겸손한 사람은 동물에서 비롯되었다고 여긴다."라고 적었습니다. 인간은 신이 자신의 형상을 본떠서 만든 존재가 아니라는 것을 분명하게 밝히고 있습니다. 이런 주장은 기독교의 근간을 뒤흔드는 주장이었습니다.

다윈에 이어서 스웨덴의 생물학자인 린네는 식물과 동물을 현대적 체계로 분류했습니다. 즉 식물과 동물에 대해 종, 속, 과, 목, 문, 계의 계통 분류를 고안했습니다. 이렇게 분류하면서 린네는 인간과 침팬지를 같은 속에 분류하고자 시도했습니다. 이것은 인간이 신의 형상으로 만들어진 특별한 존재라는 것을 부정하는 것입니다. 이런 사실이 알려지자, 기독교 교회에 정면으로 맞서는 것으로 인식되었습니다. 기독교 교회와 대립을 원치 않았던 린네는 식물과 동물의 계통을 분류하는 기준을 날조했습니다. 그래서 인간만을 Homo속으로 분류하고, Hominidae과에도 인간만 속하는 것으로 기술했습니다. 그러나 이것은 순전한 날조였습니다.

린네는 이런 날조를 괴로워했던 것처럼 보입니다. 그는 친구에게 이런 날조가 잘못된 것임을 고백합니다.

"나는 자네와 세상 모두에게 사람과 원숭이를 구별할 수 있는 유전적 특징을 보여 달라고 요구했다. 나는 안다고 확신할 수 있는 것이 없다. 누군가 내게 가르쳐 주었으면 한다. 그러나 만일 내가 인간을 원숭이라 부르거나, 또는 원숭이를 사람으로 부른다면 정통 교회에 부딪혔을 것이다. 자연주의자로서 나는 그렇게 불렀어야 했는지도 모른다."

린네가 기독교 교회를 두려워하여 자신의 학문적 업적을 날조한 것은 안타까운 일입니다. 그러나 지구가 돈다는 자신의 견해를 철회한 갈릴레이를 이해할 수 있는 것과 같이, 린네의 고민을 이해하는 것도 어렵지 않을 것입니다.

신의 죽음과 허무주의

앞에서 보았듯이, 서양의 전통 사상들은 기독교의 이념과 맥을 같이 하고 있습니다. 서양의 전통 사상과 기독교는 오랫동안 서양의 사유와 삶을 지배해 왔습니다. 그러나 근대의 지식이 성장하면서 서양의 전통적인 형이상학적 사유와 기독교가 힘을 상실하게 되었습니다. 지식으로 무장한 근대인들은 이제는 전통적인 형이상학에서 말하는 가공의 추상적 존재를 믿지 않게 되었습니다. 그리고 신의 존재가 필요하지 않게 되었습니다. 니체는 이것을 '신은 죽었다.'라고 표현합니다.

고대 이래로, 철학은 진리 탐구를 자신의 사명으로 삼았습니다. 허구를 밝히고 진리와 참된 세상을 밝히는 것이 철학의 과제였습니다. 그러나 한편으로 형이상학적 탐구에 전념합니다. 형이상학의 초월적 존재, 특히 플라톤의 이데아를 통해서 진리와 참된 삶의 모습을 보여 주고자 했습니다.

그리고 중세 시대에는 신을 통해서 진리와 참된 삶의 모습을 제시합니다. 형이상학적인 초월적 존재와 신은 오랫동안 자신의 몫을 충실히 수행했습니다. 그러나 철학은 진리를 탐구하는 근본적인 특성이 있습니다. 진리를 탐구하려는 특성이 형이상학적 추상물과 신이 허구라는 것을 밝힐 수밖에 없었습니다.

그동안 인간의 삶과 행위를 지배했던 신의 소멸은 결국 삶의 목적과 행위의 방향을 상실했다는 것을 의미합니다. 이것이 니체가 말한 '허무주의'의 실체입니다. 그러나 신의 죽음은 필연적이기 때문에 허무주의의 출현도 필연적입니다. 왜냐하면, 형이상학의 진리는 물론 기독교의 신도 거짓으로 드러날 수밖에 없기 때문입니다.

신의 죽음과 더불어 허무주의가 출현하게 됩니다. 이것은 근대 자연 과학의 출현에서 비롯된 것입니다. 신은 죽었다는 니체의 표현이 신을 믿지 않는 시대적 상황을 표현하는 것이라면, 자연 과학은 신을 죽인 원인이라고 말할 수 있습니다.

· ◆ ·

앞에서 말했듯이, 코페르니쿠스의 지동설은 신의 존재를 의심하게 했습니다. 그리고 근대 이후의 실증주의적, 그리고 자연 과학적 관점이 신을 인간의 삶에서 추방했습니다. 형이상학도 신의 죽음을 되돌리는데 도움이 되지 못했습니다. 칸트는 이성의 한계를 밝히면서 신학으로서 형이상학이 불가능하다고 주장합니다. 서양의 철학은 진리의 추구를 목적으로 삼았습니다. 이것은 윤리의 영역에서도 마찬가지입니다. 옳은 것이 무엇인지를 아는 것이 윤리적 탐구의 최우선 과제였습니다. 이런 진리의 추구가 신의 존재를 허구로 규정하는 결과를 가져 옵니다. 즉 진리의 추구가 신의 죽음을 결과하는 근본적인 원인인 셈입니다.

신의 죽음은 인간 삶의 척도와 질서를 상실했다는 의미입니다. 형이상학이 말하고 있던 진리의 세계와 기독교의 신이 말하는 삶의 규범들은 이제 구속력을 상실하게 되었습니다. 그래서 우리는 혼돈의 어둠 속에서 허무와 씨름하는 삶을 사는 고통을 겪고 있습니다. 이런 혼돈의 상황에서 무엇을 할 수 있는지 알지 못한 채 길을 잃고 헤매는 삶을 살고 있습니다. 허무 속에서 우리의 삶은 어디로 향하는지 모르는 막연한 것이 되어 버렸습니다. 이런 삶은 안개 속에서 방향을 잃고 허둥대는 사람과 같습니다. 이것은 진리의 추구가 가져온 필연적인 부작용입니다. 그래서 허무주의는 진리를 추구하는 인간이 겪어야 할 필연적인 과정입니다. 이것을 어떻게 극복할 것인지가 인간의 주요한 과제일 것입니다.

신의 죽음이 부정적으로 이해되고 있다는 것은 분명합니다. 이것은 허무주의를 낳기 때문입니다. 신의 죽음과 함께 세상의 진리는 무너졌고, 삶의 척도와 질서도 사라져 버렸습니다. 그러니 신의 죽음은 부정적일 수밖에 없습니다. 그러나 신의 죽음이 오로지 부정적인 것만은 아닙니다. 신의 죽음은 인간이 새로운 기회를 가질 수 있는 절호의 기회입니다. 신의 죽음이 새로운 기회를 제공한다면, 이것은 긍정적인 사건이 될 것입니다. 그래서 니체는 신을 살해한 것은 인간의 가장 위대한 행위라고 말합니다.

신의 죽음이 부정적 측면과 긍정적 측면을 가지고 있다면, 우리가 신의 죽음에 어떤 태도를 보이는지에 따라 달라질 것입니다. 신의 죽음이 긍정적이 되는 것은 우리의 태도에 달려 있습니다. 우리가 타자에 의존하지 않고, 자율적이고 독립적인 인간이 될 때 신의 죽음은 긍정적입니다. 또한, 인간 스스로 삶의 목표를 세우고, 새로운 가치를 창조할 때 역시 신의 죽음은 긍정적입니다. 이것이 니체가 요청하는 '초인'의 모습입니다.

형이상학의 몰락과 신의 죽음

인간은 끊임없는 갈등과 투쟁 속에서 고통 받는 존재입니다. 그리고 생성 소멸하는 세계 속에서 죽음을 향해 가는 과도기적 존재입니다. 물론 인간은 자신의 고통에서 벗어나려고 노력합니다. 그래서 죽음의 과도기적 과정에서 벗어나려고 애쓰며 살고 있습니다. 예술적 활동은 인간이 공허함에서 벗어나기 위한 노력의 하나입니다. 그리고 형이상학적 탐구 역시 존재의 허무함에서 탈출하기 위한 시도입니다. 서양의 역사에서 형이상학의 초월적 세계와 기독교의 절대적 도덕이 승리한 것도 이런 노력의 결실입니다. 초월적 세계와 절대적 도덕을 통해서 삶의 목적과 의미를 찾고자 한 것입니다.

형이상학의 초월적 세계와 기독교의 절대적 도덕의 출현은 인간 본연의 지상의 세계가 거부되는 결과를 초래했습니다. 그리고 허무주의가 오랫동안 모습을 드러내지 못하게 되었습니다. 형이상학과 기독교는 참된 존재를 확인함으로써 허무를 극복하기 위한 시도였기 때문입니다. 인간이 세속적인 지상의 것들에 관심을 가진다면 허무에 빠져들게 될 것이 분명합니다. 지상의 모든 존재는 결국엔 소멸하거나 죽을 운명에 처해 있으며, 그래서 무로 되돌아갈 것이기 때문입니다. 그래서 형이상학과 기독교는 참된 존재의 세계, 즉 초월적인 신과 합일한 삶만이 의미가 있다고 여겼습니다.

전통적인 형이상학은 생성 소멸하는 감각적이고 육체적인 것을 초월한 영원한 신적인 존재인 정신과의 합일을 강조합니다. 그래서 감각적인 것을 부정하는 금욕주의로 향하게 됩니다. 이런 태도는 소크라테스와 플라톤에서도 찾아볼 수 있습니다. 이들은 감각을 벗어 던지고서 이성을 통해 참된 진리의 세계를 추구해야 한다고 강조합니다. 이런 형이상학의 주된 특징은 정신을 강조하는 관념론, 감각적 요소를 금지하는 금욕주의, 신적인 정신을 강조하는 초월주의입니다.

• ◆ •

니체에 따르면, 형이상학은 허무를 극복하기 위해 감각의 세계와 이상 세계를 분리하고 있습니다. 이것이 플라톤에서 이어져 온 두 세계 이론입니다. 형이상학은 생성 변화하는 지상의 세계를 고통의 원천으로 간주합니다. 그리고 여기에서 탈출하기 위해 생성과 소멸의 변화에서 초월해 있는 영원히 존재하는 세계 질서의 범형을 제시합니다. 형이상학의 이론은 현실 세계에서 벗어나 이상 세계로 나아가려는 갈망을 나타낸 것입니다. 그러나 허무주의를 극복하고자 했던 형이상학은 목적을 달성하는 데 실패했습니다.

형이상학이 허무주의를 극복하려는 태도를 보였을지라도, 실제로 형이상학은 허무주의 그 자체입니다. 형이상학은 현실 세계가 끊임없이 생성 소멸하는 고통의 연속, 즉 죽음과 이에 따른 고통의 연속이라고 여깁니다. 그래서 현실 세계에서 도피하도록 충고합니다. 이를 위해 허구의 세계를 고안해 낸 것입니다. 그리고 이 허구의 세계를 진정한 실재라고 주장합니다. 기독교는 이 허구의 세계를 그대로 이어받고 있습니다. 기독교 역시 허구의 세계를 실재하는 진정한 존재로 여기면서 숭배하고 구원을 얻으려고 합니다. 결국, 기독교는 허구를 숭배한 셈입니다. 말하자면 존재하지도 않는 무를 숭배한 것입니다.

존재하지 않는 것에 대한 믿음은 곧바로 허무주의입니다. 근대 지식의 성장은 형이상학과 기독교가 허구이자 기만이라는 것을 폭로하게 되었습니다. 실재하는 진정한 존재로 간주하였던 이상 세계는 단지 인간이 상상하여 만들어 낸 허구의 세계라는 것을 근대의 자연과학이 적나라하게 폭로한 것입니다.

근대 이전의 가치 체계 자체가 허무주의의 근원이었습니다. 허무주의 안에서 이끌어진 가치와 이상들은 결국 허무주의일 수밖에 없습니다. 그래서 니체는 '신은 죽었다.'라고 말하고 있습니다.

#허무주의

#생존의지

#맹목적의지

#운명애

#아모르파티

#해탈

#금욕

#염세주의

#불안

#즉자존재

#대자존재

CHAPTER 08

허무주의 시대의 철학

- 생존 의지와 권력 의지
- 실존주의

생존 의지와 권력 의지

근대의 지식이 현대로 이어지면서 형이상학을 거부하려는 욕구가 폭발하게 됩니다. 이런 경향성은 또 다른 철학 사조를 잉태하게 됩니다. 니체로부터 많은 영향을 받은 쇼펜하우어는 헤겔의 관념론 철학, 즉 이성의 철학에 반대하여 생명의 철학, 의지의 철학을 내세웁니다.

쇼펜하우어는 이성과 그 이성이 제시한 이상 세계가 아닌 현실 세계에 초점을 두고 있습니다. 인간은 만족하지 못한 채 항상 결핍과 불만, 그리고 권태 속에 있게 되며, 따라서 인생은 괴로운 것이 될 수밖에 없습니다. 인간의 이런 처지는 맹목적인 생존 의지가 지배하기 때문에 불가피한 것입니다. 더구나 인간은 이런 맹목적인 생존 의지의 지배에서 벗어날 수 없습니다. 그래서 쇼펜하우어는 세계의 근원을 맹목적 생존 의지라고 말합니다.

인간은 현실에서 괴로운 삶을 살아갑니다. 이것은 불가피한 일입니다. 그러나 인생의 고통에서 벗어날 수 있는 두 가지 길이 있습니다. 하나는 예술적 해탈이고, 다른 하나는 윤리적 해탈입니다. 그러나 예술적 해탈은 일시적인 것에 불과합니다. 반면 윤리적 해탈은 완전한 해탈의 길입니다. 따라서 윤리적 해탈을 통해서 완전한 해탈을 추구해야 합니다. 윤리적 해탈은 금욕적 생활을 통해 인간의 맹목적인 생존 의지를 제한할 때 가능합니다. 결국, 금욕적 고행을 통해 생존 의지를 부정할 때 진정한 해탈이 가능한 것입니다.

고통과 번뇌의 근원은 맹목적인 생존 의지입니다. 인간이 맹목적인 생존 의지의 지배를 받는 한 고통과 번뇌에서 벗어날 수 없습니다. 여기에서 벗어나기 위해서는 맹목적인 생존 의지의 굴레에서 탈출해야만 합니다. 말하자면 현실 세계는 고통이며 헛된 것이기 때문에 이에 대한 욕망도 부질없다는 것을 깨달을 필요가 있습니다. 결국, 고통과 번뇌의 근원인 맹목적 생존 의지의 굴레에서 벗어나기 위해서는 종국적으로는 삶을 부정해야 합니다. 그래서 쇼펜하우어는 삶을 부정하는 철학, 즉 염세주의로 나아가게 됩니다. 세상과 삶이 고통스럽고 헛된 것기 때문에 이를 부정하는 삶, 즉 염세주의적 삶을 살아야 합니다. 실제로 쇼펜하우어는 세상과 단절하고 고립된 삶을 살았습니다.

· ◆ ·

니체는 삶을 의지로 파악하고 있는 쇼펜하우어의 영향을 크게 받았습니다. 쇼펜하우어는 삶의 근원을 생존 의지로 파악하지만, 니체는 삶의 근원을 권력 의지로 이해합니다. 그래서 쇼펜하우어는 해탈을 통한 염세주의로 나아갔지만, 니체는 고통스러운 삶을 극복하는 긍정의 철학을 제시합니다. 니체는 고된 삶을 운명으로 받아들여 이를 극복하는 초인을 지향합니다. 그리고 초인은 삶의 원천인 권력 의지를 통해 가능하게 됩니다. 인간의 삶에는 고통이 뒤따릅니다. 그러나 고통스러운 운명적 삶을 부정하는 것이 아니라 긍정하고 받아들여 사랑해야 합니다. 이것이 니체가 말하는 운명애 amor fati입니다.

운명은 인간의 의지와는 무관하게 인간을 지배하는 힘입니다. 이 힘은 미리 인간에게 주어져 있어서, 인간의 힘으로는 제거할 수 있는 것이 아닙니다. 이런 운명에 대해 인간이 취할 수 있는 두 가지 태도가 있습니다. 첫째는 운명에 맞서서 이를 극복하는 것입니다. 둘째는 운명을 인지하고 자기의 것으로 받아들이는 것입니다. 이 두 번째 방법이 운명을 사랑하는 것, 즉 '운명애'에 해당합니다. 그래서 니체는 '사람은 운명을 짊어져야 할 뿐만 아니라 운명을 사랑해야 한다.'라고 말하고 있습니다.

실존주의

실존주의는 헤겔 철학에 대한 반동이라고 할 수 있습니다. 헤겔 철학은 이성주의 형이상학의 대표적 예입니다. 이성주의 형이상학은 삶의 문제와는 거리가 먼 추상적이고 관념적인 철학입니다. 이런 철학 사조에 대한 반동으로 삶의 문제를 구체적이고 실제적인 철학의 문제로 인식한 철학 사조가 실존주의입니다. 키에르케고르는 헤겔 철학은 거대하고 체계적인 궁전이지만, 사람은 거주하지 않는 공허한 궁전이라고 말합니다. 그리고 사람들은 그 궁전의 옆에서 오두막을 짓고 거주하고 있다고 말하고 있습니다. 이성주의 철학은 인간의 삶을 이해할 수도 해명할 수도 없다는 것입니다.

실존주의가 관심을 끌기 시작한 것은 두 차례의 세계대전이 있었기 때문입니다. 특히 실존주의는 불안과 소외에 관심을 기울였습니다. 전쟁은 많은 불안을 불러 왔습니다. 그리고 물질과 기계 문명은 소외의 문제를 낳았습니다. 세계대전과 기계 문명은 이 세계를 불안과 혼란으로 몰아넣은 원인입니다. 더구나 불안과 혼란에서 의지할 수 있는 신의 시대는 종언을 고하였습니다. 이런 불안과 혼란 속에서 인간의 존엄성은 훼손될 수밖에 없습니다. 의지할 곳 없이 불안과 혼란이 계속되었기 때문에 더욱 암울했을 것은 말할 필요도 없습니다. 그래서 실존주의는 '불안의 철학' 또는 '소외의 철학'이라고 불립니다.

실존철학자들은 불안과 공포를 구분합니다. 공포는 공포를 일으키는 대상을 분명하게 알 수 있습니다. 말하자면 강도는 우리에게 공포를 일으킵니다. 그러나 불안은 불안을 일으키는 대상이 분명하지 않습니다. 마치 가을바람이 우리를 스치며 지나가듯이, 불안이 찾아옵니다. 말하자면 불안은 시험을 근심할 때, 취업을 생각할 때, 또는 죽음을 떠올릴 때 느끼게 되는 감정입니다. 불안은 전쟁에서 더욱 분명해질 수 있습니다. 전쟁에서는 인간은 단지 도구에 지나지 않습니다. 전쟁에서 인간의 존엄성은 짓밟히게 됩니다. 그래서 전쟁에서는 희망 없는 고통이 지속될 것입니다. 불안은 전쟁으로 생겨나는 느낌이나 분위기입니다. 그리고 인간은 이런 불안에서 결코 벗어날 수 없는 존재입니다.

•◆•

산업화에 의한 기계 문명은 어두운 면이 있습니다. 소외가 발생하기 때문입니다. 산업 사회는 기계의 힘을 빌려서 작동합니다. 따라서 노동의 중심 자리를 기계가 차지하게 됩니다. 오랜 세월 동안 인간이 중심이었던 노동에서 기계가 중심이 되는 노동으로 전환된 것입니다. 이제 중심 자리를 차지했던 인간은 기계에 밀려나게 됩니다. 여기에서 인간 소외가 발생합니다. 그래서 산업 사회에서 인간은 중심이 아닌 주변으로 물러앉게 됩니다. 이제 인간은 기계의 한 부분이 되었으며, 언제든 대체 가능한 부속물에 불과한 처지에 놓였습니다.

단지 부속물에 불과한 인간은 노동에서 보람을 얻을 수 없습니다. 그래서 노동은 임금을 벌어 생계를 잇는 수단에 불과하게 되었습니다. 노동자는 생계 수단에 불과한 노동을 통해서 개성을 발휘할 수 없으며, 단지 생산 도구에 불과하고, 교환 가능한 존재로 전락하게 됩니다. 이제 인간의 개성은 상실되고, 획일적인 사유와 의식을 가질 뿐입니다. 그래서 인간은 평균화된 삶을 살게 됩니다. 삶의 의욕을 잃고 희망 없는 삶을 지속하게 됩니다. 그러나 이런 삶을 지속하는 것은 인간의 태도가 될 수 없습니다. 인간은 이런 희망 없는 삶에서 벗어나기 위해 노력해야 합니다.

실존주의는 무의미한 삶에서 벗어나기 위해서는 인간 본래의 삶, 즉 실존적 삶을 살아야 한다고 주장합니다. 불안과 소외라는 어두운 상황 속에서 상실된 인간의 존엄성과 주체성을 회복해야 합니다. 즉 실존적 삶은 인간의 존엄성과 주체성을 가진 활동입니다. 그리고 실존적 삶은 인간에게 요청되는 삶입니다. 인간은 의식적 활동을 하는 존재로서 실존적 삶의 주체여야 합니다. 즉 의식적 존재로서 인간은 존엄성과 주체성을 가진 존재이며, 실존적 삶의 주체입니다.

사르트르는 존재를 '즉자 존재 in-itself'와 '대자 존재 for-itself'로 구분합니다. 즉자 존재는 그대로 있는 존재입니다. 말하자면 자기에 아무런 관심도 없는, 의식을 갖지 않은 존재입니다. 이런 존재들은 돌, 나무, 그리고 물과 같은 자연물과 책, 책상, 그리고 의자와 같은 인간이 제작한 인공물이 있습니다. 반면에 대자 존재는 의식을 가진 존재로서, 자기에 관해 관심을 가지고 자신의 삶을 지향합니다. 그리고 지향하는 바에 따라서 자신을 기획할 수 있는 존재입니다. 사르트르는 이런 존재를 '염려하는 존재'라고 말합니다. 그리고 자신에 관심을 가지고 염려하는 대자 존재만이 실존에 속한다고 말합니다. 인간은 대자 존재로서 실존입니다.

실존은 세계 속에 그저 존재하는 즉자 존재가 아닙니다. 즉자 존재는 만들어질 때 그 존재의 목적이 부여되어 있습니다. 즉자 존재는 칼, 자동차, 그리고 집과 같이 그 용도와 목적이 이미 결정되어 있는 존재입니다. 그러나 대자 존재는 스스로 자기를 선택하여 만들어 가는 존재입니다. 자신의 목적을 스스로 선택하여 실현함으로써 자신을 만들어 갑니다. 그래서 인간의 삶은 스스로가 만들어 가는 미완의 것입니다. 키에르케고르는 실존은 술에 취해 졸면서 아무런 생각 없이 습관적으로 마차를 모는 마부가 아니라, 맑은 정신으로 눈을 뜨고서 목표를 향해 마차를 몰고 가는 깨어 있는 마부라고 말합니다.

타성에 젖은 마부가 일상적 존재라면, 맑은 정신으로 마차를 모는 마부는 본래적 존재일 것입니다. 실존은 스스로 계획하면서 설계하여 자신의 삶을 꾸려 나갑니다. 즉자 존재는 생겨날 때 존재의 목적을 부여받은 존재입니다. 장인은 칼을 만들 때, 칼의 목적을 생각하면서 만듭니다. 즉 칼의 목적은 장인이 부여한 것입니다. 그러나 대자 존재로서 실존의 목적은 주어진 것도 전제된 것도 아닙니다. 대자 존재는 자기 스스로 삶을 계획하여 개척해 나가는 존재입니다. 대자 존재로서 삶이 인간의 삶입니다. 말하자면 인간은 타성에 젖은 마부가 아니라 맑은 정신을 가진 마부여야 합니다.

· ◆ ·

사르트르는 실존주의를 두 유형으로 구분합니다. 신을 전제로 하고 있는 유신론적 실존주의와 신을 부정하거나 신과 무관한 무신론적 실존주의입니다. 유신론적 실존주의와 무신론적 실존주의는 일상적, 비본래적, 세속적 인간이 실존적, 본래적, 자각적 인간으로 회복되어야 한다는 것에는 모두 동의합니다. 그러나 유신론적 실존주의는 신을 통해서 본래적 인간으로 회복할 수 있다고 말합니다. 말하자면 신과의 만남이 인간의 본래성을 회복시켜 준다는 것입니다. 무신론적 실존주의는 이성과 양심의 소리를 듣게 하거나 책임지는 행동을 하게 함으로써 본래적 인간으로 회복할 수 있다고 말합니다.

유신론적 실존주의자인 키에르케고르는 주체적 진리를 강조합니다. 주체적 진리는 객관적 진리나 보편적 진리에 반대되는 것입니다. 보편적 진리를 위한 철학은 이론을 위한 철학이고 체계를 위한 철학일 뿐 삶의 문제를 해결해 주지 못합니다. 주체적 진리는 나의 삶에 필요한 진리, 나의 삶에 영향을 미치는 진리이며, 나의 문제를 해결해 주는 진리를 의미합니다.

마찬가지로 유신론적 실존주의자인 야스퍼스는 실존에는 세 가지 특징이 있다고 말합니다. 첫째, 실존은 자기를 선택하여 만들어 가는 자유로운 존재이며, 가능성을 특성으로 가지고 있습니다. 둘째, 실존은 소통하는 존재입니다. 물론 실존은 단독자이기 때문에 고독합니다. 그러나 고독에서 머물지 않고 타자와 소통을 모색합니다. 타자와의 소통을 통해 우정을 쌓고 사랑을 만들어 갑니다. 우정과 사랑이 없는 곳에서는 참된 실존도 존재할 수 없습니다. 따라서 실존은 고독한 존재이지만, 소통을 통해서 극복해 나가는 존재입니다. 셋째, 실존은 역사적 존재입니다. 실존은 결단을 통해서 행동하고 그 행동을 통해 역사에 참여합니다.

야스퍼스는 또한 철학이 대상을 인식하는 활동이 아니라, 자기를 자각하는 활동으로 이해합니다. 실존은 한계 상황에 부딪혀 좌절하게 됩니다. 이 한계 상황은 인간으로서 어찌할 수 없는 절대적이고 극한적인 상황입니다. 이것은 숙명적이고 인간으로서는 헤쳐갈 수 없는 장벽과도 같습니다. 이 한계 상황에 부딪힌 실존은 자신을 자각하고 자기의 근원으로 돌아가게 됩니다.

· ◆ ·

하이데거는 신과 무관한 무신론적 실존주의를 주장합니다. 하이데거는 근대적 관념론을 거부합니다. 근대적 관념론은 인식에서 주관과 객관을 대립시켜 놓고 주관이 객관을 이해하거나 구성하는 방식으로 설명됩니다. 하이데거는 주관과 객관의 대립 이전의 입장에서 존재를 탐구해야 한다고 말합니다. 이것은 실존을 통해 존재 그 자체를 이해하는 방식입니다. 하이데거에서 실존은 키에르케고르처럼 신 앞에서 선 실존이나 신에로 초월해 가는 실존이 아닙니다. 오히려 이성과 양심에 귀 기울여 세계를 초월하는 실존입니다.

하이데거에 있어서 인간은 세계 내 존재 in-der-welt-sein 입니다. 인간은 세계 속에서 관심을 가진 것들과 교섭하면서 살아갑니다. 말하자면 자신의 주변 세계에 신경 쓰면서 걱정하고 살피면서 살아갑니다. 이것이 인간의 현실적 존재 방식입니다. 따라서 인간은 세계를 객관적으로 바라보거나 이론적으로 사고하는 것이 아니라 주관적으로 접촉하고 실천적으로 행동합니다. 한마디로 말해서 눈으로 세계를 보는 것이 아니라 손으로 세계와 교섭하고 있습니다. 그래서 인간은 이성인 home sapiens 이라기 보다는 공작인 home faber 이라고 말하는 것이 더 적확할 수 있습니다.

#기술이론

#언어분석

#명제논리학

#논리실증주의

#함수명제

#그림이론

CHAPTER 09

현대 영미 철학: 언어 분석과 형이상학의 제거

• 언어 분석 철학의 등장

• 비트겐슈타인의 그림 이론

• 프레게의 함수 명제

• 러셀의 기술 이론

• 형이상학의 제거

언어 분석 철학의 등장

　인간은 이성을 통해서 세상을 이해하고 파악합니다. 그리고 이렇게 쌓인 지식을 통해 세상을 바꾸어 놓습니다. 이성은 인간이 가진 가장 훌륭한 능력이라고 말할 수 있습니다. 인간의 모든 지적 활동은 이성에서 그 힘을 빌려 온 것이기 때문입니다. 그러나 이성도 한계를 가지고 있습니다. 그래서 대답할 수 없는 매우 곤란한 문제들이 생겨납니다. 그렇다고 이런 문제들에 대한 해결을 포기할 수도 없습니다. 이런 문제들은 그 자체로 중요한 것처럼 보이기 때문입니다. 해결되지 않는, 그러나 포기할 수 없는 이런 곤란한 문제를 '철학적 난제' 또는 '형이상학적 난제'라고 부릅니다. 이런 물음들의 예로는 '우주의 끝은 있는가?'와 같은 것들입니다. 한편으로 우주는 끝이 있어야 할 것 같습니다. 무한히 계속되는 것은 없을 것처럼 생각되기 때문입니다. 다른 한편으로 우주는 무한한 것처럼 보이기도 합니다. 우주의 한계와 관련된 물음들이 형이상학적 난제에 해당합니다.

　우리는 이성을 통해 많은 문제를 해결해 왔습니다. 그러나 이성 역시 한계를 지녔기 때문에 대답할 수 없는 어려운 문제들은 여전히 우리를 괴롭히고 있습니다. 철학자들은 이런 물음들과 씨름해야 하는 숙명을 지니고 있습니다. 칸트는 철학적 난제들로 가득한 상태를 '형이상학의 전쟁터'라고 표현합니다. 그리고 그는 이성의 능력과 한계를 명확하게 드러냄으로써 형이상학적 전쟁터에서 벗어날 수 있을 것으로 기대했습니다. 말하자면 이성의 능력과 한계를 명확하게 한다면 형이상학적 난제들이 해소될 수 있는 것으로 여겼습니다. 그렇다면 칸트는 이성의 능력을 오해한 것에서 형이상학적 난제들이 생겨나는 것으로 이해한 것처럼 보입니다. 그래서 칸트는 순수한 이성 능력에 대한 해명을 시도하였습니다.

현대의 영미 철학자들도 칸트와 같은 방식으로 생각했습니다. 물론 칸트는 이성 능력에 대한 오해에서 형이상학적 난제들이 생겨난다고 생각하였지만, 영미 철학자들은 우리의 언어 사용이 혼란되어 있기 때문이라고 생각했습니다. 그래서 영미 철학자들은 언어와 개념의 의미를 분명하고 명료하게 해명한다면 형이상학적 전쟁터에서 벗어날 수 있다고 생각하였습니다. 영미 철학자들의 견해는 철학적 문제들을 '철학적 언어의 문제'로 이해했다는 것을 의미합니다. 말하자면 형이상학적 전쟁터에서 승리할 수 있는 유일한 방법은 철학적 언어를 분석하고 비판하는 것입니다. 철학적 언어를 분석하고 비판함으로써 철학의 문제가 해소될 수 있다고 생각했기 때문입니다. 그래서 영미 철학을 '언어 분석 철학'이라고 합니다.

비트겐슈타인의 그림 이론

비트겐슈타인은 철학은 일상 언어가 아닌 논리 언어를 사용해야 한다고 생각했습니다. 말하자면 철학은 논리 언어를 사용하여 실재하는 것이 무엇인지 그리고 실재들의 의미가 무엇인지를 논리로 설명하는 작업이라는 것입니다. 비트겐슈타인의 입장은 논리로 설명할 수 없는 영역을 언어로 묘사하거나 설명하는 것은 불가능하다는 것입니다. 말하자면 논리로 설명 가능한 대상들만 언어로 묘사하거나 설명할 수 있습니다. 우리의 혼란은 논리로 설명할 수 없는 것들을 언어로 묘사하거나 설명하려는 태도에서 비롯된 것입니다. 모든 철학적 어려움은 언어와 세계의 논리를 오해한 데서 비롯된 것입니다.

비트겐슈타인이 보기에, 언어의 논리를 이해하지 못한 철학자들이 논리로 설명할 수 없는 것들을 언어로 묘사하거나 설명하려고 시도한 결과로 형이상학적 난제들을 양산했다는 것입니다. 그래서 언어의 논리를 분명하게 제시하고, 그것의 한계를 밝혀서 적용 영역을 명확하게 한다면 철학적 논의에서 곤란을 겪고 있는 난제들을 제거할 수 있다는 것입니다. 비트겐슈타인은 그림 이론을 통해 언어 논리를 설명하려고 합니다. 그림 이론은 언어와 세계가 같은 논리 형식을 가지고 있어서 서로 상응하는 특별한 관계를 맺고 있다는 것입니다.

언어의 논리와 세계의 논리가 동일하며 서로 상응하는 관계를 맺는다면 언어를 이해함으로써 세계를 알 수 있으며, 동시에 세계를 알기 위해서는 언어를 이해할 수 있어야 할 것입니다. 말하자면 언어와 세계는 일란성 쌍둥이처럼 닮았다는 것입니다. 즉 언어는 세계를 비추는 거울과 같은 것입니다. 그래서 언어는 세계를 그림처럼 정확하게 보여 주고 있습니다. 언어에서 기본 단위는 '명제'이며, 세계에서 기본 단위는 '사실 또는 사태'입니다. 그리고 명제와 사실은 서로 닮아 있습니다.

전통적으로 사람들은 세계가 사물들의 총체라고 생각했습니다. 그러나 비트겐슈타인은 "세계는 사물들의 총체가 아니라 사실들의 총체"라고 말합니다. 사실은 사태로 표현되기도 합니다. 그래서 사실 또는 사태들의 총체가 곧 세계입니다. 그리고 언어에서 명제는 사태를 표현합니다. 결국, 명제들의 총체가 언어이며, 사태들의 총체가 세계입니다. 그리고 명제는 사태를 표현하기 때문에, 언어를 이해하는 것이 곧 세계를 이해하는 것입니다. 우리가 사용하는 언어는 명제로 구성되어 있는데, 이 명제는 세계의 구성 요소인 사실 또는 사태를 정확하게 그려 내고 있기 때문입니다.

화가가 그림을 통해서 세계의 모습을 그려 내듯이, 언어는 명제를 통해서 세계를 그려 냅니다. 즉 언어에서 세계에 대한 그림을 그려 내는 도구는 명제입니다. 그렇다면 이 명제를 이해한다는 것은 세계를 이해하는 것과 같습니다. 따라서 다음과 같이 말할 수 있습니다. 명제는 사실에 대한 논리적 그림이며 오직 사실들만 그려 낼 수 있습니다. 명제는 사실이 아닌 것을 그릴 수 없습니다. 어떤 명제가 사실이 아닌 것을 표현하려고 한다면 오류를 범하게 될 것입니다. 사실을 그려 낸 명제들만 유의미한 명제이기 때문입니다. 다시 말해서 명제는 세계의 사실 또는 사태들과 대응합니다. 어떤 명제가 사실이나 사태와 대응하지 않는다면, 그 명제는 무의미하므로 그 명제를 제거해야만 합니다.

• ◆ •

비트겐슈타인은 우리가 사태나 사실과 대응하는 명제와 대응하지 않는 명제를 구별하여, 대응하지 않는 명제를 제거한다면, 철학적 난제들은 해소될 수 있다고 말합니다. 철학자들은 철학적 난제들을 해결하려고 애써 왔습니다. 그러나 이들의 노력은 큰 결실을 거두지 못했습니다. 비트겐슈타인은 이런 문제를 해결하려고 노력할 필요가 없다고 말합니다. 철학적 난제들은 세계와 대응하지 않는 명제들이며, 그래서 무의미한 명제들이기 때문에 제거되어야 합니다. 그렇게 되면 철학적 난제들은 해소될 것입니다. 비트겐슈타인은 철학적 난제들을 해결하는 것이 아니라 제거하여 해소해야 한다고 말합니다.

비트겐슈타인은 철학의 핵심적 과제는 유의미한 것과 무의미한 것을 구분하는 작업이라고 생각했습니다. 비트겐슈타인은 자신의 관점을

'말할 수 없는 것에는 침묵하라.'라는 간결한 문장으로 제시합니다. 이런 주장은 정확히 같은 것은 아닐지라도 '진실을 말하고, 진실이 아닐 것에 침묵하라.'라는 소크라테스의 주장을 떠올리게 합니다. 사실 또는 사태에 대응하는 명제가 철학적 탐구의 대상이며, 명제와 사실이 대응하는 방식이 또한 철학적 탐구의 대상입니다. 사실에 대응하지 않는 명제는 언어에 주어진 능력의 한계를 넘어서는 것입니다. 그래서 이런 발언들이 명제의 형태를 취할지라도, 이것은 무의미한 헛소리에 불과합니다.

프레게의 함수 명제

자연 현상을 연구하고 분석하기 위해서는 도구가 필요합니다. 자연 현상을 연구하고 분석하기 위한 도구로 이론들과 개념들이 사용됩니다. 마찬가지로 애매하거나 모호한 언어를 분석하기 위해서도 도구가 필요합니다. 불명료한 철학 언어를 분석하기 위한 도구로 논리학에 사용되는 언어가 합당한 듯이 보입니다. 분석을 위해 논리학을 활용하는 것만큼 좋은 방법은 없기 때문입니다. 그래서 영미 철학자들도 논리학을 언어 분석의 도구로 삼고 있습니다. 그리고 영미 철학자들은 철학적 문제 또는 형이상학적 문제는 철학의 언어가 명료하고 분명하지 않기 때문에 생겨난다고 생각합니다. 그래서 논리학적 관점에서 철학의 언어를 분석한다면 철학적 문제 또는 형이상학적 문제는 사라지게 될 것이라고 주장합니다.

우리가 사용하는 일상 언어들은 크게 엄밀하지도 크게 명확하지도 않습니다. 철학이 이런 일상적인 언어를 사용하게 된다면 이들의 불명료함 때문에 철학의 문제도 명료하지 않게 될 것입니다.

철학의 문제가 무엇인지 분명하게 드러내기 위해서는 오염된 일상 언어를 논리학적 도구를 사용하여 분석하고 비판할 필요가 있습니다. 말하자면 일상 언어의 불명료한 표현을 엄밀하고 명료하게 다듬어야 한다는 것입니다. 일상 언어의 불명료함이 제거되지 않으면, 엉뚱한 문제에 매달려, 헛된 노력을 기울이게 될 것입니다. 그리고 진정한 철학의 문제가 아니라 엉뚱한 문제를 붙들고서 씨름한다면, 철학의 문제를 오도하고, 오류로 가득 찬 교설을 늘어놓을 것이 분명합니다. 영미 철학자들은 지금까지 철학의 작업이 이런 오류와 이로 인한 교설의 역사였다고 생각합니다.

· ◆ ·

이런 오류와 교설의 역사에서 벗어나려는 시도로, 프레게는 '명제 논리학'을 제시합니다. 물론 프레게의 시도는 언어를 분석하기 위한 것입니다. 고전 논리학에서는 주어와 술어가 기본 단위입니다. 그러나 명제 논리학에서는 문장이나 명제가 기본 단위입니다. 예를 들면 상상의 섬 이어도를 생각해 봅시다.

이어도는 화산섬이다.

일단 이 문장에서 문제는 '이어도'가 실재하지 않는다는 것입니다. 이어도가 실재하지 않는다면 그 섬의 특성은 아무런 의미도 없습니다. 실재하지 않는 이어도에 대해 어떤 설명을 할지라도, 말하자면 이어도의 크기, 모양 등 어떤 설명도 의미가 없습니다. 그래서 이어도가 화산섬이라는 문장은 무의미할 뿐만 아니라, 사실은 성립할 수도 없는 문장입니다. 이어도는 존재하지 않기 때문입니다. 존재하지 않는 '용은 불을 뿜는다.'라는 문장이 무의미할 뿐만 아니라, 아무것도 표현하고 있지 못한 것과 마찬가지입니다. 이런 문장은 '다랍랙래부릭로'와 다를 바 없는 문장입니다.

그러나 일상 언어는 이런 문장들을 자주 사용합니다. 그리고 상당히 의미 있게 사용하는 것처럼 보입니다. 왜 그럴까요? 일상 언어는 주어와 서술어로 표현됩니다. 그리고 주어와 서술어에 사용된 단어들이 어떤 것을 구체적으로 지시하거나 명확한 의미가 있다고 생각합니다. 하나의 문장에 사용된 단어들이 구체적이거나 명확하다고 간주하고서 문장을 사용한다면 문제가 발생하지 않습니다.

대화에서는 통상 '이어도'에 관하여 이미 전제된 것으로 간주합니다. 그래서 우리는 '이어도'의 의미가 무엇인지 또는 구체적으로 무엇을 지시하는지 고려하지 않고서 화산섬의 여부만 살펴보려고 합니다. 이런 태도는 '이어도'가 실재한다고 가정하는 것입니다. 그러나 이어도와 용이 무엇을 지시하는지 분명하게 아는 사람은 없습니다.

· ◆ ·

전통적인 논리학에서 '이어도'가 실재하는지는 중요한 것이었습니다. 실재하지 않는다면 이어도에 대한 어떤 문장이든 불가능할 것이며, 표현되었을지라도 의미를 알 수 없을 것이기 때문입니다. 그러나 일상 생활에서 우리는 이런 명제를 흔히 사용합니다. 이런 명제를 사용하면서 그 의미도 역시 잘 파악하는 것처럼 보입니다. 실제로 우리는 존재하지 않는 것에 대해 논의합니다. 그리고 이 문장들을 잘 이해하는 것처럼 보입니다. 그래서 프레게는 이런 현상을 설명하고자 했습니다. 그리고 문장을 함수 형식으로 분석하였습니다. 즉 존재하지 않는 존재에 대해 언급하는 '이어도는 화산섬이다.'라는 문장을 함수 형식으로 분석하여, 이런 문장의 형식이 가능하다는 것을 해명합니다.

    a. X는 화산섬이다.
    b. 이어도

a는 변항 X를 포함하는 함수입니다. 그리고 b는 변항 X에 대입될 수 있는 하나의 후보입니다. 물론 함수 a는 그 자체로는 의미가 없습니다. X에 어떤 후보가 대입되는지에 따라 의미가 결정됩니다. X에 여의도가 대입되면, 함수 a의 값은 거짓이 됩니다. 울릉도는 화산섬이기 때문에, X에 울릉도를 대입하면 함수 a의 값은 참이 될 것입니다.

프레게처럼 명제를 함수로 이해한다면, 이어도가 실재하는지 또는 섬의 특성이 무엇인지를 고민하지 않아도 됩니다. 이어도는 단지 함수 a의 X에 들어갈 후보 중 하나에 불과하기 때문입니다. 말하자면 명제의 주어가 실재하는 존재여야 할 필요는 없습니다. 명제의 주어처럼 보이는 것이 실제로는 주어가 아니기 때문입니다. 실재하는 존재가 대입되지 않더라도, 함수 명제 자체는 성립될 수 있습니다. 물론 X에 대입된 후보가 술어의 개념을 만족시키지 못하기 때문에, 그 문장은 거짓의 값을 가질 뿐입니다. 함수의 값이 거짓이라고 해서 명제 자체에 결함이 있는 것은 아닙니다. 그러나 이 함수의 참이나 거짓이 결정되기 위해서는 분명하고 명료한 개념을 지닌 단어가 대입되어야 합니다. 그렇지 않다면 함수의 참이나 거짓을 판단하는 것은 불가능할 것입니다.

◆ ◆ ◆

프레게의 함수는 어떤 명제가 명확하고 분명한 의미를 지니는지 그렇지 않은지를 밝혀 줄 수 있습니다. 그래서 어떤 표현이 명확하지 않을 뿐만 아니라 분명하지 않다면 그래서 그 표현이 그 문장이나 명제의 참이나 거짓을 판단하는 데 이바지하지 못한다면, 그 표현은 제거되어야 합니다. 예를 들면 '제주도는 화산섬이다.'라는 명제에서 '제주도'는 실재하는 구체적인 대상을 지시하고 있을 뿐만 아니라, 그 덕분에 이 명제의 참이나 거짓을 판단하는 데 이바지하고 있습니다. 그래서 '제주도'라는 표현은 허구의 단어가 아니며, 불분명한 단어도 아닙니다. 그러나 '이어도'는 허구의 단어이기 때문에 명제의 참이나 거짓을 확인할 수 없습니다.

프레게가 명제를 함수로 이해함으로써 허구의 단어를 사용해도 함수 명제에 결함이 없다는 것을 잘 해명한 것처럼 보입니다. 그러나 그 함수 명제에 허구의 단어가 사용되는 경우엔 여전히 그 함수 명제의 함수값은 결정될 수 없으며, 따라서 아무런 의미도 없는 명제일 것입니다. 비록 프레게의 함수 명제가 명제 자체의 성립을 잘 설명하고 있다 할지라도, 함수에 허구의 단어가 사용되는 경우에 대해 충분한 해명을 제공한 것은 아닙니다. 우리는 일상적으로 '이어도는 화산섬이다.'라는 명제를 의미 있게 사용합니다. 그러나 프레게는 우리의 일상적인 언어 사용에 대해 아무런 설명도 제공하지 못합니다.

러셀은 프레게의 함수 명제가 가진 문제점을 충분히 인식하고 있었습니다. 그래서 프레게의 함수 명제를 발전시킬 방안을 모색합니다. 러셀은 명제의 주어로 허구의 단어가 사용된 경우에도 일상적으로는 의미 있게 사용한다는 것을 인정합니다. 그리고 이것이 어떻게 가능한지를 해명하고자 합니다. 러셀은 허구의 단어가 '고유 명사'가 아니라 '기술구'라고 생각합니다. 고유 명사라면 실재해야만 합니다. 그러나 단지 무언가를 기술하고 있는 '기술구'라면 반드시 실재할 필요가 없습니다. 러셀의 이론을 '기술 이론'이라고 부릅니다.

러셀의 기술 이론

러셀은 명제 논리학을 좀 더 발전시킨 인물입니다. 러셀은 우리의 언어에서 혼란이 생겨난 것은 '고유 명사'와 '기술구'를 같은 것으로 생각하기 때문이라고 말합니다. 고유 명사는 '이것'이나 '저것'으로 표현됩니다. 즉 우리가 구체적인 대상을 지시할 때 지시되는 대상을 표현하는 명사가 '고유 명사'입니다. 하나의 대상에는 하나의 고유 명사가 사용될 수 있습니다. 그래서 '철수', '명수' 등은 각각의 대상을 지시하는 각각의 고유 명사입니다. 반면에 '학생', '어린이' 등은 러셀에 의하면 '기술구'입니다. 고유 명사에 해당하는 철수, 명수 그리고 기술구에 해당하는 학생, 어린이는 얼핏 명사로서 모두 이름에 해당하는 것처럼 보입니다. 그러나 기술구는 이름이 아니라 일종의 '설명'입니다.

'서울'과 '대한민국의 수도'는 같은 대상을 가리킵니다. 그래서 서울이라는 고유 명사 대신 '대한민국의 수도'라는 기술구를 사용할 수 있습니다. 기술구는 고유 명사가 지칭하는 것을 표현해 주는 '설명어'입니다. 그래서 고유 명사에 상응하는 기술구는 고유 명사 대신 사용할 수 있습니다. 말하자면 '용이 하늘로 올라가고 있다.'라는 문장은 '불을 뿜는 상상의 동물이 하늘로 올라가고 있다.'로 대신할 수 있습니다. '불을 뿜는 상상의 동물'은 '용'을 대신하는 기술구에 해당합니다.

우리는 '탈레스는 최초의 철학자다.' 또는 '이데아는 참된 지식의 근원이다.'라고 말합니다. 그러나 우리는 탈레스를 경험한 적이 없습니다.

물론 이데아를 경험한 사람도 없습니다. 탈레스는 과거에 존재했을지라도 현재는 존재하지 않습니다. 더구나 이데아가 존재하는지는 의문입니다. 또한 '용'을 경험한 사람도 없습니다. 경험할 수 없는 것은 문장에서 고유 명사처럼 사용될 수 없습니다. 그러나 우리는 경험할 수도 지칭할 수도 없는 대상을 설명하거나 논의하고 있습니다. 고유 명사와 기술구를 구분하지 않기 때문에 우리의 언어 사용에 혼란이 있는 것처럼 보인다는 것이 러셀의 생각입니다.

• ◆ •

러셀은 기술구의 사용이 언어를 사용할 때 발생하는 혼란이나 오류를 제거해 줄 수 있다고 생각합니다. '현재 대한민국의 대통령은 키가 크다.'라는 문장은 참이나 거짓으로 밝혀질 수 있습니다. 현재 대한민국에는 대통령이 존재하기 때문입니다. 그래서 그 대통령이 키가 크다면 참이 될 것이고 작다면 거짓이 될 것입니다. '대한민국의 대통령'은 존재의 의미를 가진 실체를 말하며, '키가 크다.'라는 것은 그 실체가 가진 속성을 표현하고 있습니다. 그래서 이 문장에는 어떤 문제도 없습니다.

그러나 '현재 대한민국의 왕은 키가 크다.'라는 문장은 불가능하거나 무의미한 문장입니다. 현대 대한민국에 왕은 존재하지 않기 때문입니다. 앞에서 말했듯이, 이 문장에서 '대한민국의 왕'은 존재의 의미를 가진 실체에 해당합니다. 그러나 대한민국의 왕이라는 실체는 존재하지 않습니다. 물론 '키가 크다'는 실체가 가진 속성을 의미합니다. 그러나 그 속성을 가질 실체가 존재하지 않습니다. 실제로 두 문장은 형식적인 측면에서는 같습니다. 그러나 언어 사용의 측면에서는 전혀 다른 특성을 가지고 있습니다. 전자의 문장은 언어 사용에서 문제가 없지만, 후자의 문장은 사용될 수 없는 문장입니다.

'현재 대한민국의 왕은 키가 크다.'는 언어 사용에서 문제를 일으킵니다. 그래서 이런 문장은 사용할 수 없는 문장처럼 보입니다. 그러나 러셀은 이 문장을 약간 수정함으로써 의미가 있는 문장으로 바꿀 수 있다고 생각합니다. '현재 대한민국의 왕'을 기술구로 이해한다면 이 문장은 언어 사용에서 문제가 되지 않는다는 것입니다. 러셀은 '현재 대한민국의 왕'을 '한정 기술구'라고 부릅니다. 말하자면 여러 단어를 사용하여 하나의 대상으로 한정해 주는 기술구라는 것입니다. 말하자면 앞에서 언급된 '대한민국의 수도'와 같은 것도 여기에 해당합니다.

러셀에 따르면, '현재 대한민국의 왕은 키가 크다.'라는 문장을 주어-술어의 방식으로 분석하는 것은 이 명제를 이해할 수 없게 합니다. 러셀은 이 문장이 하나의 문장이 아니라고 말합니다. 이 문장은 여러 개의 단어로 구성된 한정 기술구를 포함한 여러 문장으로 구성되어 있다는 것입니다. 이 문장은 다음과 같은 여러 문장으로 분석될 수 있습니다.

   a. 현재 대한민국에 왕이 있다.
   b. 현재 대한민국에 단 한 명의 왕이 있다.
   c. 현재 대한민국의 왕이 누구든 그는 키가 크다.

이것을 논리 기호를 사용하면 다음과 같습니다.

   a. 어떤 X가 있는데, 그 X는 현재 대한민국의 왕이다
   b. 다른 모든 Y에 대하여, 만약 Y가 현재 대한민국의 왕이라면, Y는 X와 동일하다.
   c. 그 X는 키가 크다.

이 분석은 '현재 대한민국의 왕은 키가 크다.'라는 문장은 a, b, c를 결합한 것임을 알게 해 줍니다. 이 분석에 따르면, '현재 대한민국의 왕'은 문장의 주어가 아닙니다. '키가 크다.'가 실체들의 속성을 설명하는 술어이듯이, '현재 대한민국의 왕'도 주어가 아니라 술어에 불과합니다. 한정 기술구로서 '현재 대한민국의 왕'은 실체가 아니라 서술어이기 때문에 독립적으로 존재할 필요가 없습니다.

• ◆ •

존재하지 않는 것을 지칭하거나, 그것을 논의하는 것은 공허한 일이 될 수 있습니다. 그래서 존재하지 않는 것을 문장의 주어로 삼는 것은 그 문장을 무의미한 것으로 만들 수 있습니다. 우리가 '없음'에 대해서는 '지칭할 수도 언급할 수도' 없다는 것은 전통적으로 합당한 것이었습니다. 그러나 존재하지 않는 것들을 문장의 주어 자리에 두고서 많은 논의를 해 왔습니다. 그렇다면 그동안의 거의 모든 형이상학적 논쟁들은 무의미한 문장들의 단순한 나열에 불과했던 것입니다. 말하자면 '이데아'나 '절대정신' 등을 주어 자리에 놓고서 이것의 본성을 규명하려던 형이상학자들은 헛된 노력을 한 것입니다. 왜냐하면, 이런 문장들은 무의미한 문장일 뿐이기 때문입니다.

그러나 러셀의 지적처럼, 문장의 주어로 사용된 단어를 고유 명사가 아니라, 한정 기술구로 이해한다면, 우리의 혼란은 사라질 것이고, 존재나 실체와 관련하여 제기되던 논란도 사라질 것입니다. 한정 기술구가 말하고 있는 것은 독립된 존재가 아니라 술어입니다. 그래서 형이상학적 용어와 같은 한정 기술구가 언어 사용에서 주어 자리에 놓여 있을지라도, 이것은 독립된 존재를 지칭하는 것이 아닙니다. 그렇다면 예를 들어 '이데아'는 존재하는 실체가 아니라 단지 한정 기술구입니다. 그래서 형이상학적 용어, 즉 '이데아'를 포함하는 문장을 사용하더라도 의미를 이해할 수 있습니다.

형이상학의 제거

비트겐슈타인이 그림 이론을 주장한 이후로, 여기에 영향 받은 일군의 철학자들이 등장합니다. 이들은 비트겐슈타인의 관점에 따라서 사실이나 사태가 아닌 것에 대한 명제를 철학에서 제거하고자 합니다. 우리는 이들을 '비엔나 학파'라고 부릅니다. 이 학파는 이후에 '논리 실증주의'로 발전하게 됩니다. 이들은 가장 믿을 만한 학문 언어인 과학의 언어와 논리를 사용한다면, 철학의 모호한 표현들을 모두 제거할 수 있다고 생각하였습니다. 이들이 생각한 모호한 표현은 형이상학의 언어들입니다. 그리고 이것은 비트겐슈타인이 생각한 사실이나 사태에 대응하지 않은 명제일 것입니다. 형이상학의 명제들은 사실이나 사태와 대응하지 않는 무의미한 언어입니다. 그래서 이들은 이렇게 무의미한 언어로 이루어진 형이상학 전체를 제거해야 한다고 주장합니다.

논리 실증주의는 의미 있는 명제와 무의미한 명제를 구분하기 위해서 '검증의 원리'를 제시합니다. 어떤 명제가 경험적으로 참 또는 거짓으로 증명될 수 있다면, 그 명제는 의미 있는 명제라는 것입니다. 그리고 참이나 거짓으로 증명될 수 없는 명제는 무의미한 명제입니다. 어떤 명제가 참이나 거짓으로 밝혀진다는 것은 검증 가능하다는 것입니다. 그래서 그 명제는 의미 있는 명제입니다. 그러나 경험적으로 검증할 방법이 없다면, 그 명제는 무의미한 명제입니다. '제주도는 대한민국의 동쪽에 있는 가장 큰 섬이다.'라는 문장은 경험을 통하여 거짓으로 증명될 수 있습니다. 그래서 유의미한 명제입니다. 그러나 '이어도는 대한민국 남쪽 끝에 있는 아주 작은 섬이다.'라는 문장은 경험적으로 증명될 수 없습니다. 그래서 무의미한 명제입니다. 이때 두 문장이 참인지 거짓인지는 중요하지 않습니다. 유의미와 무의미를 구분할 수 있는 척도는 '검증 가능성'이며, 검증 가능성만이 중요합니다.

· ◆ ·

유의미한 명제와 무의미한 명제를 구분해 주는 검증 가능성 원리는 그럴듯해 보입니다. 과학의 발달과 성장은 논리 실증주의를 잘 옹호해 줄 것처럼 보입니다. 과학 역시 검증이 가장 중요한 개념이며, 검증에 과학이 기초하고 있다고 해도 과언은 아니기 때문입니다. 실제로 논리 실증주의자들의 검증 가능성 원리는 과학의 이념과 잘 들어맞는 관점입니다. 과학이 학문 영역의 지배력을 확장하듯이, 검증 가능성 원리는 철학 영역에 엄청난 영향을 미쳤습니다. 형이상학적 논의는 힘을 잃고, 과학의 언어와 논리 언어의 철학이 득세하였습니다.

우리는 앞에서 명제를 두 종류로 구분하였습니다. 종합 명제와 분석 명제입니다. 종합 명제는 참과 거짓에 대한 경험적 검증이 가능한 명제입니다. 분석 명제는 검증 가능한 명제는 아닙니다. 그러나 분석 명제는 그 자체로 참인 명제입니다. 즉 분석 명제는 필연적으로 참이기 때문에 검증이 필요하지 않습니다. 그래서 논리 실증주의는 검증 가능한 종합 명제와 그 자체로 참인 분석 명제만 철학적 탐구의 대상이라고 주장합니다. 검증 불가능한 문장은 무의미한 헛소리일 뿐입니다. 물론 이들은 형이상학이 이런 헛소리에 불과한 문장으로 구성되어 있다고 생각합니다. 그리고 이런 헛소리로 구성된 형이상학을 철학에서 과감하게 제거해야 한다고 주장합니다. 말하자면 철학이 형이상학적 난제에 매달려 해결하려는 헛된 노력에 시간을 허비하기보다는, 철학의 주요 개념이나 명제를 논리적으로 분석하여 명료하게 하는 것이 철학 본연의 임무라고 주장합니다.

닫는 글

"과학과 공학의 시대에 철학의 역할"

인류 문명은 철학과 함께 시작되었다고 해도 과언이 아닙니다. 경험적 지식에 대한 탐구도 적지 않았지만, 철학적 사유가 사회 전반을 이끄는 주도적인 이념이었습니다.

문명이 발달하면서 교류가 활발해지고, 사회적 가치에 혼란이 증폭되었습니다. 가치가 혼란된 사회는 유지되기 어렵습니다. 이런 문제를 해결하기 위해서 철학적 사유가 더욱 활발하게 전개되었습니다. 사회의 지배적인 사유와 문명의 발달과 교류에 의해 증가한 경험적 지식이 정합적으로 이해되기 위해서 활발한 철학적 활동이 필요했던 것입니다. 이런 사정은 철학적 사유가 지배적인 이념으로 자리잡는 데 결정적인 역할을 했습니다. 그러니 문명의 초기에 철학적 사유가 활발하게 전개되고, 사회를 주도하는 이념이 된 것은 어쩌면 당연한 일입니다.

철학의 사회 전반에 걸친 주도적인 역할은 종교가 힘을 발휘하는 세상이 도래하기 전까지 이어졌습니다. 종교적 사유는 오랫동안 서구 사회를 이끌어 왔습니다. 종교는 무소불위의 정치적 힘을 발휘했습니다. 종교의 힘은 당시에 미치지 않는 곳이 없었습니다. 심지어 학문조차도 종교적 관점에서 이루어졌습니다. 종교적 믿음과 부합하지 않는 내용은 비록 그것이 참된 것일지라도 인정받지 못했습니다. 그래서 천동설과 진화론이 주장되었을 때, 종교는 이런 이론을 인정받지 못했습니다. 이 이론은 그동안 자신들이 믿어 온 것의 토대를 무너뜨리는 것이었기 때문입니다.

• ◆ •

그렇게 영원히 지속될 것처럼 보였던 종교적 믿음 역시 퇴조를 보이기 시작합니다. 세상에 영원한 것은 없는 모양입니다. 종교적 믿음이 세상을 지배하던 분위기가 바뀌기 시작했습니다. 신에 대한 믿음들이 약해지면서 새로운 사유가 등장합니다. 물론 거꾸로 새로운 사유의 등장으로 신에 대한 믿음이 약해졌다고 말할 수도 있습니다.

어쨌든 믿음의 벌어진 틈을 비집고 르네상스의 정신과 자연과학의 정신이 스며들었으며, 결국은 근대의 문을 열었습니다. 이런 정신은 종교를 개혁하는 힘이 되었습니다. 새로운 사유의 등장과 종교 개혁으로 중세의 종교적 힘은 종말을 고하게 됩니다. 그리고 그 빈자리를 자연 과학이 차지했습니다. 자연과학은 종교를 대신하여 사회의 주도적인 역할을 수행했습니다.

현대는 과학과 공학의 세상이라고 해도 과언은 아닙니다. 과학과 공학이 우리의 삶과 지성 세계를 이끄는 중심이 된 것은 분명합니다. 한편으로 철학과 인문학 등은 학문 세계의 주인공커녕, 조연의 역할조차 부여 받지 못하는, 어쩌면 단역에 불과할지도 모릅니다. 실제로 사회적 문제에 대한 조언자 역할조차 눈치를 봐야 할 처지가 되었습니다. 과학과 공학이 자신들의 앞길을 막고 있다고 불평하며 화를 내기 일쑤이기 때문입니다.

자연 과학이 맹위를 떨치는 동안에도 철학이 우리의 삶을 이끌고 의미를 제공했다는 것은 부정할 수 없습니다. 어려운 환경에서도 나름대로 제 역할을 해 왔습니다. 그러나 오늘날 철학은 역할을 다 했다는 인식이 점점 확산되고 있습니다. 어떤 정치인은 이제 과학과 공학을 주로 배우고, 인문학은 구색으로 조금 배우면 된다고 말하기도 합니다. 예전 같았으면 큰 파장이 일었을 발언이지만, 이 발언은 전혀 주목 받지 못했습니다. 그의 정치 경쟁자들조차도 그의 발언에 주목하지 않았습니다. 경쟁자들도 그의 발언에 동조하거나, 동조까지는 아닐지라도, 국민들이 그의 견해에 수긍한다고 판단했기 때문일 것입니다.

불행하게도 철학과 인문학이 유용하지 않다고 생각하는 사람들이 늘어가고 있는 것처럼 보입니다. 철학과 인문학은 미래의 삶에 도움이 되지 않는다고 생각하기 때문일 것입니다. 심지어 철학이 과학과 공학의 발목을 잡고서, 발전에 방해하고 있다는 혐의를 받고 있기도 합니다. 이제 철학은 현대 사회에서 천덕꾸러기가 된 것처럼 보입니다. 그러나 이런 생각은 전적으로 오해에서 비롯된 것입니다. 오히려 철학을 천덕꾸러기로 생각하는 분위기가 과학과 공학의 발전을 어렵게 할지도 모릅니다.

· ◆ ·

인류가 이루어 낸 최초의 학문은 철학입니다. 철학은 '인간의 사유 그 자체'이기 때문입니다. 인간의 사유가 철학이며, 철학이 인간의 사유입니다. 인간으로서 사유하는 순간 철학은 시작됩니다. 그러니 사유를 멈추지 않는 한, 철학은 멈출 수 없습니다.

철학은 인간과 항상 같이 있었습니다. 인간의 사유로서 철학은 발전을 거듭하여, 여러 분신들을 낳았습니다. 그 분신들이 우리가 개별 과학이라고 부르는 학문입니다. 개별 과학은 인간 사유의 산물이며, 철학의 산물입니다. 철학이 어머니라면, 개별 과학이 그 자녀들입니다. 그 자녀들이 어머니의 유전자를 물려받았을 것은 분명합니다. 그래서 철학의 이념은 개별 과학에 녹아 있으며, 개별 과학의 본질은 철학 속에 있던 것들입니다.

오래 전 철학은 신학을 잉태한 적이 있습니다. 그러나 신학은 철학을 자신의 어머니가 아니라 '시녀'로 여겼습니다. 그래서 철학을 '신학의 시녀'로 평가절하하였습니다. 그러나 신학은 자신들의 믿음을 옹호하기 위해 철학의 이론들을 활용할 수밖에 없었습니다. 어느 학문이든 철학의 그늘에서 벗어날 수 없습니다. 벗어나는 순간, 그것은 학문의 타이틀을 박탈 당할 것입니다.

신학은 철학 이론을 매우 유용하게 활용하여 나름대로 번듯한 이론들을 탄생시켰습니다. 그리고서 철학이 신학의 정당화를 위해 봉사한다는 의미로 '시녀'라고 말한 것입니다. 이런 관점에서 본다면, 철학은 신학에 도움을 주고 봉사했기 때문에 신학의 시녀라고 불릴 수 있습니다. 그러나 철학과 신학의 관계를 이렇게 이해하는 것이 온당하다고 말할 수는 없습니다. 철학이 오로지 신학의 시녀 역할만 한 것은 아니기 때문입니다.

'시녀'의 역할이 아무리 중요할지라도, 보조자의 역할을 넘어설 수는 없습니다. 그러나 철학이 신학의 형성에 보조적인 역할만 한 것은 아닙니다. 오히려 철학이 없었더라면, 신학은 불가능했습니다. 신학의 이론들은 고대 그리스 철학자들의 이론을 철저하게 차용했습니다. 그 이론의 유사성으로 보건데 철학에서 신학이 나왔다고 해도 과언이 아닐 정도입니다.

그래서 철학은 신학의 시녀가 아니라 어머니입니다. 그렇다고 어머니와 시녀가 배타적인 것은 아닙니다. 어머니는 동시에 자기 자녀들의 시녀이기도 합니다. 어머니에게는 다 말할 수 없을 정도로 많은 역할이 있습니다. 물론 어머니의 역할 중에서 가장 핵심적인 것은 자녀를 낳아 기르는 역할입니다. 어머니의 본질은 자녀와 관련되어 있습니다.

어머니는 자녀를 낳기만 하는 것이 아니라, 길러야 합니다. 기르는 일은 단순히 먹을 것을 제공하는 데서 끝나지 않습니다. 옷을 세탁하고, 방을 청소해서 위생도 챙겨야 하며, 다치거나 아프지 않도록 건강도 보살펴야 합니다. 성장하면서 바른 길을 가도록 독려해야 합니다. 혹 나쁜 길로 빠지지 않도록 감독도 게을리해서는 안 됩니다. 말하자면 어머니는 시녀이면서, 스승이고, 감독관이면서, 의사입니다. 이 모든 것이 어머니의 역할입니다. 어머니의 무궁한 역할의 한 측면만을 바라보고서 어머니에 대해 말하는 것은 어머니를 제대로 이해하지 못한 것입니다.

과학과 공학도 철학에서 잉태되었습니다. 비록 하는 일이 다른 것처럼 보일지라도, 과학과 공학도 철학의 유전자를 그대로 이어받았기 때문입니다. 그러나 과학과 공학이 세력을 떨치면서 철학을 달가워하지 않습니다. 철학이 자신들의 활동을 간섭하면서 방해가 된다는 것입니다. 마치 사춘기 아이들이 부모의 간섭을 귀찮아하면서 짜증내는 것과 같습니다. 물론 자녀가 짜증낸다고 해도 부모는 어떤 상황에서도 자녀에 대한 애정과 보살핌을 포기하지 않습니다. 어쩌면 어머니의 이런 태도가 자녀를 더욱 화나게 하는 것인지도 모릅니다. 그렇지만 화내는 자녀를 보살펴야 하는 것은 어머니의 숙명입니다. 오늘날 과학과 철학의 관계를 사춘기 자녀와 어머니의 관계로 이해하는 것이 더 나은 관점일 수 있습니다.

오늘날 과학과 공학은 빠른 속도로 발전을 거듭하고 있습니다. 그리고 우리 사회를 종횡무진 질주하며 혼란에 빠뜨리기도 합니다. 이것은 과학과 공학이 대상과 목적을 무시하고 내달리기 때문입니다. 그래서 과학과 공학의 맹목적 질주는 인류의 삶에 위협이 될 수 있습니다. 과학과 공학의 노력이 우리 모두 파멸에 이르게 하는 바벨탑을 쌓는 것일 수도 있습니다.

노력 자체가 아무리 고귀한 것일지라도, 인류를 파멸에 이르게 하는 노력은 헛된 것이며, 금지되어 마땅합니다. 과학, 공학, 그리고 어떤 것이든 인류의 행복과 번영에 역행하는 것은 인정될 수 없기 때문입니다. 그래서 과학과 공학이 맹목적으로 질주한다면, 그 질주를 멈추게 해야 합니다. 그리고 그 악역은 과학과 공학의 어머니인 철학이 떠맡을 수밖에 없습니다.

그러나 과학과 공학은 철학의 간섭에 불평하며 귀찮아합니다. 말하자면 철학에게 단지 시녀의 역할만 하라고 요구하고 있습니다. 자신들은 질주하겠다는 것입니다. 반면에 철학은 과학과 공학이 무절제하며 무모하다고 말하면서, 과학과 공학에 훈수를 두고 있습니다. 말하자면 철학은 과학과 공학에 바른길을 제시한다고 생각하고, 과학과 공학은 철학이 터무니없는 길을 강요하고 있다고 생각합니다. 과학과 공학 그리고 철학이 자신의 입장만 주장하며, 대립하고 있습니다. 이런 반목은 서로의 관계를 이해하지 못하고 있기 때문에 생겨난 것입니다. 과학과 공학은 철학을 어머니로 인정하고 있지 않습니다. 반면에 철학은 과학과 공학을 애정을 가지고 보살피고 인도하는 것이 아니라, 오로지 잔소리꾼이 되고 말았습니다. 잔소리로는 자녀를 양육하기 어렵습니다.

학문에서 훌륭한 어머니의 역할을 다하려는 사람은 철학에 대한 충분한 파악과 이해가 있어야 합니다. 물론 철학에 대한 충분한 파악과 이해는 결코 쉬운 일이 아닙니다. 그러나 철학의 역사는 인간 사유의 연속성으로서 일관성과 통일성을 간직하고 있습니다. 그래서 철학을 이해한다는 것은 먼저 철학의 역사에서 면면히 흐르고 있는 일관성과 통일성을 파악할 수 있어야 합니다. 그리고 일관성과 통일성 속에서 우리의 사유를 채워 나가야 합니다. 그래야만 미래 사회의 발전과 변화에 대처할 수 있습니다.

◆

이 책에서 철학 속에 흐르는 일관성과 통일성을 파악하고 이해할 수 있는 효과적인 방식을 제공하려고 했습니다. 그러나 철학 속에 일관성과 통일성에 대한 파악과 이해는 여타의 학문과는 달리, 찾아서 제시할 수 있는 것이 아닙니다. 이런 일관성과 통일성을 파악하고 이해하는 일은 이 책을 읽는 독자들의 몫입니다.

어느 누구도 철학 속의 일관성과 통일성을 찾아서 독자에게 안겨 줄 수는 없습니다. 이것이 철학이 여타의 학문과 다른 특징입니다. 그래서 각자가 발견한 일관성과 통일성이 다를 수도 있습니다. 그러나 여러분이 다른 것을 찾았다는 것은, 잘못 찾았거나 능력의 결함이 아니라 여러분의 독창성을 의미합니다. 물론 이런 독창적인 능력은 철학을 공부하여 이해하고 숙고함으로써 습득 가능합니다. 그리고 독창적인 사람만이 철학에서 일관성과 통일성을 파악하고 이해할 수 있습니다.

찾아 보기

(ㄱ)

가언 명령	327
가치 상대주의	30
간접적 의무	334
감성	313
감성의 형식	314
객관적 관념론	365
거짓 약속	331
검증 가능성	416
검증의 원리	415
경험론	272
경험 판단	317
고유 명사	410
공리주의	30
공작인	399
관념의 연상 법칙	304
꼴링크스	283
교부 철학	229
교회의 실재성	248
궁극적 목적	193
권력 의지	393
귀납법	11
그노시스	231, 232
그림 이론	404
극장의 우상	270
금욕주의	351
기술 이론	411
기술구	410
기체	296
기회 원인론	284

(ㄴ)

내적 경험	294
논리 실증주의	415
논리 언어	403
논리적 그림	405
논박	17
논박법	102
니체	384, 393

(ㄷ)

단독자	284, 285
단순 관념	294
단자	287
대자 존재	396
데카르트	18, 274
도덕적 나약함	123
독단론	310
동굴의 우상	269

(ㄹ)

라이프니츠	287
러셀	410
레테의 강	167
로크	292
루터	260
르네상스	256
리케이온	172

(ㅁ)

만물의 근원	66
망각의 평야	167
맹목적인 생존 의지	392

명제 논리학 407
목적론적 증명 240
무심의 강 167
무지의 자각 55
무한정자 78
문답법 102
물자체 13, 273, 302, 366

(ㅂ)

방법적 회의 266
백지 상태 291
버클리 297
버트란트 러셀 262
범주 19
범주론 19
베이컨 11
변증법 367
보편 법칙 330
보편자 149, 248
보편자 실재론 243
보편자 유명론 244
복합 관념 294
본래적 가치 332, 335
본유 관념 274, 279, 292, 294
분석 명제 316
분석 판단 316
불안 394
비엔나 학파 415
비트겐슈타인 405

(ㅅ)

산파술 153
상기설 158
생생한 지각 303
선의지 336

선천적 판단 317
선험 판단 317
세계 내 존재 399
셸링 365
소외 372
소외의 철학 394
소크라테스 4, 36, 63, 100
소피스트 118
송과선 283
쇼펜하우어 392
스콜라 철학 229
스토아학파 222
시장의 우상 269
신 존재 증명 236
신의 명령론 326
신의 죽음 385
신학의 시녀 230
실존적 삶 396
실존주의 394
실체 273
심리학적 이기주의 347
심신 병행론 287
심신 이론 281, 286, 289

(ㅇ)

아낙시만드로스 78
아낙시메네스 79
아담 스미스 344
아우구스티누스 230
아카데미아 172
야스퍼스 398
양적 쾌락 358
억견 143
언어 논리 404
언어 분석 철학 403
언어의 기만 297

에피쿠로스 209
연역법 11
연장 실체 273
염세주의 393
예술적 해탈 392
예정 조화설 289
예지계 366
오성 313
오성의 형식 315
외래 관념 279
외적 경험 294
우상론 267
우시아 177, 178, 182
우주론적 증명 238
운명애 393
원동자 240
원죄 사상 248
유신론적 실존주의 397
유용성 344
유용성 값 345
윤리적 해탈 392
윤리학 28
응보주의자 340
의무론 30
이데아 4, 37, 144, 151
인과적 상호 작용설 283
인류 373
인상 303, 304
인식론 27
인위 관념 279

(ㅈ)

자연 과학 261
자연의 주인 262
자연적 욕구 211
전지전능한 악마 277

절대적 관념론 369
절대적인 도덕 규칙 324
정신 실체 273
정언 명령 328, 329, 332, 338
제논 94, 223
제일 동자 240
조건 명령 327
존 듀이 262
존재론 23
존재론적 증명 238
종교 개혁 260
종족의 우상 268
종합 판단 317
주관적 관념론 365
즉자 존재 396
직접적 의무 333
질적 쾌락 358

(ㅊ)

참된 지식 144
철학적 난제 402
철학적 신 285
추상 관념 297

(ㅋ)

칸트 13, 302, 308, 324
코페르니쿠스 379
쾌락주의 207
키니코스학파 218
키레네학파 207
키에르케고르 394

(ㅌ)

탁월성 199
탈레스 72

토마스 아퀴나스 230

(ㅍ)

파르메니데스 88
프랜시스 허치슨 345
프레게 408
프로타고라스 118
플라톤 4, 55, 116, 142
피타고라스 86
피히테 364
필수적인 욕구 212

(ㅎ)

하이데거 398

한계 상황 398
함수 명제 410
합리론 272
허무주의 385, 388
헤겔 365
헤라클레이토스 84
현상계 366
형이상학 23
형이상학의 전쟁터 402
형이상학적 난제 402
호교론자 231
혼의 삼분설 132
혼의 순수화 17, 102, 160
흄 272, 291, 302, 308
희미한 지각 303

철학은 말이야

: 우리가 알아야 할 모든 철학

초 판 인 쇄 2022년 2월 16일
초 판 발 행 2022년 2월 23일

저　　　자 장동익
펴　낸　이 김성배
펴　낸　곳 도서출판 씨아이알

책 임 편 집 이진덕
디　자　인 박진아, 쿠담디자인
제 작 책 임 김문갑

등 록 번 호 제2-3285호
등　록　일 2001년 3월 19일
주　　　소 (04626) 서울특별시 중구 필동로8길 43(예장동 1-151)
전 화 번 호 02-2275-8603(대표)
팩 스 번 호 02-2265-9394
홈 페 이 지 www.circom.co.kr

I S B N 979-11-6856-031-4 93100
정　　　가 22,000원